国家社科基金
GUOJIA SHEKE JIJIN HOUQI ZIZHU XIANGMU
后期资助项目

汉唐间的制度文献与制度文化

Texts on Institutions and Institutional Culture
between Han and Tang Dynasties

黄 桢 著

上海古籍出版社

国家社会科学基金后期资助项目（项目编号：20FZSB002）

国家社科基金后期资助项目
出版说明

  后期资助项目是国家社科基金设立的一类重要项目,旨在鼓励广大社科研究者潜心治学,支持基础研究多出优秀成果。它是经过严格评审,从接近完成的科研成果中遴选立项的。为扩大后期资助项目的影响,更好地推动学术发展,促进成果转化,全国哲学社会科学工作办公室按照"统一设计、统一标识、统一版式、形成系列"的总体要求,组织出版国家社科基金后期资助项目成果。

全国哲学社会科学工作办公室

目 录

绪　论

一、概 念 与 旨 趣

在中国古代，"制度"一般指统治者为维持政治运转而推行的规则法度。《易》曰："天地节而四时成，节以制度，不伤财，不害民。"这句卦辞道出古人对制度的基本理解：寒来暑往各以其时，赖天地以气序为节；而社会的发展，则须依靠王者对制度的创设与坚守。① 秦汉以降，随着历史进入帝制时代，君王所立制度日益繁密。学者常将其划分为刑罚、赋役、财政、军事、职官、礼仪等多个领域。

因制度涵盖甚广，在具体研究中不能不有所侧重。本书谈论的主要是职官制度与朝廷礼式。两者均为维系王朝统治的基石，且交集颇多，难以割裂。这种紧密的连结在不少方面都有体现。比如，官制、礼仪的制定往往是王朝初创时期同步开展的政治举措。在《史记·礼书》关于汉初体制的追述中，礼仪与职官并列："至于高祖，光有四海，叔孙通颇有所增益减损，大抵皆袭秦故。自天子称号下至佐僚及宫室官名，少所变改。"② 再如，冠服印绶属于舆服仪礼，而从标识位阶的角度看，它又与秩级、朝位发挥的作用相类，亦可归入官制之列。又如，《汉官解诂》是东汉胡广撰写的官制专著，但也有涉及皇帝车驾仪式的内容。卫宏《汉旧仪》备载西汉宫廷礼仪，同时提供了大量职官设置方面的材料。③《隋书·经籍志》史部职官类中的应劭《汉官仪》、傅畅《晋公卿礼秩故事》等都是将官制、礼制合并叙述的著作。

① 《周易正义》卷六，阮元校刻《十三经注疏》，北京，中华书局，1980 年，第 70 页。
② 《史记》卷二三《礼书》，北京，中华书局，1963 年，第 1159—1160 页。
③ 参见孙星衍等辑、周天游点校《汉官六种》，北京，中华书局，2008 年。

所以,这里的"制度文献"意为围绕官制朝仪的典章和撰述。根据性质的不同,它们大致可以分为三类:一是经朝廷制定、颁布而具有约束力的官制礼仪规程,律令里的相关条文、指导礼仪开展的仪注等均属此类;二是"百官表(志)""祭祀志""礼仪志""舆服志"等史学记载;三是汉末以降大量问世的研究性制度专著,如前举《汉官解诂》《汉官仪》《晋公卿礼秩故事》诸书。

制度文献在汉唐间从萌发走向了繁盛。秦汉律令当中已有针对设官分职、朝廷礼仪的专门篇章,近年出土的简牍材料让这些法定细则的原貌见知于世。经司马迁和班固的开创,典制类的表、志在纪传体王朝史里逐渐占据固定席位。而东汉后期以降,考释、记录朝廷制度成为学者自觉的追求,著述纷至沓来。萧梁阮孝绪在图书分类中创立"职官部""仪典部",两部之体量各达"八十一种一百四帙八百一卷""八十种二百五十二帙二千二百五十六卷"。① 南朝至隋唐的统治者亦介入此类学术活动,遂有《齐职仪》《唐六典》等制度大典的推出。系统地梳理该历史进程,揭示演变的关键节点,是这项研究的初衷。

制度文献也是一个观察制度文化的窗口。"制度文化"指环绕制度之设计与运行的政治文化氛围,作为弥漫性的制度生态,它决定了制度实施的基本前景。② 制度文献承载着针对官制朝仪的理念和认知,其作者、读者往往都参与制度建设与运行,考察操作、传播、阅读诸环节所能获知的时人心态,正是制度得以生发和演进的土壤。为实现这一研究目标,在面对具体的制度文献时,我们就不只关心作者姓甚名谁,也将其处境、立场纳入查考,以体会其书写的动因和意图;不仅重视制度著作的资料源头,还在意信息获取的渠道,力求走近文本形成的知识环境;不止步于对取材、编纂的梳理,亦思索制度撰述怎样抵达读者,又如何被阅览、利用,从而明确其实际功效。希望这样的尝试能让本书的意义不局限在为典章仪度的考证提供史料支持。

二、学术史的回顾与反思

政治制度向来是中古史研究的热门领域,制度文献被当作史料反复引用,对学者来说毫不陌生。不过,以官制朝仪文献为本位的考察相对有限。绝大多数已有研究均可归入文献学的范畴,成果主要体现在佚文的搜求、版

---

① 阮孝绪《七录序》,释道宣《广弘明集》卷三,《四部丛刊》本,第 15 页 A。
② 邓小南《再谈走向"活"的制度史》,《史学月刊》2022 年第 1 期,第 110—111 页。

本的梳理、文句的校勘、编纂过程的描述等"史料分析"之上。近年来，一些研究者开始将考察重点转向资料来源、书写体例和撰著场景，文字背后的观念、意图也受到注意，视角的突破带来更为丰富、准确的认识。下面从三个方向总结中古官制礼仪文献研究的状况，并对讨论的继续推进提供些许思考，由此引出本书的论述线路。

1. 文献学研究的成绩与不足

前现代的学者围绕中古制度文献开展了三方面的研究。一是在目录学著作中对官制礼仪书籍进行考述。《直斋书录解题》提供了卫宏《汉旧仪》、应劭《汉官仪》、蔡质《汉官典仪》、蔡邕《独断》诸书南宋传本的信息。①《玉海·艺文》简单介绍了汉唐间部分制度著作。② 章宗源、姚振宗各自撰写的《隋书经籍志考证》仍是了解"隋志"职官类、仪注类书籍时必须查阅的资料。③

二是辑佚。从宋代开始便有学者搜集"汉官六种"的佚文。清人孙星衍整理、刊刻的《汉官》《汉官解诂》《汉旧仪》《汉官仪》《汉官典职仪式选用》《汉仪》，是诸辑本中最精良者。④ 黄奭曾汇辑《晋公卿礼秩故事》《晋百官表注》《晋百官名》等书佚文。⑤《晋公卿礼秩故事》还有王仁俊的辑本。⑥《山公启事》是西晋官吏铨选的重要文献，严可均、叶德辉相继推出了该书辑本。⑦ 另外，陶宗仪《说郛》收有挚虞《决疑要注》的佚文，⑧后由张鹏一整理的辑本则更为完善。⑨

三是校订正史"百官表（志）""礼仪志""祭祀志""舆服志"的文字。钱大昕《廿二史考异》、王鸣盛《十七史商榷》的相关部分是这方面的代表。卢文弨所撰《晋书礼志校正》《魏书礼志校补》，陈毅所撰《魏书官氏志疏证》，⑩

① 陈振孙撰、徐小蛮等点校《直斋书录解题》卷六，上海，上海古籍出版社，1987 年，第 171、182 页。
② 王应麟《玉海》卷五一，南京，江苏古籍出版社；上海，上海书店，1987 年，第 967—969 页。
③ 章宗源撰、项永琴等整理《隋书经籍志考证》卷一〇、卷一一，《二十五史艺文经籍志考补萃编》第 14 卷，北京，清华大学出版社，2012 年，第 194—214 页。姚振宗撰、刘克东等整理《隋书经籍志考证》卷一七、卷一八，《二十五史艺文经籍志考补萃编》第 15 卷，北京，清华大学出版社，2014 年，第 710—761 页。
④ 周天游《点校说明》，孙星衍等辑、周天游点校《汉官六种》，第 1—7 页。
⑤ 黄奭《黄氏逸书考》，《续修四库全书》第 1211 册，上海，上海古籍出版社，1995 年，第 44—57 页。
⑥ 王仁俊《玉函山房辑佚书续编三种》，上海，上海古籍出版社，1989 年，第 122 页。
⑦ 严可均《全晋文》卷三四，《全上古三代秦汉三国六朝文》，北京，中华书局，1958 年，第 1653—1655 页。叶德辉《山公启事》，《丛书集成续编》第 58 册，台北，新文丰出版公司，1989 年，第 493—522 页。
⑧ 陶宗仪等编《说郛三种》，上海，上海古籍出版社，1988 年，第 2776 页。
⑨ 张鹏一辑《挚太常遗书》卷二，《关中丛书》第 4 集，西安，陕西通志馆，1936 年。
⑩《二十五史补编》第 3 册、第 4 册，上海，开明书店，1937 年，第 3523—3527、4661—4664 页。

也是阅读志书时的参考。

　　针对制度文献的整理和校注至今活跃。周天游以孙星衍所辑"汉官六种"为基础推出的点校本,成为诸"汉官""汉仪"的通行读本。福井重雅对《独断》全书进行了标点和注解。① 小林春树详细梳理了《独断》的各种版本。② 在大庭脩的带领下,多位日本学者对《汉书·百官公卿表》进行了笺注和翻译。③ 围绕中古正史制度类志书的字句考订和标点勘误层出不穷。④

　　厘清某一特定官制礼仪文献的作者、内容和成书经过,也是一项基础作业。孙福喜《应劭〈汉官仪〉源流考》是面世较早的代表性成果。文中对《汉官仪》与同时期官制著作关系的论述,颇具价值。⑤ 福井重雅、纪安诺(Enno Giele)、代国玺均围绕《独断》开展了综合研究,三者各有所长。福井重雅关于蔡邕生平的解析使《独断》的成书过程清晰立体,纪安诺深入挖掘了《独断》与《汉旧仪》《汉官解诂》《汉官仪》等书的关系,代国玺就《独断》史料价值的评估比较全面。⑥ 刘治立对《续汉书·百官志》刘昭注的介绍以及佐藤達郎围绕《决疑要注》的考察,⑦为认识这两部文献提供了便利。张欣注意

---

① 福井重雅编《訳注西京雑記·独断》,东京,东方书店,2000 年,第 197—349 页。

② 小林春树《蔡邕〈独断〉小考——とくにその版本について》,《史滴》第 5 号,1984 年,第 25—38 页。

③ 大庭脩监修《〈漢書〉百官公卿表訳注》,京都,朋友书店,2014 年。

④ 比如苏晋仁《〈宋书·百官志〉考异》,《历史研究》1982 年第 2 期,第 92—105 页;萧亢达《从汉代文物考古资料所见"宫官"集释谈〈汉书·百官公卿表〉中的一处句读问题》,《考古与文物》1996 年第 4 期,第 60—68 页;杨英《〈晋书·礼志〉标点勘误一则》,《中国史研究》2003 年第 4 期,第 132 页;许云和《〈隋书·礼仪志〉正误一则》,《中国史研究》2006 年第 2 期,第 110 页;刘华《〈晋书·职官志〉标点商榷一则》,《中国史研究》2007 年第 1 期,第 12 页;吴炯炯《〈隋书·百官志〉正误一则》,《中国典籍与文化》2009 年第 1 期,第 48 页;徐冲《〈续汉书·百官志〉"州刺史"条郡国数辨讹》,《中华文史论丛》2011 年第 4 期,收入《观书辨音:历史书写与魏晋精英的政治文化》,北京,北京大学出版社,2020 年,第 292—294 页;牛敬飞《〈晋书·礼志〉补释两则》,《文史》2013 年第 4 期,第 253—263 页;张雨《南朝宋皇太子监国有司仪注的文书学与制度史考察》,《中华文史论丛》2015 年第 2 期,第 32—50 页;彭丽华《〈隋书·百官志〉勘误一则》,《中国史研究》2015 年第 4 期,第 140 页;何德章《〈南齐书·百官志〉"以下"之句读问题》,《文史》2017 年第 2 期,第 277—279 页;闫宁《正史礼志校勘献疑》,《古代礼学礼制文献研究丛稿》,北京,商务印书馆,2018 年,第 219—239 页等。

⑤ 孙福喜《应劭〈汉官仪〉源流考》,《文献》1995 年第 4 期,第 244—252 页。

⑥ 福井重雅《蔡邕〈独断〉の研究》,《陸賈〈新語〉の研究》,东京,汲古书院,2002 年,第 135—175 页。Enno Giele, *Imperial Decision-Making and Communication in Early China: Study of Cai Yong's Duduan*, Wiesbaden: Harrassowitz Verlag, 2006, pp. 21–46. 代国玺《蔡邕〈独断〉考论》,《文献》2015 年第 1 期,第 154—166 页。

⑦ 刘治立《刘昭〈续汉书·百官志注〉的文献价值》,《红河学院学报》2007 年第 3 期,第 13—16 页。佐藤達郎《摯虞〈決疑要注〉をめぐって》,《関西学院史学》第 38 号,2011 年,收入《漢六朝時代の制度と文化·社会》,京都,京都大学学术出版会,2021 年,第 149—170 页。

到卫宏《汉旧仪》自注之文的问题,并梳理了该书书名的变化。① 张金龙的《魏晋南北朝文献丛稿》专辟数节,罗列已佚魏晋南北朝官制著述,调查了唐宋类书、政典对它们的引用。② 楢身智志探讨了刘昭所引《汉官》与"续汉志"相冲突之处,并对该书性质做出推测。③ 佐藤达郎又在其新著《汉六朝时代的制度与文化、社会》中,就《汉官》《汉旧仪》《齐职仪》这几部制度专书从内容编排、撰写经过等方面进行了解题式讨论。④

以上简单回顾了中古制度文献的文献学研究。这一重要的工作仍多有不足。首先,早年问世的辑本受学术条件限制,存在不少脱漏。比如作为了解汉末职官专著门径的孙星衍"汉官六种"辑本,就因没有利用宋人孙逢吉的《职官分纪》,以致搜求不全。《职官分纪》所引应劭《汉官仪》不见于孙氏辑本者达十余条。卫宏《汉旧仪》、胡广《汉官解诂》、蔡质《汉官典职仪式选用》也都可以借助《职官分纪》进行补充。⑤ 其次,目前受到学者关注的主要是正史志书以及汉晋时期的制度专著,南北朝问世的同类书籍乏人问津,几乎只有章宗源、姚振宗的两本《隋书经籍志考证》开展过讨论。南北朝实为制度撰述的繁盛时期,据《隋书·经籍志》,该时段出现的职官、仪注类书籍超过五十部,其中不少是数十卷的大著。如宋齐之际问世的《齐职仪》是一部五十卷规模的官制通史,笔者初步统计,该书尚有五千字左右的佚文散落于唐宋典籍。如果加以收集、整理,并探究作者身份与编纂经过,无疑能使我们对南朝制度文献的理解更为扎实。

2."书写"视角下的进展与前景

与其他著述一样,围绕官制礼仪的篇章、书籍是作者基于某种立场和需求,在一定的叙述规范之下,对搜集、积累的材料进行加工而生产的文本。这一过程可以用"书写"概括。得益于学者近年来在"书写"上的精耕细作,中古制度文献研究的广度和深度大为拓展。

对制度文献的史源分析起步较早。小林聪分别就《宋书·礼志》所载百官印绶冠服规定和《隋书·礼仪志》所载梁陈印绶冠服制度的材料来源进行了探讨。他认为,前者取材于西晋泰始律令中的《官品令》和《服制令》,后

---

① 张欣《〈汉旧仪注〉及相关问题考辨》,《史学史研究》2017 年第 3 期,第 90—103 页,又见其《〈续汉书·百官一〉太尉掾史属条本注考辨》,《史学月刊》2021 年第 6 期,第 5—15 页。
② 张金龙《魏晋南北朝文献丛稿》,兰州,甘肃教育出版社,2017 年,第 1—13、36—70 页。
③ 楢身智志《佚名〈漢官〉の史料の性格——漢代官制関係史料に関する一考察》,榎本淳一等编《中国学術の東アジア伝播と古代日本》,东京,勉诚出版,2020 年,第 7—21 页。
④ 佐藤達郎《職官儀注書の出現と官制敘述のはじまり》《王珪之〈齐職儀〉の編纂》,《漢六朝時代の制度と文化·社会》,第 61—72、191—220 页。
⑤ 参见本书第二章。

者的基础是梁天监二年(503)颁布的《官品令》和《服制令》,并添加了部分
陈天嘉年间的制度。① 孙正军则指出,"隋志"这一记载并非本自梁令,而是
以《宋书·礼志五》所记百官印绶冠服制度为基础,并补充西晋泰始令及其
衍生著作,以及东晋以降至梁初的各种制度变革综合而成。② 据孙氏另文
考察,《晋书·舆服志》服制部分是《续汉书·舆服志》与《晋令》相糅合的产
物,故保留了不少汉制的元素。③ 佐藤達郎讨论了应劭《汉官仪》的材料出
处。他颇具洞见地指出,在文字资料之外,作者的见闻也构成了该书的部分
内容。④ 另外,根据张帅的分析,《通典》所记"晋官品"的史源并非为晋初由
贾充等人议定的《晋令》,而是来自惠帝元康年间的新规定。⑤

　　关于制度文献的叙述方式,目前讨论热烈。贝克(B. J. Mansvelt Beck)
曾指出,《续汉书·百官志》的行文具有模仿《周礼》的倾向。⑥ 该志的体例
后经徐冲的考察而清晰呈现:源自东汉"官簿"的"正文"叙述职官及其官属
的名称、员额与秩级,西晋司马彪所作"注文"则叙述职官的职掌与沿革。⑦
佐藤達郎则提醒,司马彪在《百官志》里的书写形式与西晋泰始律令关系密
切。⑧ 针对《汉书·百官公卿表》,武秀成揭示了表格部分的纪年体例,⑨佐
藤達郎对序言部分的西汉官制概要进行了编排逻辑的解析。⑩ 周文俊在区
分古书所引《晋官品令》与作为晋代法条的《晋令·官品令》的基础上,由官

---

①　小林聡《六朝時代の印綬冠服規定に関する基礎的考察——〈宋書〉礼志にみえる規定を
中心にして》,《史淵》第 130 輯,1993 年,第 77—120 頁;《晋南朝における冠服制度の変遷
と官爵体系——〈隋書〉礼儀志の規定を素材として》,《東洋学報》第 77 巻第 3、4 号,1996
年,第 1—34 頁;《〈隋書〉に見える梁陳時代の印綬冠服規定の来源について》,《埼玉大学
紀要 教育学部(人文·社会科学編)》第 47 巻第 1 号,1998 年,第 103—119 頁。

②　孙正军《也说〈隋书〉所记梁代印绶冠服制度的史源问题》,《中华文史论丛》2011 年第 1
期,第 135—160 頁。

③　孙正军《〈通典〉"晋太尉进贤三梁冠"小札》,《烟台大学学报》2014 年第 4 期,第 102—
111 頁。

④　佐藤達郎《応劭〈漢官儀〉の編纂》,《関西学院史学》第 33 号,2006 年,收入《漢六朝時代の
制度と文化·社会》,第 147—128 頁。

⑤　张帅《〈晋官品〉的问世时间及其文献渊源》,《暨南史学》第 15 輯,2018 年,第 1—8 頁。

⑥　B. J. Mansvelt Beck, *The Treatises of Later Han: Their Author, Sources, Contents, and Place in
Chinese Historiography*, Leiden: Brill, 1990, pp. 196—209.

⑦　徐冲《〈续汉书·百官志〉与汉晋间的官制撰述》,《中华文史论丛》2013 年第 4 期,收入《观
书辨音:历史书写与魏晋精英的政治文化》,第 113—148 頁。

⑧　佐藤達郎《〈続漢書〉百官志と晋官品令》,《関西学院史学》第 42 号,2015 年,收入《漢六朝
時代の制度と文化·社会》,第 171—190 頁。

⑨　武秀成《〈汉书·百官公卿表〉史例发覆及史文订误》,《文史》2010 年第 4 期,第 33—
53 頁。

⑩　佐藤達郎《職官儀注書の出現と官制叙述のはじまり》,《漢六朝時代の制度と文化·社
会》,第 72—76 頁。

品的文本形态探索官品体系的组建原理。① 另外,闫宁认为,《宋书·礼志》的分卷和录礼次序,受到《续汉书》中《礼仪志》《祭祀志》的深刻影响。②

有的研究者并不专守某一特定文献,而是在较长的时段下观察体例的变化。谷井俊仁《官制是如何被叙述的? ——从〈周礼〉到〈会典〉》一文简明地梳理了中国古代制度文献叙述方式的变迁。在中古部分,谷井氏既强调《周礼》的典范意义,也揭示了《汉官解诂》《汉官仪》注重制度沿革的内容设置为后续著作带来的启发。③ 中村圭尔《六朝官僚制的叙述》指出汉魏六朝制度文献的体例存在两个层次的演进:一是正史中出现从"百官表"到"百官志"的转变,与之并行的是单行本著作的出现与盛行;二是个人任官记录及人事相关资料从正史志书中脱离,与此同时,单行本著作却收集、扩充了相关内容。④ 阎步克总结了正史"舆服志"中冠服叙述的体例变迁:《续汉书·舆服志》采取"以冠统服,由服及人"的叙述模式,南北朝以后正史逐渐向"由人及服"转化,即先罗列人员的等级类别,再叙其服。⑤ 张金龙揭示了汉晋南朝正史"百官表(志)"中职官等级书写形式的变化,在此基础上对"魏官品""晋官品"等官制文本的出现过程提出新见。⑥ 张氏新著又梳理了"百官志"记录职官的顺序。⑦ 最近,楼劲、孙正军关注到汉、唐正史"百官志"的体例具有显著差异,前者将志文记述顺序的变化概括为从"以官存司"到"以司存官",指出根本原因在于规范官制的法令及行政体制的演进;⑧后者描绘了"职官"取代"百官"这一志目更迭背后官制实态以及时人官制认识的转型。⑨

作者在文字背后的立场和理念也逐渐获得重视。早年板野长八通过对

① 周文俊《中古制度文献的名与实——以〈晋官品令〉〈晋令〉〈晋官品〉为对象的文本考察》,《中国中古史研究》第 7 卷,上海,中西书局,2019 年,第 125—142 页;《试析魏晋官品的建构原理——文本·结构·技术》,《国学研究》第 46 卷,北京,中华书局,2021 年,第 131—160 页。两文均收入同氏著《魏晋南朝官品与官资制度秩序研究》,北京,高等教育出版社,2022 年。
② 闫宁《〈宋书·礼志〉编纂体例初探》,《古代礼学礼制文献研究丛稿》,第 153—176 页。
③ 谷井俊仁《官制は如何に叙述されるか——〈周礼〉から〈会典〉へ》,《人文論叢》(三重大学)第 23 号,2006 年,第 81—98 页。
④ 中村圭尔撰、付晨晨译《六朝官僚制的叙述》,《魏晋南北朝隋唐史资料》第 26 辑,2011 年,第 269—286 页。
⑤ 阎步克《分等分类视角中的汉唐冠服体制变迁》,《官阶与服等》,上海,复旦大学出版社,2010 年,第 105—138 页。
⑥ 张金龙《"魏官品""晋官品"献疑》,《文史哲》2017 年第 4 期,第 25—43 页。
⑦ 张金龙《魏晋南北朝文献丛稿》,第 14—30 页。
⑧ 楼劲《从"以官存司"到"以司存官"——〈百官志〉体例与汉唐行政体制变迁研究》,《历史研究》2021 年第 1 期,第 61—83 页。
⑨ 孙正军《从"百官志"到"职官志"——中国古代官制文本书写变化之一瞥》,《中国中古史研究》第 8 卷,上海,中西书局,2021 年,第 77—100 页。

比《史记·封禅书》与《汉书·郊祀志》,指出班固的记述所包含的儒学至上主义以及他对汉末郊祀改革的肯定态度。① 佐藤達郎专门讨论了《汉官解诂》的思想倾向。他认为,胡广的书写行为以学术和实证为导向,此前的刘珍、张衡等人则将褒美汉制作为著述目标,双方存在区别。② 阿部幸信指出,司马彪在《续汉书·舆服志》中记录绶制的方法与《汉书》《东观汉记》所见汉人的认识不同。这一汉代历史的记录,融入了魏晋时期人们对制度的新理解。③《汉书·百官公卿表》回顾上古官制时未言及共工,孙正军认为这出自史家的故意排除,反映了共工形象负面化、妖魔化的进程。④ 孙氏又提出六朝正史志书缺载龙舟的问题,推断"舆服志"的"不书"含有劝阻皇帝乘坐舟船的目的。⑤ 徐冲基于对《汉官篇》编写形式、内容断限的考证,发掘出该书作者王隆的制度史认知:以成哀时代的复古改制成果为正当,将王莽元始辅政时代和新莽王朝时代一并否定。⑥

另有学者从当时的政治形势、制度环境出发,解读制度文献的生产过程。多田狷介、東川祥丈结合曹魏明帝朝的官场氛围,阐释了刘劭制定《都官考课》的意图和影响。⑦ 葭森健介在西晋时期人才评价与官员任用机制的背景下对《山公启事》的内容、倾向进行了深入解读。⑧ 吴宗国注意到,《隋书·百官志》改变了过去将三公九卿置于卷首的做法,在叙述已经成为虚衔的诸公之后,首先记叙三省,其详细程度也超过志中其他机构。他指出,这一现象与南北朝后期三省制的演进密切相关。⑨ 周文俊从官阶制度

① 板野長八《史記封禪書と漢書郊祀志》,《岩井博士古稀記念論文集》,东京,岩井博士古稀記念事業会,1963 年,第 57—67 页。

② 佐藤達郎《胡広〈漢官解詁〉の編纂:その経緯と構想》,《史林》第 86 卷第 4 号,2003 年,收入《漢六朝時代の制度と文化·社会》,第 103—126 页。

③ 阿部幸信《後漢車制考:読〈統漢書〉輿服志劄記·その一》,《史艸》第 47 号,2006 年,第 52—74 页;《後漢服制考:読〈統漢書〉輿服志劄記·その二》,《日本女子大学紀要·文学部》第 56 号,2007 年,第 31—45 页。

④ 孙正军《〈汉书·百官公卿表〉为何不记"共工"》,《中华文史论丛》2014 年第 2 期,第 302、330 页。

⑤ 孙正军《被"遗忘"的龙舟——小议正史书志的书写策略》,北京大学历史学系编《祝总斌先生九十华诞颂寿论文集》,北京,中华书局,2020 年,第 336—365 页。

⑥ 徐冲《王隆〈汉官篇〉小考》,《观书辨音:历史书写与魏晋精英的政治文化》,第 174—202 页。

⑦ 多田狷介《劉劭とその考課法について》,《漢魏晋史の研究》,东京,汲古书院,1999 年,第 143—172 页。東川祥丈《劉劭〈都官考課〉とその批判をめぐって》,《中国思想史研究》第 26 号,2003 年,第 1—25 页。

⑧ 葭森健介《〈山公啓事〉の研究——西晋初期の吏部選用》,川勝義雄、砺波護编《中國貴族制社會の研究》,京都,京都大学人文科学研究所,1987 年,第 117—150 页。

⑨ 吴宗国《三省的发展与三省体制的建立》,吴宗国主编《盛唐政治制度研究》,上海,上海辞书出版社,2003 年,第 1—10 页。

的实态入手,得出了一系列关于中古官品记载的新认识,包括:《新唐书·艺文志》所记"《魏官品令》一卷"乃北魏官品;《晋官品》在后代的传写过程中发生了讹误,以致《通典》所记晋代官品次序失当;《隋书·百官志》梁陈官制部分以梁、陈制度互见的原则安排史料,志中所记陈官品的源头是梁天监七年(508)颁布的《官品令》。① 赵立新在汉魏至齐梁的时间尺度下细致梳理了《南齐书·百官志·序》所举职官文献同历代官制的关系。② 礼制书写方面,杨懿指出,沈约《宋书·礼志》的撰写受到南齐初年舆服改革的影响,导致服制记述中产生"绛朝服"与"朝服"共存的乱象,后被《晋书·舆服志》《唐六典》承袭。③ 杨英通过考察西晋《新礼》的编修,廓清了中古时期礼典、律典的分流,她另从政治文化转型的角度切入,揭示北魏仪注的发展过程。④ 汉唐间礼制演进与礼典编纂的关系是一个重要的学术话题,早年甘怀真在追究"制礼"观念时已经论及,⑤张文昌与闫宁的研究是新近成果的代表。⑥ 此外,《文成帝南巡碑》碑阴题名的整理、披露引发了学者对《魏书》制度记载的一系列反思。川本芳昭指出,魏收根据自己所处时代的政治形势,有意识地排除了北族色彩浓厚的史实,《魏书》的官制叙述存在杜撰现象。⑦ 松下宪一揭示,"内阿干""内行内小"等北族职官,在《魏书》中被改称为"尚书""中散","羽真"之职则被魏收故意抹去。⑧ 胡鸿围绕《魏书·

① 周文俊《魏晋南朝官品与官资秩序研究》,中山大学博士学位论文,2013 年,第 41—49、62—67 页;《〈通典〉所记官品脉络的史料辨证——以南朝官班、官品制度为中心》,权家玉主编《中国中古史集刊》第 1 辑,北京,商务印书馆,2015 年,第 189—215 页。另参见梁健《魏官品令考》,《苏州大学学报》(法学版)2014 年第 3 期,第 68—78 页。

② 赵立新《〈南齐书·百官志·序〉所见中古职官文献与官制史的意义》,《台大历史学报》第62 期,2018 年,第 47—102 页。

③ 杨懿《"五时朝服""绛朝服"与晋宋齐官服制度——〈唐六典〉校勘记补正一则》,《中国典籍与文化》2014 年第 3 期,第 148—154 页。

④ 杨英《中古礼典、律典分流与西晋〈新礼〉的操作》,《社会科学战线》2017 年第 8 期,第 60—69 页;《北魏仪注考》,《中国社会科学院历史研究所学刊》第 9 集,北京,商务印书馆,2015年,第 157—186 页。

⑤ 甘怀真《"制礼"观念的探析》,《皇权、礼仪与经典诠释:中国古代政治史研究》,上海,华东师范大学出版社,2008 年,第 59—85 页。

⑥ 张文昌《中国礼典传统形成与礼官职能演变之关系——以魏晋南北朝为探索中心》,《兴大人文学报》第 40 期,2008 年,第 207—240 页。闫宁《中古礼制建设概论:仪注学、故事学与礼官系统》,台北,花木兰文化出版社,2016 年,第 88—142 页。关于西晋礼典的修纂过程,又参见徐昌盛《从"制度创新"到"意先仪范":论西晋〈新礼〉的制订与修订》,《儒家典籍与思想研究》第 8 辑,北京,北京大学出版社,2016 年,第 200—218 页。

⑦ 川本芳昭《北魏文成帝南巡碑について》,《九州大学東洋史論集》第 28 号,2000 年,收入《東アジア古代における諸民族と国家》,东京,汲古书院,2015 年,第 31—61 页。

⑧ 松下宪一《北魏石刻史料に見える内朝官——〈北魏文成帝南巡碑〉の分析を中心に》,《北魏胡族体制論》,札幌,北海道大学出版会,2007 年,第 57—86 页。

官氏志》所记道武帝"天赐品制"进行了个案分析。"天赐品制"具有的华夏式外貌,系官制书写者粉饰、塑造的结果,其根本动因在于北魏的华夏化进程。①

以上回顾显示,充分意识到书写这一行为的多层次性,是官制礼仪文献研究打开新局面的关键。尽管成果已经不少,关于汉魏南北朝的制度书写,仍有一些重要论题尚未触及。兹举二例。

一是官制著述何以兴起。汉末以前,朝廷的官制礼仪散落于律令、簿籍等行政文档,几乎不存在针对王朝官制的专门著作。东汉中后期学者开始提出"汉典寝而不著"的问题,并为撰述当代制度赋予意义:

> 汉家礼仪,叔孙通等所草创,皆随律令在理官,藏于几阁,无记录者,久令二代之业,闇而不彰。诚宜撰次,依拟《周礼》,定位分职,各有条序,令人无愚智,入朝不惑。②

考述官制的活动遂骤然兴盛,胡广《汉官解诂》、蔡邕《独断》、应劭《汉官仪》等多部具有研究性的制度专书集中出现。此风气的延续,不仅带来文献数量的迅速增长,也开辟了一片新的学术领域。齐梁之际的沈约在《宋书·志序》里提到:"百官置省,备有前说,寻源讨流,于事为易。"③南朝学者面对的文献状况已与两汉迥然不同。从"无记录者"到"备有前说",这一进程的细节亟待重建。④

二是官修政典何以出现。在中国古代的制度文献里,布列着一批由官方编纂、颁布的官制大典。作为代表的《唐六典》往往也被视作这项传统的开端。实际上,与《唐开元礼》这一官修礼典可以在两晋南朝找到根柢一样,我们也能从先唐历史中发现《唐六典》的渊源。刘宋元徽二年(474),后废帝敕命王珪之纂集历代设官分职,"凡在坟策,必尽详究"。编修未毕,宋齐禅代,南齐官方宣令续纂。永明九年(491),该书以"齐职仪"之名上呈。继齐而起的萧梁王朝,也沿袭了编纂官制大典的举措,《梁书·沈峻传》曰:"时中书舍人贺琛奉敕撰《梁官》,乃启峻及孔子祛补西省学士,助

---

① 胡鸿《北朝华夏化进程之一幕:北魏道武、明元帝时期的"爵本位"社会》,《能夏则大与渐慕华风:政治体视角下的华夏与华夏化》,北京,北京师范大学出版社,2017年,第242—274页。

② 《续汉书·百官志》刘昭注引《汉官解诂》,《后汉书》,北京,中华书局,1965年,第3555—3556页。

③ 《宋书》卷一一《志序》,北京,中华书局,1974年,第205页。

④ 前引佐藤达郎的新著《漢六朝時代の制度と文化·社会》亦在此问题意识下探讨了汉代的情况。

撰录。"①与礼典一样，官修政典在南朝成为王朝政治建设的一项构件。该现象的缘由、过程与影响，在思考中古制度书写时理应直面。

除了论题的拓展，中古制度书写研究的下一步，或许是在上述具体考察的基础上提炼一些清晰的概念工具或思考框架。方法上的适时总结对本领域的重要性自不必说，更具价值的是，通过向制度研究者输出，中古官制史、礼制史的论著在解读制度文献方面的能力也会获得提升。

此处稍作尝试，借用一对概念——"指示性（prescriptive）"与"描述性（descriptive）"。制度著述的主要内容是罗列百官的设置、员额、职掌，或是铺叙仪制细节及相关的礼学讨论。因为这种看似客观中立的文字样态，正史志书与制度专著往往被视作实录，成为考察制度史时深受信赖的描述性史料。实际上，此类文献并不是紧跟着制度从生发、运行到演进而产生的纪录，而是在官制礼仪发展到一定程度后才纂修的文本。纂修者一方面需要收集反映制度历史与现状的资料，另一方面会对其进行编辑、改写和排布，制成符合自身认知、期许的制度叙述。这套叙述既包含来自律令、文书、档案的原始材料，也含有构建出的制度的应然样貌。后者即制度著述的指示性成分，其决定因素在于作者的立场、观念和处境，而很可能与制度实态相异。区别对待指示性与描述性的叙述，在解读、利用制度文献时十分必要。

制度著述的指示性成分常寓于内容的编排方式。根据徐冲对《续汉书·百官志》的研究，司马彪特意以"正文"记叙百官的名称、员额与秩级，使东汉一朝的官制结构呈现出极为简洁、整齐的面貌。这一行文规范出自对《周礼》的效法，在汉晋之际的学者看来，《周礼》式的百官布局是官制构造的理想状态。② 叙述顺序同样值得作为指示性材料留意。一个明显的例子，是"九卿"在中古正史"百官志"中的位置。魏晋南朝，九卿在行政体系中的重要性大幅走低，而尚书、门下、中书、秘书等机构成为新的朝政核心，各省长官在官品序列上也已超过诸卿。但《宋书》《南齐书》的《百官志》依然将"九卿"安排在仅次于诸公、诸将军的位置。关于尚书、门下、中书、秘书的部分尽管篇幅更大、信息更多，却只能屈居于后。这表明"三公九卿"的组合在南朝学者的思维里仍具影响，魏晋以来的官署改创尚未被视作政制典范而得到完全认可。唐修《晋书》在材料上大量吸收了旧晋史的成果，其

---

① 《梁书》卷四八《儒林·沈峻传》，北京，中华书局，1973 年，第 679 页。
② 徐冲《〈续汉书·百官志〉与汉晋间的官制撰述》，《观书辨音：历史书写与魏晋精英的政治文化》，第 113—148 页。

《职官志》中"诸省次于三公、九卿次于诸省"的陈述顺序却出自初唐史官根据当前理念的重新调整。①

关于某一具体官制或礼制的叙述,依然可能是指示性的存在,而非针对实态的描写。《魏书·官氏志》里的道武帝"天赐品制"就是一项例证,看似言之凿凿的华夏式官品制度,不过是处于政治文化转型中的史家精心编造的结果。② 另外,本书将辨析《晋书·舆服志》所记西晋车制。"晋志"卷首关于五辂形制、施用场合的详述,长久以来被当作描述性史料,用以说明辂制由西晋建立。实际上,这段文字出自初唐史官之手,仪制的细节取材于南朝后期的规定。唐廷将五辂强加给晋代,目的是为当下的制度找到一个更为光辉的典据,因而具有很强的现实功用。在"指示性"的概念下,与上面这些类似的异于制度实态的记载,也将不再被简单地视为讹误或作伪。把它们放在出现时的情境中,思考其形成的动因和过程,研究者可以更为充分地揭示制度书写的历史意义。

3."阅读"视角下的可能性

上一节的回顾与展望,均着意于制度文献的书写环节。但我们知道,书写只是文本生命的开端,传播、阅读也是其必须经历的流程。当试图充分认识一份文本时,对作者与读者的考察同等重要。下面从"阅读"的角度,针对制度文献研究提出若干反思。

首先谈谈"作者的阅读"。过去的研究关于中古制度书写史料来源的判断往往比较粗糙:如果在早出的 A 文献里找到了与后出的 B 文献相似的文句,即推定 B 袭取于 A。在这样论证中,B 的作者取材时的具体情形遭到忽略。先不说 A、B 还有可能都取材于更早的 C 文献,也先不说 B 有可能通过 D 文献的转引才得以吸收 A 的材料,即便 B 直接抄自 A,那 B 的作者何以知晓 A? 从什么渠道获取 A? 又是如何将 A 的材料融入自己的著作? 关注"作者的阅读",就是希望通过思考以上问题,完善制度书写的史源研究,进而走近作者面临的知识环境。

当然,受材料限制,要想复原中古时期制度书写者的阅读实践并不容易。此处以刘昭对《续汉书》之《礼仪志》《祭祀志》《百官志》《舆服志》的注释为例,略作说明。得益于其"史注"的形式,南朝学者为了解东汉制度参阅过哪些文献可以方便获知。据统计,四志的注解共引书一百五十种以上,刘

---

① 参见本书第五章。
② 胡鸿《北朝华夏化进程之一幕:北魏道武、明元帝时期的"爵本位"社会》,《能夏则大与渐慕华风:政治体视角下的华夏与华夏化》,第 242—274 页。

昭实际参阅过的文献显然还会更多。从类别上看,引用的书籍远不止官制礼仪的专著。除了经、史文献,子书、文赋中可用于解说制度的材料也被提取。当然,刘昭并非一味追求史实的繁复,根据一些处理可知,甄别与思辨伴随整个阅读过程。比如,《祭祀志》载,建武元年(25)光武帝以元始故事祭告天地,刘昭注云:"《黄图》载元始仪最悉,曰:'元始四年(4),宰衡(王)莽奏曰……'"①他曾对比多种关于元始仪的记载,择优抄录。又如《百官志》"百官受奉例"一段有注曰:"《古今注》曰:'永和三年(138),初与河南尹及雒阳员吏四百二十七人奉,月四十五斛。'臣昭曰:此言岂其妄乎?若人人奉四十五斛,则四百石秩为太优而无品,若共进奉者人不过一斗,亦非义理。"②该材料反映刘昭用自己的制度理解来审视阅读对象。颜之推所谓"夫学者贵能博闻也,郡国山川,官位姓族,衣服饮食,器皿制度,皆欲根寻,得其原本",③被认为是南朝学风的一种概括。"刘昭注"的书写及背后的阅读过程,为齐梁学者如何探寻制度的原本提供了例证。

"作者的阅读"提示我们重视制度文献的传播。在刘昭引用的制度书籍中,有一部问世于两晋之际、以西晋官制为内容的专著——荀绰《晋百官表注》。本书的考察将揭示,《表注》的撰写,乃出于石赵政权制度建设的需要。不过随着"胡亡氏乱",荀氏的著述流传至建康宫廷,因而才能被刘昭利用。作为沈约《宋书·礼志》取材对象的傅畅《晋公卿礼秩故事》,跟《晋百官表注》有几乎相同的经历。出身中原高门的傅畅深度参与了五胡政权的政治发展,汇集众多朝政运行参考资料的《故事》一书可谓其职务作品。《宋书·傅弘之传》载:"曾祖畅,秘书丞,没胡,生子洪,晋穆帝永和中,胡乱得还。"④傅畅这一官制专书很可能就是由其子傅洪带来南方的。以上两个例子让我们看到,"阅读"背后隐藏着复杂的文献流传过程,这种流传甚至可以与中古时期的政治变动结合起来考虑。循此思路能点亮更多尚未被关注的材料。比如《北堂书钞》引《赵书》曰:"裴宪撰《三正(仪)》《东耕仪》,中书令徐光奏议以《东耕仪》亲耕,改服不帻也。"⑤《宋书·礼志》"籍田"条云:"自此之后(笔者按:指晋武帝以后),其事便废。史注载多有阙。江左元、哀二帝,将修耕籍,贺循等所上注,及裴宪为胡中所定仪,又未详允。"⑥

---

① 《续汉书·祭祀志》,《后汉书》,第3158页。
② 《续汉书·百官志》,《后汉书》,第3633页。
③ 颜之推撰、王利器集解《颜氏家训集解》,北京,中华书局,2002年,第222—223页。
④ 《宋书》卷四八《傅弘之传》,第1430页。
⑤ 《北堂书钞》卷一二七,天津,天津古籍出版社,1988年,第532页。
⑥ 《宋书》卷一四《礼志一》,第353—354页。

"胡中所定仪"即《东耕仪》。裴宪为石赵创立的《东耕仪》，不仅在胡乱后南下江左，还成了东晋制礼的比照。借助文献的传播，制度知识实现了政权间的转移。

再来看"读者的阅读"。"读者的阅读"指向制度文本生成以后被阅读、被接受的过程，关注的是制度文献的社会效应。

这一概念能引发很多论题。首先可以思考的是，制度书写者预设的读者是谁？预设对书写造成了什么影响？显然，除了正史中"百官志""礼仪志"一类文本，绝大多数制度著述所期待的受众，不是后世的读史者。① 东汉中期学者号召撰次当代制度，设立了"令人无愚智，入朝不惑"的目标。此处的"人"，既指供职朝廷的官僚，也包括偶尔与政府交涉的庶民。在这些学者看来，要达成目的，制度著作须在形式上模仿《周礼》，做到"定位分职，各有条序"。② 关于《汉官解诂》面向的读者，胡广也有明确的表达："广前后愤盈之念，增助来哲多闻之览焉。"③胡广更看重自己著作对于学者的价值，《汉官解诂》呈现的研究性与此息息相关。《后汉书·应劭传》载："（建安）二年（197），诏拜劭为袁绍军谋校尉。时始迁都于许，旧章埋没，书记罕存。劭慨然叹息，乃缀集所闻，著《汉官礼仪故事》，凡朝廷制度，百官典式，多劭所立。"④汉末动乱中应劭纂集旧章，旨在为体制重建提供参考，《汉官礼仪故事》被许都君臣阅览后实现了作者的期许。

制度文献进入流通后，传播与阅读并不受作者控制。相同的书籍对于不同场景下的不同读者，意义并不一样。比如，根据上引《应劭传》的材料，《汉官礼仪故事》在汉魏之际的制度恢复中发挥了作用。这部原本具有强烈经世性的著作到了南朝读者那里，主要作为一部史料集存在，沈约《宋书》、刘昭注《续汉书》都利用它来解说东汉制度。以这样的认识审视制度著述，其多层面的功能将在历史纵深中展露。我们举《隋书·经籍志》史部职官类为例再做申说。⑤ 该书目大致以时间顺序罗列了汉末以来的著作，数量随时间推移而增多，据此易于得出官制书写逐步迈入繁荣的认识。但这一单线条的概括可能掩盖了本是复数的趋向。因为各书虽皆以职官为内容，从撰述目标和最初用途来看却颇有差别。胡广《汉官解诂》、应劭《汉官仪》、

---

① 韩昇讨论《通典》诞生的缘由，认为杜佑"不是为修史而编纂"，"完全是出于从政的需要"，颇具启发性。见其《杜佑及其名著〈通典〉新论》，刘东主编《中国学术》第 26 辑，北京，商务印书馆，2008 年，第 70 页。

② 《续汉书·百官志》刘昭注引《汉官解诂》，《后汉书》，第 3555 页。

③ 《续汉书·百官志》刘昭注引《汉官解诂》，《后汉书》，第 3556 页。

④ 《后汉书》卷四八《应劭传》，第 1614 页。

⑤ 《隋书》卷三三《经籍志二》，北京，中华书局，1973 年，第 969—971 页。

傅畅《晋公卿礼秩故事》等是服务制度建设的学术产品。《梁勋选格》《梁官品格》《百官阶次》《梁选簿》等是直接用于规范官制运作的行政条则。《官族传》《魏晋百官名》《陈百官簿状》等则为官场人事的记录。诸书分属不同脉络，但《隋书·经籍志》的编纂者从整理图书的角度出发，基于主题等量齐观，使之尽入一类。由这份书目考察先唐制度文献的发展，如果不充分考虑各书生成的背景以及在不同读者处的意义，所得结论恐怕不免偏狭。

　　读者接触制度文献的方式方法同样值得思考。这方面的材料可以在南朝发现不少。《宋书·礼志》"皇太子及蕃王冠""纳后""临轩""南郊""社稷"等条目并未细载此类礼制的开展方式，而是以"官有其注"一笔带过。这项处理背后的逻辑是：既然官方已经制定、颁布了相关仪注，《礼志》也就不必重复叙述。换言之，晋宋仪注不是藏于宫廷的秘籍，对于与沈约同时代的人来说，是易见的资料。《南齐书·百官志》的序言提到："诸台府郎令史职吏以下，具见长水校尉王珪之《职仪》。"①查《百官志》内文，"诸台府郎令史职吏以下"的官职确实罕见述及。《齐职仪》于齐永明九年（491）上呈，入藏秘阁，②但从萧子显之语可知，该书在齐梁社会亦曾广泛传阅，低级职官的情况已由其阐明，《南齐书》便可不再赘言。处士阮孝绪编纂的《七录》，虽据秘阁目录有所增补，但毕竟以士人藏书为根基，其"职官部"记录的"八十一种"与"仪典部"记录的"八十种"，③当有不少散在民间。南朝聚书之风盛行，④"四境之内，家有文史"，⑤由以上梳理可见，制度撰述在宫廷以外的民间藏书中也占有一席之地。继续这样的考察，可以帮助理解官制礼仪文献在知识世界中的位置。

　　最后想稍作补充的是，既有研究与前文的反思，都只关注到士人精英的圈子里或在朝廷高层中产生、流传的典籍篇章。服务于普通吏民的官制礼仪文本，具有不同的价值和意义，同样应纳入讨论。汉魏南北朝的此类材料仍有一定留存。西汉元帝朝宦官史游撰写的《急就篇》，是中古前期影响最大的启蒙字书。书中不少篇幅涉及官制，比如第 26 至 27 章罗列了多种从中央到郡县的职官。⑥ 它以浅显直白的韵语，传达着一些官僚体制的基本信息。两汉之际王隆撰写的《汉官篇》也是用于童蒙教育的读本，该书通篇

①　《南齐书》卷一六《百官志》，北京，中华书局，1972 年，第 311 页。
②　《南齐书》卷五二《文学·王逡之传》，第 903 页。
③　阮孝绪《七录序》，释道宣《广弘明集》卷三，第 9 页 B、15 页 A。
④　胡宝国《知识至上的南朝学风》，《将无同——中古史研究论文集》，北京，中华书局，2020年，第 163—200 页。
⑤　《隋书》卷三二《经籍志一》，第 907 页。
⑥　张传官《急就篇校理》，北京，中华书局，2017 年，第 417—430 页。

以汉廷典制为内容。① "司马中外,以亲宠殊,平事尚书,宰尹枢机,勉用八政,播时百谷"等佚文显示,②作者以四字一句的格式,将当代制度简化为粗通文墨者即可传诵的知识。《急就篇》《汉官篇》的流行,说明国家的官制礼仪还拥有大量基层读者。从"书写"和"阅读"的视角进一步探究,或许会丰富我们对于朝廷—民众关系的理解。

三、思路与章节安排

针对汉唐间的制度文献及其体现的制度文化,本书在文献学方法的基础上,借鉴制度史、史学史、书籍史的视角,建立了主要由以下三点构成的分析思路。第一,制度文献因书写而成立。书写是一种主观行为,即便是僵硬的制度条文,也无法避免地打上了作者立场的烙印。书写以阅读为目标,字里行间凝聚着作者试图传达的理念与期许。第二,撰述官制、礼制是一种政治行为。一方面,作者的撰述目的,往往是满足政治运行的需要,或为朝廷的制度建设提供参考。另一方面,政治形势的变动也会深刻影响书写者对体制的理解。第三,制度书写、制度阅读的基底是制度知识的流动。职官礼制书写赖以开展的知识,不只来自对文字资料的吸收。作者自己的官场体验、人际传播的不成文规定都是制度文献的素材。随着文献的流传,制度知识得以实现时代间、地区间的传播。

由此将用九章的篇幅,考察汉、魏晋、南朝、北朝、初唐五个时期在本书论题之下值得重点关注的方面。

第一章探讨官制撰述兴起的过程。我们将在一个较长的时间尺度上梳理秦汉制度文献的发展脉络,揭示东汉中后期的文化氛围如何令学者意识到考述当朝官制的重要性,且尝试思考他们的作品在政治生活和学术史中的意义。这段时期问世的《汉旧仪》《汉官》《汉官解诂》《汉官仪》《汉官职仪》均为重要的制度著述,过去围绕其性质、流传过程的考辨以及对佚文的搜求,都还存在改进的空间,第二章通过文献考证获得了关于各书的新认识。

第三章、第四章的主题为"魏晋乱世中的制度知识及其传播"。东汉崩溃后长期的政治动荡打破了制度文明的有序演进,制度文献及其承载的制

---

① 《后汉书》卷八〇上《文苑上·王隆传》,第 2609 页。《续汉书·百官志》刘昭注引《汉官解诂》,《后汉书》,第 3556 页。
② 孙星衍等辑、周天游点校《汉官六种》,第 11 页。

度知识在行政运行、体制建设上的实际功用却凸显出来。除了描绘这一现象，我们亦关心制度之学在"天下乱离"的局势中如何延续，就此将讨论两种极具时代特色的途径：一为家内传承，二是政权间的转移。

制度文献在南朝迎来了繁荣。除了书籍数量的增加，进入这些著述内部，会发现取材广度、研究深度、内容厚度都较以往有了较大提升，这种特质与"知识至上"的学术风气密切相关。制度书写的价值也受到政治权力的重视，宋齐梁三代均动用朝廷的力量支持职官之学的发展，这些实践是后世《唐六典》等官修政典的远源。第五章、第六章即分别对以上两点加以探讨。

北朝制度的演进是内亚与华夏两个传统遭遇后不断冲突、调适的结果，对此展开研究的一个重要方法是在"书写"的视野下观察北朝特色的制度在汉语中如何被记录与诠释。第七章整合《魏书》之《礼志》《官氏志》同《文成帝南巡碑》等出土史料，探索歧异记载背后的联系，在阐明北魏前期官制结构及若干具体职官的基础上，深化我们对该政权统治方式的了解。

在南北两条并行的历史脉络终结后，直接继承北朝而来的隋唐，如何对待魏晋南朝的制度传统，颇引人关切。既有的研究多着眼于制度本身，以融合和变革为主旨。隋唐出现了大量关于魏晋南朝制度的记述，从其内容编排、材料去取入手，剖析时人面对这一传统的所思所感，是解答上述问题的新角度。第八章、第九章分别选取"舆服志"与"佞幸传"两个案例，展现隋唐史家对魏晋南朝制度的处理，发掘制度撰作隐含的政治观念和历史认识。

另外，附录一经由刘昭为《续汉书》之《礼仪志》《祭祀志》《百官志》《舆服志》所作注释，具体观察萧梁学者对制度知识的阅读、吸收与再生产，可进一步展露南朝制度之学的风貌。附录二考察流刑在北魏的确立，揭示一项源自内亚的刑罚被包装与粉饰的过程，这对理解胡汉融合背景下的制度书写与制度文化具有参考价值。

第一章　官制撰述在汉末的兴起

精细严密的官僚制度是古代中国的重要特质。对官制的记述与考释，也是一项长期活跃的学术活动。

在初创王朝体制的秦汉，书写官制的行为已经萌芽。尽管时代悬隔，部分篇章仍得以留存至今。其中最为人熟知的莫过于班固《汉书·百官公卿表》所作西汉职官述要。卫宏《汉旧仪》则是目前已知最早的单行本制度记录。律令中针对职官设置、官员待遇的成文规定也可视为一种书写制品，如睡虎地秦简《秦律》中的《置吏律》、张家山汉简《二年律令》中的《秩律》等，这些法则又充当着官制著作的资料来源。至东汉后期，撰述官制才真正成为一条引人瞩目的文化进路。顺帝朝以降的数十年间，论叙制度的风气骤然昌盛，在胡广《汉官解诂》的带动下，蔡质《汉官典职仪式选用》、应劭《汉官仪》等一批具有研究性、经世性的专著集中出现。这不仅带来文献数量的迅速增长，一片未被涉足的学术领域也由此开辟。以之为起点，中国古代官制撰述的传统逐渐形成。

本章意在阐明官制撰述兴起的背景和过程，同时也关注官制文本在汉代政治生活中的角色与价值，希望可以充分揭示这一文化新潮的历史意义。

一、汉末以前的官制文献

胡广是官制书写兴起的决定性人物（详见后文）。在《汉官解诂》一书中，他曾详细交代撰述当代制度的动因。这一当事人的自叙，是了解相关背景的重要材料。接下来由此切入，综论汉末以前官制撰述的发展情况。

《续汉书·百官志》刘昭注引《汉官解诂》曰（编号为笔者所加，下同）：

（A）前安帝时，越骑校尉刘千秋校书东观，好事者樊长孙与书曰：

"汉家礼仪，叔孙通等所草创，皆随律令在理官，藏于几阁，无记录者，久令二代之业，闇而不彰。诚宜撰次，依拟《周礼》，定位分职，各有条序，令人无愚智，入朝不惑。君以公族元老，正丁其任，焉可以已！"（B）刘君甚然其言，与邑子通人郎中张平子参议未定，而刘君迁为宗正、卫尉，平子为尚书郎、太史令，各务其职，未暇恤也。至顺帝时，平子为侍中典校书，方作《周官解说》，乃欲以渐次述汉事，会复迁河间相，遂莫能立也。述作之功，独不易矣。（C）既感斯言，顾见故新汲令王文山《小学》为《汉官篇》，略道公卿外内之职，旁及四夷，博物条畅，多所发明，足以知旧制仪品。盖法有成易，而道有因革，是以聊集所宜，为作诂解，各随其下，缀续后事，令世施行，庶明厥旨，广前后愤盈之念，增助来哲多闻之览焉。①

　　我们按文意将引文分为三部分。胡广首先在 A 中引用安帝时人樊长孙致刘千秋的书信。信里樊氏回顾了职官文献的状况，他颇为遗憾地指出：截止到东汉中叶，有关汉家官制与礼制的内容仅存于律令，此外便无人纂录。另可作为参照的是，稍早的章帝时期，班固在谈及礼制文献时也有类似观察。《汉书·礼乐志》"礼"的部分末尾叙述东汉光武、明帝朝礼制进程，其中有言："今叔孙通所撰礼仪，与律令同录，臧于理官，法家又复不传。汉典寝而不著，民臣莫有言者。"②

　　我们对班固、樊长孙的语义稍作解说。首先，如二者所云，汉代律令的确包含职官设置、朝廷礼仪方面的篇章。传世文献曾提及的《秩禄令》《品令》就属于"定位分职"的条文。《汉书·文帝纪》臣瓒注曰："《汉秩禄令》及《茂陵书》姬并内官也，秩比二千石，位次婕妤下，在八子上。"③臣瓒虽然只引到《秩禄令》内官部分，但不难推知，朝廷众职的官秩都应是该法令规定的对象。又据如淳注《汉书·百官公卿表》引《品令》曰"若卢郎中二十人，主弩射"可知，④《品令》是有关员数、职掌的法规。另外，汉初叔孙通"定汉诸仪法"，涉及朝觐、宗庙、舞乐等朝廷礼制。⑤ 尽管这些礼仪是否属于汉律的"傍章"还存在争议，⑥但按照班、樊二人的论述，它们早已被吸纳为律令

----

① 《续汉书·百官志》刘昭注，《后汉书》，第 3555—3556 页。
② 《汉书》卷二二《礼乐志》，北京，中华书局，1962 年，第 1035 页。
③ 《汉书》卷四《文帝纪》颜师古注，第 105 页。
④ 《汉书》卷一九上《百官公卿表上》颜师古注，第 732 页。
⑤ 《史记》卷九九《叔孙通列传》，第 2721—2726 页。
⑥ 张建国《叔孙通定〈傍章〉质疑——兼析张家山汉简所载律篇名》，《帝制时代的中国法》，北京，法律出版社，1999 年，第 49—70 页。陶安あんど《法典编纂史再考——汉篇：再び文献史料を中心に据えて》，《東洋文化研究所紀要》第 140 册，2000 年，第 1—57 页。

的一部分,具有法的性质。班固于章帝朝所献"叔孙通《汉仪》十二篇",应该就是从律令中辑出。① 20 世纪下半叶以来秦汉简牍的大量出土,使律令的原貌见知于世。睡虎地秦简的《秦律十八种》,是对多种秦律的摘录。据其中留存的三条《置吏律》律文可知,该律以官吏任免为主要内容。② 江陵张家山汉墓出土的《二年律令》,是西汉早期吕后二年(前 186)正在施行的法律。其中《秩律》通篇由"某官,某官……若干石"这样的语句组成,罗列了朝廷百官及其禄秩。③ 这篇近两千字的律文让我们看到,汉初曾用"律"的形式规定了官员的秩级位次。张家山 336 号汉墓、荆州胡家草场汉墓出土的《朝律》,详叙诸侯群臣朝见皇帝的程式,一般就被认为是叔孙通创设礼仪的成果。④ 简牍实物中还可见有关祠祀等礼制的律令。⑤

　　按照樊长孙的说法,针对汉廷官制的记载只能从律令求取。樊氏因而批评道:"久令二代之业,闇而不彰。""与律令同录"为何会导致汉家制度"闇而不彰"? 原因当与律令在政治生活中的角色相关。汉代的律令,是规模异常庞大的文书群。《汉书·刑法志》叙武帝时法制,提到"律令凡三百五十九章,大辟四百九条,千八百八十二事,死罪决事比万三千四百七十二事,文书盈于几阁,典者不能遍睹",⑥内容竟多到无法卒读。此后各朝被迫多次删修,如元帝曾下诏曰:"今律令烦多而不约,自典文者不能分明,而欲罗元元之不逮,斯岂刑中之意哉! 其议律令可蠲除轻减者。"⑦但这些措施成效不大,成帝河平中的诏书就再次提出"律令烦多,百有余万言"的问题。⑧ 上引文又数次提到律令有其"典者",这其实就是樊长孙所谓的"理官"。颜师古注《汉书·礼乐志》曰"理官,即法官也",⑨指的是司法官员。律令"臧于理官",专门由司法官员主持、保管,加之体量巨大、难以遍览,散落其间的官制部分故不易为普通吏民所熟悉。当然,在秦与西汉,由于统治

① 《后汉书》卷三五《曹褒传》:"章和元年(87)正月,乃召褒诣嘉德门,令小黄门持班固所上叔孙通《汉仪》十二篇。"第 1203 页。

② 睡虎地秦墓竹简整理小组编《睡虎地秦墓竹简》,北京,文物出版社,1990 年,"释文·注释"第 19、56 页。

③ 张家山二四七号汉墓竹简整理小组编《张家山汉墓竹简》,北京,文物出版社,2006 年,第 69—80 页。彭浩等主编《二年律令与奏谳书》,上海,上海古籍出版社,2007 年,第 257—295 页。

④ 参见张忠炜、张春龙《汉律体系新论——以益阳兔子山遗址所出汉律律名木牍为中心》,《历史研究》2020 年第 6 期,第 4—23 页。

⑤ 参见范云飞《秦汉祠祀律令研究》,武汉大学硕士学位论文,2017 年。

⑥ 《汉书》卷二三《刑法志》,第 1101 页。

⑦ 《汉书》卷二三《刑法志》,第 1103 页。

⑧ 《汉书》卷二三《刑法志》,第 1103 页。

⑨ 《汉书》卷二二《礼乐志》,第 1036 页。

者的推重,律令之学曾一度兴盛,为官为吏者多少有所涉猎。① 不过,这种风气在两汉之际发生了转折。依据邢义田的研究,律学进入东汉以后渐为世人所轻,此趋势在章帝、和帝以降更为强烈。② 樊长孙于安帝时叹息律令被束之高阁,正是这一现象的反映。在卑视律令刑名的大环境下,附于律令的汉家制度自然难逃"寝而不著"的境遇。

就实际情形而言,东汉中期以前,律令并非官制的唯一载体。作为司马彪《续汉书·百官志》基础的东汉"官簿",登载了从中央到地方各级职官的名称、员额与秩级,这提示我们注意行政运作中形成的簿籍文件。③ 出土简牍提供了相关实物。里耶秦简中有一枚题为"迁陵吏志"的木牍,记录了迁陵县吏的职位设置以及定员数、实际人数。④ 在尹湾汉墓中发现的《集簿》列有西汉晚期东海郡府诸职官的员额,《东海郡吏员簿》则是对东海郡及下辖县、侯国吏员人数、秩级的详细统计。⑤ 司马彪依照的"官簿",很可能就是朝廷根据各级官府上呈的簿籍所作的汇总。⑥ 另外,刘昭注《续汉书》之《郡国志》《百官志》多次引用一部名为《汉官》的文献,其中含有对众职官员额、禄秩及选用条件的记录。⑦ 该部分本为东汉时期形成的职官类簿籍,在性质上与"官簿"相同。⑧ 文书行政体制下,从中央到地方的各官署都须定期制作各类统计簿。吏员设置的情况是不可缺少的项目。职是之故,行政文书当蕴藏有丰富、细致的汉代官制内容。但应注意,这些资料毕竟是直接服务于行政运作的公牍档册,并不能自由传阅、流通。能够接触它们的,大概仅限于负责制作、审验、保管文书的官员。⑨ 通过行政文书了解汉家制度绝不可行,故樊长孙在梳理职官文献时,没有提

① 参见邢义田《秦汉的律令学——兼论曹魏律博士的出现》,《治国安邦:法制、行政与军事》,北京,中华书局,2011 年,第 1—61 页。
② 邢义田《秦汉的律令学——兼论曹魏律博士的出现》,《治国安邦:法制、行政与军事》,第 52—61 页。
③ 徐冲《〈续汉书·百官志〉与汉晋间的官制撰述》,《观书辨音:历史书写与魏晋精英的政治文化》,第 113—148 页。
④ 里耶秦简博物馆等编《里耶秦简博物馆藏秦简》,上海,中西书局,2016 年,图版第 3 页。陈伟主编《里耶秦简牍校释(第 2 卷)》,武汉,武汉大学出版社,2018 年,第 167—168 页。
⑤ 连云港市博物馆等编《尹湾汉墓简牍》,北京,中华书局,1997 年,第 77—84 页。
⑥ 徐冲《〈续汉书·百官志〉与汉晋间的官制撰述》,《观书辨音:历史书写与魏晋精英的政治文化》,第 134—148 页。
⑦ 参见孙星衍等辑、周天游点校《汉官六种》,第 1—10 页。
⑧ 徐冲《〈续汉书·百官志〉与汉晋间的官制撰述》,《观书辨音:历史书写与魏晋精英的政治文化》,第 134—148 页。
⑨ 参见汪桂海《汉代官文书制度》,桂林,广西教育出版社,1999 年,第 198—200、216—232 页。

及的必要。

撰成于光武帝朝的《汉旧仪》，①则是被忽视的著述。从现存佚文来看，卫宏搜罗广泛，西汉一朝的官制、礼制都是其纂录的对象。②《汉旧仪》是目前已知最早的制度专书，不过自诞生至汉末魏初，它流传不广，未受重视。直到官制书写的风气兴起以后，该书才被蔡邕、应劭等学者重新发现。③ 另外，《汉书·百官公卿表》卷上是班固对西汉职官员额、秩级、职掌、沿革的介绍。因问世时间早，后人往往将其看成职官书写的源头。但根据樊长孙、胡广的回顾，《百官公卿表》与东汉后期制度撰述的骤兴没有直接联系。实际上，无论从篇幅还是撰作旨趣来看，关于西汉公卿迁转的表格才是《百官公卿表》的重心。《公卿表》与《汉书》其他"表"一样，焦点在于西汉历史中某一方面的人事变动。《公卿表》卷上的官制文本只是表格的附庸，它的出现在当时没有引发太大回响。汉末以降的纪传体史书以"百官志"取代"百官公卿表"，以及"舆服志""朝会志"的创立，反倒是受到官制撰述之风的影响。④

接下来看 B 部分。⑤ 樊长孙的致书对象为刘千秋。惠栋《后汉书补注》云："刘千秋即刘珍也。《文苑传》云珍字秋孙，疑传误。"⑥胡广述刘千秋的历官为越骑校尉、宗正、卫尉，又提到他是南阳人张衡的同乡，均与《后汉书·文苑·刘珍传》合。⑦ 惠栋的说法可以信从。刘珍当时校书东观，且主持国史编纂，⑧无疑是安帝朝文史方面的领军人物。樊长孙投书，呼吁撰次汉家制度，应该是看重刘珍的地位。刘珍"甚然其言"，遂与当世通人张衡筹划。《后汉书·张衡传》叙此事为："永初中，谒者仆射刘珍、校书郎刘騊駼等著作东观，撰集《汉记》，因定汉家礼仪，上言请衡参论其事。"⑨这一系列动向显示，樊长孙关于制度文献现状的批判得到了知识精英的认可。

① 《后汉书》卷七九下《儒林下·卫宏传》，第 2575—2576 页。
② 参见孙星衍等辑、周天游点校《汉官六种》，第 61—112 页。
③ 参见本书第二章。
④ 参见本书第五章。
⑤ 佐藤達郎《胡広〈漢官解詁〉の編纂：その経緯と構想》（《漢六朝時代の制度と文化·社会》，第 103—126 页）对下文讨论的王隆《汉官篇》、刘珍"汉家礼仪"、张衡《周官解说》已有研究，但与本文角度不同。佐藤氏强调政治立场对制度书写的影响，笔者认为，文中构建的两者关系比较牵强。
⑥ 王先谦《后汉书集解·百官志一》，北京，中华书局，1984 年，第 1308 页。
⑦ 《后汉书》卷八〇上《文苑上·刘珍传》，第 2617 页。
⑧ 参见吴树平《〈东观汉记〉的撰修经过及作者事略》，《秦汉文献研究》，济南，齐鲁书社，1988 年，第 108—126 页。
⑨ 《后汉书》卷五九《张衡传》，第 1940 页。

东汉中期学者进而对官制书写提出了全新要求。樊长孙将书写的目标设定为彰显两汉王朝官僚制度的成就，并主张让天下吏民都习得相关知识，即所谓"令人无愚智，入朝不惑"。樊氏还指陈，理想的书写形式是"依拟《周礼》"，以做到"定位分职，各有条序"。过去依存在律令或簿籍中的官制文本，从性质上看，是服务于国家治理的公牍文书，源自行政需求。而按照樊长孙的构想，制度书写将上升为一种自觉的学术行为，由此产生的著述必然与以往完全不同。张衡在顺帝朝的尝试，正是践行樊氏之观点，而非简单地扭转"臧于理官""寝而不著"的窘况。顺帝初年，张衡"请得专事东观，收捡遗文，毕力补缀"，①撰述内容包括刘珍遗留的国史，以及他们曾商议过的"汉家礼仪"。在李贤注所引"请入东观表"中，张衡谈到了对修纂工作的期许："愿得专于东观，毕力于纪记，竭思于补阙，俾有汉休烈，比久长于天地，并光明于日月，炤示万嗣，永永不朽。"②在张氏看来，自己即将从事的制度书写同国史一样，具有让"有汉休烈"得以广泛传扬的价值。至于写作的形式，据胡广所叙"平子为侍中典校书，方作《周官解说》，乃欲以渐次述汉事"可知，"汉事"是《周官解说》的续篇，张衡仿拟《周官》以述汉家制度的意图十分明显。因张衡出为外任，这项划时代的制度书写计划终究没能落实。

胡广在 C 部分说明《汉官解诂》的撰写经过。他首先讲到"既感斯言"，表达了对刘珍、张衡述作不成的惋惜。不过，樊长孙及刘、张的设想已经给胡广造成触动。胡氏在后文谈及《汉官解诂》的旨趣："令世施行，庶明厥旨，广前后愤盈之念，增助来哲多闻之览。"也就是说，胡广试图通过自己的纂录，传播官制礼仪的知识，让更多人了解汉家制度的内涵。这种取向无疑继承自樊长孙等人的撰述理念。

另一方面，发现《小学汉官篇》的价值，是胡广在官制书写上取得突破的重要因素。该书作者王隆（字文山）生活于两汉之际。③"《小学》为《汉官篇》"之语说明，《汉官篇》的用途是"小学"，即童蒙教育。④ 该书尽管以汉廷官制为内容，但毕竟面向未受教育者充当识字教材，一般很难将其与严肃的制度撰述联系起来。班固、樊长孙在回顾官制文献时，就没有纳入考虑。而胡广眼光独到，对《汉官篇》给予了很高评价。他认为，该书囊括了从

① 《后汉书》卷五九《张衡传》，第 1940 页。

② 《后汉书》卷五九《张衡传》李贤注，第 1940 页。

③ 《后汉书》卷八〇上《文苑上·王隆传》，第 2609 页。

④ 据《汉书》卷三〇《艺文志》，"小学"在两汉之际指训蒙字书（第 1720—1721 页）。另外，孙星衍云："《汉官篇》仿《凡将》《急就》，四字一句，故在小学中。"孙星衍等辑、周天游点校《汉官六种》，第 11 页。

"公卿外内之职"到"四夷"内容,搜罗广泛、体系完整,且"多所发明",足以让读者明了"旧制仪品"。与先前的学者从零开始构建新的制度叙述以致计划难产不同,胡广尊重王隆奠定的框架,他一边收集材料为王隆原文添加注解,一边补叙光武帝朝以后的制度变动,成功推出全面考述汉代官制的专著——《汉官解诂》。

上文梳理了汉末以前官制文献的总体状况,同时让我们注意到催生汉制书写之风的思想土壤。胡广的序言已揭示,来自《周礼》以及《小学汉官篇》的启发,是东汉后期官制撰述意识得以萌芽、并最终走向实践的学术条件。下面先就经学,尤其是《周礼》学在官制书写兴起过程中扮演的角色做一考述。

二、古文经学对汉制撰述的启发

自西汉中期开始,经学在文化上占据了支配地位。此后,学术、思想上的种种动向,往往与经学密切相关。樊长孙、胡广等人推动建立的"官制之学"也不例外。

两汉之际经学内部的重要变化是古文学的崛起。尽管终东汉一朝,官学博士的位置依然由今文学者独占,但正如顾颉刚指出的,"在表面上看,似乎是今文学的胜利,然而这胜利只有在表面上而已","东汉时几个最有名的学者,如贾逵、服虔、马融、郑玄,都是古文家,或是兼通今古文的"。① 相对于今文学侧重微言大义,古文学在方法上强调训诂名物、疏释典章、考辨事实。这一学术取径随古文学的抬头而在知识阶层中渐具影响,也给经学以外的领域带来了刺激与启迪。比如胡宝国揭示,史学在东汉走向独立的基础,正是今文经学的衰落与古文经学的繁荣。② 又据辛德勇的研究,舆地之学的兴起也跟古文经学成为学术主流息息相关。③

官制之学是将辨章与考镜的技艺运用到当代官制上的学问,它的形成亦离不开古文经学的滋养。两者间的连结存在一个明显的标志,即制度撰述的倡导者、实践者往往拥有古文学的背景。例如,"作《汉旧仪》四篇以载西京杂事"的卫宏较早地开展了官制书写,他恰以古文学者的身份列于《后

---

① 顾颉刚《秦汉的方士与儒生》,上海,上海古籍出版社,2005 年,第 80—81 页。
② 胡宝国《经史之学》,《汉唐间史学的发展》,北京,北京大学出版社,2014 年,第 29—47 页。
③ 辛德勇《〈后汉书〉对研究西汉以前政区地理的史料价值及相关文献学问题》,《中国历史地理论丛》2012 年第 4 期,第 31—32 页。

汉书·儒林传》。本传载卫宏"少与河南郑兴俱好古学",后又详叙他在古文《诗经》、古文《尚书》方面的师承。① 于安帝朝商议撰写"汉家礼仪"的刘珍,因校书修史、好为文章,被学者认为通晓古文经学。② 本传称"撰《释名》三十篇,以辩万物之称号",③亦可看出古文学训释名物的学风对刘珍的启发。正式开创制度之学的胡广,在经学方面的造诣未见史载。不过,他曾援用《周礼》《左传》来解说汉代典制,显示他十分熟悉古文经典。④ 蔡邕是汉末制度书写潮流中另一位代表性人物。他关于官制礼仪的专著《独断》数次征引《左传》。⑤ 蔡氏的经学倾向在《月令问答》一文中有明确展现:

> 问者曰:"子说《月令》,多类以《周官》《左氏》。假无《周官》《左氏传》,《月令》为无说乎?"曰:"夫根柢(祠)〔同〕则枝叶必相从也。《月令》与《周官》并为时任政令之记。异文而同体,官名百职,皆《周官》解……"……问者曰:"《令》曰'七驺咸驾'。今曰〔六〕驺,何也?"曰:"本官职者,莫正于《周官》。《周官》天子马六种。六种一驺,故六驺。《左氏传》:'晋程郑为乘马御,六驺属焉。'无言七者,知当为六也。"⑥

从对《周礼》《左传》的维护和遵从可知,蔡邕亦为古文家。⑦

古文经学为官制之学成立提供的智识基础,还有以下两个具体的方面值得注意。首先,古文经典《周礼》的流行,一定程度上激发了学者撰述当代制度的意识。关于《周礼》的内容,"天官冢宰""地官司徒""春官宗伯""夏官司马""秋官司寇"诸篇开头相同的五句可谓简明扼要:"惟王建国,辨方正位,体国经野,设官分职,以为民极。"该书记录的是一种官僚制度的构想,体系严明,囊括了从卿士至小吏的员额与职掌。在服膺古文经的学者眼中,《周礼》乃周公所作,"周公致太平之迹,迹具在斯"。⑧ 自两汉之际开始,是书渐受重视。东汉不少知识精英,如郑兴、郑众、贾逵、马融、郑玄等,都针对《周礼》撰写过解经著作,可以看出"《周礼》学"的繁荣。⑨

---

① 《后汉书》卷七九下《儒林下·卫宏传》,第 2575—2576 页。
② 胡宝国《经史之学》,《汉唐间史学的发展》,第 38—47 页。
③ 《后汉书》卷八〇上《文苑·刘珍传》,第 2617 页。
④ 孙星衍等辑、周天游点校《汉官六种》,第 13、24 页。
⑤ 福井重雅编《訳注西京雑記·独断》,第 214、340 页。
⑥ 蔡邕《蔡中郎文集》卷一〇,《四部丛刊》本,第 7 页 B、9 页 A。
⑦ 参见胡宝国《经史之学》,《汉唐间史学的发展》,第 38—47 页。
⑧ 贾公彦《序周礼废兴》,《周礼注疏》,阮元校刻《十三经注疏》,第 636 页。
⑨ 参见许结《论东汉周礼学兴起的文化问题》,《古典文献研究》第 11 辑,南京,凤凰出版社,2008 年,第 43—47 页。

实际上,经学家关于《周礼》的疏释也是一种制度研究。"《周礼》学"与本节所谓官制之学的不同在于,前者围绕被奉为先王圣法的周代体制,后者的重心置于当代。不过,由考订古代官制到撰述汉家制度,仅一步之遥。于是我们看到,一些学者受此启示,水到渠成般地迈出这一步。

此处列举几个可以直接看出官制撰述与《周礼》学存在紧密关联的例证。郑玄曾提及东汉以来《周礼》的传习系谱:"世祖以来通人达士大中大夫郑少赣名兴、及子大司农仲师名众,故议郎卫次仲,侍中贾君景伯,南郡太守马季长,皆作《周礼解诂》。"①其中的"卫次仲"向来被认定为卫宏(《后汉书》记卫宏字敬仲)。② 以西汉官制礼仪为内容的《汉旧仪》,很可能是卫宏研读《周礼》后将视野转向当代的产物。而第一节已指出,东汉中期鼓吹制度之学的樊长孙、张衡等人,怀揣着模拟《周礼》以述汉事的强烈意识。另外,汉末应劭在其《汉官仪》中常以《周礼》解析汉制,如:

> 《周礼》有典瑞掌节之士,盖所以宣命重威,为国信者也。③

典瑞之官载于《周礼·春官宗伯》,掌节为"地官司徒"的下属。④ 尽管上下文已不存,但大致能判定此句是对汉廷符节令一职的阐释。这条材料透露出,花费大量心力整理"故事"、推出多部官制著作的应劭,也是《周礼》的研习者。⑤

另一方面,东汉古文学家在注解经典时,常常征引汉代制度来辅助说明。⑥ 杜子春是两汉之际传《周礼》的学者,一般被认为是刘歆的学生,东汉经学大家郑兴、郑众、贾逵等都曾受业于杜氏。⑦ 杜子春对《周礼》的疏释,经郑玄《周礼注》的采用而有所保存。其中可见涉及今制者,如:

> 《春官宗伯·典瑞》:"珍圭以征守,以恤凶荒。"郑玄注:"杜子春

---

① 贾公彦《序周礼废兴》,《周礼注疏》,阮元校刻《十三经注疏》,第 636 页。
② 比如朱彝尊《经义考》卷一二一,北京,中华书局,1998 年,第 647 页。
③ 孙星衍等辑、周天游点校《汉官六种》,第 143 页。
④ 《周礼注疏》卷一五、卷二〇,阮元校刻《十三经注疏》,第 739、776 页。
⑤ 应劭在其《风俗通义》中也数次援引《周礼》之说。应劭撰、王利器校注《风俗通义校注》,北京,中华书局,2010 年,第 245、309 页等。
⑥ 王应麟《汉制考》(张三夕、杨毅点校,北京,中华书局,2011 年)、刘善泽《三礼注汉制疏证》(长沙,岳麓书社,1997 年)搜集了经注中涉及汉代政俗的内容,可由此对汉儒以时制解经的现象做一概览。
⑦ 参见间嶋润一《杜子春〈周礼〉解释小考》,《香川大学国文研究》第 32 号,2007 年,第 1—8 页。

云：'珍当为镇，书亦或为镇。以征守者，以征召守国诸侯，若今时征郡守以竹使符也。镇者，国之镇，诸侯亦一国之镇，故以镇圭征之也。凶荒则民有远志，不安其土，故以镇圭镇安之。'……"①

杜氏借当代以竹使符征郡守的规定解说典瑞的职掌。看来这种做法，在早期的古文学中已经萌发。

该倾向在郑众处表现得更为强烈。② 除了像杜子春一样引入汉廷的职官规章，郑众还以当代官职比附《周礼》众官。比如：

> 1.《春官宗伯·序官》："乃立春官宗伯，使帅其属而掌邦礼，以佐王和邦国。"郑玄注："礼谓曲礼五，吉、凶、宾、军、嘉，其别三十有六。郑司农云：'宗伯，主礼之官。……然则唐虞历三代，以宗官典国之礼与其祭祀，汉之大常是也。'"
>
> 2.《秋官司寇·小司寇》："大宾客，前王而辟。"郑玄注："郑司农云：'小司寇为王道辟除奸人也，若今时执金吾下至令尉奉引矣。'"③

在以上两条中，汉代的太常与执金吾被郑众对应为《周礼》的宗伯、小司寇。有学者推测，这类比附的目的是从周制为汉官寻找源头。④

郑玄也是上述解经方式的继承者，在其《周礼注》中，有大量称引汉制的内容。⑤ 略举数例：

> 1.《天官冢宰·序官》："司会，中大夫二人，下大夫四人，上士八人，中士十有六人，府四人，史八人，胥五人，徒五十人。"郑玄注："会，大计也。司会，主天下之大计，计官之长，若今尚书。"
>
> 2.《春官宗伯·序官》："世妇，每宫卿二人，下大夫四人，中士八人，女府二人，女史二人，奚十有六人。"郑玄注："世妇，后宫官也。王后六宫。汉始大长秋、詹事、中少府、大仆亦用士八人。女府、女史，女奴有才知者。"

---

① 《周礼注疏》卷二〇，阮元校刻《十三经注疏》，第 777—778 页。
② 间嶋润一《郑玄に至る〈周礼〉解释の变迁について》，《中国文化》（日本）第 38 号，1980 年，第 15—28 页。
③ 《周礼注疏》卷一七、卷三五，阮元校刻《十三经注疏》，第 752、874 页。
④ 间嶋润一《郑玄の周礼解释に就いて》，《东洋文化》复刊第 40 号，1976 年，第 11—25 页。
⑤ 参见西川利文《〈周礼〉郑注所引の"汉制"の意味——特に官僚制を中心として》，小南一郎编《中国古代礼制研究》，京都，京都大学人文科学研究所，1995 年，第 339—358 页。

3.《秋官司寇·序官》:"司隶,中士二人,下士十有二人,府五人,史十人,胥二十人,徒二百人。"郑玄注:"隶,给劳辱之役者。汉始置司隶,亦使将徒治道沟渠之徒,后稍尊之,使主官府及近郡。"①

此外,郑玄注《仪礼》《礼记》,也常常提及当代职官,如:

1.《仪礼·士冠礼》"有司如主人服,即位于西方,东面,北上。"郑玄注:"有司,群吏有事者,谓主人之吏,所自辟除,府史以下,今时卒吏及假吏是也。"②

2.《礼记·王制》:"成狱辞,史以狱成告于正,正听之。"郑玄注:"史,司寇吏也。正,于周乡师之属,今汉有平正丞,秦所置。"

3.《礼记·月令》:"命大尉赞桀俊,遂贤良,举长大。"郑玄注:"助长气也。赞犹出也。桀俊,能者也。遂犹进也。三王之官有司马,无大尉,秦官则有大尉。今俗人皆云周公作《月令》,未通于古。"③

我们还能在《毛诗》的"郑玄笺"中发现他对汉代官制的援用:

《小雅·甫田》:"田畯至喜。"郑玄笺:"田畯,司啬,今之啬夫也。"④

经学家关于当代制度的知识,除了自身在官场观察所得的部分,应当主要来自律令。第一节已指出,律令包含职官设置方面的规定。两汉曾有"兼习经、律"的风尚,包括郑玄在内的大儒甚至撰写过律令章句。⑤研究者还专门辑录过经注所引汉律,⑥内容丰富,也可看出经学家对律令的熟悉。另一方面,经学家利用汉制,不只是简单地抄录、罗列,其中也倾注了自己的思考。尤其是上引郑玄围绕司隶校尉、廷尉、平正丞、太尉等官的解说显示,郑氏已初步整理过周汉间的职官沿革。在经学至上的时代,经学内部的演化足以牵动学术风气的转变。经学家对汉家制度投入心力,自然也会激发知

---

① 《周礼注疏》卷一、卷一七、卷三四,阮元校刻《十三经注疏》,第 642、753、868 页。

② 《仪礼注疏》卷一,阮元校刻《十三经注疏》,第 946 页。

③ 《礼记正义》卷一三、卷一五,阮元校刻《十三经注疏》,第 1343、1365 页。

④ 《毛诗正义》卷一四,阮元校刻《十三经注疏》,第 475 页。

⑤ 邢义田《秦汉的律令学——兼论曹魏律博士的出现》,《治国安邦:法制、行政与军事》,第46—52 页。

⑥ 薛允升辑、堀毅整理《汉律辑存》,岛田正郎主编《中国法制史料》第 2 辑第 1 册,台北,鼎文书局,1979 年,第 61—86 页。

识分子考察当代官制的兴趣。东汉古文经学的这一学术特点,为制度撰述的兴起提供了一片沃土。

三、蒙学书籍的官制内容

胡广对《小学汉官篇》的重视以及为该书作注的举措,又提示了汉末官制著述在经学以外的思想资源。童蒙书籍中官制内容的意义,在思考官制之学崛起时不可忽视。

小学是未受教育者发蒙的门径。字书的编纂与传授,是朝廷与知识分子推行教化的基础环节。单是秦及西汉就出现了多种字书。① 过去针对它们的研究,除了进行佚文搜集、文字校订,主要集中于常用字的数量、字体的演变、字书的适用对象以及文字的学习过程等问题。着眼点只放在字与识字上未免单调。② 实际上,文字的去取和排列组合,蕴含着编纂者对基础教育的思考。借由分析小学书籍的内容,我们有机会了解到,在当时的知识分子眼中,哪些是最基本、必须首先向社会普及的知识。小学书籍完全可以成为政治文化史的素材。

先以秦汉之际形成的《苍颉篇》为例略作申说。北大藏汉简《苍颉篇》现存一千三百余字,是迄今所见保存文字最多的本子。在之、职合韵部有题为"汉兼"的一章,含以下文句:"汉兼天下,海内并厕,胡无噍类,菹醢离异,戎翟给賨,百越贡织,饬端修法,变大制裁,男女蕃殖,六畜逐字。"③《苍颉篇》的文字排列方法,在多数篇章中是"罗列式",即将字义相近或相联系的文字放在一起,意在强调各个字词的含义。而"汉兼"章罕见地采用"陈述式",通过若干语义相连的句子来诉说一项主旨。④ 这段文字并非单纯地颂扬汉朝功业,而是试图向接触此识字教材的受教育者灌输一种基本的世界观:我们生活在什么时代,我们由谁统治。其中又寓有天下太平、生活美好的许诺。在编纂者看来,对学童或普通百姓的启蒙,绝不限于日用文字的教授,还必须使之明了身处的秩序,并且理解朝廷的伟大。另一方面,

① 《汉书》卷三〇《艺文志》,第 1721 页。

② 沈元《〈急就篇〉研究》(《历史研究》1962 年第 3 期,第 61—87 页)从蒙书内容考察两汉社会,极富启发性。

③ 北京大学出土文献研究所编《北京大学藏西汉竹书·壹》,上海,上海古籍出版社,2015 年,第 77 页。

④ 朱凤瀚《北大藏汉简〈苍颉篇〉的新启示》,北京大学出土文献研究所编《北京大学藏西汉竹书·壹》,第 174—175 页。

《颜氏家训》曾引《苍颉篇·汉兼》云："汉兼天下，海内并厕，豨黥韩覆，畔讨灭残。"①颜之推所引，当为西汉时改造过的《苍颉篇》的另一版本，"豨黥韩覆，畔讨灭残"两句，显然是西汉人据汉高祖讨平陈豨、韩信事迹新编的内容。② 这说明，小学书籍所欲传递的知识亦处在变动当中，政治局势是一项触发因素。

第一小节引胡广自述提到："王文山《小学》为《汉官篇》。"时至两汉之际，像《苍颉篇》那样仅让庶民泛泛地了解统治者，已经无法令一些知识分子感到满足，王朝的典制也开始被视作基础知识，注入到初等教育。当然，这一局面并非王隆首创。西汉后期出现的《急就篇》里就已存在与官僚制度相关的部分。接下来对这两份文献详加讨论。

1.《急就篇》

《急就篇》是唯一一部完整流传至今的西汉字书。作者史游为元帝朝黄门令，除《后汉书·宦者列传》有"元帝之世，史游为黄门令，勤心纳忠，有所补益"的记载外，③我们无从得知其生平事迹。《急就篇》原有三十一章，近两千字，用韵语写成。该书分为三部分：篇首罗列一百三十余个姓名；其次是"服器百物"，包括食品、衣履、鸟兽等；最后从日常生活抽离，以官制与法律为内容。

直接涉及官制的段落为：

> 诸物尽讫五官出。宦学讽《诗》《孝经》《论》。《春秋》《尚书》律令文。治礼掌故砥厉身。智能通达多见闻。名显绝殊异等伦。抽擢推举白黑分。迹行上究为贵人。丞相御史郎中君。进近公卿傅仆勋。前后常侍诸将军。列侯封邑有土臣。积学所致非鬼神。冯翊京兆执治民。廉洁平端抚顺亲。奸邪并塞皆理驯。变化迷惑别故新。更卒归诚自诣因。司农少府国之渊。远取财物主平均。④

首先可以注意到史游举出的丞相、御史大夫、郎中令以及"公卿傅仆勋""常侍诸将军"等中央职官。因配合"七言"的格式，作者缩写了一些官名。

---

① 颜之推撰、王利器集解《颜氏家训集解》，第 484 页。于豪亮《阜阳汉简和定县汉简的整理工作》（《古籍整理出版情况简报》1981 年第 3 期，第 2—5 页）指出"豨黥韩覆，畔讨灭残"两句在原本中不一定紧接在"海内并厕"之后。
② 朱凤瀚《北大藏汉简〈苍颉篇〉的新启示》，北京大学出土文献研究所编《北京大学藏西汉竹书·壹》，第 176 页。
③ 《后汉书》卷七八《宦者列传》，第 2508 页。
④ 张传官《急就篇校理》，第 417—430 页。

"仆"指太仆,"勋"指光禄勋,"常侍"指中常侍,都容易看出。不过,"傅"在过去被理解为"太傅",①颇可疑。太傅一职在汉初高后朝短暂设置后便一直停省,至汉末哀帝时才恢复。② 且太傅位在公卿之上,如果"傅"为太傅,则不当排在"公卿"后。这里的"傅"更可能指太子太傅、太子少傅。《急就篇》接下来细致介绍了一些官爵。其中提到列侯有封土与家臣。左冯翊、京兆尹是京畿守宰,被当作地方长吏的代表举出。"廉洁平端抚顺亲"以下四句都在讲述二千石的善政,塑造出地方官的良好形象。"远取财物主平均"是对司农、少府职掌的说明。另外可以发现,《急就篇》特别交代了哪些人能够成为朝中大员。引文前半部分说,"贵人"都是经严格的选贤任能而产生,他们具有博学、知礼、自律等素质。后文的"积学所致非鬼神"表达了相似的意思。这固然有"劝学"的意义。编纂者向本书读者——广大吏民宣扬此类内容,目的还包括"取信"与"说服",具体说就是,构建贤人政治的景象,力图让天下百姓信任并服从于当前的政治秩序。

叙述刑罚的部分也与官制存在交集。比如:

> 皋陶造狱法律存。诛罚诈伪劾罪人。廷尉正监承古先。总领烦乱决疑文。变斗杀伤捕伍邻。亭长游徼共杂诊。③

这里举出了廷尉及其属官廷尉正、廷尉监,并对他们负责的事务有所讲解。亭长和乡官之一的游徼,都是县内负责治安的官员,④因此其职掌也在此处被提及。下文又有:

> 啬夫假佐扶致牢。疻痏保辜啼呼号。⑤

颜师古注曰:"扶致牢者,扶持罪人而致之于牢狱也。"⑥这一章主要讲述罪犯的处理,所以言及职务与此相涉的啬夫和假佐。综合上述可见,《急就篇》罗列的职官,既包括朝中公卿,也有郡县小吏。同时它以浅显直白的笔调,传播着官僚体制的基础知识。

---

① 参见该句颜师古注、王应麟补注,张传官《急就篇校理》,第423页。
② 《汉书》卷一九上《百官公卿表上》,第726页。
③ 张传官《急就篇校理》,第431—434页。
④ 《汉书》卷一九上《百官公卿表上》,第742页。
⑤ 张传官《急就篇校理》,第449—450页。
⑥ 张传官《急就篇校理》,第449页。

《急就篇》问世后,逐渐成为两汉时期影响最大的识字课本。① 崔寔《四民月令》于东汉中期成书,是反映洛阳地区农耕生活的著作。② 其中提到:"砚冰释,命幼童入小学,学篇章。"原书注曰:"篇章谓六甲、九九、《急就》、《三仓》之属。"③这是学童研习《急就篇》的证据。当然,小学书籍的使用者绝不限于入学的幼童,普通百姓的初等文化学习同样将其作为教材。比如,每年内郡有数以千记的田家子被征调到边塞戍守,他们在服役之余可以接受一定的教育。④ 敦煌、居延出土了不少《急就篇》残简,⑤说明吏卒也常以是书进行读写入门。此外,在河北望都、安平等地发掘的一些汉墓中,墓壁砖面上题有《急就篇》的文字,⑥有学者猜测这是工匠砌卷排砖时所写序号,⑦足见《急就篇》的普及程度。可以说,《急就篇》风行于边郡与内地,读者包括学童与庶民。通过讽诵与习字,草木鸟兽、器用百物之名渐为受学者掌握,关于王朝制度的认识也悄然植入。有意思的地方正在于此:绝大多数读者的日常生活与"高高在上"的中央官吏其实牵连不多,但蒙书的编纂者却认定他们有必要具备基本的了解。《急就篇》的例子让我们注意到,传扬汉家制度,已经成为部分知识分子的追求。

2.《汉官篇》

《后汉书·文苑传》有作者的简短传记:"王隆字文山,冯翊云阳人也。王莽时,以父任为郎,后避难河西,为窦融左护军。建武中,为新汲令。能文章,所著诗、赋、铭、书凡二十六篇。"⑧由此可知,王隆曾历仕王莽、光武两

---

① 参见張娜麗《西域出土文書の基礎的研究:中國古代における小學書·童蒙書の諸相》,东京,汲古书院,2006 年,第 116—131 页。
② 石声汉《试论崔寔和四民月令》,崔寔撰、石声汉校注《四民月令校注》,北京,中华书局,1965 年,第 79—108 页。
③ 贾思勰撰、缪启愉校释《齐民要术校释》卷三,北京,中国农业出版社,1998 年,第 226 页。
④ 邢义田《汉代边塞吏卒的军中教育》,《治国安邦:法制、行政与军事》,第 585—594 页。
⑤ 参见福田哲之《说文以前小学书的研究》,东京,创文社,2004 年,第 120—154 页;張娜麗《西域出土文書の基礎的研究:中國古代における小學書·童蒙書の諸相》,第 88—101 页。张传官《试论〈急就篇〉的新证研究》(《复旦学报》2012 年第 3 期,第 119—127 页)指出新刊布的肩水金关汉简中同样存在《急就篇》残迹。
⑥ 北京历史博物馆、河北省文物管理委员会《望都汉墓壁画》,北京,中国古典艺术出版社,1955 年,第 9 页。孟昭林《无极甄氏诸墓的发现及其有关问题》,《文物》1959 年第 1 期,第 44—46 页。河北省文物研究所编《安平东汉壁画墓》,北京,文物出版社,1990 年,第 10—13 页。
⑦ 北京历史博物馆、河北省文物管理委员会编《望都汉墓壁画》,第 9 页。安志敏《评"望都汉墓壁画"》,《考古通讯》1957 年第 2 期,第 104—107 页。近来,邢义田《秦汉平民的读写能力——史料解读笔之一》(《今尘集:秦汉时代的简牍、画像与文化流播》,上海,中西书局,2019 年,第 24—28 页)对该说法提出了质疑。
⑧ 《后汉书》卷八〇上《文苑上·王隆传》,第 2609 页。

朝。以汉家制度为内容的《小学汉官篇》无疑应撰于汉室复兴以后。

该书文字随胡广《汉官解诂》的佚文而得以少许保留。试举数例：

> 1. 司马中外，以亲宠殊，平事尚书，宰尹枢机，勉用八政，播时百谷。
> 2. 下理坤道，上和乾光，谓之司空。
> 3. (刺史)十有三牧，分土食焉。
> 4. 太守专郡，信理庶绩，劝农赈贫，决讼断辟，兴利除害，检察郡奸，举善黜恶，诛讨暴残。
> 5. 少官啬夫，各擅其职。①

另外，《太平御览·州郡部》所引"冀赵常山，兖卫济河，青齐海岱，徐鲁淮沂，杨吴彭蠡，荆楚衡阳，益庸岷梁，凉邠黑水，雍别朔方，交阯南越，幽燕朝鲜，并代晋翟"这段介绍十三州的文字，②在王隆原书中，应该紧跟于第 3 条之后。从朝廷公卿到州郡乡官的名称和职掌，都被王隆编入了这部识字课本。

据以上引文可以确认，王隆主要采用四字一句的叙述格式，节奏规整，但用字简单、文意质朴。西晋司马彪给予的"诸文偶说，较略不究"的评价，③与此契合。这是由童蒙书籍的性质决定的，目的是方便初学者习字、讽诵与理解。另一方面，《汉官篇》虽为字书，但却是第一部完整罗列、介绍朝廷百官的著述。作为《急就篇》的继承者，《汉官篇》承载的官制知识十分丰富且颇具体系，在传扬汉家制度方面，无疑更进一步。当然，王隆撰写该书，还有独特的政治背景。

新莽、东汉之间的易代，是王隆正在经历的巨变。王莽在西汉末掌权后，大力推动所谓"复古改制"。新朝建立后，改造国家与社会的措施更是层见迭出。④ 官僚制度可谓面目全非，几乎颠覆了西汉模式，⑤《汉书·百官公卿表》对此的总结是"王莽篡位，慕从古官，而吏民弗安，亦多虐政"。⑥ 取代新莽的东汉政权以复兴汉室为旗号，建立者刘秀以中兴之帝自居。⑦ 统治阶

① 孙星衍等辑、周天游点校《汉官六种》，第 11—24 页。
② 《太平御览》卷一五七，北京，中华书局，1960 年，第 762 页。
③ 《续汉书·百官志》，《后汉书》，第 3555 页。
④ 参见陈苏镇《〈春秋〉与"汉道"——两汉政治与政治文化研究》，北京，中华书局，2011 年，第 359—378 页。
⑤ 参见阎步克《王莽官制改革新论》，清华大学历史系、三联书店编辑部《清华历史讲堂初编》，北京，生活·读书·新知三联书店，2007 年，第 92—110 页。
⑥ 《汉书》卷一九上《百官公卿表上》，第 722 页。
⑦ 参见陈苏镇《〈春秋〉与"汉道"——两汉政治与政治文化研究》，第 379—484 页。

层在官制礼仪上亦进行了"拨乱反正",①试图荡除新莽余毒。在此政治环境下问世的《汉官篇》,实际上是对新莽覆灭、汉德重生的一种宣告。② 王隆在小学中加入介绍、称美刚刚恢复的汉家制度的内容,无疑是希望增进庶民对新政权的了解。另一方面,东汉官制虽然名义上以汉制为依归,但也经历了不小的调整,《续汉书·百官志》称"世祖中兴,务从节约,并官省职,费减亿计"。③ 先前字书中的官制内容已经与时代脱节,像《急就篇》里提到的丞相、御史大夫都是不再设置的官职。王隆撰《汉官篇》,是对初等教育中制度知识的一次更新。我们很容易在《汉官篇》里找到新时代的印记。比如大司马、大司徒、大司空三者组成的三公制在光武朝最终稳定下来,④上文举出的《汉官篇》关于大司马、大司空的文字,正是这一制度新貌的写照。

另外,王隆的县令身份也值得关注。西汉中后期以来,儒学兴盛,在地方推行教化逐渐成为郡守、县令的分内职责。⑤ 其中,兴学、劝学被视作教化的代表性措施。东汉县令长兴办学校、设立学官、劝民就学等事例,多见于《后汉书》及存世碑刻,先行研究已有搜集,不再赘述。⑥ 此处想提醒注意县令长亲自授业的现象。如刘梁在桓帝时为北新城长,"乃更大作讲舍,延聚生徒数百人,朝夕自往劝诫,身执经卷,试策殿最,儒化大行"。⑦灵帝朝《成阳令唐扶碑》云:"追惟尧德广被之恩,依陵毫庙,造立授堂。四远童冠,抠衣受业,著录千人,朝益莫习,衍衍闿闿,尼父授鲁,曷以复加。"⑧这些事例显示,长吏在地方教育中介入颇深,甚至主导授业的内容。《汉官篇》很可能完成于王隆的县令任上,最初的用途是新汲地方的初等教育。

《急就篇》《汉官篇》以外,两汉之际出现的大量字书几乎没有留下只言

---

① 《汉书》卷二二《礼乐志》,第 1035 页。

② 参见佐藤達郎《胡広〈漢官解詁〉の編纂:その経緯と構想》,《漢六朝時代の制度と文化·社会》,第 106—107 页。

③ 《续汉书·百官志》,《后汉书》,第 3555 页。

④ 参见祝总斌《两汉魏晋南北朝宰相制度研究》,北京,中国社会科学出版社,1990 年,第 61—74 页。徐冲《王隆〈汉官篇〉小考》(《观书辨音:历史书写与魏晋精英的政治文化》,第 174—202 页)指出《汉官篇》所述制度的断限当为西汉哀帝元寿二年(前 1)九月至十二月。该文还对王隆的经历以及《汉官篇》的学术渊源做了深入探讨,请参看。

⑤ 参见余英时《汉代循吏与文化传播》,《士与中国文化》,上海,上海人民出版社,1987 年,第 129—216 页。

⑥ 遠藤祐子《漢代における地方官学の政治的機能》,《立命館史学》第 14 号,1993 年,第 29—74 页。邹水杰《两汉县行政研究》,长沙,湖南人民出版社,2008 年,第 137—139 页。

⑦ 《后汉书》卷八〇下《文苑下·刘梁传》,第 2639 页。

⑧ 洪适《隶释》卷五,北京,中华书局,1985 年,第 60 页。

片语。对童蒙书籍中汉家制度的考察,只能到此。① 目前得到的结论是:西汉后期以来,部分知识分子开始认定,王朝制度是天下庶民必备的常识。他们把讲授汉家制度当作启迪蒙昧的一环,使此项知识随童蒙书籍的传播而得到一定的普及。第一节提到,班固、樊长孙、刘珍、张衡曾对汉家典制"闇而不彰"的局面忧心忡忡,希望借制度撰述令天下"人无愚智,入朝不惑"。可以看到,两派知识分子的追求有相近之处。不过,小学书籍中的制度知识毕竟只是初级教育的一个板块,内容俗浅,尽管史游、王隆已做不少工作,班、樊等都不将其看成制度书写的正途。而胡广充分吸收了双方的成果,既尊重王隆奠定的基础,又通过添加具有学术性的注解,赋予这部著作以深度。里程碑式的《汉官解诂》是两条脉络交汇的产物。

四、胡广与官制之学的建立

以上说明了制度书写风气兴起的学术条件。下面转入对官制之学建立的决定性人物——胡广的考察。

切入点在《汉官解诂》一书。从自叙中"至顺帝时"数语可知,该书的纂写始于顺帝朝以后。结合胡广死于灵帝朝初期的史实,我们可将《汉官解诂》的问世时间大致定于桓帝时期。② 该书之前,已经出现一些关于汉代官制的文献。但根据上文的研究,它们有的并非学术产物,有的则寂寂无闻,未对知识界造成影响。在"增助来哲多闻之览"的明确意识下,胡广撰成《汉官解诂》,意味着研究性的官制撰述从构想转化为实践,这最终引发制度书写的潮流。

先来细读《汉官解诂》,谈谈胡广怎样研究官制。按照胡氏自己的总结,他的工作是汇集制度材料,为王隆《汉官》"作诂解",并"缀续后事"。也就是说,胡广将着力点置于训释文字与梳理沿革两个方面。先看前者。

在列举官名后介绍职掌,是《汉官篇》原书的基本形式。胡广的注解,很大部分针对王隆的遣词用句。比如王隆在"博士"条下提到"讲论五始",胡广即引《公羊传》所谓"元年春王正月公即位"阐释"五始"。《汉官》"司农"

---

① 郭永秉新近指出,《柏梁台诗》很可能是西汉中期的闾里书师编纂的具有蒙学教育作用的俗文学作品,见其《〈柏梁台诗〉的文本性质、撰作时代及其文学史意义再探》,《文史》2020年第4期,第27—64页。该诗亦包含汉廷官制的知识。

② 佐藤達郎《胡広〈漢官解詁〉の編纂:その経緯と構想》,《漢六朝時代の制度と文化・社会》,第115页。

条云"调均报度,输漕委输",这里的"委输"是行政运作中的专业术语,胡广解释道:"委,积也。郡国所积聚金帛货贿,随时输送诸司农,曰委输,以供国用。"《汉官解诂》也有针对整句的疏通,如王隆云"太子太傅,日就月将,琢磨玉质",胡广注曰:"言太子有玉之质,琢磨以道也。"①《汉官》受限于小学书籍的性质及四字一句的格式,文字只得从简。经胡广发挥,王隆对官僚制度的理解,终能完整、畅达地呈现出来。

上述注解是胡广顺应王隆思路而做出的扩充。《汉官解诂》对官职名称的训释,则体现胡广自己的思考:

　　1. 胡广云:"官名祭酒,皆一位之元长者也。古礼,宾客得主人馔,则老者一人举酒以祭于地,旧说以为示有先。"

　　2. 胡广云:"勋犹阍也,《易》曰'为阍寺'。宦寺主殿宫门户之职。"

　　3.《汉官》云:"鸿胪赞通四门,抚柔远宾。"胡广云:"鸿,声也。胪,传也。所以传声赞导九宾也。"

　　4.《汉官》云:"执金吾,执禁典兵。"胡广云:"执金吾,吾者御也,典执金革,以御非常也。"②

第1、2条"胡广云"对应的《汉官》原文已佚,从内容看,应是"博士祭酒""光禄勋"这两种官号的解析。第3、4条分别解释了"大鸿胪""执金吾"的词意。官职名称本是官僚制度的基础要素,《汉官解诂》问世以前,未见学者深究。引文涉及的都是沿袭已久的官号,在政治生活中司空见惯,而从胡广作注的行为可知,它们原初的意义其实并不为人所熟悉。胡广审视官僚制度的眼光全面而彻底,随着他将官号的语义与得名的缘由列为思考对象,那些"日用而不知"的制度元素被带入学术研究的视域。在这种看似基础的文字训诂背后,制度之学的广度和深度开始升级。

官制的沿革,是《汉官解诂》的另一重心。胡广并不限于自叙所谓"缀续后事",实际上,职官的源头及其在两汉的变迁,都属于他的考察范围。《汉官解诂》对"前、后、左、右将军"的梳理很好地说明了这一点,相关内容可以从《北堂书钞》《职官分纪》辑得两条:

　　1. 前、后、左、右将军,皆周末官,秦因之,位上卿,金印紫绶,皆掌兵

---

① 孙星衍等辑、周天游点校《汉官六种》,第13—15、17页。

② 孙星衍等辑、周天游点校《汉官六种》,第13、15—16页。

及四夷。有长史，秩千石。

2. 武帝征四夷，有左、右、前、后将军。宣元以后，杂错更置，或为前，或为后，或为左，或为右，虽不出征，犹有其官，在诸卿上。为国爪牙，所以扬示威灵于四远，折冲万里，如虎如熊。①

关于诸将军，《汉书·百官公卿表》（本章后文简称"汉表"）云："前、后、左、右将军，皆周末官，秦因之，位上卿，金印紫绶。汉不常置，或有前、后，或有左、右，皆掌兵及四夷。有长史，秩千石。"②上引第1条注解与此基本一致，显示胡广袭取了《汉书》的材料。第2条中，胡广论及诸将军在武帝朝与宣元以后的情况，为制度的演变提供了更丰富的情节。

胡广对官制的溯源，展现出新的思想倾向。《汉官解诂》之前，汉表曾对汉代职官的来历做过简单介绍，正如卷首序言所谓"秦兼天下，建皇帝之号，立百官之职，汉因循而不革，明简易，随时宜也"，班固将绝大部分官职的源头推至秦代。③ 与此相异，胡广试图在汉官与上古三代之间构筑连结。如大鸿胪一职，汉表认为它来自秦代设置的典客，④而《汉官解诂》将其与上古之制对应："昔唐虞宾于四门，此则礼宾之制，与鸿胪之任亦同。"⑤解说光禄、谏议、太中、中散等大夫官时，胡广谓"此四等于古皆为天子之下大夫，视列国之上卿"，⑥力争在三代找到根源。除了职官设置，《汉官解诂》也把汉代的行政运作方式塑造成古制的继承者。东汉明帝以来，"每帝初即位，辄置太傅录尚书事"，胡广对此阐释道"犹古冢宰总己之义也"，⑦无疑是在粘合古今之制。汉武帝"以中大夫为光禄大夫，与博士俱以儒雅之选"，于胡广眼中，这种"异官通职"的做法出自周代，故云《周官》所谓'官联'者也"。⑧西汉中期以来，人们的历史认识经历着一项巨大转变，即秦政的合理性遭到否定，上古三代逐渐被看作优良的典范。⑨《汉官解诂》让这种观念也落实到官僚制度的研究中。上文提及，东汉的古文学家在解释周制时，常以汉制

---

① 《北堂书钞》卷六四，第262页；孙逢吉《职官分纪》卷三三，《景印文渊阁四库全书》第923册，台北，台湾商务印书馆，1986年，第628页。第2条系孙星衍漏辑的佚文。

② 《汉书》卷一九上《百官公卿表上》，第726页。

③ 《汉书》卷一九上《百官公卿表上》，第722页。

④ 《汉书》卷一九上《百官公卿表上》，第730页。

⑤ 孙星衍等辑、周天游点校《汉官六种》，第15页。

⑥ 孙星衍等辑、周天游点校《汉官六种》，第13页。

⑦ 孙星衍等辑、周天游点校《汉官六种》，第12页。

⑧ 孙星衍等辑、周天游点校《汉官六种》，第13页。

⑨ 参见阎步克《士大夫政治演生史稿》，北京，北京大学出版社，1996年，第324—333页；陈苏镇《〈春秋〉与"汉道"——两汉政治与政治文化研究》，第133—306页。

附会。胡广从上古为汉官寻求依据的做法,很可能受到了经学领域这一学术倾向的直接启发。

胡广将启蒙教材提升为学术著述的努力,没有止步于此。他还补充了不少通过亲身经历而积累的官场知识。关于卫尉及其属官执勤方式的记录,是一个很好的例子:

> 卫尉主宫阙之内,卫士于垣下为庐,各有员部。凡居宫中者,皆施籍于门,案其姓名。若有医巫傀人当入者,本官长吏为封启传,审其印信,然后内之。人未定,又有籍,皆复有符。符用木,长二寸,以当所属两字为铁印,亦太卿炙符,当出入者,案籍毕,复齿符,乃引内之也。其有官位得出入者,令执御者官,传呼前后以相通。从昏至晨,分部行夜,夜有行者,辄前曰:"谁! 谁!"若此不解,终岁更始,所以重慎宿卫也。[1]

这段文字富含细节,门籍的操作办法、"符"的规制以及卫士"谁! 谁!"式的盘问,唯有经常出入宫禁的官员才能知晓。胡广常年供职殿庭,以上叙述应当源自他的体验。也就是说,任官经历对胡广汲取官制知识、开展相关研究极为关键。当然,明确的学术意识同样重要。如果不具备胡广那样对于制度的关切与敏感,即便日日趋走丹墀,恐怕也难以将获知的汉家典制加以记述。

《汉官解诂》的完成,让胡广的官制思考呈现于世。如同关闸开启一般,在东汉晚期的数十年间,《独断》《汉官典职仪式选用》《汉官仪》等围绕汉代典制的著述联翩而至。说官制之学由胡广正式创立,不只基于时间上的先后,他对后起学者造成的深刻影响才是主因。

汉末官制撰述的代表人物,如蔡邕、蔡质、应劭等,无一不从胡广那里汲取营养。胡氏曾将自己多年来积累的汉制材料全部传授给弟子蔡邕,这成为后者撰写相关著作的基础。[2] 在福井重雅的研究中,《独断》袭取胡广之说的证据已被逐一发掘。[3] 蔡邕为东汉国史撰写"朝会""舆服"等志,同样来自胡广的启迪,这一点放在下文详谈。蔡邕叔父蔡质撰《汉官典职仪式选用》,收集了许多日常的细碎仪节。据此推测,作者在供职朝廷的过程中,曾

---

[1] 孙星衍等辑、周天游点校《汉官六种》,第 14 页。

[2] 《续汉书·律历志》刘昭注引蔡邕《戍边上章》:"臣所师事故太傅胡广,知臣颇识其门户,略以所有旧事与臣,虽未备悉,粗见首尾。"《后汉书》,第 3083 页。《续汉书·礼仪志》刘昭注引谢沈《后汉书》:"太傅胡广博综旧仪,立汉制度,蔡邕依以为志。"《后汉书》,第 3101 页。

[3] 福井重雅《蔡邕〈独断〉の研究》,《陆贾〈新語〉の研究》,第 136—143 页。

用心观察、记录官场生活。蔡质这种治学方式与前文揭示的胡广之实践如出一辙。应劭是制度之学的另一重镇，他选择为《汉官》作注，①当出于对《汉官解诂》的仿效。《汉官仪》中也有摘录自胡广著作的文字。②

通观汉魏之际官制类著述，很容易发现开风气者胡广打下的烙印。我们再举两件具体例证。

一是"舆服志"的出现。灵帝、献帝时期，《东观汉记》的编纂工作由蔡邕、马日磾、杨彪、卢植等人负责。③ 蔡邕为东汉国史撰写了"十志"。"十志"篇名可考者有七，分别为《律历志》《礼乐志》《郊祀志》《天文志》《地理志》《车服志》《朝会志》。④ 前五种志书在《汉书》中已经确立。蔡邕创设的《车服志》《朝会志》，反映出汉末学者新的关注点。

《尚书·舜典》曰："明试以功，车服以庸。"车服是用以赏功劳、序尊卑的一种官场仪制。两汉时期，一套自天子达于百官的车服规定逐渐形成。而胡广是从学术角度加以综合考述的先行者。《汉官解诂》对"卤簿""毂下""鸾旗"等术语的阐释，展现了胡广围绕车制所作思考：

> 1. 天子出，车驾次第，谓之卤簿。长安时，出祠天于甘泉用之，名曰甘泉卤簿。
> 2. 毂下，喻在辇毂之下，京师之中。
> 3. 鸾旗，以铜作鸾鸟车衡上。⑤

《续汉书·舆服志》另外援用了一些胡广关于服制沿革的论说，如：

> 1. 高山冠，盖齐王冠也。秦灭齐，以其君冠赐近臣谒者服之。
> 2. 《春秋左氏传》有南冠而絷者，则楚冠也。秦灭楚，以其君服赐执法近臣御史服之。
> 3. 赵武灵王效胡服，以金珰饰首，前插貂尾，为贵职。秦灭赵，以其

---

① 《隋书》卷三三《经籍志二》，第967页。
② 萧统编、李善注《文选》卷三七刘越石《劝进表》注引应劭《汉官仪》曰："太子太傅，琢磨玉质，言太子有玉之质，琢磨以道也。"上海，上海古籍出版社，1986年，第1703页。《北堂书钞》卷五四引应劭《汉官》曰："执金吾，典执金革，以御非常。"第200页。以上二句与《汉官解诂》中文字一致，见孙星衍等辑、周天游点校《汉官六种》，第16—17页。
③ 刘知几撰、浦起龙通释、王煦华整理《史通通释》卷一二，上海，上海古籍出版社，2009年，第317页。
④ 吴树平《蔡邕撰修的〈东观汉记〉十志》，《秦汉文献研究》，第172—211页。
⑤ 孙星衍等辑、周天游点校《汉官六种》，第22页。

　　君冠赐近臣。①

上引文显示，舆服的源流与原理，被纳入了制度之学的考察范围。该学术动向引发了学者对"轮辋冠章"的重视。在《独断》中，蔡邕花费大量笔墨辨析皇帝与百官的车驾、冠服，延展了胡氏的研究。② 刘昭注《续汉书·舆服志》，频频引用《独断》，说明该书就汉代车服的考证颇具价值。蔡邕于国史设"志"来专门记叙车制与服制，是同一学术脉络的产物。稍晚的汉魏之际，谢承撰《后汉书》，继续设置《舆服志》，③董巴则有《大汉舆服志》一书传世。④ 刘昭论《续汉书》诸"志"，谓"车服之本，即依董、蔡所立"。⑤ 也就是说，《续汉书·舆服志》的文献基础是蔡邕、董巴二人的"舆服志"。《续汉书·舆服志》对胡广观点的数次征引，以及奉之为的论的做法，在蔡、董二人的作品中当已存在。这是汉魏间舆服撰述源出胡广的证据。

　　顺带指出，百官朝会仪式获得格外关注，以至蔡邕撰《朝会志》加以记录，也是受胡广影响。建元二年(480)，南齐群臣讨论国史编纂，檀超等主张效仿蔡邕立《朝会志》。王俭在驳议中谈到"朝会志"的来历："《朝会志》前史不书，蔡邕称先师胡广说汉旧仪，此乃伯喈一家之意，曲碎小仪，无烦录。"⑥这条材料显示，蔡邕重视朝会仪的态度继承自胡广。刘昭注《续汉书·礼仪志》引"蔡邕曰"又提到：

　　　　群臣朝见之仪，视不晚朝十月朔之故，以问胡广。广曰："旧仪，公卿以下每月常朝，先帝以其频，故省，唯六月、十月朔朝。后复以六月朔盛暑，省之。"⑦

根据引文，蔡邕曾就"群臣朝见之仪"的来龙去脉向胡广求教。这是师徒二人共同探讨朝会仪式的具体事例。

　　第二个例证是，汉末以降的制度研究延续了胡广将当代制度溯源至上古三代的倾向。这一点在应劭的著述里有所体现。按照汉表，九卿中的太常

　　① 《续汉书·舆服志》，《后汉书》，第3666—3668页。
　　② 福井重雅编《訳注西京雑記·独断》，第319—345页。
　　③ 刘知幾撰、浦起龙通释、王煦华整理《史通通释》卷三，第52页。参见吴树平《〈东观汉记〉的缺陷和诸家后汉书》，《秦汉文献研究》，第276—295页。
　　④ 《隋书》卷三三《经籍志二》，第970页。
　　⑤ 刘昭《后汉书注补志序》，《后汉书》，附录第1页。
　　⑥ 《南齐书》卷五二《文学·檀超传》，第891页。
　　⑦ 《续汉书·礼仪志》，《后汉书》，第3131页。

与大司农分别源自秦代设置的奉常与治粟内史。① 从《汉官仪》的以下两条佚文可知,应劭在更"光辉"的尧舜时代为二者发现了根底:

> 1. 太常,古官也。《书》曰,伯夷"典朕三礼","帝曰'咨伯,汝作秩宗'"。
> 2. 大司农,古官也。唐、虞分命羲、和四子,敬授民时。②

先前的制度文献梳理官职源流,对象主要是三公九卿等高级别官僚。从《汉官仪》的佚文推测,应劭至少对六百石以上诸官的由来都做过考察,扩展了官职起源研究的范围。九卿的一些属官,比如太史令、虎贲中郎将、公车司马令等,因为应劭的建构而与古制具备了承接关系:

> 1. 太史令,秩六百石。望郎三十人,掌故三十人。昔在颛顼,南正重司天,火正黎司地。唐虞之际,分命羲和历象日月星辰,敬授民时。至于夏后、殷、周,世序其官,皆精研术数,穷神知化。当春秋时,鲁有梓慎,晋有卜偃,宋有子韦,郑有裨灶,观乎天文,以察时变,其言屡中,有备无害。汉兴,甘石、唐都、司马父子,抑亦次焉。末涂偷进,苟忝兹阶,既阇候望,竞饰邪伪,以凶为吉,莫之惩纠。
> 2. 虎贲中郎将,古官也。《书》称"武王伐纣,戎车三百两,虎贲八百人,擒纣于牧之野"。言其猛怒如虎之奔赴也。
> 3. 公车司马令,周官也。
> 4. 太医令,周官也。
> 5. 侍中,周官。号曰常伯,选于诸伯,言其道德可常尊也。
> 6. 侍御史,周官也,为柱下史,冠法冠。③

以今制比附上古圣王之制的做法,在魏晋以降的官制撰述中愈发强烈。此处用两晋之际由荀绰撰写的《晋百官表注》来说明。④ 关于"太尉",《汉官仪》尚与汉表保持一致,视该职为秦制的产物。⑤《晋百官表注》则称"太

---

① 《汉书》卷一九上《百官公卿表上》,第 726、731 页。
② 孙星衍等辑、周天游点校《汉官六种》,第 127、134 页。
③ 孙星衍等辑、周天游点校《汉官六种》,第 128、130、133、135、138、144 页。
④ 参见本书第四章。
⑤ 《汉书》卷一九上《百官公卿表上》,第 725 页。孙星衍等辑、周天游点校《汉官六种》,第122 页。

尉,古官也"。① 《汉官仪》考证尚书令源出秦官,②而荀绰云:"尚书令,唐虞官也。"③在荀氏书中还有光禄大夫、太子太傅、太医令等职被认为起自上古。④ 另外,《宋书·百官志》也交代了三公九卿等重要官职的来历,将其与汉表相关内容对比即可发现两者差异明显。沈约把绝大部分职位的根源都安排在上古三代,承接着汉末以来官制研究的趋势。可以看出,制度之学在汉魏之际兴起以后,人们的官制史认识发生了转折。

以上梳理说明,胡广的官制礼仪研究在知识界引发了剧烈反响:同类著作相继出现,他的视野、方法也被遵奉与拓展,制度之学由此走向兴盛。胡广何以具备如此强大的影响力?除了学术上的开创性,其政治地位也是不应忽视的因素。《后汉书·胡广传》云:"在公台三十余年,历事六帝,礼任甚优。"⑤胡广的仕宦生涯贯穿安帝、顺帝、冲帝、质帝、桓帝、灵帝六朝。⑥ 自顺帝后期开始,胡氏长期占据三公之位,"凡一履司空,再作司徒,三登太尉,又为太傅","每逊位辞病,及免退田里,未尝满岁,辄复升进"。⑦又据本传所记"其所辟命,皆天下名士"可知,⑧胡广门下网罗了大量当朝精英。蔡邕《胡公碑》云"公自二郡及登相位,凡所辟用,遂至大位者,故司徒中山祝恬,其余登堂阁,据赋政,策勋、树功、流化者,盖不可胜载",⑨更能看出胡广凭借辟举制获得了士林领袖一般的角色。熹平元年(172),八十二岁的胡广辞世。葬仪上皇帝赐予的哀荣,以及门生故吏的会赴、悼念,是其位望的集中展示:

> 使五官中郎将持节奉策赠太傅、安乐乡侯印绶,给东园梓器,谒者护丧事,赐冢茔于原陵,谥文恭侯,拜家一人为郎中。故吏自公、卿、大夫、博士、议郎以下数百人,皆缞绖殡位,自终及葬。⑩

---

① 《北堂书钞》卷五一,第 182 页。
② 孙星衍等辑、周天游点校《汉官六种》,第 140 页。
③ 《北堂书钞》卷五九,第 230 页。
④ 《续汉书·百官志》刘昭注引荀绰《晋百官表注》曰"(太子太傅)唐虞官",《后汉书》,第 3606 页。《北堂书钞》卷五五引《晋百官表注》云"太医令一人,周官也",卷五六引《晋百官表注》云"光禄大夫,古官也",第 207、211 页。
⑤ 《后汉书》卷四四《胡广传》,第 1510 页。
⑥ 参见西川利文《胡广伝覚書:党錮事件理解の前提として》,《佛教大学文学部論集》第 82 号,1998 年,第 1—17 页。
⑦ 《后汉书》卷四四《胡广传》,第 1510 页。
⑧ 《后汉书》卷四四《胡广传》,第 1510 页。
⑨ 蔡邕《蔡中郎文集》卷四,第 6 页 B—7 页 A。
⑩ 《后汉书》卷四四《胡广传》,第 1510—1511 页。

《后汉书》据此谓:"汉兴以来,人臣之盛,未尝有也。"①胡广位极人臣、备受拥戴,他的学问与著作自然是官僚界、知识层的瞩目对象,其中先进、合理的部分因而容易得到发扬。

余论:官制撰述的经世性

东汉晚期出现的大量职官文献,往往只被后人用作说明两汉制度的史料。这些著作以及背后的官制之学在当时政治生活中的意义,隐而不彰。观察官制撰述的角色与价值,能够帮助我们进一步理解书写朝廷制度的行为何以流行并持续。

首先应该明确,除了史书中"百官表""职官志"一类文本,绝大多数官制著述所预设的受众,并非后世的读史者。在樊长孙眼中,制度书写的功用是"令人无愚智,入朝不惑"。此处的"人",既指向供职朝廷的官僚,也包括偶尔与政府交涉的庶民,官制撰述就是要使这些同时代的人们在面对相关事务时不至于陷入困惑。在撰述理念上与樊长孙一脉相承的胡广,用"令世施行,庶明厥旨"来表明《汉官解诂》具有同样的使命,"增助来哲多闻之览"则透露出他更在意本书对于精英阶层理解汉家典制的助益。应劭在建安元年(196)的上表中表达了对其所撰《汉仪》的期许:"虽未足纲纪国体,宣洽时雍,庶几观察,增阐圣听。惟因万机之余暇,游省省览焉。"②"未足"乃谦辞,应氏对《汉仪》的定位正是"纲纪国体,宣洽时雍",他渴望这部制度著作能帮助献帝治国施政。如上所述,汉末的制度学者不曾将自己的研究视为史学作品,制度撰述在成立之初其实具有很强的实用性质。

回到当时的社会环境可以发现,官制文献的读者集中于官僚群体。汉代政治的日常运行,强调以律令和故事为依据。但汉代律令繁多,故事范围更广,随时间推移,其数量亦必庞大。要掌握两者并适当地加以运用,对官员来说绝非易事。职是之故,"明习故事"在官场成为一种颇受推崇的才能。③如《后汉书·樊准传》云:"视事三年,以疾征,三转为尚书令,明习故事,遂见任用。"④《黄香传》云:"帝亦惜香干用,久习旧事,复留为尚书令,增秩二

---

① 《后汉书》卷四四《胡广传》,第1511页。
② 《后汉书》卷四八《应劭传》,第1613页。
③ 邢义田《从"如故事"和"便宜从事"看汉代行政中的经常与权变》,《治国安邦:法制、行政与军事》,第380—412页。
④ 《后汉书》卷三二《樊准传》,第1129页。

千石,赐钱三十万。"①尽管引文提到的故事并不限于官僚制度,但不难推知,官员在参与这方面的事务时,了解涉及职官设置与官场仪制的规定、习惯十分必要。官制撰述说到底,是学者从海量的律令、故事中提取相关信息,并加以总结和阐释的结果。这样的专题著作为官员提供了方便,契合需要。

《汉官典职仪式选用》的"官场指南"性格尤为明显。根据佚文,蔡质对朝廷百官的沿革、职掌进行过简要梳理,这是关于当朝官制的基本资料。进一步,蔡质站在官员的角度,介绍了行事履职过程中应当了解的知识和遵守的准则,包括赏赐拜除、官员相见、出入宫阙、参与典礼等多种场合。这些信息有的来源于成文规定。比如书中列出的刺史监察郡国的"六条",当引用自前代诏书。② 又如,蔡质完整记录了汉灵帝立宋贵人为皇后的过程:

> 尚书令臣嚣、仆射臣鼎、尚书臣旭、臣乘、臣滂、臣谟、臣诣稽首言:"……今吉日以定,臣请太傅、太尉、司徒、司空、太常条列礼仪正处上,群臣妾无得上寿,如故事。臣嚣、臣鼎、臣旭、臣乘、臣滂、臣谟、臣诣愚闇不达大义,诚惶诚恐,顿首死罪,稽首再拜以闻。"制曰:"可。"……皇后初即位章德殿,太尉使持节奉玺绶,天子临轩,百官陪位。皇后北面,太尉住盖下,东向,宗正、大长秋西向……③

这段文字,前半部分直接抄取了皇帝与群臣往复商议的文书。后半关于仪式程序的材料来自太常等事先制定的"礼仪正处",也就是仪注。蔡质还收集了大量不成文的惯例。机构内部官员之间的称呼、礼敬方式即属此类。比如该书云:"(尚书)郎见左、右丞,对揖无敬,称曰左、右君。丞、郎见尚书,执板对揖,称曰明时。见令、仆射,执板拜,朝贺对揖。"又载:"三署郎见光禄勋,执板拜;见五官、左、右将,执板不拜。于三公诸卿无敬。"④"门候见校尉,执板下拜","五营司马见校尉,执板不拜",⑤这是军官间的礼敬规范,蔡质亦有留意。皇帝给予某些官员的特殊礼遇,也在政治生活中逐渐形成习惯。比如尚书郎"入直台中",可以享受食宿上的优待:"官供新青缣白绫被,或锦被,昼夜更宿,帷帐画,通中枕,卧旃蓐,冬夏随时改易。太官供食,

---

① 《后汉书》卷八〇上《文苑上·黄香传》,第 2614—2615 页。
② 孙星衍等辑、周天游点校《汉官六种》,第 208 页。
③ 孙星衍等辑、周天游点校《汉官六种》,第 209—210 页。
④ 孙星衍等辑、周天游点校《汉官六种》,第 202、205 页。
⑤ 孙星衍等辑、周天游点校《汉官六种》,第 207 页。

五日一美食。"①皇帝对掌管机要的尚书官员时常有额外赏赐,蔡质讲述道:
"尚书令、仆射,给赤管大笔两枝。"又云:"尚书令、仆、丞、郎,月赐隃糜大墨
一枚,小墨二枚。"②蔡质的记录如一扇窗口,透露出汉代政治体制下数量巨
大、内容细密的官场法则。在各职位间迁转的官员,需要不断面对和学习各
类典职规范、处事仪节。《汉官典职仪式选用》作为专门汇集这方面材料的
便捷读本,在前述背景下,其问世想必受到了官僚界的热烈欢迎。

此处想就上文提到的不成文惯例稍作补充。惯例与成文的条品法式,
实际上均为官僚群体日常行事的凭据。③ 但在汉末制度书写兴起以前,依
赖口耳相传的惯例是流通范围有限、令官员难以充分掌握的知识。经过制
度学者的搜集、整理,官制礼仪方面的习惯终于文本化,始能够以较固定的
形态广为传播。我们用一条有趣的材料来具体说明。应劭《汉官仪》载:

> 桓帝时,侍中迺存年老口臭,上出鸡舌香与含之。鸡舌香颇小,辛
> 螫,不敢咀咽。自嫌有过,得赐毒药,归舍辞决,欲就便宜。家人哀泣,
> 不知其故。赖寮友诸贤闻其愆失,求视其药,出在口香,咸嗤笑之,更为
> 吞食,其意遂解。存鄙儒,蔽于此耳。④

据引文,侍中迺存不知桓帝所赐鸡舌香为何物,以为皇帝欲令其死,举家悲
切,后赖同僚开示才解除误会。皇帝身边奏答应对的近臣须口含鸡舌香,其
实是东汉政治生活中业已形成的习惯。《汉官典职仪式选用》云:"省阁下
大屏称曰丹屏,尚书郎含鸡舌香,伏其下奏事。"⑤《汉官仪》也提到尚书郎
"含香奏事"的故事:"郎握兰含香,趋走丹墀奏事。"⑥含香的原因,按照《宋
书·百官志》的解释,是为了让皇帝面前的说话者"气息芬芳"。⑦ 而从上引
文的情况可见,含香的常规可能只在近臣间因循,不为外人熟悉。新上任的
迺存才会因不知晓这项传统而闹出笑话。不过,随着蔡质、应劭等学者将
"近臣含香"之类的旧例写入著作,不成文的习惯凝结为有据可查的守则,迺
存式的误解渐成历史。与此同时,那些原本在各种"圈子"内部沿习的成规,

---

① 孙星衍等辑、周天游点校《汉官六种》,第 206 页。
② 孙星衍等辑、周天游点校《汉官六种》,第 206 页。
③ 邢义田《从"如故事"和"便宜从事"看汉代行政中的经常与权变》,《治国安邦:法制、行政
 与军事》,第 380—394 页。
④ 孙星衍等辑、周天游点校《汉官六种》,第 137—138 页。
⑤ 孙星衍等辑、周天游点校《汉官六种》,第 206 页。
⑥ 孙星衍等辑、周天游点校《汉官六种》,第 143 页。
⑦ 《宋书》卷三九《百官志上》,北京,中华书局,1974 年,第 1236 页。

也因制度撰述的传阅,转化为整个官僚界都能接触的共有知识。

除了协助官员的日常行政,为官制的建设提供指导,也是制度书写的用武之地。在论述该问题之前,需要知晓的是:汉廷在筹划或实施政治改革时,一般会从何处寻找根据?《后汉书·朱浮传》所载传主的论议涉及职官制度,我们以此为例。光武帝建武六年(30),朱浮针对守令有纤微之过即见斥罢的现象上书谏争,其中论据部分为:

> 臣闻日者众阳之所宗,君上之位也。……五典纪国家之政,《鸿范》别灾异之文,皆宣明天道,以征来事者也。……然以尧舜之盛,犹加三考,大汉之兴,亦累功效,吏皆积久,养老于官,至名子孙,因为氏姓。当时吏职,何能悉理;论议之徒,岂不喧哗。盖以为天地之功不可仓卒,艰难之业当累日也。①

在经义之外,被朱浮用来批评当前措施的理据,是西汉前期的吏制旧例。同年,光武帝赋予刺史罢黜守令之权的举动,又引起了朱浮的不满:

> 窃见陛下疾往者上威不行,下专国命,即位以来,不用旧典,信刺举之官,黜鼎辅之任,至于有所劾奏,便加免退,覆案不关三府,罪谴不蒙澄察。……夫事积久则吏自重,吏安则人自静。《传》曰:"五年再闰,天道乃备。"夫以天地之灵,犹五载以成其化,况人道哉!②

西汉后期,二千石长吏若被刺史弹劾,要经三公遣掾史案验,才能黜退。③朱浮提出,当前"信刺举之宫,黜鼎辅之任"的做法亟待纠正,因为它既违背圣贤的教诲,也不符合历来"旧典"。上述事例中,朱浮数次提倡改善地方行政,其理据均采自经典与故事。而通观这一时期围绕各项政策的讨论、执行可以发现,以经义和成准为依据,实乃汉代政治常态。故对于官制建设的参与者来说,深入了解这一领域内的"旧典"乃必要步骤。

这样的环境下,充分整理旧式仪品的官制著作,无疑富有参考价值。当然,为皇帝、朝臣提供知识资源,服务制度建设,也正是汉末学者纂录官制时自觉的意识。应劭的系列著作将这一点展现得淋漓尽致。

---

① 《后汉书》卷三三《朱浮传》,第 1141—1142 页。
② 《后汉书》卷三三《朱浮传》,第 1143—1144 页。
③ 《后汉书》卷三三《朱浮传》,第 1143 页。

　　前文已经提及,应劭对《汉仪》的经世目的有明确定位,即"纲纪国体,宣洽时雍"。该书何以具有如此效用？据《后汉书·应劭传》,《汉仪》乃"删定律令"而成。此处"律令"应取广义,包含法规、仪注、故事等各类品式章程。也就是说,《汉仪》是官制礼仪方面"旧典"的汇编,自然会对政务的谋划商讨有所助益。另可注意该书撰写的政治背景。应劭献《汉仪》,时在建安元年。那么,该书的编纂正值东汉政局最为混乱的阶段。尤其当董卓挟帝西迁,洛阳遭大肆破坏,图籍旧章亦纷乱亡失,用应劭自己的话说就是"逆臣董卓,荡覆王室,典宪焚燎,靡有孑遗,开辟以来,莫或兹酷"。① 献帝徙许,形势稍微稳定,应劭献上保存"典宪"的《汉仪》,可谓切合时宜。从司马彪《续汉书》"朝廷制度,百官仪式,所以不亡者,由劭记之"的评价来看,②应劭的官制礼仪之学对制度文明在汉末动乱中的延续发挥了重要作用。

　　应氏的此项工作并未终止,本传载:

　　　　（建安）二年（197）,诏拜劭为袁绍军谋校尉。时始迁都于许,旧章堙没,书记罕存。劭慨然叹息,乃缀集所闻,著《汉官礼仪故事》,凡朝廷制度,百官典式,多劭所立。③

根据引文,应劭在建安二年之后继续编撰以汇聚故事为主旨的书籍。这部《汉官礼仪故事》的上呈对献帝朝廷贡献巨大,"朝廷制度""百官典式"的重建均从中受益。实际上,应劭自建安元年直至去世,一直在专制河北的袁绍府中任职。④ 由是可知,在邺城与许都之间,存在着一条供制度知识流动的通道。另一方面,如佐藤达郎已经指出的,应劭搜集、保存汉代典制的努力,很可能受到了袁绍的驱动。⑤ 毕竟,职官设置、礼仪开展方面的资料对"霸府建设"同样极具帮助。

　　本章在王朝的日常行政、制度建设中发掘出制度撰述的意义。经世,不仅是官制撰述的目的,也是其实际功用。可以说,自汉末开始兴起的制度之学在很大程度上是一种经世之学。魏晋以降,职官撰述愈发繁盛。图书目

---

① 《后汉书》卷四八《应劭传》,第1612页。
② 《三国志》卷二一《魏书·徐幹、陈琳、阮瑀、应玚、刘桢传》裴松之注,北京,中华书局,1959年,第601页。
③ 《后汉书》卷四八《应劭传》,第1614页。
④ 吴树平《〈风俗通义〉杂考》,《秦汉文献研究》,第297—301页。
⑤ 佐藤達郎《応劭〈漢官儀〉の編纂》,《漢六朝時代の制度と文化·社会》,第130—131頁。

录设立"职官"子目,已经能说明官制之学成为了重要的学术领域。对官制的记述也逐渐受到官方的重视,齐梁之际问世的《齐职仪》以及后来的《唐六典》,均为政治权力推动的成果。[①] 官制撰述在政治生活中的角色与价值,是促成这一历史脉络的重要因素。

---

① 参见本书第六章。

第二章　东汉"汉官"文献再考

东汉时期出现了多部以"汉官"为题、专门记述当代官制礼仪的著作,包括卫宏《汉旧仪》、胡广《汉官解诂》、应劭《汉官仪》、蔡质《汉官典职仪式选用》等。它们既是探寻秦汉制度演进的重要史料,也是观察汉人如何看待、研究制度的窗口。在利用之前,对其进行文献学的检视殊为必要。诸书编纂、流传的情况,宋代以来不少目录学者都有论及,比较重要的可以举出四库馆臣为《汉旧仪》撰写的提要,以及章宗源、姚振宗在各自《隋书经籍志考证》中所作讨论。近人孙福喜对《汉官仪》、佐藤達郎对《汉官解诂》《汉官仪》、张欣对《汉旧仪》、楯身智志对《汉官》开展的专题研究,又提供了更丰富的认识。[①] 另一方面,诸书自隋唐便逐渐散佚,不存全貌。元代开始,间或有辑本问世,从此项工作中也能看出学者对这几部文献的理解。清人孙星衍整理、刊刻的《汉官》《汉官解诂》《汉旧仪》《汉官仪》《汉官典职仪式选用》,是诸辑本中最精良者。周天游以此为基础推出的点校本《汉官六种》成为了"汉官"文献的通行读本。不过,既有的考辨、辑佚,都还存在需要修正与扩充的地方,下文依次详细论证。

一、《汉 旧 仪》

《后汉书·儒林传》云:

[①] 孙福喜《应劭〈汉官仪〉源流考》,《文献》1995 年第 4 期,第 244—252 页。佐藤達郎《胡広〈漢官解詁〉の編纂:その経緯と構想》《応劭〈漢官儀〉の編纂》,《漢六朝時代の制度と文化・社会》,第 103—148 页。张欣《〈汉旧仪注〉及相关问题考辨》,《史学史研究》2017 年第 3 期,第 90—103 页。楯身智志《佚名〈漢官〉の史料的性格——漢代官制関係史料に関する一考察》,榎本淳一等编《中国学術の東アジア伝播と古代日本》,第 7—21 页。

> 卫宏,字敬仲,东海人也。……后从大司空杜林更受《古文尚书》,为作《训旨》。时济南徐巡师事宏,后从林受学,亦以儒显,由是古学大兴。光武以为议郎。宏作《汉旧仪》四篇,以载西京杂事;又著赋、颂、诔七首,皆传于世。①

据此可知,卫宏主要活动于东汉光武帝时期,他撰写了《汉旧仪》四卷,以西汉官制礼仪为内容。该书至迟在南宋已不存全本,陈振孙《直斋书录解题》"《汉官旧仪》"条下称"今此惟三卷"。② 明清之际,这一残本也不复传世。后来,四库馆臣将《永乐大典》引录的《汉官旧仪》辑出,分为上下两卷,并附上"补遗"一卷以收集唐宋类书中的佚文。③ 不过,《补遗》部分脱漏甚多。原因在于查考的文献相当有限,辑佚者亦未意识到,"汉旧仪"或"汉官旧仪"并非该书唯一称谓。稍晚的孙星衍辑本在辑文数量上有了显著提高。除了搜检广泛,孙氏还认为"魏晋唐人引《汉仪注》悉是此书",④从而将《史记》《汉书》《后汉书》《文选》诸书注释所引《汉仪注》的内容一并纳入。

孙氏将《汉仪注》《汉旧仪》视为同一书的结论是正确的,我们可以在文献中找到证据。比如,《汉书·司马迁传》颜师古注引如淳曰:"《汉仪注》,太史公,武帝置,位在丞相上。天下计书先上太史公,副上丞相,序事如古《春秋》。迁死后,宣帝以其官为令,行太史公文书而已。"继引晋灼曰:"《百官表》无太史公在丞相上。又卫宏所说多不实,未可以为正。"⑤晋灼批评的"卫宏所说"即如淳所引《汉仪注》的内容,可见《汉仪注》就是卫宏撰写的"载西京杂事"的《汉旧仪》。孙星衍对《汉仪注》的发现与吸收,极大地充实了辑本品质。

不过,孙星衍对"汉仪注"一词的理解存在谬误。孙氏在其辑本卷首的"叙录"中谈到,"《汉旧仪》本有注",故"汉仪注"乃"汉旧仪"之别名。⑥ 他将"汉仪注"的"注"视作《汉旧仪》中的注释。周天游亦从此说。⑦ 实际上,"汉仪注"意为"汉代的仪注","仪注"是一种文体专称,指朝廷为规范礼仪开展而制定的条则。魏晋以降出现了大量以"仪注"为名的文本,《隋书·经

---

① 《后汉书》卷七九下《儒林下·卫宏传》,第 2575—2576 页。
② 陈振孙撰、徐小蛮等点校《直斋书录解题》卷六,第 171—172 页。
③ 孙星衍等辑、周天游点校《汉官六种》,第 29—58 页。
④ 孙星衍等辑、周天游点校《汉官六种》,第 61 页。
⑤ 《汉书》卷六二《司马迁传》颜师古注,第 2709 页。
⑥ 孙星衍等辑、周天游点校《汉官六种》,第 61 页。
⑦ 孙星衍等辑、周天游点校《汉官六种》,"点校说明"第 2 页。

籍志》"史部"下专门辟有"仪注"一栏，①其实至迟在东汉时期，人们已将这类礼仪节文称为"仪注"。如蔡邕《表志》曰："永平初，诏书下车服制度，中宫皇太子亲服重缯厚练，浣已复御，率下以俭化起机。诸侯王以下至于士庶，嫁娶被服，各有秩品。当传万世，扬光圣德。臣以为宜集旧事、仪注、本奏，以成志也。"②这里和"旧事""本奏"并列的"仪注"，指的就是官方颁布的涉及车服制度的礼仪规则。再如《续汉书·舆服志》提到皇帝车驾出，随行官员"皆执注，以督整车骑，谓之护驾"；③蔡邕《独断》云："在长安时，出祠天于甘泉，备之百官。有其仪注，名曰《甘泉卤簿》。"④引文中的"注"或"仪注"均为指导随行官员行为举止的条例。卫宏书中收入了大量西汉时期行用的礼仪程式，应该是它被称作"汉仪注"的原因。

另外，孙星衍搜集诸"汉官"佚文，未利用北宋后期问世的官制史著作——《职官分纪》。现将该书引用且未见于孙氏辑本的《汉旧仪》文字，条列如下，并施以标点（加点条表示辑本已有相似条目而本书所引尚有可补，加点处为辑本所无。下同）：⑤

1.《汉旧仪》："丞相有病，皇帝法驾，亲至问疾。及瘳视事，则赐以养牛，上尊酒。"……又曰："大司空朱博奏曰：'帝王之道，不必相袭。高帝置御史大夫，位次丞相，典正法度，以职相参，历载二百，天下安宁。今更为大司空，与丞相同位。故事，选中二千石为御史大夫，任职者为丞相。今未更大夫而为丞相，非所以重国政也。臣愿罢大司空，以御史大夫为百僚率。'哀帝从之。"

2.《汉旧仪》："汉置中书领尚书事，置丞郎。"

3.《汉旧仪》："惠帝六年（前189），相国奏遣御史监三部。监者二岁更，常以十一月奏事，十二月还监。其后州置监御史。宣帝时，遣御史察计簿不实者。监察之名，兼取于此。"

4.《汉旧仪》："太官主饭肉，汤官主酒，皆有令丞。治太官、汤官奴

①　《隋书》卷三三《经籍志二》，第969—972页。

②　《续汉书·舆服志》刘昭注，《后汉书》，第3678页。

③　《续汉书·舆服志》，《后汉书》，第3650页。

④　福井重雅编《訳注西京杂记·独断》，第319页。

⑤　孙逢吉《职官分纪》的引文也可以纠正辑本文字的讹误。如四库馆臣所辑《汉官旧仪》卷上云"（丞相）书令史斗食，缺，试中二十书佐高第补"，又云"选中二十书佐试补令史"（孙星衍等辑、周天游点校《汉官六种》，第37、38页）。两处"中二十书佐"不可解。《职官分纪》卷五引《汉旧仪》皆作"中二千石书佐"（《景印文渊阁四库全书》第923册，第109—110页），当从。

婢各三十人。置酒,皆缇襈蔽膝。"①

接下来想讨论的是《汉旧仪》在汉晋时期经历的被"重新发现"的过程。《汉旧仪》成书于东汉初年,不过在汉末魏初之前的一百多年间,它流传不广,一直未受重视。有两份材料支撑此判断,一是班固在《汉书·礼乐志》中的论述,二是胡广《汉官解诂》的序言对既往制度书写的回顾。先看前者。完成于章帝时期的《汉书·礼乐志》在"礼"的部分末尾叙及东汉光武、明帝以来的制度发展,含有作者对当代历史的批判,其中提到:"今叔孙通所撰礼仪,与律令同录,臧于理官,法家又复不传。汉典寝而不著,民臣莫有言者。"②在班固看来,西汉礼制在东汉前期遭遇了藏于理官、无人传扬的局面。有感于此,班氏典校秘书时,专门整理出《汉仪》十二篇,献给章帝。③《汉书补注》中王先谦在上引班固之语处注曰:"卫宏撰《旧仪》,亦在班氏前,是民臣非无言者,作志时并未见耳。"④王氏的意思是,西汉礼制非寝而不彰,此前就有卫宏撰写的《汉旧仪》,不过班固并未得见,才会认为"民臣莫有言者"。明帝永平五年(62),班固被"召诣校书部,除兰台令史",复"迁为郎,典校秘书"。⑤在修史的二十余年间,班固坐拥书城,是获取图书资料最便利、又是阅读量首屈一指的人物。班固不知晓《汉旧仪》的存在,说明该书自撰成至章帝、和帝之际,未曾显传于世,也没有被收入东汉朝廷的藏书机构。

东汉后期的胡广在阐述撰写《汉官解诂》的背景时,曾引用安帝朝人樊长孙致刘珍的书信:"汉家礼仪,叔孙通等所草创,皆随律令在理官,藏于几阁,无记录者,久令二代之业,闇而不彰。"⑥对于礼仪典章之学的现状,樊氏表达了与班固相似的不满:两汉王朝的礼式一直缺乏专门的整理、记录,只是随律令一起,深藏于负责法制事务的机构中,难为天下所知。樊氏于是劝说校书东观的刘珍加以撰次,广为传布。刘珍"甚然其言",并就此与当世通人张衡参议。⑦由这一事件可见,卫宏专载西汉官制仪典的《汉旧仪》一书,至东汉中叶,仍不曾被学者注意。

---

① 孙逢吉《职官分纪》卷三、卷七、卷一四、卷一八,《景印文渊阁四库全书》第923册,第42—43、174、329、443页。

② 《汉书》卷二二《礼乐志》,第1035页。

③ 《后汉书》卷三五《曹褒传》,第1203页。

④ 王先谦《汉书补注》卷二二,上海,上海古籍出版社,2008年,第1457页。

⑤ 《后汉书》卷四〇上《班固传》,第1334页。

⑥ 《续汉书·百官志》刘昭注,《后汉书》,第3555—3556页。

⑦ 《续汉书·百官志》刘昭注,《后汉书》,第3556页。

从现存材料来看,《汉旧仪》开始受到瞩目,是在汉末出现的同类著作当中。它的重新发现,很大程度上应归功于蔡邕与应劭。

蔡邕《独断》讨论玺印制度时引述了卫宏的见解:

> 玺者,印也。印者,信也。天子玺以玉,螭虎纽。古卑尊者共之。《月令》曰,固封玺。《春秋左氏传》曰,鲁襄公在楚,季武子使公冶问玺书,追而与之。此诸侯、大夫印称玺者也。卫宏曰:"秦以前民皆以金玉为印,龙虎纽,唯其所好。然则秦以来天子独以印称玺,又独以玉,群臣莫敢用也。"①

另一方面,应劭在解说汉制时也曾参考《汉旧仪》。《续汉书·百官志》刘昭注引《汉官仪》曰:"民年二十三为正,一岁以为卫士,一岁为材官骑士,习射御骑驰战阵。八月,太守、都尉、令、长、相、丞、尉会都试,课殿最。……设十里一亭,亭长、亭候;五里一邮,邮间相去二里半,司奸盗。亭长持二尺板以劾贼,索绳以收执贼。"②《通典》又引《汉官仪》曰:"玺皆白玉,螭虎钮,文曰'皇帝行玺''皇帝之玺''皇帝信玺''天子行玺''天子之玺''天子信玺',凡六玺。……秦以前民皆佩绶,金、玉、银、铜、犀、象为方寸玺,各从所好。奉玺书使者乘驰传,其驿骑也,三骑行,昼夜千里为程。"③孙星衍已经指出,以上两段来自应劭《汉官仪》的文字均见于《汉旧仪》。④ 同时,据应劭在《后汉书》中的传记,他还曾"集解《汉书》"。⑤《汉书·哀帝纪》颜师古注引应劭曰:"任子令者,《汉仪注》吏二千石以上视事满三年,得任同产若子一人为郎。不以德选,故除之。"《贾谊传》注又引应劭曰:"釐,祭余肉也。《汉仪注》祭天地五畤,皇帝不自行,祠还致福。釐,音禧。"⑥这是应劭研读过卫宏《汉旧仪》的明证。

蔡邕、应劭生活在同一时代,二者关于职官礼式的著作中也偶有重合的内容。不过,两人是否有交往以及某一方是否借鉴过对方的作品,尚不清楚。⑦ 要准确地说出到底是谁领先一步注意到卫宏,目前难以做到。但可

---

① 福井重雅编《訳注西京杂记·独断》,第 214 页。
② 《续汉书·百官志》刘昭注,《后汉书》,第 3624—3625 页。
③ 杜佑撰、王文锦等点校《通典》卷六三,北京,中华书局,1988 年,第 1753—1754 页。
④ 孙星衍等辑、周天游点校《汉官六种》,第 153、187 页。
⑤ 《后汉书》卷四八《应劭传》,第 1614 页。
⑥ 《汉书》卷一一《哀帝纪》、卷四八《贾谊传》,第 337、2230 页。
⑦ Enno Giele, *Imperial Decision-Making and Communication in Early China: Study of Cai Yong's Duduan*, p. 40.

以断言的是，《汉旧仪》一书得以在汉末以降走进知识阶层的视野，与蔡邕、应劭的引介分不开。稍后，曹魏时为《汉书》作注的苏林、如淳，西晋时作注的晋灼、臣瓒，均大量利用卫宏的成果，①应当受到了蔡、应在材料上的指引。世入南朝隋唐，学者在讨论汉代官制礼仪时援引《汉旧仪》则成为常态，这可以从《续汉书》刘昭注、《文选》李善注、《唐六典》、《通典》等著作看出。

　　长期隐没无闻的《汉旧仪》由蔡邕、应劭采掘而出，与他们的学术取向密切相关。首先，两人都重视资料的广泛搜集。蔡邕"少博学"，后以郎中校书东观，前后达六年。② 他的个人藏书也十分丰富。《后汉书·列女传》记有曹操与蔡邕女蔡琰一段对话："操因问曰：'闻夫人家先多坟籍，犹能忆识之不？'文姬曰：'昔亡父赐书四千许卷，流离涂炭，罔有存者。今所诵忆，裁四百余篇耳。'"③西晋张华《博物志》则称"蔡邕有书万卷"。④ 蔡邕曾征求到一些声名不显的"奇书"，也在史料中留下了记录。如《后汉书·王充传》李贤注引袁山松《后汉书》曰："充所作《论衡》，中土未有传者，蔡邕入吴始得之，恒秘玩以为谈助。"⑤《后汉书·儒林传》又云："蔡邕至会稽，读《诗细》而叹息，以为长于《论衡》。邕还京师，传之，学者咸诵习焉。"⑥另一位学者应劭少时便因"博览多闻"为人所称。他在献帝朝初期编写《驳议》，除了从常见的《汉书》《汉纪》中提取材料，还通过"博采古今"，增添了二十六事。献帝迁许，应劭感于"旧章埋没，书记罕存"，于是缀集所闻，著《汉官礼仪故事》，"朝廷制度、百官典式"由是得立。⑦ 后人对应氏著作的评价也聚焦于"博洽"这一特色。《后汉书·应劭传》言及应氏所撰《风俗通义》时提到："文虽不典，后世服其洽闻。"⑧《文心雕龙·议对》则云："仲瑗（笔者按：应

---

① 如《汉书》卷一上《高祖纪上》颜师古注引如淳曰："《汉仪注》，民年十五以上至五十六出赋钱，人百二十为一算，为治库兵车马。"卷一下《高祖纪下》注引晋灼曰："《汉仪注》，民臣被其德以为侥幸也。"卷五九《张汤传》注引苏林曰："《汉仪注》，狱二十六所，导官无狱也。"卷七二《鲍宣传》注引臣瓒曰："《汉仪注》，官奴给书计，从侍中已下为苍头青帻。"分见第46、53、2644、3090页。

② 《后汉书》卷六〇下《蔡邕传》，第1980、1990页；《续汉书·律历志》刘昭注引蔡邕《戍边上章》，《后汉书》，第3083页。蔡邕生平，参见丹羽兑子《蔡邕伝おぼえがき》，《名古屋大学文学部研究論集》第56号，1972年，第95—110页；冯锦荣《论蔡邕的学术思想》，《中国哲学》第16辑，长沙，岳麓书社，1993年，第128—172页；刘跃进《蔡邕行年考略》，《文史》2003年第1期，第39—69页。

③ 《后汉书》卷八四《列女·董祀妻传》，第2801页。

④ 《太平御览》卷六一九，第2779页。

⑤ 《后汉书》卷四九《王充传》李贤注，第1629页。

⑥ 《后汉书》卷七九下《儒林下·赵晔传》，第2575页。

⑦ 《后汉书》卷四八《应劭传》，第1609—1614页。应劭生平，参见吴树平《〈风俗通义〉杂考》，《秦汉文献研究》，第297—304页。

⑧ 《后汉书》卷四八《应劭传》，第1614页。

勔字)博古,而铨贯以叙。"①《南齐书·百官志》卷首概述汉魏以来的制度书写,有"胡广旧仪,事惟简撮;应劭《官典》,殆无遗恨"之语,也是在称赞应书的周详。②

其次,官制礼仪是蔡邕、应劭的治学重点,二者均为推动制度书写在汉末兴盛的重要人物。③ 蔡邕于灵帝熹平年间进入东观参与国史纂修,着手撰写"十志"。④ 其中《礼志》《祭祀志》《朝会志》《车服志》均涉及东汉一朝的典章制度。⑤ 而《独断》一书对先秦秦汉时代的制度文物进行了考释,汉家仪制占据了主要篇幅。另一方面,前引材料已提到应劭编纂了《汉官礼仪故事》,此前应氏还曾"删定律令为《汉仪》",凡二百五十篇,堪称巨著。⑥ 蔡、应二人也许就是在征集、整理职官礼制资料的过程中,发现了《汉旧仪》。

《汉旧仪》书名的变化也值得关注。早期引用该书的学者,如应劭、如淳、晋灼等,皆称之为"汉仪注"。而在南北朝的文献当中,如《宋书》、《续汉书》刘昭注、《齐民要术》等,该书又被固定地引作"汉旧仪"。我们知道,古书书名常被后人追改,动因之一是避免混淆,为人熟悉的例子便是萧子显《齐书》在隋唐以后被呼为"南齐书"。《汉旧仪》也经历了这一过程。在汉末魏晋间制度书写的风潮下,以"汉仪"为关键字命名的书籍大量问世,如先前提及的应劭《汉仪》《汉官仪》,还有蔡质《汉官典职仪式选用》、丁孚《汉仪》等。为了方便区别,后代的学者们逐渐将东汉初年成书的关于西汉制度的卫宏书称作"汉旧仪",遂致约定俗成。南朝范晔《后汉书》云"宏作《汉旧仪》四篇",⑦依据的也是改动后的书名。《汉旧仪》名称的嬗变,是制度撰述兴起与累积的一个侧面。

二、《汉　官》

刘昭注《续汉书》之《百官志》《郡国志》多次引用一种题为"汉官"的文

---

① 刘勰撰、王利器校笺《文心雕龙校证》卷五,上海,上海古籍出版社,1980 年,第 169 页。
② 《南齐书》卷一六《百官志》,第 311 页。
③ 参见本书第一章。
④ 刘知幾撰、浦起龙通释、王煦华整理《史通通释》卷一二《古今正史》:"熹平中,光禄大夫马日磾,议郎蔡邕、杨彪、卢植著作东观,接续纪传之可成者。而邕别作《朝会》《车服》二志。后坐事徙朔方,上书求还,续成十志。"第 317 页。参见吴树平《〈东观汉记〉的撰修经过及作者事略》,《秦汉文献研究》,第 119 页。
⑤ 参见吴树平《蔡邕撰修的〈东观汉记〉十志》,《秦汉文献研究》,第 172—211 页。
⑥ 《后汉书》卷四八《应劭传》,第 1612—1613 页。
⑦ 《后汉书》卷七九下《儒林下·卫宏传》,第 2576 页。

献。孙星衍据此辑为《汉官》一卷。除徐冲对该书性质做过揭示外，①其作者、编纂年代等基本问题尚未见解说。

徐文注意到，《汉官》登载众职官名称、员额、秩级的形式，与《续汉书·百官志》的正文——东汉前期的"官簿"，以及出土简牍中的"集簿""吏员簿"一致，从而判断《汉官》同这几种文书的性质相近，都属于行政过程中形成的簿籍材料。也就是说，《汉官》不是一部像《汉旧仪》《汉官仪》那样为讲述汉代官制而特意撰写的作品。

除了簿录体的书写形式，书中内容亦可映证，《汉官》的文本原为朝廷的公牍章程。比如，它罗列着许多官职的铨选条件。羽林左监一职，《汉官》云"孝廉郎作"，其属史吏"皆自出羽林中"，"有材者作"。雒阳市长，《汉官》云由"明法补"，符节令当"得明法律郎"。又据《汉官》，太子舍人应"选良家子孙"，太子门大夫"选四府掾属"，太子洗马由"郎中补"。② 从其他文献可知，东汉朝廷确实制定过有关官员迁转的成文规则。《后汉书·安帝纪》记延光元年（122）八月：

> 己亥，诏三公、中二千石，举刺史、二千石、令、长、相，视事一岁以上至十岁，清白爱利，能敕身率下，防奸理烦，有益于人者，无拘官簿。刺史举所部，郡国太守相举墨绶，隐亲悉心，勿取浮华。③

蔡邕于灵帝朝所上《幽冀二州刺史久缺疏》曰：

> 安国徒隶，买臣郡民，皆还治其国。张敞亡命，擢授剧州。岂顾三互、拘官簿，得救时之便也？④

两汉史料常见的"官簿"一词，意为朝廷施政过程中使用的某一类簿籍文书。

---

① 徐冲《〈续汉书·百官志〉与汉晋间的官制撰述》，《观书辨音：历史书写与魏晋精英的政治文化》，第134—148页。近来椭身智志、佐藤達郎亦对该书性质做过简要考述，结论与徐文相近，见椭身智志《佚名〈漢官〉の史料の性格——漢代官制関係史料に関する一考察》，榎本淳一等编《中国学術の東アジア伝播と古代日本》，第18—19页；佐藤達郎《職官儀注書の出現と官制敘述のはじまり》，《漢六朝時代の制度と文化·社会》，第63—67页。

② 《续汉书·百官志》刘昭注，《后汉书》，第3576、3591、3599、3608、3609页。

③ 《后汉书》卷五《安帝纪》，第236页。

④ 蔡邕《蔡中郎文集》卷六，第2页 B。此疏《后汉书》卷六〇下《蔡邕传》亦载，作"岂复顾循三互，继以末制乎"，不见"官簿"，第1991页。参见徐冲《〈续汉书·百官志〉与汉晋间的官制撰述》，《观书辨音：历史书写与魏晋精英的政治文化》，第139页。

上引诏书与上书都在谈论不拘常格拔擢官员的问题,很明显,这里的"官簿"特指汉廷安排官员迁转的"簿",它充当着职官选任的规程。前揭《汉官》职官甄选方面的文字,应该就是其中的一部分。可以作为参考的是,这一类"官簿"发展至南朝,开始拥有特定的名称——"选簿"。《梁书·武帝纪》载萧衍获封梁公后的上表提到"前代选官,皆立选簿,应在贯鱼,自有铨次"。①《南史·徐勉传》记徐勉任吏部尚书,"撰立选簿,奏之,有诏施用"。② 萧梁管理百官除授升降的选簿,部分文字还留存在唐宋时代的书籍中。如《唐六典》"太常寺"引《梁选簿》云"太常丞旧用员外郎,迁尚书郎,天监七年(508)改视尚书郎",又云"太常主簿视二卫主簿"。同书"卫尉寺"引《梁选簿》曰:"列卿丞班第三。"同书"亲王府"又引《梁选簿》曰:"嗣王府行参军降正王府一阶。"③《太平御览》"中书舍人"条引《梁选簿》曰:"梁天监用人务简英才,不限资次。"④不难看出,众官职在位阶序列里的地位以及担任者所需具备的资格在梁代选簿中都有说明。与《汉官》的佚文对比,《梁选簿》的规定显得细密许多,但两者作为官吏迁转条制的性质是一脉相承的。

　　另外,刘昭注《续汉书·郡国志》数次征引《汉官》说明刺史治所与京师的距离。比如,"谯,(豫州)刺史治"下引《汉官》曰"去雒阳千二十里","高邑,故鄗,光武更名,(冀州)刺史治"下又引曰"去雒阳一千里","广信"下引曰:"(交州)刺史治,去雒阳九千里"。⑤ 这部分材料当为中央政府据郡国上计簿相关内容所作之汇总。

　　从出土简牍可以确认,郡县的上计文书需要登记治所距京师的道里。1999年发掘的湖南省沅陵县虎溪山一号汉墓,出土了西汉初年沅陵侯国的计簿简册,详细记载了"侯国的行政设置、吏员人数、户口人民、田亩赋税、大型牲畜(如耕牛)、经济林木(如梨、梅等)的数量,兵甲船只以及各项的增减和增减的原因,还有道路交通、亭聚、往来长安的路线和水陆里程"。⑥ 随发掘简报公布的 MIT：43-99 号简即列明侯国去长安的距离,其释文为"廷到长安,道函浴(谷),三千二百一十九里,其四百卅二里沇水"。2003—2004年湖南省郴州市出土了大量西晋时期桂阳郡的官府文书,其中包括郡府制

①　《梁书》卷一《武帝纪上》,第23页。
②　《南史》卷六〇《徐勉传》,北京,中华书局,1975年,第1478页。
③　李林甫等撰、陈仲夫点校《唐六典》卷一四、卷一六、卷二九,北京,中华书局,1992年,第395、459、731页。
④　《太平御览》卷二二二,第1057页。
⑤　《续汉书·郡国志》刘昭注,《后汉书》,第3426、3434、3531页。
⑥　湖南省文物考古研究所、怀化市文物处、沅陵县博物馆《沅陵虎溪山一号汉墓发掘简报》,《文物》2003年第1期,第36—55页。

作的"计阶"簿。以下两枚木简说明,郡内各县城相对于郡治、州治、京师的方位和距离,连同吏员人数等信息,都必须由上计吏提交中央:

1－1	便令谈隆	治便城周匝一里十五步高一丈五尺在郡北去郡 一百廿里北去江州一千四百八十里去京城三 千五百一十里领员吏一百六十一人卒十三人
1－2	晋宁令周系	治晋宁城周匝一里二百卌步高一丈五尺在郡东 去郡一百卅里去江州一千七百卌里去京城三 千七百里领员吏一百廿五人卒十二人①

结合西汉和西晋的上计文书,认为东汉时期的上计簿包含郡县与首都洛阳间的道里数据,当无疑问。

刘昭为并州刺史治所太原郡晋阳县作注时引《汉官》曰:"南有梗阳城,中行献子见巫皋",②这是《汉官》取用上计簿内容的又一证明。正如前文所展示的,汉晋时期郡国上计文书包含的信息相当丰富,不只限于同政绩考核直接相关的资料。境内物产风土、先贤名士的情况同样需要上达。③《太平御览》卷四九"阳岐山"条曰:"范玄平记云:'故老相承云,胡伯始以本县境无山,此山上计偕簿'。"④范玄平(范汪)为东晋人,按照当时故老的说法,东汉胡广在此地为长吏时,曾将阳岐山列入计偕簿。类似的材料还有《续汉书·郡国志》"吴郡海盐县"条下的刘昭注:"案今计偕簿,县之故治,顺帝时陷而为湖,今谓为当湖。"⑤郴州晋简"计阶"簿还详细记录了桂阳郡境内的石刻:

2－228　汉故长沙太守胡滕墓石虎石柱石碑

2－242　汉故平舆令张喜墓石虎

2－264　汉故郡察孝廉刘尚墓石碑⑥

① 湖南省文物考古研究所、郴州市文物处《湖南郴州苏仙桥遗址发掘简报》,《湖南考古辑刊》第 8 集,长沙,岳麓书社,2009 年,第 98—99 页。

② 《续汉书·郡国志》刘昭注,《后汉书》,第 3523 页。

③ 参见永田拓治《上计制度与"耆旧传""先贤传"的编纂》,《武汉大学学报》2012 年第 4 期,第 49—61 页;魏斌《汉晋上计簿的文书形态——木牍和简册》,《中国中古史研究》第 8 卷,上海,中西书局,2021 年,第 251—274 页。

④ 《太平御览》卷四九,第 240 页。

⑤ 《续汉书·郡国志》刘昭注,《后汉书》,第 3490 页。

⑥ 湖南省文物考古研究所、郴州市文物处《湖南郴州苏仙桥遗址发掘简报》,《湖南考古辑刊》第 8 集,第 101 页。

可见,地方的建筑、山川在东汉与后来西晋、南朝的上计文书中都有登记。《汉官》所载晋阳县"梗阳城"的材料具有相同的性质。

与西晋司马彪据以为《续汉书·百官志》的"官簿"一样,组成《汉官》文本的这批档册在朝代更迭中留存下来,复被后人用作了解东汉制度的历史记录。"汉官"二字,很可能是其流传过程中,人们为方便指称而拟定的总名。既然如此,对于《汉官》来说,就不存在"何人所撰"的问题。接下来谈谈《汉官》反映的是什么时期的汉家制度。

线索来自"续汉志"与《汉官》相互冲突之处。《百官志》正文曰"太中大夫,千石",又云"中散大夫,六百石"。刘昭注引《汉官》曰"(太中大夫)二十人,秩比二千石",又曰"(中散大夫)三十人,秩比二千石"。[1] 从对此二职秩级的不同记述可以看出,《汉官》与司马彪所据东汉"官簿"并非同一时期的制度规定。刘昭注《续汉书·舆服志》引用了《东观汉记》所载光武帝建武元年(25)出台的秩级、舆服方案,其中有言:"太中大夫秩皆比二千石。"[2]可知《汉官》更接近东汉初期施行的章程,《百官志》记录的应该是经过调整的新秩级。《宋书·百官志》载刘宋中散大夫秩"六百石",[3]承袭了"续汉志"所记东汉官秩,也支撑司马彪使用的"官簿"为晚出制度的判断。

另一方面,《续汉书·郡国志》谓九江郡历阳侯国为扬州刺史治所,而刘昭于同郡"寿春"下注曰:"《汉官》云刺史治,去雒阳千三百里,与志不同。"[4]先行研究已经说明,《郡国志》以东汉永和五年(140)为断限。[5] 司马彪所述扬州刺史治历阳,是顺帝永和年间正在行用的制度。而《三国志·孙策传》曰:"先是,刘繇为扬州刺史,州旧治寿春。寿春,(袁)术已据之,繇乃渡江治曲阿。"[6]刘繇刺扬州,约在献帝兴平元年(194)。[7] 由此我们得知,扬州于东汉晚期以寿春为州治。这样看来,扬州刺史的治所在顺帝朝以后发生过迁移,《汉官》所言乃汉末的政区设置。[8]《宋书·州郡志》对汉晋间扬州州治的变化有过简述:"扬州刺史,前汉刺史未有所治,后汉治历阳,魏、晋治寿春,晋平吴治建业。"[9]据上述考察,从历阳到寿春的转化,其实在汉

---

① 《续汉书·百官志》刘昭注,《后汉书》,第3577页。
② 《续汉书·舆服志》刘昭注,《后汉书》,第3676页。
③ 《宋书》卷三九《百官志上》,第1230页。
④ 《续汉书·郡国志》刘昭注,《后汉书》,第3486页。
⑤ 参见李晓杰《东汉政区地理》,济南,山东教育出版社,1999年,第14—15页。
⑥ 《三国志》卷四六《吴书·孙策传》,第1102页。
⑦ 《资治通鉴》卷六一,北京,中华书局,1976年,第1958页。
⑧ 参见王先谦《后汉书集解·郡国志四》所引钱大昕、马与龙的考证,第1257页。
⑨ 《宋书》卷三五《州郡志一》,第1029页。

末已经发生。

《汉官》混合了东汉前、后期的制度安排,透露出文本来源的庞杂性。对《汉官》性质的认识因而更进一步:是书并非由东汉朝廷制作的某种单一簿录构成,而是不同时间点的行政文书的汇编。

最后讨论一下《汉官目录》。该书佚文仅见于《续汉书·百官志》刘昭注,且只有六条:

> 1. 建武十二年(36)八月乙未诏书,三公举茂才各一人,廉吏各二人;光禄岁举茂才四行各一人,察廉吏三人;中二千石岁察廉吏各一人,廷尉、大司农各二人;将兵将军岁察廉吏各二人;监察御史、司隶、州牧岁举茂才各一人。
>
> 2. (司徒掾属)三十人。
>
> 3. (司空掾属)二十四人。
>
> 4. 右三卿(太常、光禄勋、卫尉)太尉所部。
>
> 5. 右三官(太仆、廷尉、大鸿胪)司徒所部。
>
> 6. 右三卿(宗正、大司农、少府)司空所部。①

佚文所涉,限于三公九卿制度。第4、5、6条关于三公对九卿分部监督的说法,不见于其他文献,弥足珍贵。② 孙星衍云:"《续汉志》刘昭补注引《汉官》不标名应劭者,悉是《目录》,不知何人所撰。"③孙氏认为《汉官目录》即《汉官》,大概是因为两者名称相似,实无证据。而且从整个"续汉志注"的引书格式来看,刘昭不会随意简称书名,"汉官"非"汉官目录"之省。孙星衍将两者佚文融汇为一的做法,并不稳妥。

三、《汉官解诂》《汉制度》

《汉官解诂》是胡广为王隆《小学汉官篇》所作解诂。该书宋以后无传。孙星衍辑《汉官解诂》一卷,偶有脱漏。如《初学记》引用关于卫尉的一条:"《汉官解诂》曰:'卫尉,掌宫阙周庐殿,屯陈夹道,当兵交戟。胡广注曰,宫

---

① 《续汉书·百官志》刘昭注,《后汉书》,第3559、3561、3562、3581、3584、3601页。

② 参见祝总斌《两汉魏晋南北朝宰相制度研究》,第67—71页。

③ 孙星衍等辑、周天游点校《汉官六种》,第119页。

阙之内周庐殿,各陈屯交兵士,以示威武,交戟以遮妄出入者。'"①"胡广注曰"以上当为王隆原文,孙星衍没能辑出。《职官分纪》所引《汉官解诂》又有三条不见于他书,应该补入:

> 1.《汉官解诂》注云:"西京谓为御史府,亦谓御史。原缺四字。京谓之御史台,亦谓之兰台寺。"
> 2.《汉官解诂》:"都尉将兵,副佐太守,备盗贼也。"
> 3.《汉官解诂》:"关都尉,秦官。"②

另外,《职官分纪》卷三三引《汉书解诂》曰:"武帝征四夷,有左、右、前、后将军。宣元以后,杂错更置,或为前,或为后,或为左,或为右,虽不出征,犹有其官,在诸卿上。为国爪牙,所以扬示威灵于四远,折冲万里,如虎如熊。"③引文与《北堂书钞》卷六四引《汉官解诂》所谓"前、后、左、右将军,宣元以后,虽不出征,犹有其官,位在诸卿上"在核心环节上一致,④可推断上述"汉书解诂"乃"汉官解诂"之讹。较《北堂书钞》所引,《职官分纪》的文字更为详细,故应据此条改善《汉官解诂》辑本。

《汉官解诂》的编纂过程及内容,前引佐藤達郎《胡広〈漢官解詁〉の編纂:その経緯と構想》一文曾进行全面考察,值得参读。从文献学的角度来看,该文存在一个明显问题,即认为《续汉书》刘昭注多次引用的"胡广曰"的内容很可能不属于《汉官解诂》。实际上,这是不了解刘昭引书格式而产生的误解。

刘昭征引文献,十分严谨。"某人曰"指向的都是某人的某一特定著述。比如,《续汉书》注中的"蔡邕曰"指蔡邕所撰《东观汉记》的"志","应劭曰"均为应劭的"《汉书》"注,"杜预曰"是"杜预注《左传》曰"的省称。如果又引用此人的另一部文献,则不会再用"某人曰",而是以"某书曰"或"某人某书曰"的形式。如《续汉书·礼仪志》刘昭注曰:"应劭曰:'古者天子耕藉田千亩,为天下先。藉者,帝王典藉之常也。'而应劭《风俗通》又曰:'古者使民如借,故曰藉田。'"⑤依据《汉书》颜师古注的引用,可知"应劭曰"的内容出

---

① 《初学记》卷一二,北京,中华书局,1962年,第308页。《太平御览》卷三五二(第1621页)、《职官分纪》卷一九(《景印文渊阁四库全书》第923册,第446页)亦引,文字小异。
② 孙逢吉《职官分纪》卷一四、卷三六,《景印文渊阁四库全书》第923册,第307、684、685页。
③ 孙逢吉《职官分纪》卷三三,《景印文渊阁四库全书》第923册,第628页。
④ 《北堂书钞》卷六四,第262页。
⑤ 《续汉书·礼仪志》,《后汉书》,第3107页。

自应氏为《汉书·文帝纪》所作注释。① 当刘昭引用应劭的另一著作时,则称"应劭《风俗通》",以示区别。又如,"蔡邕曰"用以注出蔡邕志与"续汉志"的不同,②刘昭还引用了蔡邕的《月令章句》《表志》《独断》等文献,但每次都会列出书名。另一方面,如果某志内情况特殊,刘昭也会专门说明。如在《五行志》卷首的注释中,刘昭云"注《五行》称'郑玄曰',皆出注《大传》也"。③ 在《舆服志》的注释中,刘昭又说这里的"郑玄曰"指"《周礼》注"。④

"胡广曰"其实是出现数次的"胡广注曰"的简称,即《汉官解诂》中胡广所作注释。《汉官解诂》以外,刘昭也引用了胡广《汉制度》的材料,每次都清楚地标以"《汉制度》曰"或"胡广《汉制度》曰"。

接下来讨论《汉制度》。南朝的学者在回顾汉末以来的制度书写时,提到过胡广"撰旧仪":

> 1. 及至东京,太尉胡广撰旧仪,左中郎蔡邕造《独断》,应劭、蔡质咸缀识时事,而司马彪之书不取。
>
> 2. 若夫胡广旧仪,事惟简撮;应劭《官典》,殆无遗恨。
>
> 3.《朝会志》前史不书,蔡邕称先师胡广说汉旧仪,此乃伯喈一家之意,曲碎小仪,无烦录。⑤

刘昭注《续汉书·律历志》引蔡邕《戍边上章》曰:"臣所师事故太傅胡广,知臣颇识其门户,略以所有旧事与臣,虽未备悉,粗见首尾。"⑥可见,胡广生前曾搜集大量"旧事",并加以初步整理。此即南朝人所谓的胡广"旧仪"。

胡广于《汉官解诂》自叙:"是以聊集所宜,为作诂解,各随其下,缀续后事,令世施行,庶明厥旨,广前后愤盈之念,增助来哲多闻之览焉。"⑦胡广的"旧仪",一部分融入了为《小学汉官篇》写作的诂解。又据谢沈《后汉书》所言"太傅胡广博综旧仪,立汉制度,蔡邕依以为志",⑧胡广交付蔡邕的材料,成为蔡氏著作的重要资源。⑨ 蔡邕所撰《东观汉记·车服志》是《续汉书·

---

① 《汉书》卷四《文帝纪》颜师古注,第117页。
② 《续汉书·律历志》刘昭注曰:"其所论志,志家未以成书,如有异同,今随事注之于本志也。"《后汉书》,第3084页。
③ 《续汉书·五行志》,《后汉书》,第3266页。
④ 《续汉书·舆服志》,《后汉书》,第3642页。
⑤ 《南齐书》卷九《礼志上》、卷一六《百官志》、卷五二《文学·檀超传》,第117、311、891页。
⑥ 《续汉书·律历志》刘昭注,《后汉书》,第3083页。
⑦ 《续汉书·百官志》刘昭注,《后汉书》,第3556页。
⑧ 《续汉书·礼仪志》刘昭注,《后汉书》,第3101页。
⑨ 参见福井重雅《蔡邕〈独断〉的研究》,《陸賈〈新語〉の研究》,第135—175页。

舆服志》的文献基础，①"续汉志"有数条以"胡广说曰"起始的文句，②应该是司马彪从蔡邕处转引而来的"旧仪"。另外，部分"旧仪"得以流传到南朝，刘昭看到的《汉制度》即为一种传本。

不过，就像蔡邕说的"虽未备悉，粗见首尾"，胡广留下的这部分文字很可能不成体系、零散琐碎，到南朝时已经没有比较完整的保存。所以我们只能在"续汉志"刘昭注中见到为数不多的几条佚文。《隋书·经籍志》及以后的藏书目录均未提及，显示《汉制度》在隋唐之际已经亡失。③ 唐前期问世的《后汉书》李贤注曾三次引用《汉制度》，④考虑到李贤作注时曾参考刘昭为范晔《后汉书》所作集注，⑤可推断此三则材料均从刘昭注中摄取而来，不能用以说明胡广书在唐代的流传情况。⑥

四、《汉 官 仪》

在汉末出现的"汉官"类书籍中，应劭的作品"最为系统而翔实"，"史注及唐宋类书征引亦最多"。⑦ 孙星衍将诸书所引应劭《汉官》《汉官仪》的文

---

① 刘昭《后汉书注补志序》："车服之本，即依董（巴）、蔡（邕）所立。"《后汉书》，附录第 1 页。

② 《续汉书·舆服志》，《后汉书》，第 3666—3668 页。

③ 《北堂书钞·设官部》在《汉官解诂》之外还引用了几条出自所谓"胡伯始《汉官》"及"胡伯始《汉官仪》"的材料：(1) 胡伯始《汉官》云："侍御史四人，治书，皆冠法冠。一名獬豸，兽名，知曲直，触不正。"(2) 胡伯始《汉官仪》云："顺帝时学士二百人。"(3) 胡伯始《汉官仪》云："弟子乙科补国学，甲科补文学。"(4) 胡伯始《汉官仪》云："汉丞相置长史一人，铜印墨绶，秩千石，职无不监。"(5) 胡伯始《汉官仪》云："初丞相掾吏员七五人，分为东西曹，秩比六百石。汉末群公自辟则轻，台除则重也。"(6) 胡伯始《汉官仪》云："武帝丞相设四科以辟之，德妙为第一科，乃补南阁祭酒。"分见卷六二、卷六七、卷六八、卷六九，第 249、277、278、279、284 页。第 2、3、4、5、6 条均为《北堂书钞》独家所引。第 1 条又见于《初学记》卷一二，第 292 页。笔者推测"胡伯始《汉官（仪）》"是胡广"旧仪"的另一种传本，同样在隋唐之际亡失。

④ 《后汉书》卷一上《光武帝纪上》、卷七九上《儒林传上》李贤注，第 24、27、2545 页。

⑤ 参见小林岳《後漢書劉昭注李賢注の研究》，东京，汲古书院，2013 年，第 340—346 页；辛德勇《〈后汉书〉对研究西汉以前政区地理的史料价值及相关文献学问题》，《中国历史地理论丛》2012 年第 4 期，第 18—36 页。

⑥ 萧统编、李善注《文选》卷三八《为萧扬州荐士表》注："胡广《汉官制度》曰：'天子出，车驾次第谓之卤簿。长安中，出祠天于甘泉用之，名曰甘泉卤簿。'"第 1745 页。孙星衍将此句作为《汉官解诂》的佚文辑出（孙星衍等辑、周天游点校《汉官六种》，第 22 页）。而福井重雅认为此《汉官制度》即《汉制度》，见《蔡邕〈独断〉の研究》，《陸賈〈新語〉の研究》，第 141 页。案，上引胡广语是对"卤簿""甘泉卤簿"的释义，考虑到王隆《汉官篇》设置了有关皇帝车驾的内容（《续汉书·舆服志》刘昭注，《后汉书》，第 3650 页），笔者赞同孙星衍的处理，认为李善所谓"汉官制度"乃"汉官解诂"之讹。

⑦ 孙星衍等辑、周天游点校《汉官六种》，"点校说明"第 3 页。

字汇聚成辑本《汉官仪》二卷,为我们接触应氏的制度撰述提供了极大便利。但今天看来,该辑本存在不少需要改善的地方。首先,《宋书·百官志》多次征引应劭《汉官》,孙氏却没有将其纳入搜检范围。兹列举可补充辑本者:

　　1. (太后三卿)应氏《汉官》曰:"卫尉、少府,秦官;太仆,汉成帝置。皆随太后宫为号,在正卿上,无太后乃阙。"

　　2. 应劭《汉官》云:"尚书令、左丞,总领纲纪,无所不统。仆射、右丞,掌禀假钱谷。三公尚书二人,掌天下岁尽集课;吏曹掌选举、斋祠;二千石曹掌水、火、盗贼、词讼、罪法;客曹掌羌、胡朝会,法驾出,护驾;民曹掌缮治、功作、盐池、苑囿。吏曹任要,多得超迁。"

　　3. (尚书郎)《汉官》云:"置郎三十六人。"

　　4. (谒者仆射)应氏《汉官》曰:"尧以试舜,宾于四门,是其职也。"①

　　其次,如上文已提及的,孙氏没有利用宋人孙逢吉所撰《职官分纪》。现将该书引用且未见于孙氏辑本的《汉官仪》文字,条列如下:

　　1. 应劭《汉官仪》:"太师,古官。殷纣时箕子,周武王时太公,成王时周公,并为太师。周公薨,毕公代之。秦及汉初并无。至平帝元始元年(1)初置,以孔光居焉。"

　　2. 应劭《汉官仪》:"臣瑗云:'许敬年且百岁,犹居相位。'"

　　3. 应劭《汉官》:"秦置中常侍,入禁中,常侍左右。光武,中常侍用宦者。"

　　4. 应劭《汉官仪》曰:"尚书令史二十人,皆出兰台,以劳得占好县。"

　　5. 应劭《汉官仪》:"六厩各主马万匹。"

　　6. 应劭《汉官仪》:"宣帝元凤中路温舒为廷尉吏,上言:'臣闻秦有十失,其一尚存,治狱之吏是也。夫狱,天下之命也。今治狱吏以刻为明,深者获功名,平者多后患。故治狱之吏皆欲人死,非憎人也,自安之道,在人之死。俗语曰,画地为狱,势不可入;刻木为吏,议不可对。此皆疾吏之风,悲痛之辞也。唯陛下除诽谤之罪,招切直之言,开天下之目,广箴谏之路,扫亡秦之失,尊文武之业。'上善其言。"

　　7. 应劭《汉官仪》:"礼,饮酒必祭,先示有先也。故称祭酒。饮酒

<hr>

① 《宋书》卷三九《百官志上》、卷四〇《百官志下》,第 1233、1235、1236、1252 页。

时唯尊长以酒沃酹也。"

8. 应劭《汉官仪》："符节令,两梁冠,千石,位次御史中丞,领尚符玺四人。"

9. 应劭《汉官仪》："谒者仆射,秦官也。古重武事,故设主射以督课之。秩六百石,冠高山,言其矜庄高,故以高山为号。"

10. 应劭《汉官仪》："羽林者,言其为国羽翼,如林盛也。一名为严郎,言其御侮严厉。其后复简取五营高材,别为左右监,监羽林左右骑。其羽林士死子继,与虎贲同。"①

其中第 2 条也见于陶弘景编纂的《真诰》,②第 10 条在《太平御览·职官部》有引用。③

再次,日本平安时代天长八年,即唐文宗大和五年(831),日本学者滋野贞主受淳和天皇之命,利用中国传入日本的汉籍,编纂了汉文类书《秘府略》。这部原本一千卷的巨著如今仅存两卷,其中保留有一条可以补充孙氏辑本的《汉官仪》佚文:

《汉官仪》曰:"虎贲中郎将,古官。衣纱縠单衣、虎文锦袴,余郎亦然。官有左右陛长、仆射,铜印墨绶。又中郎秩比六百石,侍郎比四百石,节从中比三百石。服事卅年,父死子继,若死王事亦如之。"④

另外,借助当代学者对史料性质的分析,孙星衍的一些误辑也应该得到澄清。如《续汉书·郡国志》"河南尹"后有以下叙述:

秦三川郡,高帝更名。世祖都雒阳,建武十五年(39)改曰河南尹。
注:应劭《汉官》曰:尹,正也。郡府听事壁诸尹画赞,肇自建武,

---

① 孙逢吉《职官分纪》卷二、卷三、卷六、卷八、卷一九、卷二一、卷二二、卷二六、卷三五,《景印文渊阁四库全书》923 册,第 19、49、142、222、454、464、486、506、536、660 页。

② 陶弘景撰、赵益点校《真诰》卷二〇:"应劭《汉官仪》载崔瑗表云:'许敬年且百岁,犹居相位。'"北京,中华书局,2011 年,第 349—350 页。据此可知,上引第 2 条中"臣瑗"为崔瑗上表中的自称。

③ 《太平御览》卷二四二,第 1148 页。

④ 滋野贞主编《秘府略》卷八六八,《尊经阁善本影印集成》第 13 册,东京,八木书店,1997年,第 29 页。其中"节从中比三百石"一句当有脱误。《续汉书·百官志》云:"虎贲郎中,比三百石。节从虎贲,比二百石。"《后汉书》,第 3575 页。关于《秘府略》的文献价值,参见唐雯《日本汉文古类书〈秘府略〉文献价值研究》,《古籍整理研究学刊》2004 年第 5 期,第24—32 页。

讫于阳嘉,注其清浊进退,所谓不隐过,不虚誉,甚得述事之实。后人是瞻,足以劝惧,虽《春秋》采毫毛之善,罚纤厘之恶,不避王公,无以过此,尤著明也。①

　　孙星衍将"应劭《汉官》曰"下所有文字均视为刘昭引用应劭书的内容,因而全部纳入辑本。辛德勇根据府壁画赞的传统、《郡国志》的断限以及早期刻本中的空格等因素,指出刘昭之注仅限于"应劭《汉官》曰:尹,正也"数字,"郡府听事壁诸尹画赞"至"尤著明也"乃司马彪本注,②颇可信从。这样,我们就必须把属于司马彪的文字剔除出《汉官仪》的辑本。

　　关于应劭的官制著作,各处记载存在差异。《后汉书·应劭传》载建安元年(196),应劭向献帝奏上"删定律令"而成的《汉仪》,内容包括《律本章句》《尚书旧事》《廷尉板令》《决事比例》《司徒都目》《五曹诏书》《春秋断狱》等,凡二百五十篇,后又在袁绍军谋校尉任上著《汉官礼仪故事》。③ 司马彪《续汉书》云,劭著《中汉辑叙》《汉官仪》及《礼仪故事》,凡十一种,百三十六卷。④ 刘昭注"续汉志"所引《汉官》《汉官仪》《汉官秩》《汉官名秩》《汉官卤簿图》《汉官马第伯封禅仪记》均为应劭名下著作。《隋书·经籍志》则著录有"《汉官》五卷,应劭注",以及"《汉官仪》十卷,应劭撰"。⑤

　　要理清诸书源流及相互关系,颇为棘手。既有研究都存在一些明显问题。如侯康《补后汉艺文志》认为应劭所注《汉官》即王隆《小学汉官篇》,⑥孙福喜认为《汉官注》以胡广《汉官解诂》为基础,⑦两种见解都没有根据。佐藤达郎认为删律令而成的《汉仪》是围绕汉代刑罚的著作,⑧他对律令的理解过窄。孙星衍关于《汉官》《汉官仪》"彼此互舛,不可分别"的论述也略粗疏,⑨从"刘昭注"可以看出,两书在南朝仍有明确的区分。

　　下面提供笔者的看法。"刘昭注"引书丰富、体例严谨,且距汉末不远,是了解应劭著述的关键。注中引及的应劭《汉官》也见于"隋志",乃应劭传记中失载的著作。应氏所注《汉官》的本文为何,因完全没有材料,不便猜

① 《续汉书·郡国志》,《后汉书》,第 3389 页。
② 辛德勇《〈后汉书〉对研究西汉以前政区地理的史料价值及相关文献学问题》,《中国历史地理论丛》2012 年第 4 期,第 24—28 页。
③ 《后汉书》卷四八《应劭传》,第 1612—1613 页。
④ 《三国志》卷二一《魏书·徐幹、陈琳、阮瑀、应玚、刘桢传》裴松之注,第 601 页。
⑤ 《隋书》卷三三《经籍志二》,第 967—968 页。
⑥ 侯康《补后汉艺文志》卷三,《二十五史补编》第 2 册,上海,开明书店,1937 年,第 2122 页。
⑦ 孙福喜《应劭〈汉官仪〉源流考》,第 247 页。
⑧ 佐藤达郎《応劭〈漢官儀〉の編纂》,《漢六朝時代の制度と文化·社会》,第 130 页。
⑨ 孙星衍等辑、周天游点校《汉官六种》,第 119 页。

测。想提醒的是，汉代出现的《汉官》不只王隆一家，本章第二部分的考察对象即以"汉官"为名。其次，过去一般认为，刘昭引到的《汉官秩》《汉官名秩》《汉官卤簿图》《汉官马第伯封禅仪记》等，均为《汉官》或《汉官仪》内的篇章。但翻检所有"续汉志"的注释，可以发现，在书名之下，刘昭从来不会标注引文出自的篇目。也就是说，《汉官秩》《汉官名秩》《汉官卤簿图》《汉官马第伯封禅仪记》在南朝时期并非某书篇章，而是独立流传的书籍。不过笔者认为，这些材料是在应劭编纂《汉仪》的过程里形成的，它们原本与《尚书旧事》《廷尉板令》《决事比例》《司徒都目》等同为该书二百五十篇中的一部分。《后汉书·应劭传》记《汉仪》乃"删定律令"而成，①此处的"律令"当泛指汉朝廷的各种典制章程，涵盖律令、仪注、故事诸方面，这样才能解释该书何以被称作"汉仪"以及包括"尚书旧事""司徒都目""五曹诏书"等项目。从篇名可以判断，该书各篇在内容上的联系并不紧密，《汉仪》只是一个"松散联盟"。由于篇幅巨大，《汉仪》在流传过程里，很可能以篇为单位，瓦解成为一本本单独的小书。刘昭接触到的《汉官秩》《汉官名秩》《汉官卤簿图》《汉官马第伯封禅仪记》诸书，最开始在《汉仪》中的篇名当为"官秩""名秩""卤簿图""马第伯封禅仪记"，"汉"或"汉官"是魏晋以降的人们为使书名直接反映该书的朝代、内容而添附的文字。这种做法并不鲜见，比如同在《隋书·经籍志》"职官"类的《晋新定仪注》《梁选簿》《陈将军簿》，②书名里"晋""梁""陈"等词均为后人添加。至于《续汉书》提到的《汉官仪》与《礼仪故事》，很可能同《后汉书》所载《汉仪》与《汉官礼仪故事》分别对应。

应劭的制度撰述在流传过程中发生大规模的淆乱混同，当始于隋唐之际。略举数例以说明。《续汉书·百官志》刘昭注引应劭《汉官》曰："开阳门始成未有名，宿昔有一柱来在楼上，琅邪开阳县上言，县南城门一柱飞去。光武皇帝使来识视，怅然，遂坚缚之，刻记其年月，因以名焉。"③而《文选·怀旧赋》李善注引用了相同的文字，却出自《汉官仪》。④《续汉书·舆服志》刘昭注引应劭《汉官》曰："说者以金取坚刚，百炼不耗。蝉居高饮絜，口在掖下。貂内劲捍而外温润。"⑤《北堂书钞》的相同引文仍出自《汉官》，《艺文类聚》却引自《汉官仪》。⑥ 另外，《汉官仪》与《汉官卤簿图》在"续汉

①　《后汉书》卷四八《应劭传》，第 1612 页。
②　《隋书》卷三三《经籍志二》，第 968 页。
③　《续汉书·百官志》刘昭注，《后汉书》，第 3611 页。
④　萧统编、李善注《文选》卷一六《怀旧赋》注，第 731 页。
⑤　《续汉书·舆服志》刘昭注，《后汉书》，第 3668 页。
⑥　《北堂书钞》卷五八，第 222 页。欧阳询撰、汪绍楹校《艺文类聚》卷四八、卷六七，上海，上海古籍出版社，1982 年，第 864、1185 页。

志"刘昭注中被当作不同书籍对待,然而根据《北堂书钞》提及的"汉官仪卤簿",以及《唐六典》数次引到的"汉官仪卤簿篇"可知,①《汉官卤簿图》已被整合进《汉官仪》的唐代版本,成为了书中的一个篇章。同样的情况也发生在《汉官马第伯封禅仪记》上。是书在南北朝为独立文献,这不仅可以从"续汉志"刘昭注看出,郦道元《水经注》称其为"马第伯书"也能够体现。②《北堂书钞》也采录了该书的部分内容,但"应劭《汉官仪》曰马第伯登山见石二枚……"这一引述方式显示,③《书钞》编纂者见到的《汉官仪》已将《汉官马第伯封禅仪记》吸收。

五、《汉官典职仪式选用》

《隋书·经籍志》载:"《汉官典职仪式选用》二卷,汉卫尉蔡质撰。"④孙星衍辑有此书一卷。在《职官分纪》对蔡质书的引用中,有两条可以补充孙氏辑本:

> 1.《汉官典职》:"尚书令主赞奏,总典纲纪,无所不统。秩千石。故公为之者,朝会不陛奏事,增秩二千石。天子所服五时衣,赐尚书令。其三公、列卿、将、大夫、五营校尉行复道中,遇尚书令、仆射、左右丞,皆回车豫辟。卫士传不得近台官,台官过乃得去。"
>
> 2.《汉官典职》:"尚书给青缣白绫被,或以锦被,帷帐、毡褥、通中枕,太官供食物,汤官供饼饵、五熟、果实,下天子一等。给尚书郎侍史一人,女侍史二人,皆选端正妖丽。执香炉烧薰,从入台,护衣服。奏事明光殿,因得侍省中。省中皆胡粉涂画古贤人烈士。郎握兰含香,趋走丹墀奏事,黄门郎与对揖。天子五时赐服。若郎处曹三年,迁二千石、刺史。"⑤

通览《汉官典职》佚文,可以发现是书内容拥有区别于前述诸"汉官"的特色。正如书名显示的,《汉官典职》把重点放在官员履职所牵涉的各类事

① 《北堂书钞》卷一三〇,第551页。李林甫等撰、陈仲夫点校《唐六典》卷一四、卷一六、卷一八,第395、459、505页。
② 郦道元注,杨守敬、熊会贞疏,段熙仲点校、陈桥驿复校《水经注疏》卷二四《汶水》,南京,江苏古籍出版社,1989年,第2061页。
③ 《北堂书钞》卷一六〇,第747页。
④ 《隋书》卷三三《经籍志二》,第968页。
⑤ 孙逢吉《职官分纪》卷八,《景印文渊阁四库全书》第923册,第196、214页。

务上,尤其关注职责范围、行事方式以及官场礼仪。在成文规定以外,蔡质吸收了许多政治生活中口耳相传的惯例,让《汉官典职》颇具"官场指南"的色彩。① 还可留意的是,书中围绕尚书系统的信息异常细致,此部分也占据了主要篇幅。这一现象的形成与作者本人的经历密切相关。蔡邕《戍边上章》曰:"叔父故卫尉质时为尚书。……质奉机密,趋走目下,遂竟端右。"② 据此,蔡质曾担任尚书。可以推知,正是在他奉事机密、"趋走目下"过程中,积累了大量关于尚书官员供职任事的材料,使之成为《汉官典职》一书编纂的基础。

小　　结

以上综合考察了东汉问世的数部"汉官"文献,就诸书性质与流传情况提供了新认识,可简要总结如下:

(一)《汉旧仪》撰成后长期隐没无闻,至汉末由蔡邕、应劭重新发现。该书在汉晋时期被称作"汉仪注",缘于其收录大量西汉行用的礼仪程式。为了方便与后来出现的多种"汉仪"文献区别,从南北朝开始学者将卫宏书改称为"汉旧仪"。

(二)《汉官》并非学术著作,而是由行政过程中产生的各种簿籍构成,混杂着东汉不同时期的制度规定。

(三)《续汉书》刘昭注所引"胡广曰"来自《汉官解诂》。胡广搜集过大量"旧事",《汉制度》当为这批资料在南朝的一种传本。

(四)应劭的制度著述自隋唐开始发生混同,原本独立流传的多部作品被并入《汉官仪》。

(五)《汉官典职仪式选用》的内容与作者的官场经历相关,蔡质将自身见闻作为一部分材料来源。

(六)孙星衍所辑"汉官六种"尚有脱漏,可利用孙逢吉《职官分纪》进行补充。

---

① 参见本书第一章。
② 《续汉书·律历志》刘昭注,《后汉书》,第 3083 页。

第三章　制度知识在魏晋的
断裂与延续

　　由秦开创的王朝体制经两汉四百余年的拓展逐步走向发达。职官、礼仪、刑罚、赋役、军事等各方面制度随之不断蓄积,趋于严密。所谓"制度知识",既指向制度的具体承载物,比如律令和仪注,也包括皇帝、官僚等政治参与者对制度的理解与记忆。在这两个层面里,后者乃主体,也是此项知识创造与传承的根本所系。

　　作为日常行政、国家建设的典据,制度知识实为体制运行的基石。对其重要性,汉人已有明确的认知。一个标志性的例证,是"熟习故事"被视作官吏必备的素质,擅长此道者往往受到朝廷上下的推重。①《后汉书·黄香传》云:"帝亦惜香干用,久习旧事,复留为尚书令,增秩二千石,赐钱三十万。"②《党锢列传》云:"(刘)祐初察孝廉,补尚书侍郎,闲练故事,文札强辨,每有奏议,应对无滞,为僚类所归。"③谢承《后汉书》云:"(龚遂)弥纶旧章,深识典故,每入奏事,朝廷所问,应对甚捷。桓帝嘉其才,台阁有疑事,百僚议不决,遂常拟古典,引故事,处当平决,口笔俱著,转左丞。"④黄、刘、龚诸人均凭借制度知识的造诣而获得位望的攀升。另一方面,制度也成为学术研究的对象。东汉中后期学者开始呼吁撰述当代制度,以扩大制度知识的传播范围,达到"人无愚智,入朝不惑"的效果。⑤ 作为汉末学术的热门领域,⑥"制度之学"在桓帝朝以降的数十年间催生了一批围绕官制礼仪的专

①　参见邢义田《从"如故事"和"便宜从事"看汉代行政中的经常与权变》,《治国安邦:法制、行政与军事》,第380—412页。
②　《后汉书》卷八〇上《文苑上·黄香传》,第2614—2615页。
③　《后汉书》卷六七《党锢·刘祐传》,第2199页。
④　《北堂书钞》卷六〇《设官部十二·尚书诸曹郎》,第240页。
⑤　《续汉书·百官志》刘昭注引《汉官解诂》,《后汉书》,第3556页。
⑥　参见本书第一章。

门著作,制度知识的体系因而日渐庞大精深。

自汉灵帝中平元年(184)黄巾起事开始,群雄相争,兵革不息,王朝秩序彻底崩坏。曹魏及继起的西晋政权没有带来局面的长期稳定,随着宗室内斗、五胡南下,烽烟再度弥漫。在这"天下乱离"的形势中,制度知识饱受冲击。尽管学界对魏晋时期政治体制发展的滞塞现象多有述及,但其成因往往被以"局势动荡"一笔带过,还缺乏细致的探讨。制度知识的存续状况是引导研究走向深入的关键线索。本章将重点考察制度知识中围绕官制、礼制的部分在汉末以降的解体过程,进而关注这一困境下曹魏、东晋等新兴政权的挣扎和调适。依赖士人家学,制度知识的传承并未完全中断,其不绝如缕的一面也会在后文论述。

一、制度知识的散乱及影响

《晋书·礼志》云:"魏氏承汉末大乱,旧章殄灭。"①《宋书·礼志》云:"汉末剥乱,旧章乖弛。"②《南齐书·礼志》谓:"魏氏籍汉末大乱,旧章殄灭。"③史书对"旧章殄灭"的反复陈说,足以表明汉魏之际制度知识传承失序的严重程度。

京城是王朝体制下一切资源的中心,荡覆京畿的"董卓之乱"揭开了制度知识散亡的序幕。初平元年(190),董卓挟献帝出走长安,临行之际对洛阳城大肆破坏。司马彪《续汉书》云:"卓部兵烧洛阳城外面百里。又自将兵烧南北宫及宗庙、府库、民家,城内扫地殄尽。"④图书典籍受害尤深,史称"图书缣帛,军人皆取为帷囊",只剩下七十余车随帝西迁。两年后,长安朝廷再次动乱,这批图籍也"一时燔荡"。⑤ 由它们承载的官制、礼制知识自然难以幸免。建安初年志在协助汉廷重建官制礼仪的应劭,对制度知识遭遇的这场浩劫有直接的陈述:"逆臣董卓,荡覆王室,典宪焚燎,靡有孑遗,开辟以来,莫或兹酷。"⑥

文献湮灭造成制度知识散亡的具体情形,可以通过以下二例来了解。

① 《晋书》卷一九《礼志上》,北京,中华书局,1974 年,第 581 页。
② 《宋书》卷一四《礼志一》,第 327 页。
③ 《南齐书》卷九《礼志上》,第 117 页。
④ 《三国志》卷六《魏书·董卓传》裴松之注,第 177—178 页。
⑤ 《隋书》卷三二《经籍志一》、卷四九《牛弘传》,第 906、1298 页。
⑥ 《后汉书》卷四八《应劭传》,第 1612—1613 页。

崔豹《古今注》载:"《日重光》《月重轮》,群臣为汉明帝作也。明帝为太子,乐人作歌诗四章,以赞太子之德。一曰《日重光》,二曰《月重轮》,三曰《星重晖》,四曰《海重润》。汉末丧乱,后二章亡。"①据引文,东汉光武帝时期群臣创作并献给太子的歌诗,成为了东宫礼乐的一部分。不过,《星重晖》《海重润》两章在汉末动乱中亡佚,后人已无法沿用。朝贺、祭祀等重要礼制场合演奏的雅乐也因乐章不存而濒临失传。《晋书·乐志》云:"汉自东京大乱,绝无金石之乐,乐章亡缺,不可复知。"直到曹操平定荆州,接纳曾经的雅乐郎杜夔,令其"考会古乐",轩悬钟磬之制才逐渐重建。②

各种实物在战乱中的毁损也造成了制度知识的佚失。挚虞是西晋礼制建设的主持者之一,他在回顾舆服变迁时提到:"汉末丧乱,绝无玉佩。魏侍中王粲识旧佩,始复作之。今之玉佩,受法于粲也。"③玉佩向来是君臣服制的重要元素,刘向有言:"古者天子至于士,王后至于命妇,必佩玉,尊卑各有其制。"④东汉明帝革新了佩玉之法,"乃为大佩,冲牙双瑀璜,皆以白玉"。⑤不过正如挚虞所说,皇帝百官的玉佩后因时局动荡而灭失殆尽,由于无从获知形制详情,这项制度一度废停。幸赖王粲对汉家旧佩有所记忆,该仪制才勉强恢复。又,《宋书·礼志》"指南车"条云:"后汉张衡始复创造。汉末丧乱,其器不存。魏高堂隆、秦朗,皆博闻之士,争论于朝,云无指南车,记者虚说。"⑥引文显示,张衡的创造使东汉皇帝得以在车驾中加入指南车,但伴随实物的消逝,相关知识未能传入曹魏朝廷,以致制度的真实性遭到怀疑。另外,《晋书·杜预传》载:"周庙欹器,至汉东京犹在御坐。汉末丧乱,不复存,形制遂绝。"⑦可见,先秦时期流传下来的欹器一直作为礼器放置在皇帝御坐之侧,但因原物遗失,形状不明,此制度只得在汉魏之际中断。

随着汉献帝迁都许昌以及曹操统一华北,军阀混战的局面逐渐平息。接下来我们关注制度知识散亡背景下的制度兴复。在此过程中发挥关键作用的是一些精于制度之学的官僚。首先可以举出的就是上文已提及的应劭。在献帝刚抵达许昌的建安元年(196),应劭便献上《汉仪》,其上表提到:

> 今大驾东迈,巡省许都,拔出险难,其命惟新。臣累世受恩,荣祚丰

---

① 崔豹《古今注》卷中,《四部丛刊三编》,上海,上海书店,1985年,第4页B—5页A。
② 《晋书》卷二二《乐志上》,第679页。
③ 《三国志》卷二一《魏书·王粲传》裴松之注,第599页。
④ 《宋书》卷一八《礼志五》,第505页。
⑤ 《续汉书·舆服志》,《后汉书》,第3672页。
⑥ 《宋书》卷一八《礼志五》,第496页。
⑦ 《晋书》卷三四《杜预传》,第1028页。

衍,窃不自揆,贪少云补,辄撰具《律本章句》《尚书旧事》《廷尉板令》《决事比例》《司徒都目》《五曹诏书》及《春秋断狱》,凡二百五十篇……虽未足纲纪国体,宣洽时雍,庶几观察,增阐圣听。惟因万机之余暇,游意省览焉。①

从篇目可知,《汉仪》涵盖律令、诏书、故事等多方面内容。该书当由应劭鸠集劫后残留的各种典制章程而成。应氏对《汉仪》的定位是“纲纪国体,宣洽时雍”,他相信这部著作能作为重建制度的参照。《后汉书·应劭传》载:“(建安)二年(197),诏拜劭为袁绍军谋校尉。时始迁都于许,旧章埋没,书记罕存。劭慨然叹息,乃缀集所闻,著《汉官礼仪故事》,凡朝廷制度,百官典式,多劭所立。”②可见应劭在建安二年之后继续编撰汇聚制度知识的书籍。在“旧章埋没”窘况中,这部《汉官礼仪故事》的上呈正符合需求,献帝朝廷“朝廷制度”“百官典式”的恢复均从中受益。对于应劭为制度延续所作贡献,史书给予了极高评价,如司马彪《续汉书》云:“朝廷制度,百官仪式,所以不亡者,由劭记之。”③

王粲与卫觊是另外两位在汉魏间葺理制度知识的代表性人物。前者与撰写《独断》以及东汉国史之《礼乐志》《郊祀志》《车服志》《朝会志》的制度学大家蔡邕具有学术继承关系。这从《三国志·王粲传》的记载可以看出:“献帝西迁,粲徙长安,左中郎将蔡邕见而奇之。时邕才学显著,贵重朝廷,常车骑填巷,宾客盈坐。闻粲在门,倒屣迎之。粲至,年既幼弱,容状短小,一坐尽惊。邕曰:‘此王公孙也,有异才,吾不如也。吾家书籍文章,尽当与之。’”④据张华《博物志》“蔡邕有书万卷,汉末年载数车与王粲”之语,⑤蔡邕藏书确实尽赠王粲,其中当不乏官制礼仪方面的资料。前文所举“玉佩”的例子已显露王粲在制度知识上的积淀。建安十八年(213),魏国建,王粲被拜为侍中,“时旧仪废弛,兴造制度,粲恒典之”。⑥他在恢复封爵制度、宫廷雅乐方面的成绩已由学者揭示。⑦卫觊曾在献帝朝廷担任尚书,⑧主持制

---

① 《后汉书》卷四八《应劭传》,第 1613 页。
② 《后汉书》卷四八《应劭传》,第 1614 页。
③ 《三国志》卷二一《魏书·王粲传》裴松之注,第 601 页。
④ 《三国志》卷二一《魏书·王粲传》,第 597 页。
⑤ 《太平御览》卷六一九《学部十三·图书下》,第 2779 页。
⑥ 《三国志》卷二一《魏书·王粲传》,第 598 页。
⑦ 景蜀慧《王粲典定朝仪与其家世学术背景考述》,《四川大学学报》2003 年第 4 期,第 92—101 页。
⑧ 《三国志》卷二一《魏书·卫觊传》,第 611 页。

度的整顿。王沈《魏书》云:"初,汉朝迁移,台阁旧事散乱。自都许之后,渐有纲纪,觊以古义多所正定。"①魏国建立后,卫觊也被拜为魏侍中,"与王粲并典制度"。②《三国志·卫觊传》记其曾撰有《魏官仪》一书,应是重建官制过程中形成的文字材料。③ 史家回顾汉魏间制度变迁时都会提及王、卫的事迹,如《宋书·礼志》云"魏初则王粲、卫觊典定众仪",④《南齐书·礼志》称"侍中王粲、尚书卫觊集创朝仪",⑤可见二人在复兴制度上的确取得了效果。

承乱而起的蜀汉、孙吴政权,也在恢复官制礼仪的道路上努力尝试。刘备治下,数位学者因明习故事、通晓朝仪而获得职任。比如孟光,本传称其"博物识古,无书不览,尤锐意三史,长于汉家旧典",刘备定益州后即"拜为议郎,与许慈等并掌制度"。⑥ 许慈也是由于擅长礼仪之学而备受礼遇。⑦孙吴方面,《南齐书·礼志》云"吴则太史令丁孚拾遗汉事"。⑧ 所谓"拾遗汉事",就是收集汉代制度的资料与信息,为当前官制礼仪建设提供参照,"汉官六种"之一的《汉仪》一书即其遗事。《隋书·经籍志》另记有韦昭的《官仪职训》一卷。⑨ 韦氏也是孙吴的史臣,⑩撰写该书的用意可能与丁孚"拾遗汉事"一样,均在于制度知识的整理。

经曹魏一朝的修复与积累,官制礼仪在西晋迎来全新的局面,尤其是禅代之际"司空荀顗定礼仪,中护军贾充正法律,尚书仆射裴秀议官制",⑪堪称盛况。关于承平时期的制度演进,既有研究多有涉及,⑫此处不赘。很快,晋末新一轮的动乱又阻断了制度知识的有序发展,接下来转入对两晋之际相关情况的考察。

---

① 《三国志》卷二一《魏书·卫觊传》裴松之注,第 611 页。
② 《三国志》卷二一《魏书·卫觊传》,第 611 页。
③ 《三国志》卷二一《魏书·卫觊传》,第 612 页。
④ 《宋书》卷一四《礼志一》,第 327 页。
⑤ 《南齐书》卷九《礼志上》,第 117 页。
⑥ 《三国志》卷四二《蜀书·孟光传》,第 1023 页。《南齐书》卷九《礼志上》云"蜀则孟光、许慈草建众典",第 117 页。
⑦ 《三国志》卷四二《蜀书·许慈传》,第 1023 页。
⑧ 《南齐书》卷九《礼志上》,第 117 页。
⑨ 《隋书》卷三三《经籍志二》,第 968 页。
⑩ 《三国志》卷六五《吴书·韦曜传》,第 1460—1464 页。参见唐燮军《史家行迹与史书构造——以魏晋南北朝佚史为中心的考察》,杭州,浙江大学出版社,2014 年,第 17—20 页。
⑪ 《晋书》卷二《文帝纪》,第 44 页。
⑫ 比如阎步克《品位与职位:秦汉魏晋南北朝官阶制度研究》,北京,中华书局,2009 年,第 239—252 页;梁满仓《魏晋南北朝五礼制度考论》,北京,社会科学文献出版社,2009 年,第 135—138 页等。

　　公元 4 世纪初的十余年间,在匈奴铁蹄的蹂躏下,洛阳、长安相继陷落,晋室在北方已无立足之地。驻扎在建康的司马睿拾获继统的机遇。新政权在纷乱的局势中仓促成立,既远离过去的政治中心,其基底又不过是司马睿领导下的将军府(后为丞相府),种种因素决定了东晋王朝的政治发育需要经历漫长的过程。官制礼仪在东晋前期尤其残破。比如,职官架构较渡江前大幅萎缩。九卿中的卫尉、大鸿胪遭省并,光禄勋、大司农、少府、太仆或置或省,隶属太常的博士、国子助教也大量减员。作为行政中枢的尚书省同样遭受减损,江左初期废止了西晋三十五曹中的十曹,此后又削除了二千石、主客等曹。① 而《宋书·礼志》所载百官冠服的规定透露出朝廷下层吏员的罢废。② 再来看国家祭祀的例子。“江左初,未立北坛,地祇众神,共在天郊也”。③ 明堂亦未建立,相关礼仪付之阙如。④ 东汉明帝确立的五郊迎气之礼,为魏晋所遵循,但“江左以来,未遑修建”。⑤ 郊庙乐舞也因“遭离丧乱”,“遗声旧制,莫有记者”,东晋初遂裁撤太乐官署。⑥ 舆服之制更是颓败不堪,“自晋过江,礼仪疏舛,王公以下,车服卑杂”。⑦ 据《晋书·舆服志》,过江以后,装饰冕旒的白玉珠已无法备齐,故侍中顾和奏:“旧礼,冕十二旒,用白玉珠。今美玉难得,不能备,可用白璇珠。”⑧汉晋临轩大会,都有“充庭之制”,“陈乘舆车辇旌鼓于殿庭”,以展示王朝文物之盛,⑨即张衡《东京赋》所谓“龙辂充庭,云旗拂霓”。⑩ 不过此制“晋江左废绝”。⑪《晋书·舆服志》记有“中朝大驾卤簿”,可窥见西晋皇帝车驾之盛。⑫ 而东晋一朝因缺少五时车、司南车、金钲车、豹尾车等属车,始终“大驾未立”,皇帝郊祀只能乘拼凑而成的法驾。⑬ 皇太子主持释奠,因无高车,也不得不以普通的安车出行。⑭

---

① 《晋书》卷二四《职官志》,第 729—737 页。《宋书》卷三九《百官志上》,第 1228—1238 页。参见张荣强《从“并官省职”到“帖领”》,《文史》2003 年第 1 期,第 70—86 页。

② 《宋书》卷一八《礼志五》,第 517 页。

③ 《宋书》卷一六《礼志三》,第 432 页。

④ 《宋书》卷一六《礼志三》,第 424 页。

⑤ 《宋书》卷一六《礼志三》,第 433 页。

⑥ 《宋书》卷一九《乐志一》,第 540 页。

⑦ 《晋书》卷二五《舆服志》,第 765 页。

⑧ 《晋书》卷二五《舆服志》,第 766 页。

⑨ 《宋书》卷一八《礼志五》,第 501 页。

⑩ 萧统编、李善注《文选》卷三《赋乙·京都中》,第 107 页。

⑪ 《宋书》卷一八《礼志五》,第 501 页。

⑫ 《晋书》卷二五《舆服志》,第 757—775 页。

⑬ 《晋书》卷二五《舆服志》,第 764—765 页。《宋书》卷一八《礼志五》,第 524 页。

⑭ 《晋书》卷二五《舆服志》,第 765 页。

　　东晋官制礼仪的窘况,与"中兴草创,百度从简"有关,[1]而制度知识的散亡亦为重要诱因。这一点可以通过皇帝车制进行说明。《晋书·舆服志》云:"其辇,过江亦亡制度,太元中谢安率意造焉,及破苻坚于淮上,获京都旧辇,形制无差,大小如一,时人服其精记。"[2]辇为魏晋皇帝"小出"所乘。[3]因既无实物、又无记载流传至江左,孝武帝太元年间以前竟无法兴造。指南车的情况与此类似,《宋书·礼志》载:"明帝青龙中,令博士马钧更造之而车成。晋乱复亡……安帝义熙十三年(417),宋武帝平长安,始得此车。"[4]刘裕于晋末从后秦手中夺得实物,才使建康朝廷获取了关于指南车的知识。朝廷礼仪方面也能举出例证。《晋书·华恒传》曰:

　　　　及帝加元服,又将纳后。寇难之后,典籍靡遗,婚冠之礼,无所依据。恒推寻旧典,撰定礼仪,并郊庙辟雍朝廷轨则,事并施用。[5]

　　咸康初年,成帝到了加元服、纳皇后的年纪,却由于承载礼制信息的典籍亡失,一时无法开展。华恒匆忙间搜集孑遗,撰定礼仪,才缓解了尴尬。上引文还透露出,婚、冠之外,郊庙、辟雍的行礼方法以及行政运作的一些规则在渡江初期亦不明晰。另外,《南齐书·百官志》云:"晋世王导为司徒,右长史干宝撰立官府职仪已具。"[6]从佚文可知,干宝《司徒仪》以讲解司徒府各属官的职掌为主要内容,[7]是司徒府行政运作的指导。以史学见长的干宝推寻旧典、撰立此书的缘起,应是中朝的相关职仪没能顺利南传。《晋书·刁协传》"朝廷草创,宪章未立,朝臣无习旧仪者"之语,[8]明确展现了制度知识在东晋初期的普遍缺失。

　　这样的背景下,一些官僚、学者凭借制度知识上的特长,活跃于政治前台,受到统治者的优遇。与刘隗并为元帝宠臣的刁协,当初得以迈入权力中枢的一项要因,就在于熟识旧仪。刁协本传称:"协久在中朝,谙练旧事,凡所制度,皆禀于协焉,深为当时所称许。"[9]在渡江前,刁协做过太常博士,亦

①　《晋书》卷一九《礼志上》,第 585 页。
②　《晋书》卷二五《舆服志》,第 764—765 页。
③　《晋书》卷二五《舆服志》,第 755 页。
④　《宋书》卷一八《礼志五》,第 496 页。
⑤　《晋书》卷四四《华恒传》,第 1263 页。
⑥　《南齐书》卷一六《百官志》,第 312 页。
⑦　参见章宗源撰、项永琴等整理《隋书经籍志考证》卷一〇《职官》,《二十五史艺文经籍志考补萃编》第 14 卷,第 196—197 页。
⑧　《晋书》卷六九《刁协传》,第 1842 页。
⑨　《晋书》卷六九《刁协传》,第 1842 页。

曾在成都王颖、赵王伦、长沙王乂、东嬴公腾府中任事,①转任多职加上注重积累,故能"谙练旧事"。这一才能于"新荒以来,旧典未备"的建康朝廷弥足珍贵。贺循也是一例。贺氏世传礼学,对王朝仪制多有了解。② 贺循在元帝登基后被拜为太常,主要职任乃修整礼制。《晋中兴书》载:"贺循,字彦先。拜太常,每存问议先朝旧事,以此比校循所奏,绝不符同,朝野咸叹循之渊学也。"③《晋书·贺循传》云:"时尚书仆射刁协与循异议,循答义深备,辞多不载,竟从循议焉。朝廷疑滞皆咨之于循,循辄依经礼而对,为当世儒宗。"④两条材料显示了贺循因其制度之学为朝野所推仰。另外,荀崧、华恒在东晋前期位遇优厚,也与自身久仕中朝、谙识朝仪有关。⑤ 当然,上述诸人取得的成果比较有限,制度在东晋前期并未摆脱惨淡之相。穆帝朝以降,随着政治环境走向稳定以及对北方传来的制度实物、制度文献的接收,⑥官制礼仪才进入复兴的时代。

二、制度知识的家内传承

上文通过梳理实物、文献在魏晋乱世中的亡毁,细绘了制度知识面临的断绝危机。凭借部分谙熟制度的官员,官制礼仪得以在动荡之后逐渐修复。制度知识的人际传播孔道之所以成立,很大程度上依赖士人家学。

家庭教育对学术文化在汉晋间的绵延贡献尤大。陈寅恪指出,汉末以降官学体系瓦解,知识生产及流动的方式彻底改变,学术中心移于家族,"故论学术,只有家学之可言,而学术文化与大族盛门常不可分离也"。⑦ 学界就经学、史学、文学乃至谱学、医学、书法等学科在家族内的传承已多有研究,但尚未充分注意官制朝仪从魏晋开始也成为家学的重要成分。下面将以案例的形式加以揭示。

---

① 《晋书》卷六九《刁协传》,第 1842 页。
② 《晋书》卷六八《贺循传》,第 1824 页。参见王永平《六朝江东世族之家风家学研究》,南京,江苏古籍出版社,2003 年,第 290—295 页。
③ 《北堂书钞》卷五三《设官部五·太常》,第 195 页。
④ 《晋书》卷六八《贺循传》,第 1830 页。
⑤ 《晋书》卷四四《华恒传》、卷七五《荀崧传》,第 1262—1263、1975—1980 页。
⑥ 参见本书第四章。
⑦ 陈寅恪《隋唐制度渊源略论稿》,北京,生活·读书·新知三联书店,2001 年,第 22—23 页;《崔浩与寇谦之》,《金明馆丛稿初编》,北京,生活·读书·新知三联书店,2001 年,第 147—148 页。

1. 颍川荀氏

魏晋盛门颍川荀氏的家族文化中就带有礼仪朝章之学的基因。①

从现存史料来看,荀攸是最早同制度之学建立连结的荀氏人物。《隋书·经籍志》云:"梁有荀攸《魏官仪》一卷。"②荀攸卒于汉献帝建安十九年(214),生前任魏国尚书令。③ 那么所谓的"魏官仪",是指曹操魏国的官制仪式。上一节提到,魏国初建,曹操以侍中王粲、卫觊典定制度。从《魏官仪》的署名来看,作为尚书令的荀攸亦曾参与,且总统其事。至于卫觊本传提到的那部《魏官仪》,大概是曹丕、曹叡时期卫觊据魏国官仪进行增损的结果。④ 荀攸后人留下的材料不多,其家庭文化方面的情况也已无从得知。

荀勖一支从西晋开始在制度之学上崭露头角。荀勖于咸宁年间向武帝提交了著名的"省吏不如省官,省官不如省事,省事不如清心"之议。在这篇上疏中,他首先罗列了西汉、东汉、曹魏各朝在并官省职方面的作为,继而分析官制运行的原理,由此提出九卿划属尚书、御史台归入三公府等计划。⑤《南齐书·百官志》卷首序言是对历代官制文献的回顾,两晋的部分提到了荀勖的上疏:"山涛以意辩人,不□□□。荀勖欲去事烦,唯论并省。定制成文,本之《晋令》,后代承业,案为前准。"⑥从引文看,荀勖的上疏影响颇大,其中的一些观点被朝廷法令采纳,并为后代所承袭。另可作为参考的是,荀勖亦深谙法律。《晋书·刑法志》载,文帝为晋王,"令贾充定法律,令与太傅郑冲、司徒荀顗、中书监荀勖、中军将军羊祜、中护军王业、廷尉杜友、守河南尹杜预、散骑侍郎裴楷、颍川太守周雄、齐相郭颀、骑都尉成公绥、尚书郎柳轨及吏部令史荣邵等十四人典其事"。⑦《晋书·荀勖传》又云,武帝受禅后,命荀勖"与贾充共定律令"。⑧ 律令也属于朝廷典章,明晓职官制度的荀勖自然易于兼通。

擅长官制礼仪之学的荀勖子孙对永嘉丧乱后南北方的制度建设都发挥

---

① 魏晋时期颍川荀氏的整体情况,参见丹羽兑子《魏晋時代の名族——荀氏の人々について》,中国中世史研究会编《中國中世史研究——六朝隋唐の社会と文化》,东京,东海大学出版会,1970 年,第 174—202 页。

② 《隋书》卷三三《经籍志二》,第 968 页。

③ 《三国志》卷一〇《魏书·荀攸传》,第 324—325 页。

④ 姚振宗撰、刘克东等整理《隋书经籍志考证》卷一七《史部七》,《二十五史艺文经籍志考补萃编》第 15 卷,第 716 页。

⑤ 《晋书》卷三九《荀勖传》,第 1154—1156 页。

⑥ 《南齐书》卷一六《百官志》,第 311 页。参见赵立新《〈南齐书·百官志·序〉所见中古职官文献与官制史的意义》,《台大历史学报》第 62 期,2018 年,第 47—102 页。

⑦ 《晋书》卷三〇《刑法志》,第 927 页。

⑧ 《晋书》卷三九《荀勖传》,第 1153 页。

了推动作用。荀勖孙荀绰永嘉末在王浚府内任职,晋愍帝建兴二年(314)石勒平幽州,绰被带回襄国、任为参军。① 因谙熟华夏制度,荀绰颇受石赵政权信重。《隋书·经籍志》史部职官篇记载的"《百官表注》十六卷"就是荀绰指导石赵官制建设时撰成的文字资料。② 南迁江左的荀勖子荀组、组子奕等对东晋的礼制兴复有所贡献。《晋书·礼志》载,太兴二年(319)元帝命臣下讨论郊祀,刁协等认为应夺回洛阳后再执行该礼,荀组则举出汉献帝于许都立郊祀的故事,认为"自宜于此修奉"。该提议获得了王导、庾亮等人的支持,东晋的南郊祭天仪式由此建立。③ 另外,由于中原板荡,室家离析,官民在凶礼的开展上遭遇不少难题,荀组也参与了解决方案的议定。④《晋书·荀奕传》云,成帝朝百官通议元会时皇帝是否应致敬司徒王导,荀奕指出须区别大会、小会,元旦大会不应致敬。他的见解被采纳为元会仪则。⑤《晋书·礼志》又有荀奕讨论读秋令之仪的记载。⑥

荀彧后人也在家学中注入了官制礼仪的内容。彧子荀顗是西晋新礼的开创者。魏末咸熙元年(264),司马昭"奏司空荀顗定礼仪,中护军贾充正法律,尚书仆射裴秀议官制,太保郑冲总而裁焉"。⑦《晋书·礼志》言之稍详:"及晋国建,文帝又命荀顗因魏代前事,撰为新礼,参考今古,更其节文,羊祜、任恺、庾峻、应贞并共刊定,成百六十五篇,奏之。"⑧这部新礼在礼制史上意义重大,学者视其为官修礼典的开端。⑨ 本传称荀顗"明《三礼》",⑩反映了应用性知识背后存在更深层次的学术涵养,经学为其关于朝廷礼式的构思提供了有力支撑。"族曾祖顗见而奇之"的荀崧又成为了东晋初期礼制重建的主持人之一。⑪ 其本传云:"元帝践阼,征拜尚书仆射,使崧与(刁)协共定中兴礼仪。"⑫《晋书·礼志》则谓"晋始则有荀顗、郑冲裁成

---

① 《晋书》卷三九《荀勖传》、卷一〇四《石勒载记上》,第1158、2723页。
② 参见本书第四章。
③ 《晋书》卷一九《礼志上》,第584页。
④ 《晋书》卷二〇《礼志中》,第642页。
⑤ 《晋书》卷三九《荀奕传》,第1161页。
⑥ 《晋书》卷一九《礼志上》,第588页。
⑦ 《晋书》卷二《文帝纪》,第44页。
⑧ 《晋书》卷一九《礼志上》,第581页。
⑨ 张文昌《中国礼典传统形成与礼官职能演变之关系——以魏晋南北朝为探索中心》,《兴大人文学报》第40期,2008年,第222页。
⑩ 《晋书》卷三九《荀顗传》,第1151页。
⑪ 《晋书》卷七五《荀崧传》,第1975页。参见任慧峰、范云飞《六朝礼学与家族之关系再探》,《孔子研究》2016年第3期,第79—87页。
⑫ 《晋书》卷七五《荀崧传》,第1976页。

国典,江左则有荀崧、刁协损益朝仪"。①《通典》记有荀崧参与的一些具体仪节的讨论。② 另外,荀崧本传收录了其太兴初年请增置博士的上疏。该文梳理了魏晋时期博士等职设立、选用的情况,同时为当前博士员额如何配置提供建议,由是可见荀崧对官制亦相当精熟。③

顺带指出,上面提到的"议官制"的河东裴秀,④其家族文化中亦有制度之学的一席之地。除了官制的改定,司马昭在咸熙元年建立的五等爵制也出自裴秀的策划。⑤《晋书·裴秀传》称:"秀创制朝仪,广陈刑政,朝廷多遵用之,以为故事。"⑥另外,裴秀注意到尚书三十六曹有分工不明的情况,试图通过"诸卿任职"来捋顺行政运作。⑦ 尽管这项方案未能提交,但足以反映裴氏在官制方面的深入思考。裴秀子裴頠参与了西晋时期明堂礼等仪制的讨论。⑧ 裴秀孙裴宪的制度知识在石赵政权中发挥了重要作用。石勒称赵王后,他与王波撰朝仪,"于是宪章文物,拟于王者"。石勒因此大悦,尊裴宪为司徒。⑨

2. 北地傅氏

魏末名臣傅嘏,⑩精于官僚制度。明帝景初年间,刘劭撰《都官考课》,试图改革百官黜陟之法。尚担任司空掾的傅嘏作论反驳。这篇文字切入的角度是考课法的先例以及建安以来的官制进展,可以看出傅嘏在制度变迁的问题上已有不少积累。⑪ 傅嘏此后历任尚书郎、黄门侍郎、河南尹、尚书等职,一直对朝廷的官制建设十分在意。《三国志·傅嘏传》云:

> 嘏常以为:秦始罢侯置守,设官分职,不与古同。汉、魏因循,以至于今。然儒生学士,咸欲错综以三代之礼,礼弘致远,不应时务,事与制违,名实未附,故历代而不至于治者,盖由是也。欲大改定官制,依古正

① 《晋书》卷一九《礼志上》,第 580 页。
② 杜佑撰、王文锦等点校《通典》卷六〇、卷九四,第 1702、2554 页。
③ 《晋书》卷七五《荀崧传》,第 1977—1978 页。
④ 河东裴氏的整体情况,参见矢野主税《裴氏研究》,《社会科学論叢》第 14 号,1964 年,第 17—48 页。
⑤ 《晋书》卷三五《裴秀传》,第 1038 页。
⑥ 《晋书》卷三五《裴秀传》,第 1040 页。
⑦ 《晋书》卷三五《裴秀传》,第 1041 页。
⑧ 《宋书》卷一六《礼志三》,第 434 页。杜佑撰、王文锦等点校《通典》卷四四、卷六〇、卷九四,第 1219、1690、2556 页。
⑨ 《晋书》卷三五《裴宪传》,第 1051 页。
⑩ 北地傅氏的整体情况,参见石田德行《北地傅氏考——漢·魏·晋代を中心に》,《中島敏先生古稀記記念論集》,东京,汲古书院,1981 年,第 21—44 页。
⑪ 《三国志》卷二一《魏书·傅嘏传》,第 622—623 页。

本,今遇帝室多难,未能革易。①

傅嘏认为,从秦汉到当下的设官分职一直存在"不应时务"等缺点,需要全面改定官制,才能"至于治"。不过,这一建立在深入反思制度弊端之上的改革计划,因魏末政局不稳,未能付诸实践。

　　傅嘏对朝廷制度的考究态度,融入了家庭文化,子、孙中都出现了以制度之学见长的人物。傅嘏子傅祗于怀帝即位后任尚书左仆射,本传称"祗明达国体,朝廷制度多所经综"。② 傅祗在这方面的学识成为了朝廷维持制度运转的重要凭借。进入石勒政权的傅祗子傅畅,因"谙识朝仪"而为石勒所倚重,"恒居机密"。③ 他撰写的九卷《晋公卿礼秩故事》是围绕西晋职仪的学术专著,是书不仅为后赵政权的相关建设提供了指导,在东晋中后期传至建康后,又充当了晋宋之际制度与制度书写发展的助力。④

　　傅玄—傅咸是北地傅氏另一显要房支,其家学同样强调官制礼仪的掌握。《晋书·傅玄传》比较完整地收录了傅玄的两篇上疏。第一篇作于晋武帝即位不久,讨论的主要问题是散官制度的调整。⑤ 第二篇的背景为水旱灾害频发,在傅玄提出的五点建议中,有一条是改革河堤谒者之职的方案。⑥ 这些材料透露出傅玄对制度问题的长期关注。最能展现傅氏官制礼仪之学的是《傅子》一书。《傅玄传》云:"撰论经国九流及三史故事,评断得失,各为区例,名为《傅子》,为内、外、中篇,凡有四部、六录,合百四十首,数十万言。"⑦这部列于《隋书·经籍志》子部杂家类的著作,⑧含有大量关于职官、仪制的研究。⑨ 比如《宋书·礼志》引用过傅玄书中对辇车、幅巾的考证:

　　　1.《傅玄子》曰:"夏曰余车,殷曰胡奴,周曰辎车。"
　　　2.《傅玄子》曰:"汉末王公名士,多委王服,以幅巾为雅。是以袁绍、崔钧之徒,虽为将帅,皆著慊巾。"⑩

① 《三国志》卷二一《魏书·傅嘏传》,第 624 页。
② 《晋书》卷四七《傅祗传》,第 1332 页。
③ 《晋书》卷四七《傅祗传》,第 1333 页。
④ 参见本书第四章。
⑤ 《晋书》卷四七《傅玄传》,第 1319 页。
⑥ 《晋书》卷四七《傅玄传》,第 1321 页。
⑦ 《晋书》卷四七《傅玄传》,第 1323 页。
⑧ 《隋书》卷三四《经籍志三》,第 1006 页。
⑨ 参见严可均辑《傅子》,《丛书集成初编》,上海,商务印书馆,1940 年。
⑩ 《宋书》卷一八《礼志五》,第 497、520 页。

《北堂书钞·设官部》保留了不少傅玄关于官制史的论述,略举数条:

> 1.《傅子》云:"尚书者,出入王命,喉舌之任也。"
>
> 2.《傅子》云:"魏司空陈群始立九品之制,郡置中正,评次人才之高下。"
>
> 3.《傅子》云:"魏明帝以管宁为太中大夫,赐朝服一具、衣一袭、被一领、安稳犊车一乘。"①

另外,《续汉书》刘昭注以及《晋书》《隋书》《初学记》等著作也曾借助《傅子》来讲解制度沿革。②

傅咸继承了其父傅玄的制度学问。咸宁五年(279),傅咸倡议并官省职,上疏中他多次比较古今官制。③ 惠帝朝他与御史中丞解结的一场争论更能显示其对朝仪旧典的熟稔。针对官场浮竞之风,时任司隶校尉的傅咸奏免吏部尚书王戎。此举引来解结的弹劾:"以咸劾戎为违典制,越局侵官,干非其分,奏免咸官。"傅咸遂上书辩解,文中不只援用《晋令》,也提到武帝朝荀恺奏石苞的先例,还梳理了自司隶校尉、御史中丞二职设置以来的分工。因典据充分,"条理灼然","朝廷无以易之"。④《晋书·礼志》又载:"(挚)虞讨论新礼讫,以元康元年(291)上之。所陈惟明堂五帝、二社六宗及吉凶王公制度,凡十五篇。有诏可其议。后虞与傅咸缵续其事,竟未成功。中原覆没,虞之《决疑注》,是其遗事也。"⑤元康元年以降,挚虞与傅咸曾共同主导礼制建设,这说明傅咸在朝廷仪礼方面亦有造诣。《礼志》另收有傅咸关于读秋令、立社稷以及百官丧制的议论。⑥

永嘉之后傅氏南迁,制度之学相传不绝。代表人物是傅咸曾孙傅瑗。傅瑗于东晋孝武帝太元后期担任尚书祠部郎,⑦该职的拜除当与其通晓王朝礼制有关。《通典》记载了他与徐邈关于移庙、告庙仪节的讨论。⑧《隋

---

① 《北堂书钞》卷五六《设官部八·太中大夫》、卷五九《设官部十一·尚书总》、卷七三《设官部二十五·中正》,第 213、228、300 页。

② 比如《续汉书·舆服志》,《后汉书》,第 3647 页;《晋书》卷二五《舆服志》,第 768 页;《隋书》卷一一《礼仪志六》,第 235 页;《初学记》卷一一《职官上》,第 252 页。

③ 《晋书》卷四七《傅咸传》,第 1324 页。参见张荣强《从"并官省职"到"帖领"》,《文史》2003 年第 1 期,第 72—73 页。

④ 《晋书》卷四七《傅咸传》,第 1329—1330 页。

⑤ 《晋书》卷一九《礼志上》,第 582 页。

⑥ 《晋书》卷一九《礼志上》、卷二〇《礼志中》,第 588、591、634 页。

⑦ 杜佑撰、王文锦等点校《通典》卷四八、卷五五,第 1351、1540 页。

⑧ 杜佑撰、王文锦等点校《通典》卷四八、卷五五,第 1351—1352、1540—1541 页。

书·经籍志》有傅瑗撰《晋新定仪注》四十卷"。① 所谓"新定仪注",是东
晋政府经历了前期的"朝廷草创,宪章未立"后重新整理仪制的产物。《晋
新定仪注》署名傅瑗,说明他是这项事业的主持者。《宋书·傅亮传》称"父
瑗,以学业知名",②由上述考释可知,此处的"学业"包括官制礼仪之学。

3. "王氏青箱学"

东晋以降崛起的制度学世家以琅邪王氏中王彪之一支最为显要。③
《宋书·王准之传》载:

> 王准之字元曾,琅邪临沂人。高祖彬,尚书仆射。曾祖彪之,尚书
> 令。祖临之,父讷之,并御史中丞。彪之博闻多识,练悉朝仪,自是家世
> 相传,并谙江左旧事,缄之青箱,世人谓之"王氏青箱学"。④

官制礼仪是引文中王彪之所练悉的"朝仪""旧事"的重要方面。王氏"家世
相传"的"青箱学"大概就是官制礼仪之学。

"青箱学"的开创者王彪之为王导从弟王彬之子。晋哀帝兴宁年间,主
政者桓温"陈便宜七事",⑤建议大规模并官省职,王彪之据此上呈修改意
见。这篇"省官并职议"是王彪之官制思考的集中体现。他在文中分析了行
政运作的基本原理,重点针对六卿、宿卫官以及侍中等内官提出并省计划,
并且论述了"令大官随才位所帖而领之"的"帖领"方案。⑥ 王彪之的不少见
解,尤其是"帖领"的办法,被东晋南朝统治者采纳、继承。⑦ 王彪之对朝廷
仪制的谙练则在桓温废海西公事件中展现得淋漓尽致:

> 是时温将废海西公,百僚震悚,温亦色动,莫知所为。彪之既知温
> 不臣迹已著,理不可夺,乃谓温曰:"公阿衡皇家,便当倚傍先代耳。"命

① 《隋书》卷三三《经籍志二》,第 969 页。
② 《宋书》卷四三《傅亮传》,第 1335 页。
③ 琅邪王氏的整体情况,参见苏绍兴《两晋南朝琅琊王氏之经学》,《两晋南朝的士族》,台北,
　 联经出版事业公司,1987 年,第 221—242 页;毛汉光《中古大士族之个案研究——琅琊王
　 氏》,《中国中古社会史论》,上海,上海书店出版社,2002 年,第 365—404 页。
④ 《宋书》卷六〇《王准之传》,第 1623—1624 页。
⑤ 《晋书》卷九八《桓温传》,第 2574 页。参见黄惠贤《中国政治制度通史·魏晋南北朝卷》,
　 北京,人民出版社,1996 年,第 170 页。
⑥ 《晋书》卷七六《王彪之传》,第 2008—2009 页。《晋书》将王彪之的议论系于简文帝时期,
　 误,相关讨论见阎步克《仕途视角中的南朝西省》,刘东主编《中国学术》第 1 辑,北京,商务
　 印书馆,2000 年,第 45 页。
⑦ 张荣强《从"并官省职"到"帖领"》,《文史》2003 年第 1 期,第 76—78 页。

取《霍光传》。礼度仪制，定于须臾，曾无惧容。温叹曰："作元凯不当如是邪！"时废立之仪既绝于旷代，朝臣莫有识其故典者。彪之神彩毅然，朝服当阶，文武仪准莫不取定，朝廷以此服之。①

因"废立"久未施行，百官已无人能识旧仪。而王彪之援引《汉书·霍光传》等文献，须臾之间撰定仪制，遂凭借朝仪之学为朝廷所服。另外，王彪之积极参与穆帝、孝武帝朝的各类礼议，根据严可均的整理，王彪之曾上呈关于元会仪的"日食废朝会议"，关于冠礼的"帝加元服议"，关于婚礼的"婚礼不贺议""婚不举乐议""上书论皇太子纳妃用玉璧虎皮""上书论皇后拜讫上礼"等，以及关于丧礼的"奔丧议""太后为亲属举哀议""丧不数闰启"等。②《晋中兴书》录有谢安对王彪之的赞誉："朝之大事，众人所不能决者，咨之王公，无不得判也。"③明确展现了王彪之的学识为政治运转带来的助益。

前引《王准之传》云，王彪之将自己收集的"朝仪""旧事"缄于青箱，传予子孙。这样的家庭文化氛围，自然能不断培养精于官制礼仪的学者。王彪之孙王讷之于晋末任尚书左丞，《晋书·礼志》记载了安帝元兴三年（404）他关于"郊祀不得三公行事"的议论，其观点获朝廷支持。④ 王彪之曾孙辈的王准之、王逡之、王珪之三人并为制度之学的翘楚。王准之"明《礼》"，亦通晓历代故事，本传对其学养有直接的赞誉："准之究识旧仪，问无不对，时大将军彭城王义康录尚书事，每叹曰：'何须高论玄虚，正得如王准之两三人，天下便治矣。'"⑤本传又称："撰仪注，朝廷至今遵用之。"⑥《隋书·经籍志》史部仪注类记有数种不著撰人的刘宋仪注，比如"《宋仪注》十卷""《宋仪注》二十卷"等，⑦这里面应含有王准之的贡献。《王准之传》中永初二年（421）所上"奏请三年之丧用郑义"的议论，⑧又体现了他在凶礼方面的知识积累。王逡之在宋齐之际为萧道成齐国的礼制建设倾注了心力，《南齐书》本传云："昇明末，右仆射王俭重儒术，逡之以著作郎兼尚书左

---

① 《晋书》卷七六《王彪之传》，第 2010 页。
② 严可均《全晋文》卷二一《王彪之》，《全上古三代秦汉三国六朝文》，北京，中华书局，1958年，第 1574—1578 页。参见姚晓菲《两晋南朝琅邪王氏家族文化研究》，济南，山东大学出版社，2010 年，第 59—61 页。
③ 《北堂书钞》卷五九，第 230 页。
④ 《晋书》卷一九《礼志上》，第 585 页
⑤ 《宋书》卷六〇《王准之传》，第 1624 页。
⑥ 《宋书》卷六〇《王准之传》，第 1624—1625 页。
⑦ 《隋书》卷三三《经籍志二》，第 969 页。
⑧ 《宋书》卷六〇《王准之传》，第 1624 页。

丞,参定齐国仪礼。"①《南齐书·舆服志》载,昇明三年(479)宋顺帝锡齐王大辂、戎辂各一,逡之议以为大辂即《周礼》五辂中的木辂。② 这是逡之"参定齐国仪礼"具体事例。《隋书·经籍志》史部仪注类下有王逡之撰《礼仪制度》十三卷,③该书很可能就是逡之所定齐国仪礼。王珪之则在宋齐之际被敕撰写了《齐职仪》。④ 在这部五十卷的官制大著里,王珪之详究历代设官分职,将品级、职掌、黜陟、冠服等多种制度元素汇聚一处。作为史上首部官修政典,《齐职仪》为南朝以降的制度书写设立了新的标杆,可谓意义重大。⑤

小　结

以上搜集材料,对魏晋乱世中的制度知识进行了概观。两次全国性的动荡打断了制度知识的有序传承。它们的散乱与亡失,造成后续的制度恢复步履维艰,秦汉式政治体制的延续陷入困境。另一方面也要看到,刚从动荡中崛起的新政权,已对制度知识在政治发展上的价值有所体认,其标志就是多位官僚因精于制度之学而为人君所重。

制度知识依靠士族家学而延续不绝的一面也被揭示。这段时期注重制度知识传习的家庭,多为势族高门,其成员往往在朝中占据显位。这种现象的形成,源自制度之学与家族地位之间相辅相成的关系。一方面,官制礼仪是政治运行的必备元素,汉晋间的世事动荡和政权建设的需求,造成这一领域的知识变得稀有而珍贵。正像上引刘义康对王准之的赞叹,"得如王准之两三人,天下便治矣",明故事、晓朝仪的人物往往因此获得统治者的拔擢。另一方面,官场经验是习得制度知识的重要途径。高门子弟既有承自父祖的"青箱",又自幼浸润在官场文化当中,他们对官制礼仪的理解和掌握非寒素所能企及。两方面的共同作用,让世传官制礼仪的家族得以维持较高地位,这门学问也在一代一代的积淀中走向精深。

---

① 《南齐书》卷五二《文学·王逡之传》,第902页。
② 《南齐书》卷一七《舆服志》,第335页。
③ 《隋书》卷三三《经籍志二》,第970页。
④ 《南齐书》卷五二《文学·王逡之传》,第903页。
⑤ 参见本书第六章。

第四章　制度知识的政权间流转

——以《晋公卿礼秩故事》《晋百官表注》为中心

对制度之学的代际传承有所了解以后，本章将焦点置于它们在两晋时期的空间转移。作为线索的是傅畅《晋公卿礼秩故事》（下文简称"《故事》"）与荀绰《晋百官表注》（下文简称"《表注》"）这两部制度专著。目前，关注两书的研究尚付阙如，一些基础性问题，比如成书的具体时间、创作的原因、传播的过程等，均不明晰。下文除解答这些问题之外，着力挖掘两书在石赵与东晋政权发挥的作用，以此为南北间的制度文化交流提供新认识。

首先交代两书的概况。据《晋书》傅畅本传记载，傅畅撰有"《公卿故事》九卷"，《隋书·经籍志》录该书为"《晋公卿礼秩故事》九卷"。[①] 是书亡于中唐以后，[②]清人黄奭、王仁俊对此有专门辑录。[③]《故事》既以"故事"为名，应汇集了西晋一朝在职官方面的品式章程。[④] 从现存佚文来看，书中不仅对晋代所设官位的历史沿革、员额、职掌有所说明，还详细整理了朝廷百官所获俸赐、舆服等待遇，同时保存着一些代表性官员的事迹。至于《表注》，《隋书·经籍志》史部职官篇有小注云"梁有徐宣瑜《晋官品》一卷，荀绰《百官表注》十六卷……亡"，[⑤]魏徵等人在编纂"隋志"时已不见此书。

---

① 《隋书》卷三三《经籍志二》，第 968 页。
② 反映唐开元年间宫廷藏书的《旧唐书·经籍志》尚有著录，见《旧唐书》卷四六《经籍志上》，北京，中华书局，1975 年，第 1999 页。
③ 黄奭辑《晋公卿礼秩故事》，《黄氏逸书考》，《续修四库全书》第 1211 册，第 47—50 页。王仁俊辑《晋公卿礼秩故事》，《玉函山房辑佚书续编三种》，第 122 页。
④ 关于"故事"在魏晋时代的意义，可参考《晋书》卷三〇《刑法志》的记载："其常事品式章程，各还其府，为故事。"第 927 页。
⑤ 《隋书》卷三三《经籍志二》，第 968 页。该书书名在《续汉书·百官志》刘昭注、《北堂书钞》等文献中作"《晋百官表注》"。

一般认为成书于隋大业年间的《北堂书钞》仍多处引用，或许《表注》在隋代还有比较完整的保存。据书名和现存佚文推测，①该书应是对西晋"百官表"或"百官簿"一类材料的注解。在注解中，荀绰同样记述了各官职的历史沿革、功能及礼遇，与傅畅的工作相似。但《表注》的卷数几乎是《故事》的两倍，内容应当详赡许多。

一、《故事》《表注》与石赵政治

我们从两书修纂的时间与背景谈起。《故事》作者傅畅出自魏晋时期位望显赫的北地傅氏，父、祖分别为傅祗、傅嘏。永嘉五年（311），刘聪军队攻陷洛阳、俘虏怀帝，时任司徒的傅祗带领傅畅及孙辈的傅纯、傅粹在盟津、河阴一带继续抵抗。不久，傅祗临阵病死，傅畅等人兵败被徙往平阳。② 傅畅在匈奴刘氏政权里事迹不显，后来以石勒司马、参军的身份再次出现在史料中。《晋书·傅祗传附傅畅传》云：

> 畅字世道。……年未弱冠，甚有重名。以选入侍讲东宫，为秘书丞。寻没于石勒，勒以为大将军右司马。谙识朝仪，恒居机密，勒甚重之。作《晋诸公叙赞》二十二卷，又为《公卿故事》九卷。咸和五年（330）卒。③

《石勒载记》记石勒称赵王，"署从事中郎裴宪、参军傅畅、杜嘏并领经学祭酒，参军续咸、庾景为律学祭酒，任播、崔浚为史学祭酒"。④ 另据《史通·古今正史》，傅畅此时又与徐光、宗历、郑愔等人奉石勒之命，编纂《上党国记》《起居注》《赵书》。⑤

关于傅畅在石赵政权中的活动，目前仅见以上材料。可以看到，石勒称赵王以前，傅畅已经进入其军府。赵国初建，比照中原王朝的惯例，开展些许"文治"措施，傅畅发挥了经学、史学方面的素养。更关键的是，他在政治上介入甚深，本传称其"恒居机密"，颇受石勒倚重。得以至此，一个重要原

---

① 黄奭有辑本，见《黄氏逸书考》，《续修四库全书》第 1211 册，第 51—57 页。

② 《晋书》卷四七《傅祗传》、卷一〇二《刘聪载记》，第 1332、2662 页。

③ 《晋书》卷四七《傅祗传》，第 1333 页。又《三国志》卷二一《魏书·傅嘏传》裴松之注引《世语》云："（傅）宣弟畅，字世道。秘书丞，没在胡中。著《晋诸公赞》及《晋公卿礼秩故事》。"第 628 页。

④ 《晋书》卷一〇五《石勒载记下》，第 2735 页。

⑤ 刘知幾撰、浦起龙通释、王煦华整理《史通通释》卷一二《古今正史》，第 332 页。

因是他"谙识朝仪",这种能力对石赵政权建立和完善宪章仪轨极具帮助。巧合的是,《故事》一书正以"朝仪"为内容。据此推断,所谓"又为《公卿故事》九卷"是在典定朝仪的过程中完成的。① 能够撰成这样一部系统的官制著作,或许跟他早年供职西晋秘书省,可以广泛披阅官藏文籍有关,但此时编纂《故事》的目的,是为石勒一朝的制度建设提供规范和参考。

在石赵政权内部,因"谙识朝仪"而身居要位的还有河东裴宪。裴宪为裴楷之子,早年曾任黄门侍郎、吏部郎、侍中等职,永嘉末王浚承制,用为尚书。石勒攻灭王浚以后,以宾礼待之,后署为从事中郎、长乐太守。《晋书·裴宪传》云:

> 及勒僭号,未遑制度,与王波为之撰朝仪,于是宪章文物,拟于王者。勒大悦,署太中大夫,迁司徒。②

对于傅畅一类的华夏士人在后赵的角色,此段引文有更明确的表述。东晋元帝太兴二年(319),石勒称赵王,裴宪、王波主持了官制、礼制方面的一系列调整,使出身卑微、凭借军事能力夺得实权的石勒"拟于王者",体验到华夏君主才享有的威仪。此后,石勒"常以天子礼乐飨其群下",③颇为陶醉,而裴宪等人亦因此位望攀升,显于石氏。

通过考察傅畅、裴宪可以确认,石勒周围存在这样一个士人群体:他们利用自身在官制、礼仪方面的学识,为石赵政权进行制度设计,转变着政治风气。再回过头来看看此群体的另一代表人物——颍川荀绰。荀绰为荀勖之孙、荀辑之子,永嘉末亦在王浚府内任职。④ 晋愍帝建兴二年(314),石勒平幽州,"分遣流人各还桑梓,擢荀绰、裴宪,资给车服"。⑤《裴宪传》言之甚详:

---

① 可作为旁证的是,《故事》的成书时间应在傅畅进入刘、石政权以后。《太平御览》卷六八〇引傅畅《晋公卿礼秩》曰:"太尉贾充、河间王颙、梁王肜、司徒王衍、汝南王亮、太傅杨骏、东海王越、义阳王望、齐王攸、琅琊王伷、东平公苟晞,皆假黄钺。"第3035页。其中,苟晞假黄钺值司马越已死,洛阳即将陷落之际,见《晋书》卷六一《苟晞传》,第1670页。傅畅在抵抗失败,"没于胡"之后,方能比较从容地叙述永嘉末年史事。另外,在傅畅本传中,与《故事》并举的《晋诸公叙赞》,亦成于"没胡"以后,见安朝辉《汉晋北地傅氏家族与文学》,广西师范大学博士学位论文,2011年,第82—83页。

② 《晋书》卷三五《裴宪传》,第1051页。

③ 《晋书》卷一〇五《石勒载记下》,第2736页。

④ 《晋书》卷三九《荀勖传附荀绰传》:"绰字彦舒,博学有才能,撰《晋后书》十五篇,传于世。永嘉末,为司空从事中郎,没于石勒,为勒参军。"第1158页。

⑤ 《晋书》卷一〇四《石勒载记上》,第2723页。

乃簿王浚官寮亲属,皆资至巨万,惟宪与荀绰家有书百余帙,盐米各十数斛而已。勒闻之,谓其长史张宾曰:"名不虚也。吾不喜得幽州,喜获二子。"①

这段叙述或有夸大、美化的成分,但优礼裴、荀的史实却暗示石勒集团在政治策略上的深刻变化。此前石勒对于中原士人往往怀有仇视情绪,多所杀戮,现在转而拉拢华夏高门,这一举动被学者视为石赵与北方士族合作的开端。② 荀绰同裴宪一道,被石勒带回襄国、任为参军,不过此后史料缺失,难觅具体事迹。在《隋书·经籍志》里,归入荀绰名下的著作有《晋后略记》《百官表注》《古今五言诗美文》数种,其他文献中又有《冀州记》《兖州记》被称引。③ 这些书籍写作的具体时间及背景已难以考知,唯有《表注》可以根据上文的分析做出推测。首先可以肯定,荀绰在石勒帐下施展着与傅畅、裴宪相似的作用,进而我们认为,这部《表注》同傅畅的《故事》一样,是在制度建设中形成的参考材料。④ 如此,两书之间的诸种巧合——均以西晋官制、礼制为论述对象,其作者俱出自膏粱势族之门,永嘉之后又同时贵显于石赵——才变得易于理解。

《故事》《表注》的线索有助于加深对石赵政治的理解。我们知道,石勒采纳张宾"定河朔"之策,进而占据襄国,在石赵历史上具有决定性意义。石勒因此建立稳定的根据地,并迅速拓展地盘。在攻灭王浚、将刘琨赶出并州以后,石勒又趁刘聪死亡之机殄灭平阳,清除了自己在华北立足的各大威胁。截止到称赵王,在不到七年的时间里,石勒已直接掌握"南至盟津,西达龙门,东至于河,北至于塞垣"的广大地域。⑤ 但军事上的节节胜利并不足以让石勒高枕无忧,还有更困难的问题摆在面前:如何更有效地管理日渐广阔的地域,又如何控制日渐庞大的机构、官员以稳固自身地位?毕竟,作为军事基础的羯人武力在治国方面难以倚靠。⑥

---

① 《晋书》卷三五《裴宪传》,第 1051 页。
② 唐长孺《晋代北境各族"变乱"的性质及五胡政权在中国的统治》,《魏晋南北朝史论丛》,北京,中华书局,2011 年,第 122—184 页。
③ 如《三国志》卷一六《魏书·杜畿传》裴松之注引荀绰《兖州记》,第 508 页;《世说新语·言语》刘孝标注引荀绰《冀州记》,见余嘉锡笺疏、周祖谟等整理《世说新语笺疏》,北京,中华书局,2007 年,第 97 页。
④ 中村圭尔撰、付晨译《六朝官僚制的叙述》也认定《表注》成书于后赵,但未给出理由,《魏晋南北朝隋唐史资料》第 26 辑,第 275 页。
⑤ 《晋书》卷一〇四《石勒载记上》,第 2730 页。
⑥ 罗新《十六国时期中国北方的民族形势与社会整合》,北京大学博士学位论文,1995 年,第34—45 页。

　　这一阶段，石勒集团经历着从军事组织向较为成熟政治体的剧烈转变。恰在此时，一大批华夏人士活跃于历史前台。这并非偶然，而是石勒的有意选择。关于石勒的用人，编号为 P.2586 的敦煌"晋史"抄本载："晋人则程遐、徐光、朱表、韩揽、郭敬、石生、刘征，旧族见用者：河东裴宪、颍川荀绰、北地傅畅、京兆杜宪、乐安任播、清河崔渊。"①"旧族"与"晋人"在不同层面发挥作用。除了因出身名门而具有文化上的感召力，"旧族"在制度建设方面的素养也非"晋人"所能企及。这很容易理解，由于父祖均为魏晋显宦，他们从小便浸润于中原的政治文化，并且自身也曾在西晋朝廷占据要职，自然对政务运作、礼仪程式有深刻的体会。"撰朝仪"不过是"旧族"角色呈现在史料中的表象，更准确地说，他们给石赵政权带来的是一种华夏式的统治技术，从本质上影响政权面貌。而在这些"旧族"心目中，魏晋制度是优良的范本。缘于此，整理和介绍典午一朝的官僚体制，是傅畅、荀绰的必然选择。

　　反过来，如果我们将《故事》《表注》视作石赵政权华夏化进程里出现的参考材料，一定会惊异于以石勒为首的统治集团高层曾对中原制度有过如此充分的了解。过去只能从"载记"等史料确认石赵使用了华夏式官爵名号，现在看来，魏晋体制当中俸赐、铨选、舆服等更深层次的行政运作方式也极有可能被采纳。在整备朝仪、改革官制以外，石勒开展的其他一些政策，比如推行律令、"定九品"、广设学校等，②都是此脉络的延续。这样的政治文化建设，在石勒称帝前后臻于极盛。

　　我们再从"旧族"地位的角度，对石虎朝政局稍加辨析。过去往往认为，石虎上台后疏远、排抑中原人士，华夏化转型就此停滞。其实不够准确。在掌权初期，他的确因稳固自身位势的需要，诛杀了石勒宠信的程遐、徐光、石生等"晋人"。③ 但应注意的是，对于裴宪为首的"旧族"，石虎却"弥加礼重"。④ 石虎破段辽以后，又拔擢了一批先前从属刘琨、后流寓辽西的中原高门，代表人物为卢谌、崔悦与刘群。⑤ 这一方面显示，"旧族"与"晋人"介入政局的方式有异，因而在权力更迭时期收获不同结局。另一方面说明，士族群体已成为石赵政权不可或缺的部分。石虎时代"旧族"发挥的具体作用

----

①　罗振玉《鸣沙石室佚书正续编》，北京，北京图书馆出版社，2004 年，第 181 页。关于该残卷的性质，目前有两种具有代表性的说法。罗振玉将其比定为邓粲《晋纪》，见前书第 16—17 页。周一良则认为是孙盛的《晋阳秋》，见《乞活考》，《魏晋南北朝史论集》，北京，北京大学出版社，1997 年，第 21 页注释 2。

②　《晋书》卷一〇四《石勒载记上》、卷一〇五《石勒载记下》，第 2730、2737、2751 页。

③　《晋书》卷一〇五《石勒载记下》，第 2753—2754 页。

④　《晋书》卷三五《裴宪传》，第 1051 页。

⑤　《晋书》卷四四《卢谌传》、卷六二《刘群传》，第 1259、1691 页。

在史料中不甚清晰，即便都如裴宪一样"但以德重名高，动见尊礼"，也足以显示中原文化继续受到认同与尊崇。综合来看，尽管在一些具体措施上会有调整或反复，华夏化的指向已经扎根于石赵的发展进程。

上文从《故事》《表注》两书切入，为石赵的政治转型提供了更多细节，但并不认为它已然实现。相反，单于制度等内亚因素的顽固存在，更提醒我们关注五胡政权中"内亚与华夏两个传统间的遭遇、冲突与调适"。① 这一课题，留待后章继续思考。

二、《故事》《表注》的南下

就在石勒称赵王的同一年，身处江南的虞预在一篇上书中提到："自元康以来，王德始阙，戎翟及于中国，宗庙焚为灰烬，千里无烟爨之气，华夏无冠带之人，自天地开辟，书籍所载，大乱之极未有若兹者也。"②"夷狄"占据中原给晋人带来的震痛，自然可以同情地理解，不过经历了上文的分析，虞预所谓"千里无烟爨之气，华夏无冠带之人"多少有些言过其实。如果继续追寻《故事》《表注》展开的图景，还会看到五胡政权对江南社会的回馈。

本书第三章已经说明东晋初期在官制礼仪方面的残破萧条。不过，这一状况到了东晋中期，尤其是穆帝永和年间以降，得到明显改善。一个重要的契机，便是石赵政权的灭亡。我们知道，在攻破刘曜以后，石赵控制了中国北方的主体地域。而这样强大的王朝，却在石虎死后一朝崩溃。此事件在晋末以来的历史走势上意义深刻。石氏盛极而衰，南方顶受的压力大减，田余庆清晰地揭示了东晋政局在这一背景下的发展脉络。③ 笔者则希望考察《故事》《表注》所代表的中原典制之"南归"及后续影响，来展现政治进程的另一层面。

"胡中大乱"意味着政权控制力的消退，这为人员、物资的流动提供了孔道。最明显的例子是大量流民的出现。石虎死于穆帝永和五年（349），褚裒当年即从京口北伐，径进彭城，"河朔士庶归降者日以千计，裒抚纳之，甚得其欢心"，并有"遗户二十万口渡河，将归顺，乞师救援"。④ 虽然后面

---

① 罗新《内亚视角的北朝史》，《黑毡上的北魏皇帝》，上海，上海三联书店，2022 年，第 119—136 页。
② 《晋书》卷八二《虞预传》，第 2144 页。
③ 田余庆《东晋门阀政治》，北京，北京大学出版社，2005 年，第 137—151 页。
④ 《晋书》卷九三《外戚·褚裒传》，第 2416—2417 页。

这批河北流民因褚裒的中途失败,没能成功南来,但可以略窥流民的规模。而此后镇于下邳的荀羡也接收了许多前来投靠的人口,史称其"抚纳降附,甚得众心"。① 同样,在长江中游的襄阳一带,也有大量流人聚集。《宋书·州郡志》"雍州"条云:"胡亡氐乱,雍、秦流民多南出樊、沔,晋孝武始于襄阳侨立雍州,并立侨郡县。"② 可见,"胡亡"与前秦崩溃之后,襄阳地区都获得了可观的人口,这成为雍州政治地位上升的因素。"胡亡之后,中原子女鬻于江东者不可胜数",③ 这批南来的流民极大地充实了东晋政府的军力、劳动力。

另一方面,许多中朝文物也在此时得以回归。永和八年(352),流失多年的传国玺终于来到江左,"百僚毕贺",朝廷上下备受振奋。④ 被刘、石政权从洛阳朝廷掠走的工人、乐人趁机南奔。《晋书·乐志》载:"及慕容儁平冉闵,兵戈之际,而邺下乐人亦颇有来者。永和十一年(355),谢尚镇寿阳,于是采拾乐人,以备太乐,并制石磬,雅乐始颇具。"⑤《南齐书·舆服志》又提到:"永和中,石虎死后,旧工人奔叛归国,稍造车舆。"⑥ 可见,正是由于这批技术人员的南下,东晋初期以来雅乐不兴、舆驾多阙的尴尬状况才得到缓解。

以上揭示了石赵崩溃后自北而南的人、物迁移现象,这既包括下层的流民,也有宫廷典藏,足见程度之广大。就是在这样的洪流中,《故事》《表注》抵达建康。

我们有证据支撑这一判断。在南来的人潮中,颇有仕于石赵政权的士人。比如刘琨兄子刘启、刘述,都在石虎破段辽以后为虎所用,启仕至尚书仆射,述为侍中。穆帝永和年间两人均"归国"。⑦ 晋元帝宠臣刘隗迫于王敦之逼,北奔石勒,其孙刘波伙同后赵冠军将军王洽,也在石虎死后南来。⑧ 杨佺期之父杨亮也于此时入晋。⑨ 这批来自后赵朝廷的晚渡北人,不仅送

① 《晋书》卷七五《荀羡传》,第 1981 页。
② 《宋书》卷三七《州郡志三》,第 1135 页。
③ 《晋书》卷八四《殷仲堪传》,第 2193 页。
④ 《晋书》卷八《穆帝纪》,第 198 页。
⑤ 《晋书》卷二三《乐志下》,第 697—698 页。
⑥ 《南齐书》卷一七《舆服志》,第 333 页。
⑦ 《晋书》卷六二《刘演传》,第 1693 页。
⑧ 《晋书》卷六九《刘隗传》,第 1838 页。
⑨ 《晋书》卷八四《杨佺期传》:"父亮,少仕伪朝,后归国,终于梁州刺史,以贞干知名。"第 2200 页。同书卷一一六《姚襄载记》:"先是,弘农杨亮归襄,襄待以客礼。后奔桓温,温问襄于亮,亮曰:'神明器宇,孙策之俦,而雄武过之。'其见重如是。"第 2964 页。《资治通鉴》系此事于穆帝永和十二年(356),第 3157 页。

来了关于北方局势的情报,很可能也携带着一些令典、图籍。《宋书·傅弘之传》载:

> 曾祖畅,秘书丞,没胡,生子洪,晋穆帝永和中,胡乱得还。洪生韶,梁州刺史,散骑常侍。韶生弘之。①

据此可知,傅畅在北方育有一子傅洪。趁胡乱之机,他得以投奔东晋,其南下的行囊应该装有傅畅生前的著作。这条材料提示了一条傅畅《晋诸公叙赞》《故事》等书的传播路线。

另可作为参照的是,裴宪为石赵制定的礼仪程式也于穆帝、哀帝之际进入建康宫廷。《赵书》载裴宪曾撰有《东耕仪》:

> 裴宪撰《三正》《东耕仪》,中书令徐光奏议以东耕仪亲耕,改服不帻也。②

石勒称天王,以徐光为中书令。③ 可知裴宪撰《东耕仪》,是在石勒末期"行皇帝事"以后,旨在完善赵王朝的皇帝礼仪。而《宋书·礼志》"藉田"条云:

> 自此之后(笔者按:指晋武帝以后),其事便废。史注载多有阙。江左元、哀二帝,将修耕籍,贺循等所上注,及裴宪为胡中所定仪,又未详允。④

裴宪"胡中所定仪"即《东耕仪》。引文后一句文字简略,但意思不难理解:元帝、哀帝曾试图修复藉田仪,均未能成功,前一次是因为贺循等人所上仪注不够详允,后一次得到裴宪所撰《东耕仪》,却仍嫌粗疏。可见,石勒享用的《东耕仪》不仅在胡乱后流入江左,还成了东晋礼制的参考。另外,关于荀绰《表注》何时南来,没有明确的材料。不过在上文分析的基础上,将它"归国"的时间定于穆帝、哀帝之际,应不致大谬。

《故事》《表注》及裴宪所撰仪注的南来,其意义只有置于东晋初期以来旧章多缺、仪典不备的背景下,才能获得理解。穆帝升平年间,何琦论修五岳祠时提到:

---

① 《宋书》卷四八《傅弘之传》,第1430页。
② 《北堂书钞》卷一二七引,第532页。
③ 《晋书》卷一〇五《石勒载记下》,第2746页。
④ 《宋书》卷一四《礼志一》,第353—354页。

良由顷国家多难，日不暇给，草建废滞，事有未遑。今元憝已殄，宜修旧典。①

"元憝"当指倾覆中原、又给东晋带来巨大威胁的刘、石政权。因永和中的北方大乱及不久前桓温克复洛阳，江左迎来了升平的希望。完善制度、振兴礼乐也成为君臣孜孜以求的愿景，一反建国初期仓惶草创的凋敝气氛。上述文献应时而来，集中承载着相关知识，尤其是保留了大量的中朝规章，这将为修复典制礼乐提供可靠基础，重要性绝不亚于车工、乐人的失而复得。可以看到，石赵崩溃与东晋中期以来政治文化层面的转变，也有千丝万缕的联系。

三、"故事"与"史实"

晋哀帝时期的礼乐建设，曾参考裴宪所撰《东耕仪》，上文已有揭示。我们再以徐广所撰"车服仪注"为例，说明《故事》一书在东晋后期礼制演进中发挥的作用。

仪注是为施行礼仪而制定的规范，新撰仪注，则带有整饬或重建相关礼制的意味。《晋书·徐广传》云：

义熙初，奉诏撰车服仪注，除镇军谘议，领记室，封乐成侯，转员外散骑常侍，领著作。②

《宋书·徐广传》谓"义熙初，高祖使撰车服仪注"。③ 可见此举的实际推动者为刘裕。相较西晋，东晋的舆服制度显得破败不堪，不仅皇帝专属的车驾、冕服多有减损，王公以下更是"车服卑杂"。④ 另一方面，自天子至于庶人的穿着、出行均是车服之制需要规范的对象，因内容过于繁密和专门，完善该项制度并非易事，这也阻碍了东晋朝廷对舆服进行系统修复。这样的背景下，徐广新撰车服仪注表现出重大的积极意义，自然也为执政的刘裕积累了"文治武功"。

---

① 《晋书》卷一九《礼志上》，第 598 页。
② 《晋书》卷八二《徐广传》，第 2158 页。
③ 《宋书》卷五五《徐广传》，第 1548 页。
④ 《宋书》卷一八《礼志五》引宋明帝泰始四年（468）建安王休仁议太子车制云："自晋武过江，礼仪疏舛，王公以下，车服卑杂。"第 524 页。

《隋书·经籍志》史部仪注类所载《车服杂注》，①即徐广"撰车服仪注"过程中形成的文字材料。从该书现存佚文来看，徐广对皇帝与百官舆服的沿革、形制、适用场合诸方面都有整理。这一工作的开展，得益于两个条件。一是自"胡亡氐乱"至于义熙初年，永嘉之后流散于北方的中朝车服渐次回归。《晋书·舆服志》的记载为我们提供了一些线索：

> 指南车，过江亡失，及义熙五年（409），刘裕屠广固，始复获焉，乃使工人张纲补缉周用。十三年（417），裕定关中，又获司南、记里诸车，制度始备。其辇，过江亦亡制度，太元中谢安率意造焉，及破符坚于淮上，获京都旧辇，形制无差，大小如一，时人服其精记。义熙五年，刘裕执慕容超，获金钲辇、豹尾，旧式犹存。②

引文提到的指南车、辇、金钲辇和豹尾车，都是皇帝的专属车辆。回到南方的车辆实物，无疑为徐广葺理车制带来了方便。在皇帝车驾以外，亦应有其他舆服实物被夺回。

再者，中古时期的礼制改革讲究"理据"与"成准"的兼备，即既要与经典相符，又要有故事可以援引。随着"典籍靡遗，无所依据"的窘况逐渐改善，关于舆服的"成准"至此已集聚到一定程度。其中，傅畅《故事》里保存的中朝"故事"，就被《车服杂注》接受，成为改革的依据。尽管两书均早已亡佚，但在散见的引文中仍能找到蛛丝马迹：

表 4-1　《车服杂注》从《故事》摄取的材料

《故事》	来　源③	《车服杂注》	来　源④
三公安车，驾三；特进驾二；卿一。	《宋书·礼志五》引	三公安车，驾三；特进驾二。	《北堂书钞》卷五〇引
尚书令轺车，黑耳后户。	《宋书·礼志五》引	尚书令轺车，黑耳后户。	《初学记》卷一一引、《太平御览》卷二一〇引

---

① 《隋书》卷三三《经籍志二》，第 970 页。
② 《晋书》卷二五《舆服志》，第 764—765 页。另外，《南齐书》卷一七《舆服志》云："永和中，石虎死后，旧工人奔叛归国，稍造车舆。太元中，符坚败后，又得伪车辇，于是属车增为十二乘。义熙中，宋武平关、洛，得姚兴伪车辇。"第 333 页。
③ 《宋书》卷一八《礼志五》，第 498、499 页。
④ 《北堂书钞》卷五〇引，第 179 页；《初学记》卷一一引，第 260 页；《太平御览》卷二一〇引，第 1009 页。

说《车服杂注》采纳《故事》，并非只因它们的文字有完全相同之处。《宋书·礼志》关于晋代舆服制度的记载，主要取材于西晋《服制令》和《车服杂注》。① 沈约在叙及三公至尚书令车制时，没有直接承袭徐广的记述，而是特别指出上引两条材料来自傅畅的《故事》。此处理方式，提示了这些文字的最早来源。

进入刘宋以后，车制、服制将迎来翻天覆地式的发展。② 晋末义熙年间由刘裕主持的这次舆服改革，可谓先声。从中可见流寓江南的《故事》以"故事"的身份，被徐广援引，参与到晋宋之际的朝仪建设。这又提供了一个具体事例来说明制度文献同中古时期政治体制的联动。魏晋以下，职官类、仪注类书籍大量扩充，编纂此类著作也成为一种风气，这固然反映了官制、礼制的繁密化。还应该强调的是，这些撰述本身也介入了制度演进。观察其流传以及作者的书写、读者的利用，制度更定与贯彻的过程会更加立体地呈现。

上面我们从《车服杂注》作为"仪注"的一面，探讨了《故事》在政治生活中的角色。职官类、仪注类书籍在经世功能之外，还具有史料属性。如果将《车服杂注》单纯视为一种制度记载，那么《故事》起到的便是扩充史实的作用。两晋之际，除了《故事》与《表注》，针对西晋一朝制度的系统记述非常缺乏。两书的南来，对人们理解汉晋间的制度变动具有重要帮助。作为一种表现，在南朝的制度著作中，《故事》《表注》颇被引用。前文提到《宋书·礼志》就采用《故事》来解说西晋制度。刘昭注《续汉书》之《百官志》《舆服志》多次援引荀绰《表注》。《表注》还保留有东汉谒者选用例、延平年间百官受俸例等先代制度，③对于南朝学者同样是珍贵材料。在制度撰述十分发达的南朝，两书的史料价值一直受到重视。既为"故事"，又为"史实"，《故事》《表注》的遭遇，展现了制度文献的多重属性。

从另一个角度看，原本作为石赵施政参考的两书，在南方的环境中，又获得了政治与学术的复合价值。对十六国与东晋的关系，以往多着眼于政治上的对立与勾结，而一百多年里南北互动为双方社会、文化带来的影响还有待发覆。这笔遗产，又如何型塑南朝、北朝的历史进程，同样引人关心。《故事》《表注》的例子，或能提供一些细节。

① 《宋书》卷一八《礼志五》卷首"序"云："晋立《服制令》，辨定众仪，徐广《车服注》，略明事目，并行于今者也。故复叙列，以通数代典事。"第493页。
② 阎步克《服周之冕——〈周礼〉六冕礼制的兴衰变异》，北京，中华书局，2009年，第252—276页。又参见本书第八章。
③ 《续汉书·百官志》，《后汉书》，第3578、3633页。

余 论

上文追随《故事》《表注》的脚步,试图解析永嘉之后、乱世之下,制度文献与政治进程的缠结。从形成到流传,两书见证了石赵的华夏化演进,继而目睹"胡亡"以后华北的无序动荡;流寓江南以来,又成为晋宋之际制度与制度书写发展的助力。

值得注意的是,透过《故事》《表注》这条线索,我们还可以更深入地了解政治波涛中的书籍聚散情况。前文已经提到,"旧典不存"曾给东晋初期的制度建设带来困扰。其实,仪注、令典的缺失正是两晋之际图书散亡的缩影。荀勖的《中经新簿》记西晋前期的宫廷藏书达二万九百三十五卷。① 然而此后惠帝、怀帝时期的长期动乱对书籍保存极为不利,匈奴刘氏攻陷洛阳最终带来致命一击。"刘、石凭陵,京华覆灭,朝章国典,从而失坠",隋代牛弘将永嘉之乱视为继秦始皇焚书、两汉间动乱、董卓挟帝迁都以来的一大书厄,②《隋书·经籍志》则有"惠、怀之乱,京华荡覆,渠阁文籍,靡有孑遗"这样的描述。③ 晋元帝在江南另立中央,无法直接继承洛阳的藏书。阮孝绪《七录序》提到,东晋初期官方收集的图书仅三千零一十四卷,可谓"十不一存"。④ "南土凋荒,经籍道息"的苍凉之感此时在整个南方社会蔓延。⑤

书籍的数量在东晋中后期大幅攀升。太元十六年(391),孝武帝以徐广校秘阁四部,"见书凡三万六千卷"。⑥ 当然,这一数字并不精确,其中应含有不少副本,但根据刘宋元嘉八年(431)《秘阁四部目录》所记之一万四千五百八十二卷推算,⑦东晋后期宫廷中肯定已有上万卷的各类藏书。从东晋初的三千余卷到如今的上万卷,书籍数量成倍增加,学者多从南方社会内部的政治稳定以及经济、文化的发展来解释。⑧ 本章勾勒了《故事》《表注》

① 阮孝绪《七录序》,释道宣《广弘明集》卷三,第 12 页 B。

② 《隋书》卷四九《牛弘传》,第 1299 页。

③ 《隋书》卷三二《经籍志一》,第 906 页。

④ 阮孝绪《七录序》,《广弘明集》卷三,第 8 页 B—13 页 A。

⑤ 《晋书》卷七〇《甘卓传》,第 1863 页。

⑥ 《北堂书钞》卷五七引檀道鸾《晋阳秋》云:"孝武好览文艺,敕著作郎徐野民料简四部,见书凡三万六千卷。"第 220 页。许嵩撰、张忱石点校《建康实录》卷九载:"(太元)十六年春正月,诏徐广校秘阁四部,见书凡三万六千卷。"北京,中华书局,1986 年,第 288 页。

⑦ 阮孝绪《七录序》,释道宣《广弘明集》卷三,第 13 页 A。

⑧ 胡宝国《知识至上的南朝学风》《从会稽到建康——江左士人与皇权》,《将无同——中古史研究论文集》,第 163—227 页。

《东耕仪》等典籍在石赵灭亡后南下江左的过程,提示我们注意北方局势对书籍流动的影响。肥水之战后的中原动乱,很可能也是太元年间兴起的图书征集活动的重要条件。① "胡亡"和"氐乱"是永嘉以来北方社会的两次大范围崩溃,同时也营造了南北交流的广阔通道,两波趁乱南下的书籍当不在少数。永嘉之后的书籍聚散,以及它背后的社会与文化变迁,应置于更宏大的视野中继续审视。

① 关于孝武帝时期开展的聚书活动见胡宝国《知识至上的南朝学风》,《将无同——中古史研究论文集》,第163—200页。

第五章　《宋书》"百官志""礼志"的
编纂及特质

通观制度文献在汉唐间的发展历程,有两个阶段尤为关键。一是前已论及的东汉后期,二是南朝的齐梁。关于后者,略微一瞥《隋书·经籍志》史部职官类、仪注类即可有所领会:这段时期问世的制度著作不仅名目丰富,且动辄数十上百卷。进一步看,南朝学者关注的制度不再限于本朝范围,陶藻《职官要录》、王秀道《百官春秋》、周迁《古今舆服杂事》等都是稽考历代的著作。① 与此同时,制度书写受到官方的极大重视。相继问世于齐梁的官制大典《齐职仪》《梁官》,就出自政治权力的推动。

不过,在众多围绕官制、礼制的撰述里,只有《宋书》《南齐书》的相关志书以及刘昭为《续汉书》之《礼仪志》《祭祀志》《百官志》《舆服志》所作注释完整保存至今。本章以沈约《宋书》的《百官志》《礼志》为例观察南朝制度之学的开展:首先梳理中古正史制度类志书的编纂情况,指出演变的关键环节;稍后深入剖析二志的取材与编纂,揭示当时的社会环境与学术氛围为其造就的特色。

一、中古正史"百官志""礼志"的撰述情况

1. 百官志

班固于《汉书》立《百官公卿表》(本章后文简称"汉表"),官制内容在纪传体史书中开始获得固定位置。汉表分为两部分,卷上为职官概述,卷下

---

① 参见姚振宗撰、刘克东等整理《隋书经籍志考证》卷一七、卷一八,《二十五史艺文经籍志考补萃编》第 15 卷,第 723、726、754 页。

以表格形式记录西汉一代的公卿任免。东汉国史《东观汉记》"表"的篇目仿《汉书》而设。①《史通·古今正史》提到桓帝时期崔寔、曹寿等为《东观汉记》作《百官表》。② 佚文显示,此表记述了东汉职官的设置与沿革,③将其与汉表相关部分比较,可发现两者在项目安排与撰写方法上颇为相近。④《东观汉记·百官表》整卷很可能都是以汉表为模板编制的,同样包括官制述要与公卿年表两部分。

不过此后,"百官表"迅速淡出,"百官志"开始显现。孙吴治下谢承撰写的《后汉书》是《东观汉记》后第一部东汉王朝史。⑤《史通·书志》明确指出该书设有题为"百官"之志。⑥ 魏晋之际鱼豢立"中外官"以记录曹魏官制,⑦姚振宗、张鹏一等学者均认为此篇为《魏略》诸志之一。⑧ 西晋司马彪叙述东汉史,继续使用"百官志"来讲述职官制度。《续汉书·百官志》与"百官表"区别明显:记录官员名字、迁转的表格不复存在,通篇以职官沿革、员额、职掌为内容。晚些问世的诸家"后汉书""晋书"以及南北朝正史在专论一代制度时,皆沿袭"百官志"的形式,⑨唯何法盛《晋中兴书》例外。

《晋中兴书》设《百官公卿注》,该篇在隋唐类书里又被引作"百官公卿表注""百官公卿志"。《史通·表历》论"表"的变迁,谓:"至法盛书载中兴,改'表'为'注',名目虽巧,芜累亦多。"⑩可知《晋中兴书》采用了"表"这一书体,只是改称"注"。何法盛遵从了《汉书》《东观汉记》的做法,《百官公卿注》中当安排有公卿年表。

"百官志"取代"百官表",是正史官制记述发展过程中的重要变化。根据以上梳理,转折发生在汉魏之际。它的背景是什么?

首先应注意,"表"这一书体在魏晋以来的正史中遭到取消。这段时期

①　吴树平《〈东观汉记〉中的本纪、表、列传、载记和序》,《秦汉文献研究》,第148—155页。
②　刘知幾撰、浦起龙通释、王煦华整理《史通通释》卷一二《古今正史》,第317页。
③　刘珍等撰、吴树平校注《东观汉记校注》,北京,中华书局,2008年,第142—144页。
④　吴树平《〈东观汉记〉中的本纪、表、列传、载记和序》,《秦汉文献研究》,第148—154页。
⑤　参见吴树平《〈东观汉记〉的缺陷和诸家后汉书》,《秦汉文献研究》,第280—281页;安部聪一郎《後漢時代関係史料の再検討》,《史料批判研究》第4号,2000年,第26—27页。
⑥　刘知幾撰、浦起龙通释、王煦华整理《史通通释》卷三《书志》,第52页。
⑦　《南齐书》卷一六《百官志》:"王朗奏议,属霸国之初基;陈矫增曹,由军事而补阙。今则有《魏氏官仪》、鱼豢《中外官》也。"第311页。
⑧　姚振宗撰、刘克东等整理《隋书经籍志考证》卷一七,《二十五史艺文经籍志考补萃编》第15卷,第715页。张鹏一《魏略辑本》卷二,西安,陕西文献征辑处,1923年,第2页B—5页B。
⑨　参见中村圭尔撰、付晨晨译《六朝官僚制的叙述》,《魏晋南北朝隋唐史资料》第26辑,第269—286页。
⑩　刘知幾撰、浦起龙通释、王煦华整理《史通通释》卷三《表历》,第49页。

影响较大的纪传体史书,如司马彪《续汉书》、范晔《后汉书》、陈寿《三国志》、沈约《宋书》等,均未安排史表。《晋中兴书》是唯一一部有材料证明设表的史著。因为表的整体缺席,"百官表"失去了存在的依凭。

"百官志"能够取而代之,决定性因素在于汉末制度之学兴起以后,王朝的设官分职在知识界受到前所未有的重视。"百官表"的重心是官场的人事变动。虽然《汉书》《东观汉记》的《百官公卿表》都有官制概述,但毕竟只是表格的附庸,内容也比较简略。例如,汉表关于职掌、沿革的介绍,基本限于三公九卿及郡县首长,各府属官等更低级官吏的员额、置废、职任无法由此获知。随着胡广、应劭等学者的倡导与实践,人们对官制的关注程度、认知深度得到巨大提升。① 这种风气下,史书编纂者的焦点也发生了转移。《隋书·经籍志》史部职官类的小序早已揭示双方的关联:

> 汉末,王隆、应劭等以《百官表》不具,乃作《汉官解诂》《汉官仪》等书。是后相因,正史表志,无复百僚在官之名矣。②

引文将"百官志"的出现归因于制度撰述之风兴起,可谓精准。自汉魏之际谢承纂修《后汉书》开始,史家侧重官制本身,专记制度的"百官志"由此创立。这种新型志书登场后,正史包含的官制信息大为充实。

另外,"百官志"内部也产生了一些变动。比较重要的是"九卿"在叙述编排中的位移。我们知道,"三公九卿"不仅是儒家经典里的圣王之制,两汉也以此作为中央官制的基本架构。汉表、《续汉书·百官志》如实地反映了这一点,关于九卿的记述紧接在诸公之后。世入魏晋南朝,九卿在行政体系中的地位大幅走低,卫尉、太仆等职还一度遭到废弃。③ 另一方面,尚书、门下、中书、秘书等机构成为新的朝政核心,各省长官在官品位阶上也已超过诸卿。有意思的是,撰成于南朝后期的《宋书》《南齐书》在"百官志"里依然将"九卿"部分安排在仅次于诸公、诸将军的位置。关于尚书、门下、中书、秘书的部分尽管篇幅更大、内容更精细,却只能屈居于后。该现象说明,"三公九卿"这一组合在南朝学者的观念里仍具影响,汉表以来形成的记述顺序被坚持采用。"百官志"与政治实态的脱节,至隋唐修史才被克服。

---

① 参见本书第一章。
② 《隋书》卷三三《经籍志二》,第969页。参见中村圭爾撰、付晨晨译《六朝官僚制的叙述》,《魏晋南北朝隋唐史资料》第26辑,第283页;徐冲《〈续汉书·百官志〉与汉晋间的官制撰述》,《观书辨音:历史书写与魏晋精英的政治文化》,第143页注释1。
③ 参见刘啸《魏晋南北朝九卿研究》,台北,花木兰文化出版社,2013年。

《隋书·百官志》介绍萧梁职官，三公之下便是尚书、门下诸省，诸卿排在御史台、谒者台之后。① 唐修《晋书》的《职官志》也以相似顺序展开叙述。该志在材料上大量吸收了旧晋史的成果，但诸卿、诸省的位置一定出自初唐史官的重新安放。

2. 礼志

对礼制的专门记述，在《史记》中已经存在。《礼书》论礼的兴衰，《封禅书》则述三代以来人君奉天地鬼神之事。《汉书》的《礼乐志》《郊祀志》继承了这种分野。蔡邕为东汉国史编纂"十志"，《礼乐志》《郊祀志》之设乃沿袭旧例，新创制的《车服志》《朝会志》专论舆服、朝会方面的仪制。关于《东观汉记》以后正史礼仪类志书的设置情况，我们以表格形式列出其中有明确依据的部分：②

表 5-1　中古正史"礼志"设置情况表

书	志	依　据
谢承《后汉书》	《舆服志》	《史通·书志》③
司马彪《续汉书》	《礼仪志》《祭祀志》《舆服志》	今存
范晔《后汉书》	计划撰写《礼乐志》《舆服志》	《后汉书·东平宪王苍传》④
臧荣绪《晋书》	《礼志》《郊祀志》《舆服志》	章宗源《隋书经籍志考证》"臧荣绪《晋书》"条⑤
唐修《晋书》	《礼志》《舆服志》	今存
沈约《宋书》⑥	《礼志》	今存
南齐国史	《礼乐志》《郊祀志》《舆服志》	《南齐书·文学·檀超传》⑦

---

① 参见吴宗国《三省的发展与三省体制的建立》，吴宗国主编《盛唐政治制度研究》，第1—10页。

② 此外，学者根据史书佚文的内容猜测：谢承《后汉书》有《礼仪志》，谢沈《后汉书》有《礼仪志》《祭祀志》，袁山松《后汉书》有《礼仪志》《祭祀志》，王隐《晋书》有《礼乐记》《舆服记》。周天游辑注《八家后汉书辑注》，上海，上海古籍出版社，1986年，第4、602、630页；汤球辑、杨朝明校补《九家旧晋书辑本》，郑州，中州古籍出版社，1991年，第198页。

③ 刘知幾撰、浦起龙通释、王煦华整理《史通通释》卷三《书志》，第52页。

④ 《后汉书》卷四二《东平宪王苍传》，第1433页。

⑤ 章宗源撰、项永琴等整理《隋书经籍志考证》卷一，《二十五史艺文经籍志考补萃编》第14卷，第22—23页。

⑥ 陈爽根据《太平御览》所见"《宋书·舆服志》"推断，刘宋国史设有《舆服志》，后被沈约改定到《礼志》当中，见其《〈太平御览〉所引〈宋书〉考》，《文史》2015年第4期，第79—98页。

⑦ 《南齐书》卷五二《文学·檀超传》，第891页。

书	志	依　据
萧子显《南齐书》	《礼志》《舆服志》	今存
魏收《魏书》	《礼志》	今存
"五代史志"	《礼仪志》	今存

能判明志书篇目的正史虽然不多,但以上梳理已足以反映"礼志"编纂在汉唐间的若干趋势。最重要的有两点,一是"舆服志"的出现,二是"郊祀志"的消失。

先看前者。关注和思考"轮辕冠章",是东汉后期兴起的制度之学的组成部分,[①]"舆服志"因而得以在汉魏之际走入纪传体史书。"舆服志"此后成为中古正史的固定篇目。《宋书》《魏书》及"五代史志"虽无"舆服志"之名,但在其《礼志》或《礼仪志》中均辟有独立篇幅讨论车服制度。

"郊祀志"于齐梁之际退出正史。齐初议定体例、后由江淹等撰成的南齐国史,尚有《郊祀志》之设。沈约《宋书》诸志完成于齐末梁初,[②]"郊祀志"这一篇目遭到取消。沈氏《志序》批评了前代史家在"礼仪志"之外另设"郊祀志""舆服志"的做法:"班固《礼乐》《郊祀》,马彪《祭祀》《礼仪》,蔡邕《朝会》,董巴《舆服》,并各立志。夫礼之所苞,其用非一,郊祭朝飨,匪云别事,旗章服物,非礼而何? 今总而裁之,同谓《礼志》。"[③]不过,细审《宋书·礼志》的内容可以发现,沈约在编排上仍未摆脱"礼仪"与"祭祀"并立的传统,《礼志三》《礼志四》实为"郊祀志"的延续。《礼志三》卷首序言对此有清楚的说明:

> 司马迁著《封禅书》,班固备《郊祀志》,上纪皇王正祀,下录郡国百神。司马彪又著《祭祀志》以续终汉。中兴以后,其旧制诞章,粲然弘备。自兹以降,又有异同。故复撰次云尔。[④]

《宋书》是这场转变的过渡环节。梁代萧子显则完全摈弃了以是否属于神祀

---

① 参见本书第一章。

② 中华书局编辑部《出版说明》,《宋书》,第 2 页。

③ 《宋书》卷一一《志序》,第 204 页。

④ 《宋书》卷一六《礼志三》,第 419 页。参见闫宁《〈宋书·礼志〉编纂体例初探》,《古代礼学礼制文献研究丛稿》,第 154—160 页。

为标准将国家礼制区别为"礼仪""祭祀"的二分法。《南齐书·礼志》内部,用《周礼》"五礼"对礼制进行归类,复按照吉、嘉、宾、军、凶的顺序记述萧齐一朝的礼仪。以往安置在"郊祀志"的内容,主要被纳入了吉礼部分。此后出现的魏收《魏书》、"五代史志"、唐修《晋书》等,均为这一新型编排方式的继承者。

魏晋南北朝时期的"五礼制度化"进程,是"郊祀志"消失的根本原因。魏晋以降,《周礼》之学昌盛,《周礼》在制度建设中的角色也日益突出。具体到礼制方面,《周礼》"五礼"的体系成为王朝治礼的框架,学者亦开始将其作为认知各类礼仪的基点。① 这一倾向在齐梁之际达到顶峰,最显著的表现是齐武帝永明二年(484),在尚书令王俭的主持下,新设职局,采集古今,修纂以吉、凶、宾、军、嘉为纲的王朝礼典。② 这是前所未有的政治举动,《南齐书·礼志》卷首序言特别标示此事件,透露了该卷正文的礼制叙述受到的影响。汉魏以来正史书志"礼仪""祭祀"并立的做法,已不再符合南朝中后期史家对王朝礼制的认识。于是我们看到,以萧子显为代表的学者,用《周礼》"五礼"的结构改造了纪传体史书的礼制书写。③

在篇目的兴废之外,"礼仪志"内容的变化也不应忽视。比如对读《汉书·礼乐志》与司马彪《续汉书·礼仪志》,可发现两志差异巨大。前者以时代为序,介绍诸帝治下与礼制建设相关的代表性事件;后者将各类礼制放在《礼记·月令》的四时框架中阐述,文字以礼仪开展的具体程序为主。《续汉书·礼仪志》祖自蔡邕为东汉国史所撰《礼乐志》,④也就是说,"续汉志"的特点实际上与蔡邕关系颇深。蔡邕是汉末制度之学的代表人物,从该时期问世的《汉官仪》《汉官典职仪式选用》等制度著作以及蔡氏自己的《独断》可以看出,学者们对官制礼仪的运作细节抱有强烈关注。《东观汉记·礼仪志》的记载重心转向仪节本身,当受这一学术风气推动。至于《礼记·月令》被用作组织叙述的框架,固然与"月令"在东汉政治生活中的重要地位有关,⑤更直接的原因在于蔡邕本人是《月令》专家。⑥ 对《礼记·月令》

---

① 梁满仓《魏晋南北朝五礼制度考论》,第 126—177 页。

② 参见张文昌《中国礼典传统形成与礼官职能演变之关系——以魏晋南北朝为探索中心》,《兴大人文学报》第 40 期,2008 年,第 223 页。

③ 《宋书·礼志》虽未摆脱礼仪、祭祀的两分法,但志中"周之五礼,其五为嘉"等语句显示,五礼体系已被作者接受。

④ 代国玺《蔡邕〈独断〉考论》,《文献》2015 年第 1 期,第 154—166 页。

⑤ 参见杨振红《月令与秦汉政治》,《出土简牍与秦汉社会》,桂林,广西师范大学出版社,2009 年,第 231—233 页;薛梦潇《从"迎四时"到"五郊迎气"》《汉代的"行县"与"行春"》,《早期中国的月令与"政治时间"》,上海,上海古籍出版社,2018 年,第 142—181 页。

⑥ 《隋书》卷三二《经籍志一》记蔡邕撰《月令章句》十二卷,第 922 页。

的看重,促使蔡氏将各类礼仪安排在合乎其精神的时序当中。《续汉书》之后的"礼仪志"不再坚持以"月令"为纲,但沿袭了将仪节或者围绕仪节的讨论作为内容主体的做法。

二、《宋书》二志的取材

在中古的制度类志书中,沈约《宋书》的《礼志》《百官志》尤其重要。上文展示了它在篇目演进史上的地位,除此以外,二志还因史实丰富备受青睐。[①]

接下来就从材料来源的角度考察《宋书》二志的编纂。首先需要了解,选材工作出自沈约还是另有现成基础?

我们知道,今本《宋书》大幅吸收了何承天、徐爰所撰刘宋国史的成果。志书也不例外,在《志序》中,沈约交代了"八志"与何承天"宋志十五篇"的密切关系:

> 元嘉中,东海何承天受诏纂《宋书》,其志十五篇,以续马彪《汉志》,其证引该博者,即而因之,亦由班固、马迁共为一家者也。其有漏阙,及何氏后事,备加搜采,随就补缀焉。[②]

由引文可知,何承天的志书将接续司马彪"续汉志"作为目标。易言之,从曹魏到当前宋文帝时期律历、天文、礼乐、职官等方面的情况,都属于何承天记录的对象。沈约诸志不以刘宋为限,叙事起自黄初之始,正是继承何氏而来。在"宋志十五篇"的基础上,沈约开展了两项比较具有原创性的工作,一是为何承天已撰成部分查漏补缺,二是缀续元嘉后期至宋末的史事。后者不难判定,而要从《宋书》"八志"对宋文帝以前历史的叙述中找出何承天、沈约各自的贡献,则非易事。兹以《礼志》关于曹魏元会的记载为例稍作说明:

> 魏国初建,事多兼阙,故黄初三年(222),始奉璧朝贺。何承天云,魏元会仪无存者。案何桢《许都赋》曰:"……"王沈《正会赋》又曰:"……"此则大飨悉在城外,不在宫内也。臣案魏司空王朗奏事曰:

---

① 参见金毓黻《中国史学史》,北京,商务印书馆,1999年,第98页。
② 《宋书》卷一一《志序》,第205—206页。

"……"如此,则不在城外也。①

据"何承天云魏元会仪无存者"之语,何氏撰"礼仪志"时缺乏曹魏元会的直接资料。"案"字以下,他引何桢《许都赋》、王沈《正会赋》为旁证,讨论了元会的地点。"臣案"后为沈约语,沈氏补充王朗奏事的材料以纠何承天之谬。此处因有明确提示,能够分辨何承天与沈约的劳动。

再举一条关于蜀国为诸葛亮立庙的叙述:

> 刘禅景耀六年(263),诏为丞相诸葛亮立庙于沔阳。……何承天曰:"《周礼》:'凡有功者祭于大烝。'故后代遵之,以元勋配飨。(向)充等曾不是式,禅又从之,并非礼也。"(第486—487页)

引文末尾是何承天的评论。也就是说,作为评论对象的景耀六年立庙事件在何氏原志就已存在。沈约对何承天评语的引用,使读者得知,《宋书·礼志》的这段文字继承自刘宋国史。

然而,像"案""何承天曰"这样的标记并不常见,多数情况下已无法区分何、沈的成果。下文具体讨论《礼志》《百官志》的取材,在此过程中必须怀有的一项认识就是,两志关于宋文帝以前制度的资料,部分出自何承天的搜集与整理。

1. 礼志一至礼志四

为便于讨论,我们把《宋书·礼志》五卷分为两个部分,专记舆服制度的《礼志五》稍后处理。

正史制度书写的首要资源自然是朝廷制定的法则与章程。在礼制方面,王朝以仪注作为活动开展的规范。《宋书·礼志》即大量援引仪注来说明魏晋以来的礼制状况。明确点出来源的就有晋武帝皇后先蚕仪注、晋咸宁元会仪注、晋穆帝纳皇后何氏仪注、晋孝武帝纳皇后王氏仪注、宋文帝藉田仪注、宋文帝大蒐仪注、宋文帝太子监国仪注等多种。还有不少段落虽未明言所出,但内容为仪式的详细程序,亦可判定为仪注的转抄。如《礼志一》"殷祀"条:

> 殷祠,皇帝散斋七日,致斋三日。百官清者亦如之。……上水一

---

① 《宋书》卷一四《礼志一》,第342—343页。为节省篇幅,本章后文引用《宋书》之《礼志》《百官志》不再出注,仅随文括注页码。

刻,皇帝著平冕龙衮之服,升金根车,到庙北门讫。……凡禘祫大祭,则
神主悉出庙堂,为昭穆以安坐,不复停室也。(第 349 页)

引文介绍了宗庙禘祫礼仪中皇帝及百官在穿着、站位、行进路线等方面的要
求。如此富含细节的规则当取自仪注无疑。不过,《礼志》没有交代这项仪
注制定及施用的时期。后世的制度著作,如杜佑《通典》,笼统地将此条作为
刘宋仪节。① 根据文中皇帝所乘乃金根车这一点,结合孝武帝大明四年
(460)改以玉辂祀郊庙的史实(第 523—524 页),该仪注可判定为刘宋中期
以前的制度。另外,"皇太子及蕃王冠""纳后""临轩""读时令""南郊""殷
祠""社稷""合朔""释奠""明堂"等条目并未过多言及这些礼制在东晋、刘
宋的开展方式,而是以"官有其注"一笔带过。该现象显示,沈约为《礼志》
编修搜集材料时,曾对现存的仪注类文献进行过充分检阅。

　　君臣之间围绕礼制的讨论亦在《礼志》中占有极大分量。自西晋开始,
以行政文书为基础编辑的"起居注",成为了国史的重要素材。②《礼志》收
录的晋宋两朝的诏敕表奏,就主要来自起居注。这一取材方式,在文献中留
有证据。比如,《初学记·礼部》引《宋起居注》曰:"今太庙、太极,既以随
时,明堂之制,国学之南,地实京邑,爽垲平畅,足以营建。"③《宋书·礼志》
"明堂"条所载大明五年(461)"有司"的奏议里有几乎一致的文句:"国学之
南,地实丙巳,爽垲平畅,足以营建。"(第 434 页)可以推测,《礼志》与《初学
记》抄撮的是《宋起居注》中同一篇关于明堂设置的公文。《礼志》另有对东
晋穆帝时期王彪之议合朔问题的记载:"至永和中,殷浩辅政,又欲从刘劭议
不却会。王彪之据咸宁、建元故事,又曰:'《礼》云,诸侯旅见天子,不得终
礼而废者四,自谓卒暴有之,非为先存其事而徼幸史官推术缪错,故不豫废
朝礼也。'于是又从彪之,相承至今。"(第 353 页)《太平御览·时序部·元
日》所引《晋起居注》叙述了同一事件,且更为详赡。④《礼志》这段文字应
是基于《晋起居注》的缩编。

　　三国时代不存在撰述起居注的制度,《礼志》中魏、蜀、吴君臣的公文答
对,当主要取自旧史。从遗留的痕迹看,东晋人孙盛所著编年体三国史《魏

---

① 杜佑撰、王文锦等点校《通典》卷四九《礼九》,第 1369 页。
② 参见乔治忠、刘文英《中国古代"起居注"记史体制的形成》,《史学史研究》2010 年第 2 期,
　　第 8—16 页;聂溦萌《所谓正史:汉唐间纪传体官修史的生成》,北京大学博士学位论文,
　　2014 年,第 79—87 页。
③ 《初学记》卷一三,第 328 页。
④ 《太平御览》卷二九,第 136 页。

氏春秋》是《宋书》作者倚重的材料。关于曹魏明帝时期的宗庙制度,《礼志》云:

> 至景初元年(237)六月,群公有司始更奏定七庙之制,曰:"……"孙盛《魏氏春秋》曰:"夫谥以表行,庙以存容,皆于既殁然后著焉。……魏之群司,于是乎失正矣。"(第 444 页)

此处"群公有司"的奏议内容较《三国志·明帝纪》所记更为周全。[①] 引文末尾是孙盛对奏议的批判,说明《魏氏春秋》原文就有该事件的记载。可以推知,以上整段文字均来自《魏氏春秋》,《礼志》在移植史料时也将孙盛的评论吸收。《晋书·孙盛传》载,孙氏的作品问世后受到很高评价,"咸称良史"。[②] 学者又根据《三国志》裴注所引《魏氏春秋》佚文指出,忠实地收录长篇诗文是孙盛著史的一大特点,陈琳撰写的檄曹操文、刘表遗袁谭书、曹植赠白马王彪诗、曹冏论封建的上疏等长文都是依靠《魏氏春秋》才得以完整保留。[③] 或许正是这些优点,让《宋书》将孙盛著作列为重要取材对象。

对《晋阳秋》的引用也体现了这一点。东晋太兴三年(320),元帝与群臣就庙祭之礼展开讨论,《礼志》记此事曰:

> 晋元帝太兴三年正月乙卯,诏曰:"吾虽上继世祖,然于怀、愍皇帝,皆北面称臣。今祠太庙,不亲执觞酌,而令有司行事,于情礼不安。可依礼更处。"……孙盛《晋春秋》曰:"《阳秋传》云'臣子一例也'。虽继君位,不以后尊,降废前敬。昔鲁僖上嗣庄公,以友于长幼而升之,为逆。准之古义,明诏是也。"(第 449—450 页)

引文包含《晋阳秋》关于该事件的议论,按照上文的推导办法,我们认为整段文字均采自孙盛的著作。又,《礼志一》"正朔服色"条、《礼志二》"丧服"条以"孙盛曰"的形式引用了孙氏的评议,他针对的都是晋代推出的礼制措施(第 333、399 页)。这两次事件的记录与孙盛的史论一起,都应当源出《晋阳秋》。在《礼志》编纂者那里,《晋阳秋》发挥了补充起居注的作用。

为《礼志》提供素材的史著,还可以举出习凿齿的《汉晋春秋》。《礼志

---

① 《三国志》卷三《魏书·明帝纪》,第 109 页。
② 《晋书》卷八二《孙盛传》,第 2148 页。
③ 乔治忠《孙盛史学发微》,《史学史研究》1995 年第 4 期,第 32—40 页。

二》"丧服"条载：

> 晋文帝之崩也，羊祜谓傅玄曰："……"玄曰："……"祜曰："……"
> 玄曰："……"习凿齿曰："傅玄知无君臣之伤教，而不知兼无父子为重，
> 岂不蔽哉……"（第 392 页）

引文的主体是羊祜与傅玄关于晋武帝是否应行三年之丧的问答。从末尾习凿齿对傅玄观点的批评来看，羊、傅二人的讨论是《汉晋春秋》中既已存在的文字。正是借助《汉晋春秋》这一媒介，《礼志》才得以收录这场官员间的私下对话。

仪注与礼议是《礼志》的主体，以上根据遗留线索，尽可能爬梳了史料来源。此外，沈约在文中多次针对具体仪节提出自己的考释，该部分的取材对象更为丰富。"三礼"等经典以及郑玄的注释自然常被引用。沈约也大量参考了前代学者的礼制专书或涉及礼制的著作，如卫宏《汉旧仪》、何桢《冠仪约制》、挚虞《决疑注》、虞喜《志林》等。《礼志》还从文赋中搜集可用于说明朝仪的材料，包括张衡《南都赋》、张超"与陈公笺"、刘桢《鲁都赋》、何桢《许都赋》、王沈《正会赋》、王俊《表德论》、傅玄《元会赋》等。

2. 礼志五

《礼志五》实为"舆服志"，由两个部分构成：车服的制度规定和围绕车服制度的重要事件。

本卷卷首序言回顾以往出现的舆服文献，举出司马彪《续汉书·舆服志》、西晋颁布的《服制令》以及徐广《车服注》（第 493 页）。此三书正是前一部分的取材对象。稍微比较《续汉书·舆服志》与《礼志五》标明"汉制"的文字，即可看出编纂者对司马彪书的大量吸收。还有一些内容没有冠以"汉制"，但通过查证，亦可将源头上溯至"续汉志"。比如"进贤冠"条曰："进贤冠，前高七寸，后高三寸，长八寸，梁数随贵贱。古之缁布冠也，文儒者之所服。"（第 503 页）司马彪《舆服志》载："进贤冠，古缁布冠也，文儒者之服也。前高七寸，后高三寸，长八寸。公侯三梁，中二千石以下至博士两梁，自博士以下至小史私学弟子，皆一梁。"[1]可见，《礼志五》此条是根据"续汉志"改写。不再特意标示"汉制"，说明进贤冠的形制一直延续。

关于《礼志五》以《服制令》为素材的问题，小林聪已有研究。在服制部分，巨大的篇幅被用于讲述皇太子、诸王、三公直至黄门鼓吹等小吏的印绶、

---

[1] 《续汉书·舆服志》，《后汉书》，第 3666 页。

冠服,这段内容实际摘取自西晋《服制令》。①

《车服注》是东晋末年徐广葺理车服制度过程中形成的著作,②在《礼志》里可以数次见到沈约称引该书。不过,沈氏对徐广说法的援用并未一一标明。比如"轻车"条云:"轻车,古之战车也。轮舆洞朱,不巾不盖,建矛戟幢麾,置弩于轼上,驾二。射声校尉司马吏士载,以次属车。"(第 519 页)《续汉书·舆服志》载:"轻车,古之战车也。洞朱轮舆,不巾不盖,建矛戟幢麾,轙軜弩服。藏在武库。大驾、法驾出,射声校尉、司马吏士载,以次属车,在卤簿中。"刘昭于"轙軜弩服"下注引"徐广曰":"置弩于轼上,驾两马也。"③可见《宋书·礼志》在此句处选择遵从徐广的说法。又如《礼志》曰:"古者贵贱皆执笏,其有事则搢之于腰带,所谓搢绅之士者,搢笏而垂绅带也。绅垂三尺。笏者有事则书之,故常簪笔,今之白笔,是其遗象。"(第 519 页)根据《太平御览·服章部》引《车服杂注》"古者贵贱皆执笏,有事则书之,常簪笔,今之白笔是其遗象"之语,④《礼志》"笏"这一条目的设置及其中文字,很可能完全袭取自徐广的著作。因《车服注》佚文有限,我们难以估计该书所提供材料的分量,但可以肯定的是,它对《宋书·礼志》的影响比目前确知的要大很多。

《礼志五》第一部分很少专门提及刘宋的情况,第二部分则主要由刘宋君臣关于舆服的诏敕表奏构成。这批材料当通过查阅起居注得来。比如《礼志》载,宋明帝泰始四年(468),建安王休仁参议认为皇太子车驾"宜降天子二等,骖驾四马,乘象辂"(第 524—525 页)。《隋书·礼仪志》也引用了同一篇奏议,但出处标为"宋起居注",⑤这也正是《宋书》此段文字的来源。《礼志》又记有同年宋明帝关于车服制度改革的诏书,由此确立了大冕、法冕、绣冕等构成的五冕体系,并且区分了五辂五冕适用的场合(第 525 页)。而《南齐书·舆服志》云:"宋明帝泰始四年,更制五辂,议修五冕,朝会缮猎,各有所服,事见宋注。"⑥"宋注"即《宋起居注》,说明该事件在起居注中有详细记载,《礼志》同样取材于此。

除了上文整理的主要史源,沈约亦广泛搜罗资料进行扩充。数次被引用的"徐爰曰"以下内容当出自徐爰为刘宋国史所撰"舆服志"。《晋令》《晋

---

① 小林聪《六朝时代の印绶冠服规定に关する基础の考察》,《史渊》第 130 号,1993 年,第 77—120 页。

② 参见本书第四章。

③ 《续汉书·舆服志》,《后汉书》,第 3650 页。

④ 《太平御览》卷六八八,第 3071 页。

⑤ 《隋书》卷一〇《礼仪志五》,第 206 页。原文标点有误,应参照《宋书》修正。

⑥ 《南齐书》卷一七《舆服志》,第 340 页。

先蚕仪注》是先代的制度规定。《礼志五》同样吸收了应劭《汉官》、董巴《舆服志》、挚虞《决疑注》、傅畅《晋公卿礼秩故事》等制度专著的成果。傅玄《傅子》、虞喜《志林》涉及舆服的部分也被参考。该志对张衡《东京赋》及其薛综注的利用,更彰显了沈约开阔的视野。

3. 百官志

《宋书·志序》云:"百官置省,备有前说,寻源讨流,于事为易。"①由是可知,前人在官制方面的研究已十分丰富,沈约据此较为轻松地完成了《百官志》的编纂。稍晚撰成的《南齐书》在其《百官志》卷首序言中,罗列了各代官制领域的代表性文献,包括《汉书·百官公卿表》《续汉书·百官志》《魏官仪》《晋令》以及刘宋以来问世的《选簿》《百官阶次》《齐职仪》等。②这份书单反映了齐梁时期学者了解职官历史的门径。

汉表至《晋令》,很可能也是《宋书·百官志》宋以前官制记述的主要取材对象。沈约在文中有时会标示资料出处,可证明"南齐志"序言举出的汉表、《续汉书·百官志》以及应劭《汉官》、鱼豢《(魏略·)中外官》等著述确被利用。此外,《宋书》还搜集经注类、文赋类的材料进行补充,既包括《尚书》《周礼》《礼记》及郑玄的《周礼注》、王肃的《尚书注》,亦吸收了司马相如《封禅书》、刘向"与子歆书"、皇甫规"与张奂书"、枣据《追远诗》的相关内容。

尽管汉晋间的制度沿革占据较大篇幅,但《宋书·百官志》的框架、条目毕竟是以宋制为据设立的,诸官在刘宋的品秩、员额、废置等情况也常被言及。不过这部分的材料来源,在志中没有留下线索。如果稍作猜测的话,除了宋廷颁布的品式章程,《南齐书·百官志》提到的由范晔、荀钦明、虞通之、刘寅等编纂的《选簿》《百官阶次》应是沈约的关注重点,宋齐之际出现的通代性官制著作《百官春秋》《齐职仪》也是巨大的信息库。

三、《宋书》二志的特质

上节的考述已带来《宋书》"百官志""礼志"取材广泛的印象,这正是两志在编纂上的第一项特质。梁代阮孝绪《七录》建立的图书分类法,③是南

---

① 《宋书》卷一一《志序》,第 205 页。

② 《南齐书》卷一六《百官志》,第 311 页。

③ 阮孝绪《七录序》,释道宣《广弘明集》卷三,第 14 页 A—18 页 B。

朝学者对书籍文献与知识领域的一种划分方式,我们以此进一步展示《宋书》二志的取材规模。《七录》的第二大类名为"记传录",相当于《隋书·经籍志》的"史部",其下包含十二个子目。《礼志》《百官志》的主体材料就来自"记传"类中"国史部""注历部"等多个子目的多种书籍:

表 5 - 2　二志吸收"记传录"各部书籍情况表

国史部	如班固《汉书》、司马彪《续汉书》、鱼豢《魏略》、孙盛《魏氏春秋》、孙盛《晋阳秋》、习凿齿《汉晋春秋》
注历部	如《晋起居注》《宋起居注》
职官部	如应劭《汉官》、傅畅《晋公卿礼秩故事》
仪典部	如卫宏《汉旧仪》、董巴《舆服志》、《晋先蚕仪注》、挚虞《决疑注》、徐广《车服注》
法制部	如《晋令》

此外,两志援引的《尚书》《周礼》等经典以及后人的注释,属于《七录》的"经典录"。傅玄《傅子》、虞喜《志林》乃"今诸子",①《七录》将其列入"子兵录"。被大量利用的汉晋间诗赋材料出自"文集录"。也就是说,《礼志》《百官志》作者搜集材料的范围,绝不局限于史传,而是囊括了《七录》分类体系下"术伎录""佛录""道录"以外的所有图籍。

与早前成书的《续汉书》相关志书比较,可以凸显《宋书》二志的这一特色。《续汉书·百官志》的撰写体例是:源自东汉"官簿"的"正文"叙述职官及其官属的名称、员额与秩级,西晋司马彪所作"注文"叙述职官的职掌与沿革。② 该志的取材对象当为官府档案以及与官制有关的法令规章、国史旧文。《礼仪志》的主题为祭祀以外诸礼的施行仪节,材料源头是东汉的仪注,《宋书·礼志一》的序言已有说明:"司马彪集后汉众注,以为《礼仪志》。"(第 327 页)《祭祀志》介绍封禅、郊庙、明堂、社稷等礼制,具体内容可分为三类:一是时点、神位、牲器、用乐等行礼仪节;二是君臣的相关讨论;三是历代行礼实录。③ 第一类的史源同样为汉廷制定的仪注,后两类当主要采自东汉一代持续编修的国史。《舆服志》的取材对象稍广,除了制度章

---

① "今诸子"一语出自《隋书》卷三二《经籍志一》对王俭《七志》"诸子志"的介绍,第 906 页。
② 徐冲《〈续汉书·百官志〉与汉晋间的官制撰述》,《观书辨音:历史书写与魏晋精英的政治文化》,第 113—148 页。
③ 闫宁《〈宋书·礼志〉编纂体例初探》,《古代礼学礼制文献研究丛稿》,第 157 页。

程,如卤簿、明帝颁布的冕服规定等,学者的研究也被吸收,多次引用的"胡广说曰"即为例证。① 总的来看,《续汉书》诸志的材料比较单一,如果按照《七录》的分类,其来源仅是"记传录"下数量有限的文籍。

正史制度书写取材范围在西晋南朝间的变化,首先反映的是史家视野的拓展。在《宋书》作者那里,建立针对职官礼制的论述,不再满足于从仪注、律令与旧史中获取信息。无论是经注、诸子还是诗赋,只要有涉及制度的内容,都被纳入了查考的范围。于是我们看到,《傅子》《志林》的相关论说被采掘而出,张衡《东京赋》可用于解说"充庭之制",枣据《追远诗》被当作阐释刺史循行的材料,王俊《表德论》则成为魏末碑禁的证据。当然,这种对史料丰富性的追求,不为《宋书》二志独有。广泛搜集素材、充分占有史实,是南朝史学领域的整体倾向。② 它的形成,受到当时学术氛围的滋养。南朝堪称"知识至上"的时代,"博学多识"被大力推崇,③《颜氏家训》所谓"夫学者贵能博闻也,郡国山川,官位姓族,衣服饮食,器皿制度,皆欲根寻,得其原本"即士人群体学术态度的写照。④ 沈约自己就是这股学风的代表人物。沈氏曾自述"少好百家之言,身为四代之史"。⑤《梁书·沈约传》云"好坟籍,聚书至二万卷,京师莫比",又称其"该悉旧章,博物洽闻,当世取则"。⑥ 另外,《南齐书·崔慰祖传》《梁书·刘显传》都有沈约策问后辈学者经史故实的记载,⑦这类事迹说明他的博学得到知识阶层的推重。正是经沈约之手,南朝贵博尚通的学术特点被注入制度撰述,正史的相关志书因此呈现出材料多元、内容丰富的面貌。

众多涉及官制礼仪的书籍的存在,是沈约得以广泛取材的条件。汉魏以降,史书数量激增,纪传体、编年体著述大量问世。⑧ 晋宋官方对修史制度的整备,使国史、起居注的编纂得以稳定运作。⑨ 至沈约撰《宋书》时,关于汉宋间历史的记录已有可观的蓄积,为其搜检官制礼仪类的事迹、诏奏提供了深厚基础。沈氏利用的史著,可以确认的就有《魏略》《魏氏春秋》《晋阳秋》《汉晋春秋》《晋起居注》《宋起居注》等多种。更重要的是,制度之学

① 《续汉书·舆服志》,《后汉书》,第3666—3668页。
② 胡宝国《知识至上的南朝学风》,《将无同——中古史研究论文集》,第163—200页。
③ 吉川忠夫著、王启发译《六朝精神史研究》,南京,江苏人民出版社,2012年,第258—260页。胡宝国《知识至上的南朝学风》,《将无同——中古史研究论文集》,第163—200页。
④ 颜之推撰、王利器集解《颜氏家训集解》卷三《勉学》,第222—223页。
⑤ 《梁书》卷三三《王筠传》,第487页。
⑥ 《梁书》卷一三《沈约传》,第242页。
⑦ 《南齐书》卷五二《崔慰祖传》,第901页;《梁书》卷四〇《刘显传》,第570页。
⑧ 参见胡宝国《〈三国志〉裴注》,《汉唐间史学的发展》,第85—89页。
⑨ 参见聂溦萌《所谓正史:汉唐间纪传体官修史的生成》,第79—101页。

在汉末兴起以后,专门记述职官、礼仪、舆服的著作呈喷涌之势。据《隋书·经籍志》载,三国至刘宋时期出现的制度撰述多达二十余部。① 西晋荀勖《中经新簿》"丙部"中有与"史记"并列的"旧事""簿""杂事",②《七录》设立"职官部""仪典部",来自书目分类的重视亦可说明制度书写的繁荣。该学术领域的积淀,极大地方便了《宋书》相关志书的采编,用沈约自己的说法就是"备有前说,寻源讨流,于事为易"。对比东汉中期学者面临的"藏于几阁,无记录者"的窘况,③可谓天翻地覆。

另外,从沈约引述材料的方式可以看出制度文献在南朝社会广泛流通。上文已经提到,《礼志》"皇太子及蕃王冠""纳后""临轩""南郊""社稷""合朔""释奠""明堂"等条并未详细记载此类礼制在东晋、刘宋的开展方式,而是以"官有其注"一笔带过。《宋书》这项处理背后的逻辑是:既然官方已经制定、颁布了相关仪注,《礼志》也就不必复述。换言之,晋宋仪注不是藏于宫廷的奇篇秘籍,对与沈约同时代的人来说,是熟悉、易见的资料。前引《南齐书·百官志》的序言也可为制度文献的流传提供例证。序言曰:"诸台府郎令史职吏以下,具见长水校尉王珪之《职仪》。"④查《百官志》内文,"诸台府郎令史职吏以下"的官职确实罕见述及。《齐职仪》曾于永明九年(491)上呈,入藏秘阁,⑤但从萧子显之语可知,该书在齐梁社会亦曾广泛传阅,低级职官的情况已由其阐明,《南齐书》便可不再赘言。类似的处理又见于该志"三公"条。萧子显省略公府属官员额、职掌等信息,代之以"干宝撰立官府职仪已具"等字,⑥提示读者可查看干氏《司徒仪》。处士阮孝绪编纂的《七录》,虽据秘阁目录有所增补,但毕竟以士人藏书为根基,其"职官部"记录的"八十一种、一百四帙、八百一卷"与"仪典部"记录的"八十种、二百五十二帙、二千二百五十六卷",⑦当有不少散在民间。南朝聚书之风盛行,⑧"四境之内,家有文史",⑨由以上梳理可见,制度撰述在宫廷以外的民间藏书中也占有一席之地。

《宋书》二志的第二项特点表现在沈约对制度的讨论与考证上。两志当

---

① 《隋书》卷三三《经籍志二》,第967—972页。
② 《隋书》卷三二《经籍志一》,第906页。参见聂溦萌《从丙部到史部——汉唐之间目录学史部的形成》,《中国史研究》2015年第3期,第99—103页。
③ 《续汉书·百官志》刘昭注引胡广《汉官解诂》,《后汉书》,第3555—3556页。
④ 《南齐书》卷一六《百官志》,第311页。
⑤ 《南齐书》卷五二《文学·王逡之传》,第903页。
⑥ 《南齐书》卷一六《百官志》,第312—313页。
⑦ 阮孝绪《七录序》,释道宣《广弘明集》卷三,第9页B、15页A。
⑧ 胡宝国《知识至上的南朝学风》,《将无同——中古史研究论文集》,第163—200页。
⑨ 《隋书》卷三二《经籍志一》,第907页。

中,作者常常打断制度历史的描述,插入自己的判断。略举数例。《礼志一》"元会"条提到放置于殿庭的白虎樽:

> 正旦元会,设白虎樽于殿庭……案《礼记》,知悼子卒,未葬,平公饮酒,师旷、李调侍,鼓钟。……至于今,既毕献,斯扬觯,谓之"杜举"。白虎樽,盖杜举之遗式也。画为虎,宜是后代所加,欲令言者猛如虎,无所忌惮也。(第345页)

引文由两部分构成,第一句记录相关仪节,此后沈约以"案"字引出他本人的理解。在第二部分中,沈约列出《礼记》的材料说明白虎樽的来历,并推测"画为虎"的寓意。《礼志五》叙帽、帢曰:

> 徐爰曰:"……"史臣案晋成帝咸和九年(334)制,听尚书八座丞郎、门下三省侍郎乘车白帢低帻出入掖门。……后乃高其屋云。(第520页)

此处,沈约在"史臣案"下提供了自己关于士庶日常所著冠的看法。同卷车制部分记录东汉卤簿之后,沈约用"案""史臣案"的方式探讨了"云罕""旄头""木牛"等物件(第499—500页)。这段文字在广泛引用前人研究的基础上给出作者本人观点,内容丰富细致,是沈约诸考证中篇幅最大者。

再看几条出自《百官志》的材料。"博士"条云:"班固云,秦官。史臣案,六国时往往有博士,掌通古今。"(第1228页)这是沈约对前人说法的修正。关于太尉府掾属,志云:"案掾、属二十四人,自东西曹凡十二曹,然则曹各置掾、属一人,合二十四人也。"(第1221页)案语的目的乃分析掾属人数的内在缘由,结论颇为合理。还应注意的是,沈约围绕官制礼仪的考证,并未都用"案""史臣案"一一标明。最明显的例子是针对官职名称的解说。如"大司马"条云:"司,主也。马,武也。""廷尉"条曰:"凡狱必质之朝廷,与众共之之义。兵狱同制,故曰廷尉。"(第1219、1230页)此外,《百官志》在述及光禄勋、少府、大鸿胪、导官令、尚书仆射、尚书、度支尚书、给事黄门侍郎、长水校尉诸职的段落,均对其官名含义有所讨论。这类文字同样属于沈约个人的见解。

在此前问世的《汉书》《续汉书》相关志书中,我们很难见到相似内容。面对制度变迁,班固、司马彪的身份近于旁观者,二人的工作主要限定在史料的搬运与转述。沈约却不止步于整理、记录历史现象,他频繁地与叙述对象展开互动,力图通过自己的研究为官制礼仪提供更深刻的解释,使得《宋书》"礼志""百官志"呈现出浓烈的学术性。

正史制度书写的这一崭新面貌,与制度之学的持续进展密切相关。撰《汉官解诂》的胡广、撰《独断》的蔡邕、撰《汉官仪》的应劭等制度之学的初代学者,在搜求、编排相关资料的同时,已开始将自己的思考通过训释的方式注入著述。晋宋间涌现的官制礼仪著作同样不满足于罗列条文、描述沿革,由《晋公卿礼秩故事》《晋百官表注》《车服注》的佚文可以看出,傅畅、荀绰、徐广在制度考证方面投入了大量心力。① 齐梁之际问世的《齐职仪》代表了制度之学在南朝达到的新高度。该书作为官制通史,述历代分职,"凡在坟策,必尽详究"。作者王珪之眼界开阔,将等级掌司、黜陟迁补、章服冠佩这些素来被分别讨论的内容汇聚于一书。② 该书留存在唐宋类书中的不少段落,如关于"乘黄令""尚书八座"何以得名的分析,③彰显制度之学的考释传统得到发扬。上文已指出,《宋书》二志的编纂曾广泛参考汉宋间制度学者的专题著述。两志在分析探究方面的积极作为表明,除了材料和观点,制度之学对于官制礼仪的学术态度也被继承。

当然,《宋书》二志得以充分融入制度之学的脉络,达到一定的学术高度,关键因素在于作者沈约。设官分职与礼制朝仪,其实是沈约长期关注的问题。这可以从沈氏对王朝制度建设的深入参与看出。礼制方面,比如《隋书·礼仪志》载,天监六年(507)梁武帝与群臣商讨元会仪,沈约质疑了仪注设计的升殿方式:

> 《正会仪注》,御出,乘舆至太极殿前,纳舄升阶。寻路寝之设,本是人君居处,不容自敬官室。案汉氏,则乘小车升殿。请自今元正及大公事,御宜乘小舆至太极阶,仍乘版舆升殿。

在考辨"路寝"的含义后,沈约又按覆旧籍,找到汉代故事,提出"乘版舆升殿"的修正方案。他的索隐发微得到了梁武帝的认可。④ 另外,《五礼仪注》的撰修,是萧梁在礼制领域的巨大创获。沈约乃重要促成者。据徐勉《上修五礼表》,修礼机制由沈约领衔议定:"尚书仆射沈约等参议,请五礼各置旧学士一人,人各自举学士二人,相助抄撰。其中有疑者,依前汉石渠、后汉白

---

① 参见本书第四章。
② 《南齐书》卷五二《文学·王逡之传》,第 903 页。
③ 欧阳询撰、汪绍楹校《艺文类聚》卷四八,第 851—852 页。《太平御览》卷二三〇,第 1094 页。
④ 《隋书》卷九《礼仪志四》,第 183 页。

虎,随源以闻,请旨断决。"后因"礼仪深广,记载残缺","宜须博论,共尽其致",沈约又与张充、徐勉同参厥务。① 《隋书·经籍志》史部职官类所载沈约《新定官品》又为了解沈氏与官制改革的关系提供了线索。② 萧梁初期,官方曾对官品位阶进行过两次大调整。萧衍称帝后不久,即命尚书删定郎蔡法度定九品。③ 至天监七年(508),革选,十八班体系推出,官品也开始析分出正从上下。④ 《新定官品》应是围绕梁初这一系列制度变动的记录,⑤以及对最终定制的颁布,这显示沈约是此进程的主导者之一。从"二十卷"的篇幅来看,该书内容很可能包含沈约的考释和解说。综合上述,围绕王朝制度的思考,是沈约学问体系的重要部分。⑥ 因此,撰写《宋书》二志期间,沈约不只站在正史编纂者的立场,他还具有官制礼仪研究者的身份。《礼志》《百官志》实际上是沈约制度之学的系统表达。

小　　结

本章考察所得可大致总结为以下两点。

第一,正史制度类志书在魏晋南北朝经历了若干转变,其中的显著方面,如"百官志"出现并取代"百官表","舆服志"成立,以及"礼志"将仪节作为内容主体等,都跟汉魏以来制度之学的兴起与发展密切相关。

第二,《宋书》"百官志""礼志"的取材对象不只包括典章和史传,经注、诗赋与诸子都是其资料来源。搜罗广泛这项特质,植根于齐梁时期贵博尚通的学风。沈约亦不满足于搬运史料,他频繁地介入叙事,力图为制度变迁提供深刻的阐释。强烈的研究性是《宋书》二志的又一特色,透露出围绕制度的关怀与思考在作者的知识世界里占据重要席位。

稍后问世的《南齐书》之《礼志》《舆服志》《百官志》一定程度上延续了《宋书》的风格。两书的制度类志书为我们展示了南朝繁荣的官制礼仪之学于正史框架内所能达到的高度。

---

① 《梁书》卷二五《徐勉传》,第381页。

② 《隋书》卷三三《经籍志二》,第968页。

③ 《隋书》卷二六《百官志上》,第729页。

④ 阎步克《品位与职位:秦汉魏晋南北朝官阶制度研究》,第378—397页。

⑤ 参见周文俊《〈通典〉所记官品脉络的史料辨证》,权家玉主编《中国中古史集刊》第1辑,第189—215页。

⑥ 值得留意的是,此前相继主持刘宋国史纂修的何承天与徐爰也在官制礼仪之学上颇有造诣。《宋书》卷六四《何承天传》、卷九四《恩幸·徐爰传》,第1711、2307、2310页。

第六章 《齐职仪》与官修
政典的兴起

在中国古代的政制文献里,布列着一批由朝廷组织编纂的职官典籍。为人熟知的《唐六典》即其代表。这部奉唐玄宗之命、耗时十余年撰成的政典,包含三师三公以下众官吏在员额、品级、职掌方面的信息,同时展示着先秦两汉至南北朝隋唐的官制发展历程。围绕《唐六典》的研究颇为丰厚,对于其编修因由,学者的目光多集中在玄宗一朝的政治环境与文化追求,[1]而未投向汉晋以来的制度之学以及官制撰述传统。

自东汉晚期开始,国家的设官分职成为学术研究的对象,专门记叙官制的著作相继问世。此风气至南朝而盛,政治权力亦介入其中。宋齐之际王珪之被敕纂集古今职司,推出五十卷规模的《齐职仪》。[2] 稍后梁武帝任命学士相与撰录,复有《梁官》的告成。这些实践实为后世官修政典的远源。本章将在汉晋至隋唐的时间尺度下观察官修政典的出现,重点关注《齐职仪》的登场及意义,希望能为理解中古学术与政治的互动提供新的线索。

一、《齐职仪》的撰作背景

我们先结合前几章的考察成果来描绘《齐职仪》在南朝问世的背景。

研究与撰述官制的重要性在东汉安、顺时代的学者私议中被提出。经

---

[1] 学术史梳理见周东平《法制》,胡戟等主编《二十世纪唐研究》,北京,中国社会科学出版社,2002 年,第 155—157 页;余欣《〈唐六典〉修纂考》,编辑委员会编《张广达先生八十华诞祝寿论文集》,台北,新文丰出版公司,2010 年,第 1161—1199 页。

[2] 佐藤达郎的新著《漢六朝時代の制度と文化・社会》有考述《齐职仪》的专章,但与本书的角度、主旨差别较大,亦请参看。

胡广、应劭等人的倡导,作为新领域的官制之学渐次开辟。官制之学的两项特质尤其值得注意,因六朝隋唐的职官著述亦带有相同底色。一是与《周礼》的内在连结。《周礼》学的繁荣刺激着知识精英对当代制度的思考,官制典籍的作者也将《周礼》奉为书写典范。二是对经世性的强调。服务于行政运作,为制度建设提供参考和指导,是学者们投身官制之学的主要出发点。

官制研究成为魏晋以来文化层面的一股热潮,从《隋书·经籍志》史部职官类所录书目便可见一斑。① 另一方面,伴随汉末以降的局势动荡,官制之学又与政治进程紧密缠结,其现实功用得以在朝廷的舞台上充分展现。比如曹魏、东晋等政权都是承乱而起,面临"新荒以来,旧典未备",②在重建体制的道路上步履维艰。这样的境况下,一些官僚、学者凭借制度知识的特长,活跃于政治前台。为人熟知的晋元帝宠臣刁协,其迈入权力中枢的一项因缘就在于谙熟故事,《晋书》本传称:"协久在中朝,谙练旧事,凡所制度,皆禀于协焉,深为当时所称许。"③

《齐职仪》作者王珪之一家的位望延续,就跟晋宋朝廷对制度之学的需求有关。珪之出自琅邪王氏,父为王瑾之,祖父为王临之。④ 又据《世说新语·赏誉》刘孝标注引《王氏谱》,王临之乃东晋后期重臣王彪之之子。⑤《宋书·王准之传》载:

> 王准之字元曾,琅邪临沂人。高祖彬,尚书仆射。曾祖彪之,尚书令。祖临之,父讷之,并御史中丞。彪之博闻多识,练悉朝仪,自是家世相传,并谙江左旧事,缄之青箱,世人谓之"王氏青箱学"。⑥

所谓"青箱学",即围绕朝仪、旧事的学问,职官是其中重要方面。随着制度之学被纳入王氏的家庭文化,彪之子孙中又出现多位在官制礼仪建设过程里卓有贡献的人物。至刘宋元嘉年间,与王珪之同为曾孙辈的王准之仍因此专长而背负盛名:"准之究识旧仪,问无不对,时大将军彭城王义康录尚书事,每叹曰:'何须高论玄虚,正得如王准之两三人,天下便治矣。'"⑦这支王

① 《隋书》卷三三《经籍志二》,第 968 页。
② 《宋书》卷一五《礼志二》,第 384 页。
③ 《晋书》卷六九《刁协传》,第 1842 页。
④ 骆鹏《南京出土南齐王珪之墓志考释》,《东南文化》2015 年第 3 期,第 77—80 页。
⑤ 余嘉锡笺疏、周祖谟等整理《世说新语笺疏》,第 573 页。
⑥ 《宋书》卷六〇《王准之传》,第 1623—1624 页。
⑦ 《宋书》卷六〇《王准之传》,第 1624 页。

氏在制度知识上的积淀,很可能是王珪之后来被指定为《齐职仪》修纂者的主因。

综上,自汉末以来,研究、撰述官制不仅是学者们自觉的追求,它对现实政治的重要性也在历史进程中被反复验证。这样就不难理解,至重视制度兴创的南朝,统治者会选择动用国家的力量去促成官制之学的拓展。

二、《齐职仪》的登场

《齐职仪》的编纂始末主要依靠《南齐书·王逡之传》的一段记载了解:

> 从弟珪之,有史学,撰《齐职仪》。永明九年(491),其子中军参军颙上启曰:"臣亡父故长水校尉珪之,藉素为基,依儒习性。以宋元徽二年(474),被敕使纂集古设官历代分职,凡在坟策,必尽详究。是以等级掌司,咸加编录。黜陟迁补,悉该研记。述章服之差,兼冠佩之饰。属值启运,轨度惟新。故太宰臣渊奉宣敕旨,使速洗正。刊定未毕,臣私门凶祸。不揆庸微,谨冒启上,凡五十卷,谓之《齐职仪》。仰希永升天阁,长铭秘府。"诏付秘阁。①

该书由王珪之于宋齐之际奉敕撰成。关于王珪之生平的资料不多。《南齐书·礼志》记载,齐初建元年间他曾担任负责礼制事务的祠部郎中,②印证了其在制度之学上的造诣。2013年,王珪之墓在南京市栖霞区下庙社区发现,墓志云:

> 齐故长水校尉南徐州琅耶郡临沂县都乡南仁里王珪之,字仲璋。晋故东阳太守临之孙,宋故娄令瑾之第二子。永明六年(488)七月五日薨,其年十一月三日葬琅耶郡临沂县堕埠山简公隧外。长子颢、次子颙,王珪之埏前外一丈刻石为志。③

王珪之卒于永明六年。结合前引其子王颙的上表可知,从宋后废帝元徽年

---

① 《南齐书》卷五二《文学·王逡之传》,第903页。
② 《南齐书》卷一〇《礼志下》,第160页。
③ 骆鹏《南京出土南齐王珪之墓志考释》,《东南文化》2015年第3期,第77—80页。

间到齐武帝中期的十余年，王珪之持续推进《齐职仪》的修纂，但该书直到其去世仍然"刊定未毕"。王颙结束三年丧期后，于永明九年将已有的五十卷呈上。整个过程显示，《齐职仪》的编写费时耗力。

撰述不易与《齐职仪》的体例具有莫大关系。朝廷下达的敕旨是"纂集古设官历代分职，凡在坟策，必尽详究"。也就是说，王珪之必须穷尽文献，充分搜括，打造一部涵盖先秦至晋宋的官制通史。通过本章后附《齐职仪》"太宰""卫尉""大理"等条佚文，可略微窥见王珪之沟通历代的尝试。是书之前，不少学者已在职官书写上倾注心力，但都以疏释本朝制度为宗旨，标榜包举古今的著作尚未出现。

除了沿革，王珪之对职官的展示还强调四个方面的兼备，分别为"等级""掌司""黜陟迁补"以及章服冠佩。四者原本属于政治制度的不同支脉。比如在作为国家法度的《晋令》之下，有专门规定等级的《官品令》，有为服饰而设的《服制令》，亦另有涉及选叙、职掌的专门条例。① 而经王珪之的收集、编排，这些元素被整合进同一文本，信息容量大为攀升。辑本中关于"廪牺令"的两条佚文，能够很好地体现作者的此项设计："品第七，秩四百石"即"等级"；"掌六牲，阳祀用骍，阴祀用黝，取纯毛者"是在叙述职掌；"今用三品勋位"乃选官要求，属于"黜陟迁补"；"铜印墨绶，进贤一梁冠，绛朝服"则为廪牺令的章服冠佩。如此全面汇总资料的官制撰述，在齐梁以前不曾见到，正史的"百官表""百官志"仅以朝廷要职的置废、品级、职掌为主要内容，汉晋间的职官专著则在"黜陟迁补"方面少有着墨。综合来看，《齐职仪》在时代范围、栏目设置这一纵一横两个方向对官制书写传统实现了突破，令此类书籍也具备了成为巨著的可能性。在《隋书·经籍志》史部职官类中，《齐职仪》以五十卷的篇幅昂然挺立。②

《齐职仪》的编纂，标志着制度之学经汉晋以来的积累，进入新的境界。"官修"厥功甚著。在王珪之获得的财、力支持里，对宫廷图籍的自由利用当属最重要的方面。官制信息来源多样，包括国家颁布的律令、诏命，用于行政的文书、簿籍，以及奏议、故事、经注、史传等。这些资料最集中、完整的保存无疑是在宫中秘阁。过去私撰官制的作者没有徜徉其间的特权，只能在

---

① 参见程树德《九朝律考》，北京，中华书局，1963 年，第 277—306 页；张鹏一编著、徐清廉校补《晋令辑存》，西安，三秦出版社，1989 年，第 51—121 页。

② 《隋书》卷三三《经籍志二》，第 968 页。《齐职仪》问世后，大部头的官制专著逐渐出现，如"隋志"所记萧梁人陶藻撰《职官要录》三十卷。从仅存的几条佚文来看，陶也是稽考古今的作品（参见姚振宗撰、刘克东等整理《隋书经籍志考证》卷一七，《二十五史艺文经籍志考补萃编》第 15 卷，第 723 页）。《齐职仪》对南朝后期制度著述的影响，因材料寡少，目前所知有限。

官场生活里注重积累。所以他们往往具备"博闻多识"的品性,比如史称胡
广"博物洽闻",应劭"博览多闻",著《晋百官表注》的荀绰"博学有才能",①
但个人的记忆、记录毕竟存在限度。而官修体制下,王珪之坐拥书城,资源
获取的方式彻底改变,视野、目标随之走向宏阔,职官大典应运而生。

　　"官修"之所以实现,除了前文揭示的官制之学自身的重要性外,这段时
期的政治状况也需要纳入考虑。从大的历史走势来看,刘宋自建国开始便
力图扭转偏安江左以来消沉低落的政治氛围,于是在制度上多有兴作,职
官、礼制等方面都取得显著进展。② 具体到王珪之奉敕的元徽初年,皇帝刘
昱不过十岁左右,朝政由士族出身的袁粲、褚渊共同掌控。③ 两人怀有清整
制度的抱负,从元徽二年四月的诏书可以看出:

> 顷列爵叙勋,铨荣酬义,条流积广,又各淹阙。岁往事留,理至逋壅,
> 在所参差,多违甄饬。赏未均洽,每疚厥心。可悉依旧准,并下注职。④

诏书针对的是封爵赏勋过程中出现的混乱。"条流积广,又各淹阙"等语透
露出,相关规定的错综复杂是造成问题的原因之一。主政者的解决方案是
依照某项"旧准"进行重置,这就需要对制度的来龙去脉具备比较清晰的了
解。在同一年,王珪之接到朝廷的政治任务,命他提供一部梳理历代官制的
政典,恐怕不是偶然。编纂过程很快遭遇宋齐鼎革,褚渊又带来了新朝皇帝
的勉励,王珪之未完成的工作继续受到官方支持。最终,其子王颢将遗稿呈
上,算是对朝廷的覆命。

　　《齐职仪》也因其官修性质染上了浓厚的政治色彩。政典承载着经官
方认定的制度通史,当朝官制作为历史演进的结果,在叙述中无疑会被正
当化、辉煌化。易言之,这部官制大典实际上是政权展示其正统性与制度
合理性的窗口。由是才能理解王颢上表里"使速洗正"之语。褚渊在齐初
宣达的敕旨,不单单是对书籍编纂的催促。王珪之的工作始自宋廷的推
动,宗旨在于说明刘宋的设官分职及其承接的制度传统。易代后,这一立
意所依附的政治基础瓦解,后续撰写则须配合萧齐的意志,服务于新政权

---

① 《后汉书》卷四四《胡广传》、卷四八《应劭传》,第 1508、1609 页。《晋书》卷三九《荀绰传》,
　　第 1158 页。
② 参见阎步克《服周之冕——〈周礼〉六冕礼制的兴衰变异》,第 254—261 页;戶川貴行《東晉
　　南朝における傳統の創造》,东京,汲古书院,2015 年,第 137—200 页。
③ 《宋书》卷九《后废帝纪》,第 177 页。
④ 《宋书》卷九《后废帝纪》,第 181 页。

的建设。所谓"洗正",就是削除过去宣扬宋制的文辞,而改以齐制为尊,将后者塑造为历史发展的顶点。该书被命名为"齐职仪",也是"洗正"的一个侧面。

《齐职仪》的问世揭开了官修政典的序幕。继齐而起的萧梁王朝,也沿袭了这一做法。《梁书·沈峻传》曰:"时中书舍人贺琛奉敕撰《梁官》,乃启峻及孔子祛补西省学士,助撰录。"①同卷《孔子祛传》又云:"中书舍人贺琛受敕撰《梁官》,启子祛为西省学士,助撰录。"②两条材料显示,朝廷任命中书舍人贺琛修纂梁代的政典,沈峻、孔子祛乃其助手。《梁书·贺琛传》载:

> 普通中,刺史临川王辟为祭酒从事史……稍迁中卫参军事、尚书通事舍人,参礼仪事。累迁通直正员郎,舍人如故。又征西鄱阳王中录事,兼尚书左丞,满岁为真。③

"尚书通事舍人"应为"中书通事舍人"之讹。据同书《武帝纪》,普通五年(524)鄱阳王萧恢由征西将军进号骠骑大将军,④故贺琛迁"征西鄱阳王中录事"是在该年以前,他担任中书舍人的时间当为梁武帝普通前期。也就是说,《梁官》的修撰始于此时。

主撰者贺琛出自治礼世家,⑤"殊有世业",制度之学乃其特长。从普通年间入朝任事直至大同年间,他一直带有"参礼仪事"的职衔,"凡郊庙诸仪,多所创定",撰立了多篇仪注,是萧梁制度建设的得力干将。⑥ 沈峻、孔子祛则为著名儒士,沈峻尤长于《周礼》,⑦这可能是他们被招入西省、佐助撰录的原因。从朝廷为贺琛专门配备助理人员可以看出,《梁官》的修纂是颇受统治者重视的工程。沈峻和孔子祛的传记都提到,该书不久即告完成。⑧ 但遗憾的是,这部政典很可能在梁末的战火中未能幸免,以致卷数和具体内容已无迹可寻。

---

① 《梁书》卷四八《儒林·沈峻传》,第 679 页。

② 《梁书》卷四八《儒林·孔子祛传》,第 680 页。

③ 《梁书》卷三八《贺琛传》,第 541 页。

④ 《梁书》卷三《武帝纪下》,第 67 页。

⑤ 参见王永平《六朝江东世族之家风学研究》,第 290—295 页。

⑥ 《梁书》卷三八《贺琛传》,第 540—550 页。据本传,贺琛迁太府卿后始去"参礼仪"之职。《梁书》卷三《武帝纪下》显示,此次迁除发生在大同后期,第 96 页。

⑦ 《梁书》卷四八《儒林传》,第 678—680 页。

⑧ 《梁书》卷四八《儒林传》,第 679—680 页。

三、从《齐职仪》到《唐六典》

　　题名"御撰"的《唐六典》是一部以唐开元年间现行的职官制度为本,追溯其历代沿革源流,以明设官分职之义的政典。① 对于如何理解该书的出现,陈寅恪曾有一经典论断:

> 　　唐玄宗欲依《周礼》太宰六典之文,成唐六官之典,以文饰太平。帝王一时兴到之举,殆未尝详思唐代官制,近因(北)齐隋,远祖汉魏,与《周礼》之制全不相同,难强为傅会也。故以徐坚之学术经验,七次修书,独于此无从措手,后来修书学士不得已乃取唐代令式分入六司,勉强迁就,然犹用功历年,始得毕事。②

可以看到,陈氏将《唐六典》的编纂,视作粉饰太平的"一时兴到之举"。他甚至把这部汇集先秦至隋唐官制盛况的官修要籍称为"童牛角马、不今不古之书"。③ 此后,围绕这一问题的研究愈发丰富,据余欣梳理,观点可划分为"垂行说""粉饰说""粉饰垂行兼具说""总结说"等数种。④ 不过归根到底,《唐六典》被看成玄宗朝的临时创造。

　　前文的考察,让我们注意到唐代政典的南朝渊源。朝廷组织人力编撰职官大典的行为其实在宋、齐、梁三代已成为惯例。而《唐六典》"亘百代以旁通,立一王之定制"的气魄,⑤于《齐职仪》处早有显现。也就是说,《唐六典》的出现固然与唐前期的政治形势有关,但其延续宋齐以来政典编纂传统的一面也不应忽视。此处再结合一些具体的材料来补证这种联系。

　　关于《唐六典》的修纂经过,《直斋书录解题》引韦述《集贤记注》云:

> 　　开元十年(722),起居舍人陆坚被旨修《六典》,上手写白麻纸凡六条,曰理、教、礼、政、刑、事典,令以类相从,撰录以进。张说以其事委徐

---

① 参见陈仲夫《〈唐六典〉简介》,李林甫等撰、陈仲夫点校《唐六典》,第 1—3 页。
② 陈寅恪《隋唐制度渊源略论稿》,第 109 页。
③ 陈寅恪《隋唐制度渊源略论稿》,第 109 页。
④ 余欣《〈唐六典〉修纂考》,编辑委员会编《张广达先生八十华诞祝寿论文集》,第 1164—1176 页。
⑤ 《文苑英华》卷六四四吕温《代郑相公请删定施行〈六典〉〈开元礼〉状》,北京,中华书局,1956 年,第 3306 页。

坚,思之历年,未知所适。又委毋煚、余钦、韦述,始以令式入六司,象《周礼》六官之制,其沿革并入注,然用功艰难。其后,张九龄又以委苑咸,二十六年奏草上。至今在书院,亦不行。①

玄宗最初的设想,是按照理、教、礼等六种门类,分别组织材料,再整合为一部政书,此之谓"六典"。皇帝只给出了笼统的方向,一度令承担此任务的学士不知如何下笔。"理、教、礼、政、刑、事"的概念出自《周官》,据该书,太宰的职务为"掌建邦之六典,以佐王治邦国","六典"即理、教等六者。② 至毋煚、余钦、韦述诸人执笔,遂直接将《周官》作为模板,"以令式入六司,象《周礼》六官之制,其沿革并入注"。这场体例的抉择以及后续的撰写,一定从此前的官制之学中吸取了经验。汉晋以来的官制撰述,皆以职官为纲,统辖沿革、职掌、待遇等元素。"依拟《周礼》"一直是作者们坚持的标准。萧梁的官修政典径以"梁官"为名,更直白地表露了用今制接续经典的期许。

韦述是议定体例的关键人物,其本传云:"诏修《六典》,徐坚构意岁余,叹曰:'吾更修七书,而《六典》历年未有所适。'及萧嵩引述撰定,述始摹周六官领其属,事归于职,规制遂定。"③韦氏以史才著称,④而对官制之学亦颇有钻研。《旧唐书·韦述传》称其著《唐职仪》三十卷。⑤ 尽管没有佚文留存,但从书名和篇幅可以推断,《齐职仪》这部从南朝流传下来的煌煌巨著对韦述的职官研究造成了深刻影响。南朝官修政典的栏目设置、内容编排等具体操作很可能通过韦述渗透到《唐六典》的纂修过程。开元二十六年奏上的《唐六典》定稿实与玄宗的本意存在差别。《旧唐书·礼仪志》保存了会昌六年(846)顾德章关于东都神主的奏议,其中引用了一段《定开元六典敕》,⑥该敕当为玄宗将《六典》"诏下有司"时的文书。⑦ 敕书云"错综古今,法以《周官》,作为《唐典》,览其本末,千载一朝",显示这一仿拟《周官》的唐代官制大典还是得到了玄宗的认可。

《齐职仪》也是《唐六典》的重要史源。在注文中,《齐职仪》被引用了二十九次来说明萧齐制度。⑧ 还要考虑到的是,王珪之的工作原则为"凡在坟

① 陈振孙撰、徐小蛮等点校《直斋书录解题》卷六,第 172 页。
② 《周礼注疏》卷二,阮元校刻《十三经注疏》,第 645 页。
③ 《新唐书》卷一三二《韦述传》,北京,中华书局,1975 年,第 4530 页。
④ 参见牛致功《有功于唐代史学的韦述》,《史学史研究》1986 年第 2 期,第 51—53 页。
⑤ 《旧唐书》卷一〇二《韦述传》,第 3185 页。
⑥ 《旧唐书》卷二六《礼仪志六》,第 988 页。
⑦ 王应麟《玉海》卷五一"《唐六典》"条引《集贤注记》,第 970 页。
⑧ 钟兴龙《〈唐六典〉注文撰修研究》,《古籍整理研究学刊》2016 年第 4 期,第 22—26 页。

策,必尽详究",他已将永明初年以前出现的官制材料尽数收入,故《唐六典》关于先秦至宋齐官制沿革的部分亦当以《齐职仪》为基底。试选取《唐六典》的两条记载稍加证明:

> 1. 初,秦又有给事黄门之职,汉因之。至后汉,并二官曰给事黄门侍郎,掌侍从左右。……后又改为侍中侍郎,寻复旧,为给事黄门侍郎。魏氏置四人。东晋桓温奏省二人,后又复旧,所掌与侍中俱,置四人,管门下众事,与散骑常侍并清华,而代谓之黄散焉。《晋令》云:"品第五,秩六百石,武冠,绛朝服。"宋氏因晋,而郊庙则一人执盖,临轩朝会则一人执麾。齐因晋、宋,又与侍中参典诏命,侍中呼为"门下",给事黄门侍郎呼为"小门下"。

> 2. 汉献帝建安中,魏武为魏王,置秘书令及二丞,典尚书奏事,并中书之任也。……魏文黄初中,分秘书立中书,以秘书左丞刘放为中书监,秘书右丞孙资为中书令,而秘书置丞一人,秩四百石。《魏志》云:"何桢,文帝时上《许都赋》,帝异之,公车征到为秘书郎。后月余,桢阅事,帝问外:'吾本用桢为丞,何故为郎?'案主者罪,遂改为丞。时秘书丞尚未转,遂以桢为右丞。"……宋、齐并一人,品、服同晋氏。[1]

后附《齐职仪》辑本有关于"给事黄门侍郎""秘书丞"的段落,均为《初学记》的节录。它们与上引文在核心内容上完全一致,可以判断,《唐六典》的文字不过是对《齐职仪》的转述。前者标明的来自《晋令》《魏志》等其他文献的材料,极可能也是从《齐职仪》处提取。因后者佚文有限,更全面的比对难以进行,但官修政典在取材上层累沿袭的一面恐怕不容小视。

另外,学者注意到《唐六典》与《开元礼》之间的连结,指出二者的纂修具备相同的出发点,都是玄宗时代所欲打造的与经济建设、物质成就相配合的精神产品。[2] 隋唐官修礼典建立在两晋南朝开启的传统之上,已成公认的事实。[3] 礼典这条线索,是理解南朝至唐政典编纂的重要参考。《南齐书·礼志》载:

---

[1] 李林甫等撰、陈仲夫点校《唐六典》卷八、卷一〇,第 243、296 页。

[2] 吴丽娱《营造盛世:〈大唐开元礼〉的撰作缘起》,《中国史研究》2005 年第 3 期,第 73—94 页。

[3] 参见张文昌《制礼以教天下——唐宋礼书与国家社会》,台北,台大出版中心,2012 年,第45—58 页;闫宁《中古礼制建设概论:仪注学、故事学与礼官系统》,第 128—141 页。

永明二年(484),太子步兵校尉伏曼容表定礼乐。于是诏尚书令王俭制定新礼,立治礼乐学士及职局,置旧学四人,新学六人,正书令史各一人,干一人,秘书省差能书弟子二人。因集前代,撰治五礼,吉、凶、宾、军、嘉也。①

萧齐前期,正当《齐职仪》加速刊定之时,礼典编纂也开始进行。据引文,齐武帝为这一项目专门配置了"旧学""新学""正书令史""干"等职员。接下来的"因集前代"之语则说明该书的通史性,"撰治五礼"显示了礼目的齐全。以职局的形式纂修具备如此体例的礼制专书系史上首见。齐梁革命后不久,梁廷马上着手新礼典的制定。在徐勉等人的主持下,共一千一百余卷的《梁五礼仪注》于普通年间呈上、颁布。② 另外,继梁而起的陈朝亦曾撰治五礼,③《隋书·经籍志》所记"《陈吉礼》一百七十一卷""《陈宾礼》六十五卷""《陈军礼》六卷""《陈嘉礼》一百二卷"当为留存至初唐的陈代礼典。④

政典和礼典的编纂并行于南朝各代。除了都以王朝制度为焦点,两者在编纂方式和体例安排上也多有近似之处,它们的兴起还受到同一种观念的驱动。即,古今制度的全貌有必要通过"书写"来展现,而由官方出面制定这样的官制礼仪大典,是王朝建设的必备措施。这些南朝政治文化的遗产,为隋唐官方的典章制作提供了资源和借鉴。

附:《齐职仪》辑佚

王珪之《齐职仪》,宋以降无传。⑤ 兹据唐宋史籍辑录该书佚文于后。有几点需要说明:

第一,文献出处在佚文后以小字标明。古人引书往往节录文字,或只是转述大意,一些引文可能无法反映《齐职仪》的本来面目。

第二,佚文的排列顺序参照《南齐书·百官志》。这样操作不仅是因两

---

① 《南齐书》卷九《礼志上》,第117—118页。
② 《梁书》卷二五《徐勉传》,第379—383页。
③ 如《陈书》卷二九《蔡微传》云:"寻授左民尚书,与仆射江总知撰五礼事。"北京,中华书局,1972年,第392页。参见闫宁《中古礼制建设概论:仪注学、故事学与礼官系统》,第129—130页。
④ 《隋书》卷三三《经籍志二》,第970页。
⑤ 参见姚振宗撰、刘克东等整理《隋书经籍志考证》卷一七,《二十五史艺文经籍志考补萃编》第15卷,第721页。

者皆以南齐官制为纲,更重要的理由在于双方的学术连结:《齐职仪》是《南齐书·百官志》的史源之一。①

第三,《隋书·经籍志》另记有一部五卷本的《齐职仪》,此书当为王珪之著作的节本,②故搜寻佚文时未加区别。

第四,不同书籍所引,若文字大体相同,则合为一条,并以脚注说明有价值的异文。

第五,辑佚所据诸书及其版本为:欧阳询撰、汪绍楹校《艺文类聚》,上海,上海古籍出版社,1982 年;姚思廉《陈书》,北京,中华书局,1972 年;徐坚等《初学记》,北京,中华书局,1962 年;李林甫等撰、陈仲夫点校《唐六典》,北京,中华书局,1992 年;杜佑撰、王文锦等点校《通典》,北京,中华书局,1988 年;白居易《白氏六帖》,董治安主编《唐代四大类书》,北京,清华大学出版社,2003 年;李昉等《太平御览》,北京,中华书局,1960 年;陈彭年等撰、周祖谟校《广韵校本》,北京,中华书局,1960 年;孙逢吉《职官分纪》,《景印文渊阁四库全书》第 923 册,台北,台湾商务印书馆,1986 年;王应麟《玉海》,南京,江苏古籍出版社;上海,上海书店,1987 年。

> 相国,绿绶,衮冕服。《艺文类聚》卷四五,第 810 页。《太平御览》卷二〇四,第 984 页。《职官分纪》卷三,第 44 页。③
>
> 汤以伊尹为左相,仲虺为右相。高宗得说,因立为相。《艺文类聚》卷四五,第 810 页。《太平御览》卷二〇四,第 984 页。④
>
> 魏襄王以公孙衍为相国。赵孝成王以廉颇为相国。《艺文类聚》卷四五,第 810 页。《太平御览》卷二〇四,第 984 页。《职官分纪》卷三,第 44 页。⑤
>
> 太宰,品第一,金章紫绶,佩山玄玉。尧命羲和,使主其阴阳之职。羲伯,司天官也。后稷伏事虞夏,敬事民时,尊稷为天官。夏衰,稷后不窋失官,由是废官。殷以其官为冢宰。周公在丰,为太宰,召公又居之。秦汉魏无此职。晋武帝以从祖安平王孚为太宰,始置其官。安平薨,省。咸宁四年又置。或谓本太师之职,避景帝讳改为太宰。太宰周之卿位,晋武依周置职,以尊安平,非避讳也。后元兴中恭帝为太宰,桓玄都督中外,博士徐豁议,太宰非武官,不应敬都督,从豁议。《艺文类聚》卷

---

① 《南齐书》卷一六《百官志》,第 311、328 页。
② 姚振宗撰、刘克东等整理《隋书经籍志考证》卷一七,《二十五史艺文经籍志考补萃编》第 15 卷,第 721 页。
③ "绿绶",《太平御览》作"绿縓绶",《职官分纪》作"縓绶"。
④ "高宗得说,因立为相",《太平御览》作"高宗得傅说,立为相"。
⑤ "公孙衍为相国",《太平御览》作"公孙衍为相邦"。

四五,第 816 页。《太平御览》卷二〇六,第 990—991 页。《职官分纪》卷二,第 37 页。①

太傅,品秩、冠服同太宰。成王即位,周公为太傅,迁太师。秦无其职。汉惠帝崩,吕后以右丞相王陵为少帝太傅,位在三公上。《艺文类聚》卷四六,第 824 页。《太平御览》卷二〇六,第 989 页。《职官分纪》卷二,第 21 页。

魏黄初七年,诏太尉钟繇为太傅,华歆为太尉,并以疾,依田千秋乘舆上殿。后三公有疾,多以为准。《艺文类聚》卷四六,第 824 页。

太保,品秩、冠服同太宰。成王即位,召公为太保。《召诰》云:"越三日戊申,太保朝于洛。"《艺文类聚》卷四六,第 827 页。

殷太甲时,伊尹为太保。周成王时,召公为太保。《初学记》卷一一,第 253 页。《太平御览》卷二〇六,第 990 页。《职官分纪》卷二,第 23 页。

(太师、太傅、太保)品第一,金章紫绶,进贤三梁冠,绛朝服,佩山玄玉。《唐六典》卷一,第 3 页。

太尉,品第一,金章紫绶,进贤三梁冠,绛朝服,佩山玄玉。郊庙冕服,七旒,玄衣纁裳,服七章。《唐六典》卷一,第 3 页。《职官分纪》卷二,第 25 页。

魏文帝黄初二年,日食,奏免太尉贾诩。诏曰"天地之灾害,罪在朕躬,勿贬三公",遂为永制。《艺文类聚》卷四六,第 819 页。《太平御览》卷二〇七,第 994 页。《职官分纪》卷二,第 27 页。②

而太尉华歆以疾,依田千秋故事,乘舆上殿。大会,遣散骑常侍缪袭请歆,百官总己,听歆至。《艺文类聚》卷四六,第 819 页。

司徒,品秩、冠服同丞相,郊庙服冕同太尉。汉哀帝从朱博议,始置三司,改丞相为大司徒,以孔光为之。魏以华歆为司徒。《艺文类聚》卷四七,第 836 页。《太平御览》卷二〇八,第 997 页。《职官分纪》卷二,第 29 页。

司空,品秩、冠服同太宰。舜以禹为司空,成王以毛公为司空。宋以武公之讳,改司空为司城。楚改司空为莫敖。秦置御史大夫,省司空。《艺文类聚》卷四七,第 840 页。《太平御览》卷二〇八,第 1000 页。《职官分纪》卷二,第 33 页。

(太尉、司徒、司空)皆古官也。《初学记》卷一一,第 254 页。

大司马,品第一,秩中二千石,金章紫绶,武冠,绛朝服,佩山玄玉。其在少昊,则雎鸠氏之任。颛顼以司马主火。尧命羲叔为司马,夏官也。虞夏二代以司夏官,弃居其职。周成王以毕公高为司马。楚汉之

---

① "羲伯,司天官也",《太平御览》作"羲伯司天,即天官也",《职官分纪》作"羲和司天,即天官也"。"敬事",《太平御览》《职官分纪》作"敬授"。"废官",《太平御览》《职官分纪》作"废稷"。"太宰周之卿位",《太平御览》作"或谓太宰周之卿位"。

② "二年",《职官分纪》作"三年"。"罪",《太平御览》《职官分纪》作"责"。

际，曹参、周勃始居其职。《太平御览》卷二〇九，第 1003 页。

大司马府旧为阙。王莽篡位，故贬去阙焉。《太平御览》卷二〇九，第 1004 页。

诸公府有酿仓典军二人。《唐六典》卷一五，第 448 页。

诸公领兵，局有典签二人。《唐六典》卷二九，第 731 页。

诸公领兵，职局有库典军七职二人、仓典军七职二人，又有船官典军、荚箬典军、樵炭典军等员。《唐六典》卷二九，第 732 页。

诸公领兵，职局有车厩典军五品二人、马典军五品二人，又有酿仓典军、炭屯典军、樵屯典军。《唐六典》卷二九，第 732 页。

特进，以功德特进见也。《艺文类聚》卷四七，第 848 页。《太平御览》卷二四三，第 1150 页。《职官分纪》卷四八，852 页。

开府仪同三司，秦汉无闻。始建初三年，马防为车骑将军，仪同三司事。魏以黄权为车骑开府，此后甚众。将军开府，依大司马朱服。光禄大夫开府，依司徒皂服。《艺文类聚》卷四七，第 846 页。《太平御览》卷二四三，第 1149 页。①

宋孝武大明年，开府仪同及三公府、皇子府皆有典书吏。《唐六典》卷一〇，第 298 页。

骠骑（将军），品秩第二，金章紫绶，武冠，绛朝服，佩水苍玉。《唐六典》卷五，第 152 页。

（镇军将军）品第三。《唐六典》卷五，第 152 页。

（冠军将军）品秩第三。《唐六典》卷五，第 152 页。

太常卿一人。品第三，秩中二千石，银章青绶，进贤两梁冠，绛朝服，佩水苍玉。王朗云，西京太常行陵，赤车千乘。《艺文类聚》卷四九，第 878 页。《太平御览》卷二二八，第 1085 页。《职官分纪》卷一八，第 418 页。

《晋令》，博士祭酒掌国子学，而国子生师事祭酒，执经葛巾单衣，终身致敬。《艺文类聚》卷四六，第 830 页。《太平御览》卷二三六，第 1116 页。

周有守祧之官，掌先王庙令。《太平御览》卷二二九，第 1087 页。《广韵》卷四，上册第 416 页（又参考周祖谟所作校记，下册第 447 页）。《职官分纪》卷一八，第 436 页。②

太祝令，品第七，四百石，铜印墨绶，进贤一梁冠，绛朝服，用三品勋位。《唐六典》卷一四，第 396—397 页。《职官分纪》卷一八，第 425 页。③

---

① "秦汉无闻"，《太平御览》作"置舍人官骑"。"始建初三年……仪同三司事"，《太平御览》无"始""事"二字。

② "先王庙令"，《广韵》作"先王之宗庙也"，《职官分纪》作"先王之庙"。

③ "太祝令"，《职官分纪》作"太常令"。

（廪牺令）周牧人之职也。掌六牲，阳祀用骍，阴祀用黝，取纯毛者。光武中兴，属河南，秩六百石。《太平御览》卷二二九，第1088页。《职官分纪》卷二〇，第479页。

（廪牺）令，品第七，秩四百石，铜印墨绶，进贤一梁冠，绛朝服，今用三品勋位。《唐六典》卷一四，第414页。

周有墓大夫、冢人之职，掌先王之墓。《太平御览》卷二二九，第1087页。《职官分纪》卷一八，第437页。

每陵，令一人，品第七，秩四百石，铜印墨绶，进贤一梁冠，绛朝服。《唐六典》卷一四，第400页。《太平御览》卷二二九，第1087页。《职官分纪》卷一八，第437页。

（陵令）旧用三品勋位，孝建三年改为二品。《唐六典》卷一四，第400页。

初秦置郎中令，掌宫殿门户，及主诸郎之在殿中侍卫，故曰郎中令。汉因之，至武帝更名光禄勋。后汉献帝又为郎中令。魏文又为光禄勋，后世因之。《初学记》卷一二，第304页。

（中散大夫）品第七，绛朝服，进贤一梁冠。《唐六典》卷二，第30页。

初秦置谏议大夫，属郎中令，无常员，多至数十人，掌论议。汉初不置，至武帝始因秦置之，无常员，皆名儒宿德为之，隶光禄勋。光武增议字，为谏议大夫，置三十人，属光禄勋。依汉氏。而晋、宋、齐并不置。《初学记》卷一二，第287页。①

卫尉，秦官也，掌宫门卫屯兵。汉因之，景帝更名中大夫令，寻复旧为卫尉。自王莽及后汉初并省之，至献帝复置。魏、晋、宋、齐因之。《初学记》卷一二，第307页。

大理，古官也。唐虞以皋陶作士。士，理官也。初秦置廷尉，汉因之。景帝改曰大理，武帝又曰廷尉，哀帝又曰大理，王莽改曰作士。东汉又曰廷尉。晋、宋、齐并为廷尉。《初学记》卷一二，第309页。《白氏六帖》卷二一，第2150页。②

司农卿，耕籍则掌其礼仪。《艺文类聚》卷四九，第886页。《太平御览》卷二三二，第1103页。

太仓令，周司徒属官有廪人、仓人，则其职也。《太平御览》卷二三二，第1103页。《职官分纪》卷二〇，第478页。

市令，周有司廛、肆师、司市，皆其任也。《太平御览》卷二三二，第1104页。

① "依汉氏"前疑脱"魏"字。
② "晋、宋、齐并为廷尉"，《白氏六帖》作"魏复为大理，复改廷尉"。

右藏库,周天府、内府之任。天府,物所藏也。内府掌邦市之出入,以待王用。后汉中藏府令、丞,掌币帛金银诸物。晋置中黄左右藏。《太平御览》卷二三二,第1104—1105页。《职官分纪》卷二〇,第482页。①

守宫,周掌宫之职,王行为帷宫,即其任也。《太平御览》卷二三〇,第1092页。《职官分纪》卷一九,第448页。②

染署,掌染缯色。少昊置五雉为工正,羣雉氏设五色之工。周有染人之职,掌丝帛以为服。《太平御览》卷二三二,第1104页。《职官分纪》卷二〇,第479页。③

左、右甄官置,掌砖瓦之任。少昊鹊雉氏抟埴之工,谓陶官也。汉将作大匠属官有前、后、中甄官令、丞各一人。后汉安帝建元三年,置左校令、丞,后秩六百石,主工徒。令置东、西陶官。《职官分纪》卷二二,第506—507页。④

太仆,周官也。《尚书》称穆王命伯冏为太仆正,是也。盖谓众仆之长曰太仆。秦因之,掌舆马,历汉后,魏及晋西朝咸置之。至东晋元帝省之,后复置。至成帝又省之,并入宗正。盖有事郊祀则权置,毕则省。宋、齐因之。《初学记》卷一二,第308页。

乘黄,兽名也。龙翼马身,黄帝乘之而仙,因以名厩。《唐六典》卷一七,第480页。《职官分纪》卷一九,第452页。《玉海》卷一四九,第2729页。⑤

乘黄令,品第七,秩四百石。《唐六典》卷一七,第480页。《玉海》卷一四九,第2729页。

(乘黄令)铜印墨绶,进贤一梁冠,绛朝服。《唐六典》卷一七,第480页。

诸厩同圉师、牧人,养马之官。校人,掌王之马政。《职官分纪》卷一九,第455页。

秦汉之世,委政公卿,尚书之职,掌于封奏。令赞文书,仆射主开闭,令不在,则仆射奏下其事。魏氏重内职,八座尚书任同六卿。舜举八元八凯,以隆唐朝。令号八座为元凯,谓以贤能用事,义如昔也。《艺文类聚》卷四八,第851—852页。《太平御览》卷二一〇,第1009页。《职官分纪》卷八,第196页。⑥

魏、晋、宋、齐并曰尚书台。《初学记》卷一一,第259页。

---

① "天府",《职官分纪》作"太府"。
② "掌宫",《职官分纪》作"掌舍"。
③ "丝帛",《职官分纪》作"染帛"。
④ "左右甄官置"疑为"左右甄官署"之讹。"令置东西陶官"疑为"今置东西陶官"之讹。
⑤ "因以名",《职官分纪》作"后人以名"。
⑥ "主开闭",《职官分纪》作"主关决"。"令号",《太平御览》作"今号",《职官分纪》作"故号"。

尚书令，品第三，秩千石，绛朝服，佩水苍玉。《初学记》卷一一，第260页。

尚书，六人，品第三，秩六百石，进贤两梁冠，纳言帻，绛朝服，佩水苍玉，执笏负荷。《艺文类聚》卷四八，第860页。《太平御览》卷二一二，1015页。《职官分纪》卷九，第228页。

魏朝以尚书仆射毛玠领选曹，晋武以仆射山涛领吏曹。后依拟至今，或领焉。《艺文类聚》卷四八，第854页。《白氏六帖》卷二一，第2148页。《太平御览》卷二一一，第1011页。①

自魏、晋、宋、齐，正令史、书令史皆有品秩，朱衣执版，进贤一梁冠。《唐六典》卷一，第10页。《太平御览》卷二一三，第1019页。《职官分纪》卷八，第221页。

车府署，周有巾车，掌五辂之职，辨五辂之制。《职官分纪》卷一九，第455页。

汉侍中掌乘舆服物，下至亵器虎子之属。武帝代，孔安国为侍中，以其儒者，特听掌御唾壶，朝廷荣之。初，汉侍中亲省起居，故俗谓执虎子。虎子，亵器也。至魏文帝时，苏则为侍中，尝与则同隐吉茂者，是时仕甫历县令，见则调之曰“仕进不止执虎子”。《初学记》卷一二，第280页。

东汉侍中便蕃左右，与帝升降。法驾出，多识者一人参乘，兼负传国玺，操斩白蛇剑。《初学记》卷一二，第280页。《太平御览》卷二一九，第1043页。

魏侍中掌候赞。大驾出，则次直侍中护驾，正直侍中负玺陪乘，不带剑，皆骑从。御登殿，与散骑侍郎对挟帝，侍中居左，常侍居右，备切问近对，拾遗补阙也。《初学记》卷一二，第280页。《太平御览》卷二一九、卷二二四，第1043、1064页。

给事黄门侍郎，四人，秩六百硕，武冠，绛朝服。汉有中黄门，位从诸大夫，秦制也。与侍中掌奏文案，赞相威仪，典署其事。《艺文类聚》卷四八，第869页。《太平御览》卷二二一，第1051页。《职官分纪》卷六，第137页。②

初，秦又有给事黄门之职，汉因之。至东汉初，并二官曰给事黄门侍郎，后又改为侍中侍郎，寻复旧。自魏及晋，置给事黄门侍郎四人，与侍中俱管门下众事，与散骑常侍并清华，代谓之黄散焉。宋、齐置四人。《初学记》卷一二，第283页。

齐代侍中呼为门下，给事黄门侍郎呼为小门下。《初学记》卷一二，第283页。

食官局有酒吏一人。《唐六典》卷一五，第447页。

---

① “吏曹”，《白氏六帖》作“吏部”。
② 《太平御览》《职官分纪》于“汉有中黄门”下有“给事黄门”。“典署”，《职官分纪》作“典书”。

魏文帝复置散骑之职,以中常侍合为一官,除中字,直曰散骑常侍,置四人,典章表、诏命、手笔之事。晋置四人,隶门下。晋初此官选望甚重,与侍中不异,自宋以来,其任闲散,用人益轻,别置集书省领之。齐氏因之。《初学记》卷一二,第285—286页。

(给事中)东汉省其官,魏、晋、宋、齐并置,无常员,皆隶集书省。《初学记》卷一二,第284页。

齐给事中皆隶集书省,与诸散骑同掌侍从左右献给,省诸文奏。《初学记》卷一二,第284页。

凡尚公主,必拜驸马都尉,魏、晋以来,因为瞻准。《陈书》卷一七,第240页。《通典》卷二九,第811页。《太平御览》卷一五四,第751页。

初汉献帝置秘书令,有丞二人,盖中书之任。魏文分秘书立中书,以秘书左丞刘放为中书监,秘书右丞孙资为中书令。而秘书改令为监,别掌文籍,自置丞一人,多以秘书郎迁之。其后何祯上《许都赋》,帝异之,拜秘书郎。后月余,祯阙事,帝问外:"吾本用祯为丞,何故为郎?"案主者罪,遂改为丞。时秘书本有一丞,尚未转,遂以祯为右丞。右丞置自祯始也。至宋省一丞。《初学记》卷一二,第297页。

秘书丞,铜印墨绶。《初学记》卷一二,第297页。《太平御览》卷二三三,第1108页。《职官分纪》卷一六,第393页。

晋宋时有限外御史,冠服同正员,而无局任。《职官分纪》卷一四,第329页。

领军将军有长史,品第六,秩六百石。《唐六典》卷二四,第623页。《职官分纪》卷三五,第654页。

左、右铠曹,一人。《唐六典》卷二四,第617页。《职官分纪》卷三五,第651页。

积弩将军,品第四,银章青绶,武冠,绛朝服,佩水苍玉。《太平御览》卷二三九,第1133页。《职官分纪》卷三四,第648页。

詹事,品第三,《茂陵书》"秩二千石",银章紫绶,局拟尚书令,位视领、护将军。《艺文类聚》卷四九,第889页。《白氏六帖》卷二一,第2156页。《太平御览》卷二四五,第1159页。《职官分纪》卷二七,第557页。①

太子有内直兵局,内直兵史二人,五品勋位。《唐六典》卷二六,第667页。

太子率更令主簿,四品勋位。《唐六典》卷二七,第700页。《职官分纪》卷二九,第579页。

---

① "紫绶",《白氏六帖》《太平御览》《职官分纪》作"青绶"。

家令主簿,一人,四品勋位,掌总署诸曹事。《唐六典》卷二七,第697页。《职官分纪》卷二九,第577页。

食官令,一人,三品勋位,掌厨膳之事。《唐六典》卷二七,第698页。《职官分纪》卷二九,第577页。

太子仆主簿,四品勋位。《唐六典》卷二七,第702页。《职官分纪》卷二九,第580页。

东宫属官有内厩局、外厩局。《唐六典》卷二七,第703页。《职官分纪》卷二九,第580页。

太子三卿、校各有寺人二人。《唐六典》卷二六,第672页。

中庶子下有门下通事守舍人四人,三品勋禄叙,武冠,朱服。《唐六典》卷二六,第671页。《职官分纪》卷二八,第573页。①

庶子下有内典书通事舍人二人,品服同舍人,拟中书通事舍人,掌宣传令书、内外启奏。《唐六典》卷二六,第672页。《职官分纪》卷二八,第573页。②

东宫殿中将军属官有导客局,置典仪录事一人,掌朝会之事。《唐六典》卷八,第248页。《通典》卷二一,第557页。《职官分纪》卷六,第161页。

太元中,毛虎生为西蛮校尉。《职官分纪》卷三七,第694页。

三巴校尉,银印青绶,武冠,绛朝服。宋太始五年置,以巴东、巴西、梓橦、建平五郡隶焉。建元二年省校尉,改置巴州刺史。《太平御览》卷二四二,第1147页。《职官分纪》卷三七,第694页。

另外,《初学记·职官部》的一些段落是作者整合众书而重新做出的官制史叙述,虽无法据之提取佚文,但可以补充我们对于各书内容的了解。比如"诸曹尚书"条云:

> 诸曹尚书,秦官也。汉因之,并用士人,武帝改用宦者,成帝又改用士人。《汉书》云,武帝游宴后庭,公卿不得入,故用宦者典尚书。置列曹尚书四员,通掌图书章奏之事,各有其任。一曰常侍曹,二曰二千石曹,三曰民曹,四曰客曹。光武分为六曹。分二千石曹为二,分客曹为二,改常侍曹为吏部曹。并一令、一仆射,谓之八座。魏有五曹与二仆射、一令,谓之八座。魏有吏部、左民、客曹、五兵、度支,凡五曹尚书。晋有六曹。晋初置吏部、三公、客曹、驾部、屯田、度支六尚书。太康中有吏部、殿中、五兵、田曹、度支、左民六尚书。东晋有祠部、吏部、左民、度支、五兵五尚书。宋有六曹。宋加东都官尚书。梁、陈六曹。齐曹名

---

① "禄",《职官分纪》作"录"。
② "令书",《职官分纪》作"令旨"。

同宋氏。后魏、北齐六曹。……初宋、齐、梁、陈四代复有起部尚书,营宗庙则权置,毕则省。已上并《汉官》《齐职仪》及《五代史百官志》。①

末尾的小注提示,这段文字系参考《汉官》《齐职仪》《隋书·百官志》三种材料写成。其中两汉至南朝前期诸曹尚书的情况,当部分取自《齐职仪》。该书对尚书分曹的论述,未被唐宋文献直接引用,故先前的辑本无法提供相关信息。而借助上引文,我们得以窥知《齐职仪》在这一问题上的大致内容。《初学记》在"皇后""王""公主""驸马""仆射""吏部尚书""左右丞""侍郎郎中员外郎""中书令""中书舍人""侍中""御史大夫""御史中丞""侍御史""秘书监""秘书郎"等条目下的叙述都像上引文一样对《齐职仪》有所吸收,②因篇幅巨大,此处不再一一列出。③

---

① 《初学记》卷一一,第 263—264 页。

② 《初学记》卷一○、卷一一、卷一二,第 219、237—238、244、247—248、261、266—269、271—272、276、279—280、288—290、292、294、297—298 页。

③ 另外,《南齐书》卷一六《百官志》云:"魏、晋世州牧隆重,刺史任重者为使持节都督,轻者为持节督,起汉从帝时,御史中丞冯赦讨九江贼,督扬、徐二州军事,而何、徐《宋志》云起魏武遣诸州将督军,王珪之《职仪》云起光武,并非也。"第 328 页。据此可知,《齐职仪》讨论过都督的起源,其观点为"起光武"。

第七章　胡汉遭遇下的制度与
制度书写
——北魏前期官制结构考论

西晋崩溃后,在华北相继建立政权的是匈奴、鲜卑、羯、氐、羌等各种非华夏势力。胡汉遭遇的背景下,十六国北朝的制度与制度文化呈现出纷繁杂糅的独特风貌。在试图对其进行复原的过程中,甄辨与解读用汉语写成的制度记载,是尤为关键的一步。本章将北魏前期的官制结构作为研究对象,充分借助我们建立的围绕职官文献的分析方法,揭示北朝历史中十分重要却被掩盖已久的一面。

一、从"书写"角度反思北魏前期职官研究

北魏前期职官制度号为难治。[1] 已有的成果并不算十分丰富。20 世纪中叶,严耕望对尚书省及地方行政机构有过细密考订。[2] 六七十年代,郑钦仁与川本芳昭为这一领域带来了显著进展。前者在研究北魏前期的中书省、秘书省与中散官时,主要采用严耕望的方法,即排比所有相关材料,从中

---

① 本章所谓"北魏前期"的下限是发生迁都事件的孝文帝太和十八年(494)。

② 严耕望《北魏尚书制度考》,《中央研究院历史语言研究所集刊》第 18 本,1948 年,第 251—360 页;《中国地方行政制度史·魏晋南北朝地方行政制度》,初刊于 1963 年,此据上海古籍出版社 2007 年版。同时期还有内田吟風《後魏刑官考》,初刊于 1941 年,后收入《北アジア史研究　鮮卑柔然突厥篇》,京都,同朋舍,1975 年,第 141—164 页。山崎宏《北魏の大人官に就いて(上)》,《東洋史研究》第 9 卷第 5—6 号,1947 年,第 167—180 页;《北魏の大人官に就いて(下)》,《東洋史研究》第 10 卷第 1 号,1947 年,第 36—47 页。

清理出组织架构、运作方式及官员身份。① 后者对"内朝"进行了综合考察，揭示"源于北族的内朝官"这一特殊群体，该研究是从官制探讨王朝权力结构的重要尝试。② 稍后，陈琳国、严耀中也关注了内行官系统及其与外朝的关系。③ 松永雅生、窪添慶文则在三都官、门下省等具体职官的解析上取得了突出成绩。④ 世纪之交，《文成帝南巡碑》（以下简称"南巡碑"）碑文的整理、披露引发新的研究热潮。⑤ 张庆捷考释了碑阴题名中的各种职官，⑥张金龙则把重心放在禁卫武官体系的挖掘，⑦川本芳昭、松下憲一、窪添慶文又利用碑文补充了对内朝官的认识。⑧ 近年来，仇鹿鸣、孙正军、大知聖子、岡部毅史、胡鸿、刘凯、徐成等在将军号、储官制度、官爵品级等方面开展了

① 郑钦仁《北魏官僚机构研究》《北魏官僚机构研究续篇》，台北，稻禾出版社，1995 年。据两书前言可知，收录的文章基本完成于 1965 年至 1975 年之间。近年徐美莉围绕尚书省与中散官在严耕望、郑钦仁的基础上有所补论，见其《再论北魏前期尚书制度的置废与变革》，《聊城大学学报》2013 年第 2 期，第 71—77 页；《北魏前期中散官制再探讨》，《中华历史与传统文化论丛》第 2 辑，北京，中国社会科学出版社，2016 年，第 97—108 页。

② 川本芳昭《内朝制度》，初刊于 1977 年，后收入《魏晋南北朝时代的民族問題》，东京，汲古书院，1998 年，此据该书中译本《魏晋南北朝时代的社会与国家》，黄桢、张雨怡译，上海，复旦大学出版社，2022 年，第 141—174 页。他在 2011 年发表的《北魏内朝再論——比較史の観点から見た》（后收入《東アジア古代における諸民族と国家》，第 105—138 页）延展了前文论点。

③ 陈琳国《北魏前期中央官制述略》，《中华文史论丛》1985 年第 2 期，第 169—188 页。严耀中《北魏前期政治制度》，沈阳，辽宁教育出版社，1990 年，第 50—76 页。与川本芳昭一样，两文都是从胡汉对立的角度来理解内外朝。近来，佐藤賢重新检讨北魏前期的朝政构造，主张跳出胡汉二元格局，提倡注意内外朝之间的连结与相互支持，见其《北魏前期の"内朝""外朝"と胡漢問題》，《集刊東洋学》第 88 号，2002 年，第 21—41 页；《北魏内某官制度の考察》，《東洋学報》第 86 卷第 1 号，2004 年，第 37—64 页。但他的论证存在疏失，《文成帝南巡碑》等材料亦未被充分利用。

④ 松永雅生《北魏の三都（上）》，《東洋史研究》第 29 卷第 2—3 号，1970 年，第 129—159 页；《北魏の三都（下）》，《東洋史研究》第 29 卷第 4 号，1971 年，第 297—325 页。窪添慶文《北魏前期の尚書省について》（初刊于 1978 年）、《北魏初期の将軍号》（初刊于 1980 年）、《北魏門下省初稿》（初刊于 1990 年），均收入《魏晋南北朝官僚制研究》，东京，汲古书院，2003 年，第 31—115 页。

⑤ 本书所据释文见张庆捷《北魏文成帝〈皇帝南巡碑〉的内涵与价值》，《民族汇聚与文明互动——北朝社会的考古学观察》，北京，商务印书馆，2010 年，第 3—48 页。

⑥ 张庆捷《〈南巡碑〉中的拓跋职官》《〈南巡碑〉中的汉族职官》，《民族汇聚与文明互动——北朝社会的考古学观察》，第 63—113 页。

⑦ 张金龙《魏晋南北朝禁卫武官制度研究》，北京，中华书局，2004 年，第 713—745 页。

⑧ 川本芳昭《北魏文成帝南巡碑について》，初刊于 2000 年，后收入《東アジア古代における諸民族と国家》，第 31—61 页。松下憲一《北魏石刻史料に見える内朝官——〈北魏文成帝南巡碑〉の分析を中心に》，初刊于 2000 年，后收入《北魏胡族体制論》，第 57—86 页。窪添慶文《文成帝期の胡族と内朝官》，初刊于 2006 年，后收入《墓誌を用いた北朝史研究》，东京，汲古书院，2017 年，第 447—490 页。

新研究。①

　　史料的不充足,是深入探讨北魏前期官制的一大限制。《魏书·官氏志》称:"自太祖至高祖初,其内外百官屡有减置,或事出当时,不为常目,如万骑、飞鸿、常忠、直意将军之徒是也。旧令亡失,无所依据。"②由此可见,北魏前期职官制度处在剧烈的变动当中,而魏收编纂《官氏志》时苦于资料缺失,已无法清晰描述。该志自道武帝至孝文帝初期的部分,缺乏对整个官僚结构的系统记载,有的只是一些职官的废置情况。于是,研究者更多地爬梳列传、墓志等传记类文本中的材料,依靠排比、总结甚至借鉴相邻时代(如晋、南朝,或北魏后期)的官制框架来勾连诸职官,以获得对官僚体系的认知。这种艰难的状况使我们很容易理解南巡碑碑阴题名给研究者带来的振奋,因为它比较全面地反映了文成帝和平二年(461)高级职官的设置以及官员的身份情况。

　　对南巡碑的讨论亦引发学界关注传世文献记载与制度实态的关系。南巡碑提到的许多重要官职,如羽真、内阿干、内行内小、内三郎等,不见或少见于《魏书》。一些学者由此对《魏书》官制记载的真实性提出质疑。川本芳昭指出,魏收有意识地排除了北族色彩浓厚的历史事实,他对北魏前期国制的记述存在"杜撰"。③ 松下宪一揭示出"内阿干""内行内小"在《魏书》中被分别改写为"尚书""中散"。他在考察羽真时又提到,造成该官职无法解明的最大原因便是《魏书》完全没有相关记载,而对比同时代的墓志、碑刻可知,"羽真"是被魏收故意抹去的。④ 另一方面,佐川英治从历史书写的角度详细梳理了北魏国史编纂与政治进程的互动,胡鸿围绕《官氏志》所记道武帝"天赐品制"进行了个案分析,从二者的考察得知,将道武、太武以来的北魏史塑造成一部中

---

① 仇鹿鸣《关于北魏几个将军号的考释》,《中华文史论丛》2008 年第 1 期,第 89—99 页;《北魏客制小考》,《史学月刊》2018 年第 11 期,第 128—132 页。孙正军《汉唐储官制度研究》,北京大学博士学位论文,2010 年,第 177—196 页。大知圣子《关于北魏前期爵与品相对应的基础考察——以南巡碑为中心》,《中国魏晋南北朝史学会第十届年会暨国际学术研讨会论文集》,太原,北岳文艺出版社,2011 年,第 92—107 页;《北魏前期の爵制とその特質:仮爵の検討を手掛かりに》,《東洋学報》第 94 卷第 2 号,2012 年,第 1—30 页。岡部毅史《北魏前期の位階秩序について:爵と品の分析を中心に》,《東洋学報》第 94 卷第 1 号,2012 年,第 27—57 页。胡鸿《北朝华夏化进程之一幕:北魏道武、明元帝时期的"爵本位"社会》,初刊于 2012 年,后收入《能夏则大与渐慕华风:政治体视角下的华夏与华夏化》,第 242—274 页。刘凯《北魏"神部"问题研究》,《历史研究》2013 年第 3 期,第 161—176 页;《北魏羽真考》,《学术月刊》2015 年第 2 期,第 128—144 页。徐成《观念与制度:以考察北朝隋唐内侍制度为中心》,北京,社会科学文献出版社,2018 年,第 21—39 页。
② 《魏书》卷一一三《官氏志》,北京,中华书局,1974 年,第 2976 页。
③ 川本芳昭《北魏文成帝南巡碑について》,《東アジア古代における諸民族と国家》,第 52—57 页。
④ 松下宪一《北魏石刻史料に見える内朝官——〈北魏文成帝南巡碑〉の分析を中心に》,《北魏胡族体制論》,第 59—72 页。

原王朝发展史的倾向,其实在李彪主修时期业已萌发,《魏书》的记载是李彪至魏收数代史臣不断剪裁、润饰与攀附的结果。① 这就修正了将《魏书》的不实记录归咎于魏收一人的做法,与此同时,文献记载与制度实态之间存在差异的情况得到进一步确认。在此基础上,如何将史料批判贯彻于对正史和石刻材料的分析,又如何在历史书写者的"改写"与"杜撰"中找到直达现场的路径,成为学者们继续思考该时代官僚制度时必须面对的问题。而随着史料性质被愈加准确地把握,以往那些过于采信《魏书》而获得的认识,也有接受检视和清理的必要。这样的背景下,北魏前期官制研究迎来重新出发的契机。

如果跳出官制、扩大视野,可以发现北魏史各层面的考察都在近年取得了显著进展,尤其是内亚视角下的北朝史研究使我们对该时代的理解达到了前所未有的广度和深度。十六国北朝时期在中国北方相继建立政权的集团,是源于内亚的阿尔泰语族群,经学者们的一系列开拓,②根植于当时政治与社会中的北族因素被广泛揭示,北魏历史的进展来自北族与华夏两个传统的共同作用已逐渐成为共识。在这幅崭新的图景中,官僚制度长期被遮蔽、忽视的侧面也开始明亮起来。上文提到,自孝文帝中后期开始,史官们就在历史书写上想方设法,将北魏前期官制改造成华夏式面貌。这种努力恰恰意味着制度的真实状态与传统的中原典制差异巨大,而根源正在于北魏官制中富含的北族因素。与北魏历史的大势相应,北魏官制的演进也是在北族制度遭遇华夏传统后不断冲突、调适的结果。时代越早,官制中的北族性与相对于华夏制度的特殊性就越浓厚。这一基本认识,足以赋予研究者全新的眼光,构成了重绘北魏前期官制的起点。

由此出发,一个重要的线索是观察北魏特色的官僚制度在汉语中如何被书写与诠释。③ 在北魏前期的一百余年里,统治集团的核心一直是说鲜

① 佐川英治《東魏北齊革命と〈魏書〉の編纂》,《東洋史研究》第 64 卷第 1 号,2005 年,第 37—64 页。胡鸿《北朝华夏化进程之一幕: 北魏道武、明元帝时期的"爵本位"社会》,《能夏则大与渐慕华风: 政治体视角下的华夏与华夏化》,第 270—274 页。

② 何德章《"阴山却霜"之俗解》,《魏晋南北朝隋唐史资料》第 12 辑,1993 年,第 102—116 页。田余庆《拓跋史探》,北京,生活·读书·新知三联书店,2003 年。罗新《中古北族名号研究》,北京,北京大学出版社,2009 年;《说北魏孝文帝之赐名》《北魏皇室制名汉化考》,《王化与山险: 中古边裔论集》,北京,北京大学出版社,2019 年,第 215—244 页;《内亚视角的北朝史》,《黑毡上的北魏皇帝》,第 119—136 页。潘敦《可敦、皇后与北魏政治》,《中国史研究》2020 年第 4 期,第 82—104 页。

③ 近年,罗新提倡关注"书写语言在帝国秩序下的多语言社会里如何发挥作用,发挥哪些作用,如何影响与书写语言完全分离的口头语言,又如何为非母语人口所掌握、所利用"这一问题,对本文启发甚多。罗新《好太王碑与高句丽王号》,《中华文史论丛》2013 年第 3 期,第 71—91 页;《当人们都写汉语时》,《东方早报》2013 年 5 月 26 日,第 A04 版。

卑语的代人集团。由于鲜卑语没有自己的文字,伴随拓跋政权的成熟、壮大,尤其是中原人士的加入以及文书行政等华夏统治技术的引进,职官、典章、诏命等朝政运转的要素不可避免地需要使用汉语来呈现。① 这样的接触一旦形成,凝结着文化碰撞的词汇便会进入日常生活和历史记录。而另一方面,文化融合的程度和政治表达的需求又会导致呈现方式发生变化。明乎此,那些看似差异巨大的材料就能得到整合,如南巡碑上的官名、《魏书》对前期官制的记载以及墓志中提到的职官等等,其实它们都是同一条脉络下、不同时间点的产物。举一个具体的例子。“内阿干”一职在南巡碑上多次出现,在正史、墓志材料中又有“内行阿干”。② “阿干”是对北族诸政权中广泛存在的 aka/akan 这一官号的直接音译,大概因为该职“侧在内侍”,故被冠以“内”或“内行”。③ 而在北魏前期,“内阿干”还存在“内侍长”“内行长”“内行长者”这样完全的意译(详见后文),它们的出现或许是为了让该官号在汉语中更易于理解。另根据前文提及的松下宪一的研究,孝文帝以来为了排除既往历史中的北族色彩,又开始采用汉晋制度里的“尚书”来对应,逐渐抛弃了“内阿干”“内侍长”等从华夏立场看来不那么典雅的翻译。可见,源自北方民族的“内阿干”一职随北魏历史的展开,先后出现多种译名,相同的情形也见于“内行内小”以及后文还要考察的“内都幢将”“内三郎”诸职的演变。这类现象提示我们,北魏前期官制因呈现方式的不同,在各种材料中往往有异。发掘他们之间的内在联系不仅能使看似混乱的职官制度走向清晰,对观察北族与华夏两个传统间交流、融合的过程也具有重要意义。

不过,汉语记录在保存北魏前期官制的同时,也暗藏陷阱。不可否认的是,官号、职掌等一旦使用另一种语言表达,多少会影响原貌。就像留存在史籍中的代人姓名,即便是非常严格的音译,仍不免损失一些音节。举例来说,北魏前期的宿卫武官中有内行内三郎、内三郎等官职,一种观点将其源头指向汉代由中郎、郎中、侍郎组成的三署郎,由此认为他们是汉制和晋制相融合的产物。④ 将两类职官相提并论,显然是因为前者官名中的“三郎”一词与“三署郎”过于相似,但这种对于三郎诸官的理解并不符合北魏官制

① 郑钦仁、陈琳国在对个别官职的讨论中,已经注意到官名的翻译问题。郑钦仁《北魏官僚机构研究》,第145—167页;陈琳国《北魏前期中央官制述略》,《中华文史论丛》1985年第2期,第184页。

② 《北史》卷一五《魏诸宗室传》,北京,中华书局,1974年,第566页。如《赵邕墓志》,王连龙《南北朝墓志集成》,上海,上海人民出版社,2021年,第343页。

③ 罗新《高句丽兄系官职的内亚渊源》,《中古北族名号研究》,第175—193页。

④ 张金龙《魏晋南北朝禁卫武官制度研究》,第676页。

的实态,已由学者指出。① 又如,给事中本是华夏制度中供职门下的侧近官员,若非南巡碑清晰地显示文成帝时期所谓的"给事中"不属于内侍,《魏书》提到过的担任此职的人物,很容易被直接看成拓跋君主的左右近臣。此处的"给事中",到底是拓跋政权参考中原制度而新设的官号,还是某种北族职官的译名,尚难以判断。不过这一现象再度彰显了该时期官制异于中原传统的侧面,并且提示汉语表达可能会引起的误解。在解读史料时,保持足够的谨慎因而重要。

同时,面对北族色彩浓厚的北魏前期官制,我们应当避免简单地套用从秦汉魏晋历史中总结出的知识和框架。如南巡碑显示的,大量的华夏官号,如侍中、尚书等等,已被引入平城朝廷。应该如何看待这些职官? 其位次、职掌以及相互间的统属关系,是否就与他们在汉魏体制中的情况一致? 该问题并非不证自明,需通过细致考察来检验。过去有许多专注于某一职系的研究,如严耕望试图复原北魏尚书省的建制,但他几乎预先设定好了尚书令仆总领诸曹的架构,再将从史料中搜集到的诸尚书、诸曹郎像填空一样列入。近年来的研究成果,如"内阿干"在《魏书》中曾被改写为"尚书",殿中尚书乃侍直宫中的宿卫统领等,②都在瓦解着定见,使我们不得不重新思考:北魏前期是否设有一个独立、完整的尚书机关? 史料所见各种名带"尚书"的职官是否都可纳入魏晋尚书省式的层级组织? 另外,"内朝—外朝"是西汉以来形成于中原王朝的朝政格局,也是研究者讨论政治运作的常用框架。《魏书》中虽偶尔出现"内朝""外朝"二词,但不意味着整个北魏前期必然存在此种区分,拓跋政权是否曾以这样的两个层次来安排官员也值得怀疑。将"内朝—外朝"视作理解北魏权力结构之锁钥的川本芳昭、严耀中,③并未对内外朝是否真实存在以及在怎样的意义上存在这一前提详加论证。前者划分内朝时,将内三郎、三郎等宫中宿卫一并囊括,且比照魏晋制度,以中书、秘书为内朝官。后者则受南北朝后期以来三省制的影响,径直把尚书、中书、门下三省置于外朝。可见,他们建立的内外朝架构均以华夏传统作为依据,并带有主观性。在这样的研究里,北魏官制本身的脉络反而没有得到足够的重视。

---

① 孙正军《汉唐储官制度研究》,第 178 页。

② 川本芳昭《北族社会の变质と孝文帝の改革》,《魏晋南北朝时代の民族问题》,此据该书中译本《魏晋南北朝时代的社会与国家》,黄桢、张雨怡译,第 226—234 页。张金龙《魏晋南北朝禁卫武官制度研究》,第 696—705 页。

③ 川本芳昭《内朝制度》,黄桢、张雨怡译《魏晋南北朝时代的社会与国家》,第 141—161 页。严耀中《北魏前期政治制度》,第 50—76 页。

在上述思路下，笔者希望借由文献与石刻当中的官制记载，回归北魏前期历史自身的逻辑，为更深入理解十六国北朝的国家体制做一些基础工作。从先前的总结可以看到，除川本芳昭、严耀中等几位学者外，已有的研究对官僚集团的整体结构鲜有触及。我们知道，官制结构是众职官的组织形式，它充当着权力和利益的分配框架，各部分间的关联又构成行政运作的根干。这也是观察官僚制度的门径。因而在讨论具体职官之前，有必要对北魏前期的基本官僚结构具备了解。

二、侍臣、内职与外臣

对官员进行划分的标准有很多，如"文—武""内—外""胡—汉"等。本章所谓"官制结构"是北魏实际采用且最为根本的官吏组织模式，在行政运作、典礼仪式的诸多场合，这一结构对众官职都发挥着规范作用。

在讲究"隆杀之义"的礼仪当中，最容易看出身份的区隔。明确显示北魏前期官制结构的材料正来自《魏书·礼志》。[①] 孝文帝太和十四年（490）九月，文明太后去世。孝文帝应该如何服丧，成为朝廷上下最关心的议题。[②] 孝文帝起初"欲依上古，丧终三年"。群臣固请，认为文明太后下葬之后，皇帝就应该结束服丧、回归平常，这才符合汉魏故事以及冯太后的"终制"。在反复的辩论之后，孝文帝做出让步："今处二理之际，唯望至期，使四气一周，寒暑代易。虽不尽三年之心，得一经忌日，情结差申。"也就是说，孝文帝最终决定将服丧期限改为一年。不过还剩下一个问题需要解决，高闾指出："君不除服于上，臣则释衰于下，从服之义有违，为臣之道不足。又亲御衰麻，复听朝政，吉凶事杂，臣窃为疑。"君既服丧，为臣者若独释凶服，于礼不合。那么，在这一年里，群臣应该遵从怎样的服制？对此，孝文帝给出了以下方案：

> 案《礼》，卒哭之后，将受变服。于朕受日，庶民及小官皆命即吉。内职羽林中郎已下，虎贲郎已上，及外职五品已上无衰服者，素服以终三月。内职及外臣衰服者，变从练礼。外臣三月而除；诸王、三都、驸马

①　《魏书》卷一〇八之三《礼志三》，第 2777—2784 页。
②　关于这场讨论和丧制的开展，最新的研究为山下洋平《北魏文明太后崩御時における孝文帝の服喪儀禮》，《東方学》第 135 辑，2018 年，第 20—35 页。

及内职,至来年三月晦朕之练也,除凶即吉。侍臣君服斯服,随朕所降。
此虽非旧式,推情即理,有贵贱之差,远近之别。①

此处对引文稍作疏解。在中国古代的凶礼中,服丧期间有所谓"变除"之法,
即丧服服饰等级需要随时间的进展递减。按照礼学家的解释,变除的原理
在于"服缘情而制,故情降则服轻",当时间流逝,"哀心有杀",就应该"以细
代粗,以齐代斩"。② 卒哭之后,孝文帝将接受第一次变服。据上引方案,
"庶民及小官"将在同一天除去凶服,回归平常。而羽林中郎以下、虎贲郎以
上的内职,以及与冯太后没有亲属关系(五服以外)的五品以上外职,需改换
为素服,等三个月后"除服即吉"。从这里可以看出,前文的"小官"是指虎
贲郎以下的内职和五品以下的外职。接下来是"变从练礼"的群体。"练"
是指以练布为冠服的丧服等级,重于素服。在孝文帝卒哭后受服时,诸王、
三都、驸马等外职以及高于羽林中郎的内职,换上练服。翌年三月,孝文帝
将接受第二次变除,改服为练,这些官员则在此时结束长达半年的服丧。另
外,所谓"外臣三月而除"中的外臣,是指五品以上与冯太后具有亲属关系但
又非诸王、三都、驸马的官员,他们需要在皇帝卒哭后著练三月。最后,侍臣
的服制与丧主孝文帝完全保持一致,"君服斯服"。我们把孝文帝卒哭变服
后群臣的服丧办法制成表格,以使层次更为清晰:

表 7-1　百官服丧方案

服　等	职　官	服丧时长
除服即吉	庶民、小官	无
素　服	羽林中郎以下、虎贲郎以上的内职,五品以上无衰服的外臣	三月
练	外臣五品以上衰服者	三月
	诸王、三都、驸马,高于羽林中郎的内职	六月
君服斯服	侍臣	一年

引文末句提到,这一方案依据的是"贵贱之差,远近之别"。上表中,丧服的
等级自上而下越来越重、越来越接近皇帝,这就意味着,自上而下的职官在

---

① 引文标点与中华书局标点本不同。
② 杜佑撰、王文锦等点校《通典》卷八七《凶礼九》,第 2397 页。

官僚体系中的地位越来越显要、与统治者的关系也越来越亲近。透过凶服的穿着与改换，一个以皇帝为中心的圈层结构浮现出来。

庶民与小官之上，众职官被区别为外职（外臣）、内职与侍臣三个层次，而在内职和外职内部，官员按照官位或是身份又有进一步的细分。据此我们认为，作为划分标准的外臣、内职和侍臣三者，组成了北魏前期的基本官僚结构。以下先分别做一概观。

首先看侍臣。① 如从服方案所示，侍臣与皇帝的关系最"近"，且在官僚体系中最"贵"，是拓跋政权的政治文化中最受推重的群体。在不少地方都能发现他们身上闪耀着光芒。如南巡碑碑阴题名第一列末尾刻有"右五十一人内侍之官"，位列其中者便是跟随文成帝出行的侍臣。他们当中的多数，如内阿干、内行令、内行内小等，在迁转、官阶所反映的品级序列里不算高位，却能力压不少带有王爵、直勤号或是担任尚书仆射、殿中尚书等要职的官员而荣居题名首列。这一群体留下的记录也相对丰富。从《魏书·官氏志》可以看到北魏前期内侍之官的发展轨迹。② 昭成帝什翼犍建国二年（339），"始置百官，分掌众职"，③其中，"初置左右近侍之职，无常员，或至百数，侍直禁中，传宣诏命"，"又置内侍长四人，主顾问，拾遗应对，若今之侍中、散骑常侍也"。这应该理解为，拓跋部首领开始对身边的近侍仆从用制度进行规范和固定。道武帝时期侍臣又有扩充。如登国元年（386），置"幢将员六人，主三郎卫士直宿禁中者，自侍中已下中散已上皆统之"；天赐二年（405），"置内官员二十人，比侍中、常侍，迭直左右"；天赐四年（407），"增置侍官，侍直左右，出内诏命"。直到孝文帝太和十五年（491），仍有"置侍官一百二十人"的记载。据前引文，侍臣群体人员庞大，多至数百，他们的特点是居于禁中、内侍左右，故史官常常将其比附为华夏制度里的门下官员。另外，南巡碑碑阴题名首列的五十一人，比较全面地反映了文成帝时期侍臣的总体设置，他们所带的官职分别为侍中、中常侍、散骑常侍、殿中尚书、内都幢将、内阿干、内行内三郎、内行令、内行内小等，我们可以由此框定内侍之官的范围。在职能方面，上引《官氏志》的材料多次提到侍臣负责"侍直禁中""顾问应对""传宣诏命"。南巡碑中有"宰官内阿干""库部内阿干"，看

---

① 在已有的研究中，陈琳国关注的"内侍官"与本章揭示的侍臣在范围上比较接近。他以时代为序，考察了内侍官演变的大势，见《北魏前期中央官制述略》，《中华文史论丛》1985 年第 2 期，第 169—187 页。不过在一些具体问题上，比如他将后文会提到的都统长、外朝大人均视为内侍，笔者不能同意。

② 《魏书》卷一一三《官氏志》，第 2971—2976 页。

③ 《魏书》卷一《序纪·昭成帝纪》，第 12 页。

来管理御食、内库也是他们的分内之事。川本芳昭所论"源于北族的内朝官"、严耀中提出的"内行官系统"和这里的侍臣有部分重叠,两者研究中列举过侍臣"监察州镇""典诸曹""领医药"的具体事例。① 综上可见,侍臣的职掌相当宽泛,既有固定的职守,又常常受临时委任。质言之,侍臣是皇帝身边供其驱使的官员。

关于内职,②在服丧方案中被举出的羽林中郎和虎贲郎两职可作为线索。据此,《魏书》所记北魏前期的羽林系、虎贲系职官均可划入内职的范围,比如元库汗担任过的羽林中郎将,元子洛所任羽林幢将,宿沓干所任虎贲幢将,③又有羽林郎、羽林郎将、虎贲中郎将、虎贲中郎等。一般认为,太和十七年(493)颁布的前《职员令》保留了北魏前期制度的诸多元素,④可以在其中看到更为丰富的羽林系、虎贲系职官,它们分布在正三品上至从八品下的广阔区间。⑤ 另外,《魏书》列传所见猎郎、侍辇郎、侍御郎等郎官很可能跟羽林、虎贲的性质相近。后文还要详细考察的南巡碑所记内三郎幢将、内三郎、三郎幢将、三郎、斛洛真、内小幢将、内小、雅乐真幢将诸官也属内职。这些官员都是所谓的宿卫之官,构成了保卫宫廷的武装组织。宗爱之乱中刘尼的例子可以加深我们的理解:

> 宗爱既杀南安王余于东庙,秘之,惟尼知状。……尼惧其有变,密以状告殿中尚书源贺,贺时与尼俱典兵宿卫。……尼与(陆)丽迎高宗于苑中。丽抱高宗于马上,入京城。尼驰还东庙,大呼曰:"宗爱杀南安王,大逆不道。皇孙已登大位,有诏,宿卫之士皆可还宫。"众咸唱万岁。⑥

时任羽林中郎的刘尼与殿中尚书源贺率领护卫,随南安王余赴东庙祭祀。宗爱杀元余于庙中,尼遂与源贺、陆丽等人发动政变。在迎高宗入京以后,

---

① 川本芳昭《内朝制度》,黄桢、张雨怡译《魏晋南北朝时代的社会与国家》,第150—152页。严耀中《北魏内行官试探》,《魏晋南北朝史考论》,上海,上海人民出版社,2010年,第183—186页。

② 需要说明的是,史料中"内职"一词的使用并不严格。如杨椿叙述其早年经历,提到"太和初,吾兄弟三人并居内职",见《魏书》卷五八《杨椿传》,第1290页。参照杨播、杨椿、杨津的传记可知,他们担任的其实是中散,属于侍臣。此处的"内职",大概指内行内小这样的内行官。"内职"一词可能因语境不同而含义发生变化,但并不影响本文讨论的内职群体作为一个相对独立的部分存在于官僚结构当中。

③ 《北史》卷一五《魏诸宗室传》,第565、579页;《魏书》卷三〇《宿石传》,第724页。

④ 宫崎市定著,韩昇、刘建英译《九品官人法研究》,北京,中华书局,2008年,第241—242页。

⑤ 《魏书》卷一一三《官氏志》,第2977—2992页。

⑥ 《魏书》卷三〇《刘尼传》,第721页。

刘尼又来到东庙,率宿卫之士回宫。可以确认两点:羽林中郎是宿卫官之一,宿卫之官居于宫中。从活动范围来看,他们与侍臣的区别在于,前者驻守禁中之外,后者可以入侍左右。需要留意的是,目前可以通过史料确认的内职仅有宿卫之官,但他们很可能并不构成内职的全部,在宫中供职的其他官员亦当位列其中。① 随着今后对北魏官僚机构认识的深入,内职群体的面貌将更为完整。

侍臣与内职虽有亲疏之别,但都在宫廷内活动,负责的事项大多与皇帝个人相关。外臣则与此相对。严耀中考察"外朝",认为它是在拓跋政权诞生和崛起的过程中出现的。拓跋部的扩张,导致与周边势力的接触、交流增多,且不断有外来族群归附以及新的疆域并入,由此催生了负责"外向型"职能的外朝。随着政权走向强盛,民众成分日益复杂,新占的土地也远超本土,对他们的管理反而变成政府层面的主要事务,外朝遂逐步发展为负责国家日常行政的机构。② 严氏关于外朝起源的见解对我们理解外臣群体富有启发。建国二年,什翼犍将过去以来投附至此的"诸方杂人"分为南北两部,"复置二部大人以统摄之,时帝弟孤监北部,子寔君监南部,分民而治,若古之二伯焉"。③ 这很可能是外臣的滥觞。道武帝时代统治范围的扩大、行政事务的增加,使完善外朝成为必要,于是可以看到该时期有多次对外臣的增置,尚书系统这样的华夏式统治机构也被借鉴。如皇始元年(396),"始建曹省,备置百官,封拜五等;外职(笔者按:此"外职"指与中央官相对的地方官)则刺史、太守、令长已下有未备者,随而置之";天兴二年(399)又"分尚书三十六曹及诸外署,凡置三百六十曹,令大夫主之"等。④ 此后诸帝对外臣的调整、扩充未曾中断,从《官氏志》可以窥得大概。作为国家行政的主体,外臣既包括设于中央的公府、三都坐、尚书省、卿监等机构,也涵盖地方的州镇守宰,无论在官员的数量和机构的复杂程度上,都远超侍臣与内职。

据以上梳理,侍臣、内职与外臣都有各自的渊源与发展轨迹。接下来要

---

① 中书省、秘书省官员很可能属于内职,不过目前未见明确材料。川本芳昭已经指出,两省官员并非皇帝的左右近侍,其机构应设于禁中之外,见其《内朝制度》,黄桢、张雨怡译《魏晋南北朝时代的社会与国家》,第 156 页。附带一提,北魏前期还能见到"内秘书令""内秘书",往往由中散兼任(如《魏书》卷四六《许彦传》,第 1036 页),说明该职当属侍臣。内秘书与秘书的关系,是否就像内行内三郎与内三郎,是同类官号分设于禁中与宫中?这一点值得继续挖掘。
② 严耀中《北魏前期政治制度》,第 50 页。
③ 《魏书》卷一一三《官氏志》,第 2971—2972 页。
④ 《魏书》卷一一三《官氏志》,第 2972 页。

追问的是,以三者共同组成的圈层构造,成立于何时?

虽然昭成帝时期侍臣与外职已初现端倪,但不存在足以说明整个职官结构的材料。登国元年,拓跋珪称代王,是年对官制进行了大规模调整:

> 　　置都统长,又置幢将及外朝大人官。其都统长,领殿内之兵,直王宫;幢将员六人,主三郎卫士直宿禁中者,自侍中已下中散已上皆统之;外朝大人无常员,主受诏命外使,出入禁中,国有大丧大礼皆与参知,随所典焉。①

引文提到了三种新设官位。其一是都统长,同幢将所领"三郎卫士直宿禁中者"相比较可知,他率领的"殿内之兵"是禁中以外、王宫以内的武装组织,这与前文述及的内职宿卫正好相当。其次是幢将,除了负责禁中护卫,他还兼掌"侍中已下中散已上"众官员。侍中、中散(即内行内小)都是皇帝近侍,在南巡碑碑阴上,两者也恰好是第一列"内侍之官"的首与尾。可见,这里增设的幢将当为侍臣之长。另外,从用例来看,"大人"在北魏前期一般指部落头领或机构首长。新置的"外朝大人"很可能就是总领外朝之官。《魏书·王建传》载"登国初,为外朝大人,与和跋等十三人迭典庶事,参与计谋",②《安同传》称同"频使称旨,遂见宠异,以为外朝大人,与和跋等出入禁中,迭典庶事",③"典庶事"与上述职掌呼应。大概正因为外朝大人在行政上的重要地位,才被特许出入禁中。综合来看,拓跋珪登国元年的官制改革,分别在侍臣、内职与外臣三大群体之上设置了新的长官。这也就意味着,以三者为基干的官僚结构此时已经显现。从道武帝初登代王之位到孝文迁洛前夕,这一结构贯通于整个北魏前期。

需要注意的是,活动范围是侍臣、内职与外臣的一项重要表征,在史料和研究中常分别以"禁中""宫中(或殿中)"以及"外朝"来表述,不过这些概念本出自华夏式的宫殿布局,与它们相联系的是雄伟的殿堂、高大的宫墙、森严的阁门等。而平城时代的宫廷建制与此相差甚远,在使用这些语词时应充分意识到其可能对北魏前期历史造成的扭曲。《南齐书》有关于平城建筑的记载:

---

① 《魏书》卷一一三《官氏志》,第 2972 页。引文标点与中华书局标点本不同,参见川本芳昭《内朝制度》,黄桢、张雨怡译《魏晋南北朝时代的社会与国家》,第 149 页;张金龙《魏晋南北朝禁卫武官制度研究》,第 660—662 页。

② 《魏书》卷三〇《王建传》,第 709 页。

③ 《魏书》卷三〇《安同传》,第 712 页。

什翼珪始都平城，犹逐水草，无城郭，木末始土著居处。佛狸破梁州、黄龙，徙其居民，大筑郭邑。截平城西为宫城，四角起楼，女墙，门不施屋，城又无堑。南门外立二土门，内立庙，开四门，各随方色，凡五庙，一世一间，瓦屋。其西立太社。佛狸所居云母等三殿，又立重屋，居其上。……殿西铠仗库屋四十余间，殿北丝绵布绢库土屋一十余间。①

可见，在道武、明元帝时期，北魏尚未有宫殿之设。此时侍臣供职的"禁中"可能只是拓跋君主居住的帷帐、毡屋，"直王宫"的内职则应驻扎在主帐的外围周边。太武帝开始大兴土木，宫城稍备。"云母等三殿"为皇帝所居，当为侍臣入直之地。而新筑的宫墙成为了内职与外臣的明确界限。另外值得留意的是，引文提到，云母等殿西有"铠仗库屋四十余间"，北有"丝绵布绢库土屋一十余间"，如此大规模的武器、布料仓库与君主居处紧邻，颇具特色。《南齐书·魏虏传》后文又言"殿中尚书知殿内兵马、仓库"，②这里的"殿"与上引文一样，是指皇帝的起居场所，所谓"殿内兵马"即禁中护卫。也就是说，统领禁卫、随侍帷幄的殿中尚书还有管理仓库的职分。结合起来考虑，引文中的仓库即殿中尚书所掌，并且也属于禁掖之地。与此相应的是，南巡碑题名的"内侍之官"中有"库部内阿干"一职，任职者亦当为禁中仓库的管理者之一。殿中尚书与库部内阿干的例子，显示北魏前期特有的宫廷构造对设官分职的影响。直到迁洛前夕的太和十六年（492），蒋少游参考洛阳旧迹及建康宫殿，主持修造太极殿、东西堂等建筑，③华夏式的宫省结构可能才被较大程度地引入平城。

三、《文成帝南巡碑》碑阴题名的再检讨

上一节的考察使北魏前期官僚组织的分层构造走向清晰，不过没有过多触及具体职官。接下来，我们以此项认识为基础，结合南巡碑碑阴题名的

---

① 《南齐书》卷五七《魏虏传》，第 984 页。
② 《南齐书》卷五七《魏虏传》，第 985 页。
③ 《魏书》卷七下《高祖纪下》记太和十六年二月"坏太华殿，经始太极"，第 169 页。《北史》卷九〇《艺术下·蒋少游传》："后于平城将营太庙、太极殿，遣少游乘传诣洛，量准魏、晋基址。"第 2984 页。《南齐书》卷五七《魏虏传》："（永明）九年（491），遣使李道固、蒋少游报使。少游有机巧，密令观京师宫殿楷式。"第 990 页。《水经注·漯水》载"太和十六年破太华、安昌诸殿，造太极殿、东西堂及朝堂"，见郦道元注，杨守敬、熊会贞疏，段熙仲点校、陈桥驿复校《水经注疏》，第 1142—1143 页。

材料,对一些重要官职开展新的探讨。

和平二年春,文成帝南巡定、相诸州,在返经灵丘时,与群臣"仰射山峰"。① 南巡碑正是为纪念此项活动而刊立。经过整理者的努力,现在能见到碑阴题名的其中七列,共残存二百八十余位官员的官号和姓名。应该明确的是,得以列名的只是这次出巡的随行官员,不能完整反映此时官僚组织的设置。从常理推断,皇帝的扈从一般由参谋、服侍以及武卫人员构成,而负责国家日常行政的官员以及与君主关系较为疏远的外臣,可能没有机会参与。南巡碑也印证了这一点,可以看到,内侍以及各类幢将、郎卫占据题名的绝大多数。鉴于材料本身的偏向性,下面的考察主要针对碑阴上的侍臣、内职展开。

1."内侍之官"

上文已经提到,首列的五十一人都属于侍臣。

先来关注侍中和散骑常侍。侍中、散骑是魏晋制度里最典型的侍从官员。在侍臣题名内,也有三人担任这两种官职,分别为"侍中[抚]军[大将军]太子太傅司徒公平原王[步]六孤[伊]□""侍中特[进]车骑大将军□太子太保尚书太原王一弗步□□""散骑常侍宁东将军西起部尚书东海公杨保年",②说明此类官号已被引入北魏君主的近侍组织。然而,题名第二列也存在数位带有侍中、散骑的人物,如"侍中安南大将军殿中尚书□□东安王独孤侯尼须""散骑常侍安南将军[尚]书羽真南郡公毛法仁",他们为何又不算侍臣? 先行研究未予解释。其实答案在于正职与加官的区别。上面举出的独孤侯尼须即刘尼,本传提到"征为殿中尚书,加侍中、特进",③可见侍中为加官,其本职应是殿中尚书,结衔里两个漫漶之字当即"特进"。毛法仁在文成帝时期的历官为:"高宗初,为金部尚书,袭爵。后转殿中尚书,加散骑常侍。"④他的散骑常侍也是加官。因此两人不能随侍皇帝左右。第二列中的其他人物也应作如是观。在陆丽(即上引题名中"[步]六孤[伊]□")的本传中,关于侍中一职的获得,被记为"寻迁侍中、抚军大将军、司徒公"。⑤ 陆丽以侍中为本职,是真正的近臣。某一官号,既有正员,又被作为加官广泛颁授,在魏晋南朝屡见不鲜。比如侍中,《晋书·职官志》云"魏晋以来置四人,别加官者则非数"。⑥ 散骑常侍在东晋南朝甚至被当作地方官

① 《魏书》卷五《高宗纪》,第 119 页。
② 南巡碑引文中的符号全据原释文。加"[ ]"表示似是而不敢断定之字,残损不辨者以"□"表示,连续五个以上残损不辨之字,以"☑"后加注字数标明。
③ 《魏书》卷三〇《刘尼传》,第 722 页。
④ 《魏书》卷四三《毛脩之传》,第 961 页。
⑤ 《魏书》卷四〇《陆丽传》,第 908 页。
⑥ 《晋书》卷二四《职官志》,第 732 页。

的加官。① 获得这些加官的官员显然无法承担"切问近对,拾遗补阙"的本职工作。综合上述,除了侍中、散骑等官号,像正职、加官这样的操作方式,也已经被北魏王朝采纳,这是拓跋官制华夏化的一个侧面。

在两位侍中之后,"六□将军□羽真襄邑子吕河一西"列名第三。"六□将军"为将军号,"襄邑子"为爵位,均非侍臣特有。"□羽真"应是赋予吕河一西内侍身份的官职。关于羽真,学界目前尚未取得清晰的认识,能确定的只是获此官号者在北魏朝廷中地位极高。② 松下宪一的论文代表了最新且最稳妥的见解,他依据是否被冠以"内"字将羽真系官职分为羽真与内羽真两类。③ 不过他没能指出两者的区别在于何处。目前发现的可归入内羽真行列的共有五例:一是正始四年(507)《奚智墓志》称其祖奚内亦干曾任"内行羽真";④二是据正光元年(520)的《元君妻赵光墓志》,元顺做过"内大羽真";⑤三是在西魏大统六年(540)的《元颢墓志》中,志主之祖元素的身份被书写为"征西大将军、内羽真、统万突镇都大将、常山康王";⑥四是东魏武定四年(546)的《赫连明墓志》云"父曾,开古异闻,初为殿中内行羽真、阿干";⑦五是北周建德六年(577)《若干荣墓志》记其祖若干燕皇乃北魏内行羽真。⑧ 受这些材料启发,笔者认为,吕河一西所任"□羽真"即"内羽真",漫漶之字当为"内"。内羽真也就是内行羽真,"行"字有时被省略,就像内阿干也被称作内行阿干、内行长者。内大羽真应当是一种职级更高的内羽真。与首列当中的内都幢将、内阿干、内行内小等其他内侍官一样,羽真被冠以"内"字,表示该职在皇帝身边服务。是否侧在内侍,构成了内羽真

① 参见张小稳《魏晋南北朝地方官等级管理制度研究》,北京,九州出版社,2010 年,第 132—155 页。

② 贾敬颜指出,羽真即《南齐书·魏虏传》所记相当于"三公贵人"的"羊真"。贾敬颜《民族历史文化萃要》,长春,吉林教育出版社,1990 年,第 26 页。

③ 松下宪一《北魏石刻史料に見える内朝官——〈北魏文成帝南巡碑〉の分析を中心に》,《北魏胡族体制論》,第 66—72 页。刘凯《北魏羽真考》(《学术月刊》2015 年第 2 期,第 128—144 页)在资料整理上更为充分。

④ 赵超《汉魏南北朝墓志汇编》,天津,天津古籍出版社,1992 年,第 50 页。

⑤ 赵超《汉魏南北朝墓志汇编》,第 114 页。

⑥ 叶炜、刘秀峰主编《墨香阁藏北朝墓志》,上海,上海古籍出版社,2016 年,第 44 页。另外,元保洛和元昭也是元素后人,两人的墓志均称元素担任的是"羽真",分见赵超《汉魏南北朝墓志汇编》,第 59、146 页。孝文帝后期以来,羽真一职已退出实际官制(参见张庆捷《〈南巡碑〉中的拓跋职官》,《民族汇聚与文明互动——北朝社会的考古学观察》,第 73 页)。身处北魏后期的元素后人对各种羽真号之间的区别可能已不太了解。鉴于此,更周详的"内羽真"应当是更准确的记录。

⑦ 张永华、赵文成、赵君平编《秦晋豫新出墓志蒐佚三编》,北京,国家图书馆出版社,2020 年,第 82 页。

⑧ 王连龙《南北朝墓志集成》,第 934 页。

与羽真的分界线。吕河一西任内羽真的例子也为羽真号的继续探索提供了新素材。

前面提到位于第二列的刘尼以殿中尚书为本职,列名刘尼之后的"顺阳公直勤郁豆眷"即元郁,在文成帝时期也担任殿中尚书。① 而在第一列的侍臣中有"宁南将军殿中尚书日南公斛骨乙莫干"。以往的研究因不了解侍臣与内职的结构,只是笼统地认为殿中尚书为宫廷护卫的长官。这三条题名提示我们注意殿中尚书的分工。列名首列的斛骨乙莫干身为侍臣,负责的应是禁中护卫。与他担任相同职务的有源贺。宗爱之乱时,贺"部勒禁兵,静遏外内",陆丽与刘尼奉迎高宗,他"守禁中为之内应"。② 另外,《胡泥传》载"泥率勒禁中,不惮豪贵,殿中尚书叔孙侯头应内直而阙于一时,泥以法绳之",③叔孙侯头因未及时到岗而遭到"率勒禁中"的胡泥弹纠,说明侯头所任殿中尚书亦为皇帝禁卫之长。与他们不同,元郁的本传提到:

> 高宗时,位殿中尚书。从高宗东巡临海,以劳赐爵顺阳公。高宗崩,乙浑专权,隔绝内外,百官震恐,计无所出。郁率殿中卫士数百人从顺德门入,欲诛浑。浑惧,逆出问郁曰:"君入何意?"郁曰:"不见天子,群臣忧惧,求见主上。"④

高宗崩,随侍左右的侍中乙浑(即上引题名中的"太原王一弗步□□")隔绝了禁中的内外。在外的元郁率"殿中卫士"试图攻入禁中。元郁的职务与前文所引《魏书·官氏志》中"领殿内之兵,直王宫"的都统长近似,⑤领导着宫中(即殿中,禁中之外、宫城以内)武装,是内职的长官之一。又,"孝文初,殿中尚书胡莫寒简西部敕勒豪富兼丁者为殿中武士",⑥简选敕勒以充内职的胡莫寒负责的也是宫中护卫。由以上考察可见,北魏前期在侍臣和内职中均设有殿中尚书,分别负责禁中与宫中的武卫。同样的官号分设于禁中内外的现象,还可以举出内三郎与内小。我们在侍臣题名中能见到多位担任"内行内三郎""内行内小"的人物,而内职中有"内三郎"与"内小"(详见后文),身处禁中者只是被冠以"内行"来区别。

---

① 《北史》卷一五《魏诸宗室传》,第544页。
② 《魏书》卷四一《源贺传》,第920页。
③ 《北史》卷八七《酷吏传》,第2895页。
④ 《魏书》卷一四《神元平文诸帝子孙传》,第347页。
⑤ "都统长"仅《官氏志》一见,此职很有可能在道武帝朝以后被改称为殿中尚书或是被殿中尚书取代。
⑥ 《北史》卷一七《景穆十二王上·汝阴王天赐传》,第639页。

　　紧随殿中尚书斛骨乙莫干的是"左卫将军内都幢将福禄子乙旃惠也拔"。内都幢将，在文献中还被记作"内幢将""都幢将"，①也是禁中护卫的负责人之一。该官职的源头，是前文提到的道武帝登国元年增设的幢将，当时为整个侍臣群体的长官。随着侍臣机构的调整和完善，幢将的权力应该遭到了分割，只保留下"主三郎卫士直宿禁中者"的职分，在禁中武卫的序列里，也降至后来增设的殿中尚书之下。②"三郎卫士直宿禁中者"即内行内三郎，这里的乙旃惠也拔就是列名于后的"内行内三郎高平国""内行内三郎段鱼阳"二人的直接长官。此处还想揭示它与同样典掌禁中武卫的"司卫监"一职的关系。据《魏书》，北魏前期担任过司卫监的有拓跋比干、尉眷、宇文福、穆多侯、胡泥等多人。③前《职员令》中，司卫监位于第三品上，④而在可以反映太和十八年职官设置状况的《孝文帝吊比干碑》碑阴题名的第一列，也有数位担任司卫监的官员。⑤这些材料都说明司卫监地位显要。但《魏书》中见于整个北魏前期的司卫监，偏偏未在南巡碑上现身。鉴于司卫监与内都幢将职责酷似，品级也相当，⑥两者是否可能为同职异名？竟有材料能够证明。《魏书·于烈传》叙传主历官曰："迁司卫监，总督禁旅……转左卫将军，赐爵昌国子。"⑦《金石录》转录景明四年（503）所立《太尉于烈碑》云："初以功臣子起家为中散，转屯田给事、内都幢将，迁左卫将军。"⑧于烈迁左卫将军之前的官职，一记为"司卫监"，一为"内都幢将"。可见此二

---

①　《魏书》卷三〇《来大千传》："迁内幢将，典宿卫禁旅。"第725页。《北史》卷一五《魏诸宗室传》："（太武）帝壮之，即日拜（拓跋可悉陵）都幢将，封暨阳子。"第566页。又，《北史》卷一五《魏诸宗室传》载元纂"后悔过修谨，拜内大将军"（第563页），《魏书》卷一五《昭成子孙传》载"太宗即位，拜（元幹）内将军、都将，入备禁中"（第372页），此处"内将军""内大将军"很可能也是内都幢将的另一种表达，且志于此。

②　从现存记载来看，殿中尚书最早出现于太武帝时期。参见严耕望《北魏尚书制度考》，《中央研究院历史语言研究所集刊》第18本，第274页。

③　关于"司卫监"的史料，可参见川本芳昭《北族社会の变质と孝文帝の改革》，黄桢、张雨怡译《魏晋南北朝时代的社会与国家》，第228—231页；张金龙《魏晋南北朝禁卫武官制度研究》，第705—707页。

④　《魏书》卷一一三《官氏志》，第2980页。

⑤　王昶《金石萃编》卷二七《北魏一·孝文吊比干墓文》，《石刻史料新编》第1辑（1），台北，新文丰出版公司，1982年，第479—480页。关于《吊比干碑》的形成过程，见罗新《北魏孝文帝吊比干碑的立碑时间》，《中古北族名号研究》，第253—258页。

⑥　张庆捷总结了任内都幢将者的兼官和爵位，认为内都幢将应在二三品左右，且更接近二品。见《〈南巡碑〉中的拓跋职官》，《民族汇聚与文明互动——北朝社会的考古学观察》，第87页。

⑦　《魏书》卷三一《于烈传》，第737页。

⑧　赵明诚撰、金文明校证《金石录校证》卷二、卷二一，北京，中华书局，2019年，第34、406页。参见黄桢《北魏〈于烈碑〉考》，《中华文史论丛》待刊。

职确实可以对应。孝文帝太和四年（480），"省二部内都幢将"，此举当为部分废除内都幢将的措施。① 张金龙广泛搜罗材料，指出史籍所见北魏幢将的下限是在太和十一年（487）。② 在前《职员令》中，仅在从七品上阶见一"宿卫幢将"。③ 由此推测，北魏中央的幢将系官称在太和中前期可能遭到过大规模淘汰。司卫监是为替代内都幢将而新设的官名。《魏书》所见北魏前期的司卫监，很可能本为内都幢将，撰史者依据孝文帝新制进行了回改。后文还要讨论，在《魏书》中常见于北魏前期的羽林中郎将、羽林郎将，实际上就是内三郎幢将和三郎幢将，其形成过程与内都幢将被转写为司卫监如出一辙。

再来看看内阿干。周一良很早就根据"鲜卑呼兄为阿干"指出，在《魏书》各传中见到的内行长、内行长者即为内阿干。④ 此处想稍微补充的是，《魏书》里常见的内侍长与内行长一样，也是内阿干的一种意译名称。不消说，内侍与内行都是在内服务的意思。比较明显的证据还有徐謇的例子。《魏书·徐謇传》记謇"为中散，稍迁内侍长"，⑤而《北史》则作"稍迁内行长"，⑥足见内侍长和内行长实为同一官。另外，大约在文成帝前期，仕于拓跋政权的华夏人士游雅和陈奇有过一段对话：

> 雅性护短，因以为嫌。尝众辱奇，或尔汝之，或指为小人。奇曰："公身为君子，奇身且小人耳。"雅曰："君言身且小人，君祖父是何人也？"奇曰："祖，燕东部侯厘。"雅质奇曰："侯厘何官也？"奇曰："三皇不传礼，官名岂同哉？故昔有云师、火正、鸟师之名。以斯而言，世革则官异，时易则礼变。公为皇魏东宫内侍长，侍长竟何职也？"由是雅深憾之。⑦

材料中，游雅、陈奇用对方担任过的北族系职官互相讥讽。不过乍看之下，有些费解。"内侍长"虽不见于以往的中原制度，但从字面来说，意思比较清

---

① 《魏书》卷一一三《官氏志》原作"省二部内部幢将"，第 2976 页。川本芳昭、张金龙均认为"内部"为"内都"之讹，分见川本芳昭《北魏文成帝南巡碑について》，《東アジア古代における諸民族と国家》，第 47 页；张金龙《魏晋南北朝禁卫武官制度研究》，第 670 页。今从此说。
② 张金龙《魏晋南北朝禁卫武官制度研究》，第 669 页。
③ 《魏书》卷一一三《官氏志》，第 2991 页。
④ 周一良《魏晋南北朝史札记》，北京，中华书局，2007 年，第 323 页。
⑤ 《魏书》卷九一《术艺·徐謇传》，第 1966 页。
⑥ 《北史》卷九〇《艺术下·徐謇传》，第 2968 页。
⑦ 《魏书》卷八四《儒林·陈奇传》，第 1846—1847 页。"侯厘"《魏书》讹作"侯厘"，见该卷"校勘记"第 3 条，第 1867 页。

楚,远没有"俟厘"那样的讽刺效果。面对"侍长竟何职"的诘问,游雅何至惭恨不已?但如果考虑到内侍长其实是内阿干,"阿干"对"俟厘",引文的意思就顺畅多了。此处,陈奇的原话应该就是"阿干",但事件的记录者改用了"内阿干"的意译,反而损害了本来的韵味。① 东宫内侍长,或称东宫内阿干,应是比照内阿干设立的、随侍太子左右的一种官职。内阿干一职存在多种翻译,昭示北族传统与华夏文化在碰撞后产生的复杂面貌。不同的译名都或多或少地保留在《魏书》中,也彰显出北魏国史在史料来源与编修过程方面的纷杂。

2. 内职

南巡碑碑阴的第二列及以下,是外臣与内职的混合题名,其中绝大多数是各类郎卫与幢将。关于内三郎、三郎幢将、雅乐真幢将、斛洛真诸官的职能,现有的研究已经达成共识,认为他们都是负责皇帝安全的武职。② 史载费于"起家内三郎……以宿卫之勤,除宁远将军,赐爵松杨男",③可见内三郎为宿卫之官。《南齐书》记孝文帝亲征寿阳,提到了他的行仗:"军中有黑毡行殿,容二十人坐。辇边皆三郎、曷刺真,槊多白真毦。铁骑为群,前后相接。步军皆乌楯槊,缀接以黑虾蟆幡。"④三郎、曷刺真(即斛洛真)居于铁骑、步军之内,紧密围绕在行殿周围,亦反映出宿卫官的性质。综合来看,在本章揭示的分层构造中,以上所举诸官都可归入内职。

不过,碑阴题名所见内职武卫与《魏书》的记载存在不小矛盾。前文根据《魏书》指出,羽林系、虎贲系职官是宿卫之官的主要组成部分。这些官职一概不见于南巡碑,很不正常。而内三郎、三郎幢将、斛洛真、雅乐真幢将等在碑阴题名中屡屡出现的职官,也少见或不见于《魏书》记载。前《职员令》中也没有上述官号。该现象的原因在于,文成帝朝以后内职武官的名称发生过变化。随着政治文化的转型,北魏王朝借用了羽林系、虎贲系等华夏制度里的官号来取代不那么雅驯的内三郎、斛洛真等原始译名,史书编纂者则根据新制对原始记录实施了更改。

---

① 侯旭东、罗新都关注过这条材料,见侯旭东《北魏申洪之墓志考释》,吉林大学古籍研究所编《"1—6世纪中国北方边疆·民族·社会国际学术研讨会"论文集》,北京,科学出版社,2008 年,第 207—223 页;罗新《北魏申洪之墓志补释》,《王化与山险:中古边裔论集》,第260 页。两者均认为,能够与"俟厘"对举且令游雅哑口无言的,不是"侍长"这一官名,而应是某种北族名号,《魏书》的叙述曾做过修饰。

② 张庆捷《〈南巡碑〉中的拓跋职官》,《民族汇聚与文明互动——北朝社会的考古学观察》,第 63—92 页。张金龙《魏晋南北朝禁卫武官制度研究》,第 713—730 页。

③ 《魏书》卷四四《费于传》,第 1003 页。

④ 《南齐书》卷五七《魏虏传》,第 994 页。引文标点与中华书局标点本不同。

　　能确定的是,"内三郎"与"羽林中郎"乃同一官职的前后两种名称。首先从地位、品级来看。在南巡碑题名中,内三郎居第三列,是排名靠前的内职郎卫。而第二节举出的刘尼的事例反映,羽林中郎在宿卫体系里有较高地位。张金龙根据南巡碑上内三郎所带将军号的品级推断,内三郎当为四五品之官。① 太和前《职员令》中,羽林中郎位列从四品上,与内三郎相应。其次,上一节提到,在皇帝身边负责保卫工作的,有"三郎卫士直宿禁中者",该职正是侍臣题名里的"内行内三郎"。如果内三郎等于羽林中郎成立,内行内三郎在其他史料中也应会以内行羽林中郎的形式出现。此点恰恰于史有征:元郁本传称其"以羽林中郎内侍",②即为该职;《杨播墓志》云"君年十有五,举司州秀才,拜内小,寻为内行羽林中郎",③更是确证。由此还可以继续推知三郎系与羽林系职官的对应关系。题名中内三郎以下有多位三郎幢将,此职在《魏书》仅一见。顾名思义,三郎幢将是三郎的统领官。三郎未能留存于南巡碑,但据《魏书》记载,陈建、伊䓁、和其奴、周豆等人都担任过该职。④ 而在太和前《职员令》给出的羽林系序列中,羽林中郎之后有羽林郎将,羽林郎将显然是位列从五品中的羽林郎的长官。其实张金龙已经注意到,内三郎略高于三郎幢将,此二者的关系类似于羽林中郎与羽林郎将的关系。⑤ 根据内三郎与羽林中郎的对应,我们进一步认为,三郎幢将即羽林郎将,三郎即羽林郎。这样,文成帝以来三郎系官号被羽林系官号取代的过程,就变得比较清晰了。

　　新发掘出的官职名称改易规律,可以帮助澄清以往对题名中三郎系职官的误解。题名的第二列末尾和第三列前端,残损严重。第二列尾部从"慕容白曜"开始,各人的官职已基本不可辨识。在第三列最前面的六名官员的官号中,能勉强辨认出"内三郎"三字。此下,隔了约二十位以"给事中""给事"为职的官员,内三郎迎来了集中、连续分布,一直持续到第四列中部。张庆捷、张金龙都直接将第三列前端的官员视作内三郎。⑥ 其实,这六个题名的"内三郎"三字之下都有缺损,不能轻易断定是否为完整官号。比照上面

---

① 张金龙《魏晋南北朝禁卫武官制度研究》,第 724 页。
② 《魏书》卷一四《神元平文诸帝子孙传》,第 347 页。
③ 赵超《汉魏南北朝墓志汇编》,第 86 页。
④ 《魏书》卷三〇《周观传》,第 728 页;卷三四《陈建传》,第 802 页;卷四四《伊䓁传》《和其奴传》,第 989、993 页。
⑤ 张金龙《魏晋南北朝禁卫武官制度研究》,第 726 页。
⑥ 张庆捷《〈南巡碑〉中的拓跋职官》,《民族汇聚与文明互动——北朝社会的考古学观察》,第 77—82 页。张金龙《魏晋南北朝禁卫武官制度研究》,第 723—724 页。川本芳昭已指出题名于第三列 1—6 位者担任的是内三郎幢将,见《北魏文成帝南巡碑について》,《東アジア古代における諸民族と国家》,第 45 页。

提到的三郎幢将与三郎的统辖关系,笔者认为排在"给事中""给事""内三郎"之前的这六名官员的职务应当为内三郎幢将,是内三郎的长官。再来看其他证据。在第二列题名的尾部,有"☑(残 11 字)[野]王侯吕罗汉"。吕罗汉本传载:

> 以功迁羽林中郎幢将,赐爵乌程子,加建威将军。及南安王余立,罗汉犹典宿卫。高宗之立,罗汉有力焉。迁少卿,仍幢将,进爵野王侯,加龙骧将军。拜司卫监,迁散骑常侍、殿中尚书,进爵山阳公,加镇西将军。①

中华书局标点本原作"以功迁羽林中郎、幢将",顿号不当,羽林中郎幢将实为一职。据羽林中郎与内三郎的对应关系,羽林中郎幢将亦即内三郎幢将。和平二年,吕罗汉仍为羽林中郎幢将,尚未迁任司卫监,否则应列名于首列的侍臣。既然排在第二列末尾的吕罗汉为内三郎幢将,那么几乎可以肯定,紧接着的第三列最前面的六名官员也是内三郎幢将。第三列第一个题名作"中坚将军内三郎□[将南]□□□□",整理者在"内三郎"后隔一个字的位置,辨认出形似"将"之字,也支持"内三郎幢将"才是完整官号的判断。也就是说,内三郎幢将连续分布于第二列末尾与第三列前端。另外值得注意的是,内三郎或羽林中郎的长官,在文献中更多以"羽林中郎将"出现,根据太和十七年的前《职员令》,它最晚在此时已成为该职的正式名称。然而像"羽林中郎幢将"这样新旧因素杂糅的官号,我们还能找到"羽林幢将""虎贲幢将"等,②这显示了官职名称的改变并非一蹴而就。

最后对内职武卫的等级序列与统辖关系做一总结。依据题名的前后,我们把见于碑阴的所有幢将、郎卫抽离出来,得到这样的排序:内三郎幢将,内三郎,斛洛真军将,内小幢将,三郎幢将,雅乐真幢将,斛洛真。这一排列反映的是内职内部的等级高低。内三郎紧接内三郎幢将,位居诸军将、幢将之上,表明内三郎系统地位特殊,他们很可能是殿中卫士里最为核心、最受倚重的群体。另外,在已辨识出的题名中,没有见到内小幢将所领内小、三郎幢将所领三郎以及雅乐真幢将所领雅乐真。上文已举出《魏书》记载的担任过三郎的人物,内小则见于一些石刻材料,比如据献文帝天安元年(466)的《曹天度造九层塔题记》,③造塔人曹天度时任内小。雅乐真可能因

---

① 《魏书》卷五一《吕罗汉传》,第 1138 页。
② 如《魏书》卷三〇《宿石传》,第 724 页;《北史》卷一五《魏诸宗室传》,第 565 页。
③ 史树青《北魏曹天度造千佛石塔》,《文物》1980 年第 1 期,第 68—71 页。

为地位过低,不见于史,但也可以推知它的存在。这三个官职之间的位次当
与其长官相应,也就是说,在内职序列中,它们以"内小、三郎、雅乐真"这样
的顺序排在斛洛真之后。关于统辖关系,前面提到,北魏在内职设有殿中尚
书,掌殿中之兵,内三郎幢将以下的武卫应当受此官员总领。下图或许可以
让内职武卫的结构更为清晰。附带一提,正如三郎系与羽林系官号相互对
应一样,《魏书》各传所见北魏前期的虎贲中郎将、虎贲中郎、猎郎、侍辇郎、
侍御郎等郎官,以及前《职员令》所见宿卫军将、宿卫统等宿卫系官号,很可
能与此处斛洛真军将以下的武职也具有类似关联,值得进一步挖掘。

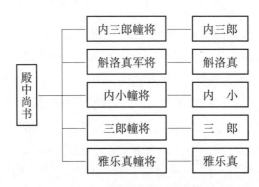

图 7-1   内职武卫组织示意图

余论:从官制结构看北魏前期的统治方式

基本官僚结构的清晰化,不仅可以引导职官研究走向深入,对理解北魏
前期的政治运作也多有助益。本章末尾希望在这一点上稍作尝试,即以官
制结构为线索,结合一些具体现象,谈谈迁洛以前的统治方式。

侍臣、内职与外臣这一构造,很容易让人联想到华夏制度中的宫官与朝官
之分。比如魏晋时期,宫廷官群体相当发达,以门下官员为代表的近侍在顾问
应对、参决机密的同时,也承担服务皇帝生活的职责。与此相对,三公府、尚书
台作为宰相机构,领导外朝诸官,维持着国家的日常运转。[①] 此处,"宫—朝"
主要体现的是行政职能的分野。[②] 如前文已经论及的,北魏职官依圈层也存

① 参见祝总斌《两汉魏晋南北朝宰相制度研究》,第135—193、264—276 页;叶炜《从武冠、貂蝉
略论中古侍臣之演变》,《唐研究》第13 卷,北京,北京大学出版社,2007 年,第149—176 页。
② 阎步克就整个历史时期的"宫朝关系"及其对官制的影响做过宏观论述,见《中国古代官阶
制度引论》,北京,北京大学出版社,2010 年,第64—73 页。

在类似分工。不过，于行政之外，这一官僚组织模式还在更大范围发挥作用。

　　来看一些具体事例。首先是礼制方面。前述丧服方案已经显示，孝文帝将官僚结构作为安排百官服丧的基准，因而，外臣、内职的丧服等级在总体上低于侍臣。又，《魏书·礼志》对天赐二年的西郊祭天有详细记述，该活动是整个北魏前期最重要的典礼。① 仪式中群臣的排列如下：

　　　　祭之日，帝御大驾，百官及宾国诸部大人毕从至郊所。帝立青门内近南坛西，内朝臣皆位于帝北，外朝臣及大人咸位于青门之外，后率六宫从黑门入，列于青门内近北，并西面。……选帝之十族子弟七人执酒，在巫南，西面北上。女巫升坛，摇鼓。帝拜，后肃拜，百官内外尽拜。②

　　可见，百官的参与程度也具有同心圆状的结构。处于舞台中心的是皇帝和甄选出的十族子弟。围绕祭天坛，排列着内朝臣（侍臣和内职的总称）以及皇后率领的后宫。而外臣不能进入青门，只得与宾国诸部大人立于门外远观、遥拜。汉晋制度下，礼制场合的等级常常与秩级、品级挂钩，而引文显示，北魏前期的圈层构造仍是安排官员礼制位次的基本依据。尤其引人注意的是外臣的角色。毫无疑问，此处执酒祭天的七人中可能会有外臣，据《南齐书》所记孝文帝西郊，跟随他“蹋坛”的有公卿“二十余骑”，③其中亦当有任外职者。但正如诸王、驸马在服丧方案中被给予特别待遇，他们得以参与仪式的核心环节，是因为同拓跋君主具有血缘关系，比如属于“帝之十族”或是“直勤”，而与其外臣职任无关。综合来说，在礼仪反映的拓跋政权政治文化当中，外臣群体的身影非常暗淡。

　　再来看官员迁转方面的情况。笔者遍检北魏前期人物的传记，看到很多在侍臣与内职间来回迁转的例子。如先前提及的元郁，“初以羽林中郎内侍”，文成帝以其为统领宿卫的殿中尚书；又如宿沓干，太武帝时期任“虎贲幢将”，“从征平凉有功，拜虎威将军、侍御郎”，后又“转中散”；再如高腨儿，献文帝时任“羽林幢将”，孝文帝时“累迁散骑常侍、内侍长”。④ 同时，从内

————————

① 参见康乐《从西郊到南郊——国家祭典与北魏政治》，台北，稻禾出版社，1995 年，第 165—206 页；川本芳昭《北族社会の変質と孝文帝の改革》，黄桢、张雨怡译《魏晋南北朝时代的社会与国家》，第 218—226 页；冈田和一郎《前期北魏国家の支配構造：西郊祭天の空間構造を手がかりとして》，《歷史学研究》第 817 号，2006 年，第 1—16 页。

② 《魏书》卷一〇八之一《礼志一》，第 2736 页。

③ 《南齐书》卷五七《魏虏传》，第 991 页。

④ 《魏书》卷一四《神元平文诸帝子孙传》，第 347 页；卷三〇《宿石传》，第 724 页；卷三二《高湖传》，第 753 页。

职、侍臣出为外职的情形也很常见,如长孙浑,"初为中散,久之为彭城镇将";又如和其奴"初为三郎,转羽林中郎",文成帝初期,"迁尚书,加散骑常侍",又"拜安南将军,迁尚书左仆射";再如司马金龙,"初为中书学生,入为中散",后"拜侍中、镇西大将军、开府、云中镇大将、朔州刺史",又"征为吏部尚书"。[①] 但目见所及,几乎没有以外职出身,后来得以迁任侍臣或内职的人物。[②] 由是可知,在官吏任用方面,拓跋政权亦有专门针对外臣的限制。

　　以上的例证让我们注意到,侍臣、内职与外臣的划分被贯彻于政治生活的多重层面。总的来看,外臣负责的事务对北魏国家的运转可谓重要,但外臣群体与北魏君主的关系却显得疏远,他们往往成为被防范的对象,未获得侍臣、内职所受到的信任和推重。

　　在这一认识的基础上,许多看似独立的现象都可以结合起来考虑,从而加深关于北魏皇帝如何掌控官僚组织的了解。此处试举三例。首先来看监察。据《官氏志》,天兴四年(401),道武帝"罢外兰台御史,总属内省",[③]《南齐书》也提到过道武帝时期的兰台:"兰台置中丞、御史,知城内事。"[④]看来,天兴四年的措施是将监察城内事的职责转交给内侍官员。[⑤] 在帝纪、列传中也可见到以侍臣监察百官的例子。如安颉为内侍长,明元帝令其"察举百僚","纠剌奸慝,无所回避";又如南安王桢为雍州刺史,"有贪暴之响",文明太后即遣中散闾文祖诣长安察之;再如延兴四年(474),孝文帝"分遣侍臣循河南七州,观察风俗,抚慰初附",太和十四年又"遣侍臣循行州郡,问民疾苦"。[⑥] 川本芳昭已经注意到,北魏前期刺察、弹劾的事务主要由皇帝身边的内朝负责。[⑦] 如上引材料所示,无论是"知城内事""察举百僚"还是

----

① 《魏书》卷二六《长孙翰传》,第 653 页;卷三七《司马金龙传》,第 857 页;卷四四《和其奴传》,第 993 页。

② 个别特例是存在的。如张衮初为晋朝上谷郡吏,道武帝为代王,引为左长史,"常参大谋,决策帷幄",皇始初为给事黄门侍郎,见《魏书》卷二四《张衮传》,第 613 页。这应该理解为,政权成立初期的拓跋君主急需通晓华夏式统治技术的人员随侍左右。又,源贺奔魏,初为龙骧将军,又迁平西将军、征西将军,后为散骑常侍、殿中尚书,见《魏书》卷四一《源贺传》,第 919—920 页。源贺得入内侍,应当与他被接纳为宗室有关。参见罗新《北魏直勤考》,《中古北族名号研究》,第 85—86 页。另外,这里的内职专指宿卫官,由外臣迁为中书省、秘书省官员的例子在史料中可以见到。

③ 《魏书》卷一一三《官氏志》,第 2973 页。

④ 《南齐书》卷五七《魏虏传》,第 985 页。

⑤ 参见川本芳昭《监察制度》,《魏晋南北朝时代的民族问题》,此据该书中译本《魏晋南北朝时代的社会与国家》,黄桢、张雨译,第 176—177 页。

⑥ 《魏书》卷七上《高祖纪上》,第 141 页;卷七下《高祖纪下》,第 165 页;卷三〇《安颉传》,第 715 页;卷五〇《慕容契传》,第 1122 页。

⑦ 川本芳昭《监察制度》,黄桢、张雨怡译《魏晋南北朝时代的社会与国家》,第 176—196 页。

"循行州郡",监察的对象主要是外臣或外臣处理的事务。如果监察可以被视为统治者管理百官的一种手段,那么北魏前期的监察多少带有皇帝依靠侍臣来操纵外臣的性质。

北魏前期的宦官是引人注目的群体。站在北魏转型后华夏士人立场上的魏收,于《魏书·阉官传》卷首序言称北魏多次遭受宦官之害,并认为"其由来远矣,非一朝一世也"。① 他将北魏宦官势力的出现,放置在伊戾、竖刁、石显、张让以来的脉络中理解,其实忽视了拓跋政权特有的政治土壤。宦官被魏收视为"朝野之患",也是不符合历史实态的偏见。我们由各人传记已能发现,北魏前期的宦官深受统治者信任和优待,其中多位在政治舞台上扮演过关键角色。这一现象源于何处?南巡碑碑阴题名清楚地揭示了这一点,在首列的侍臣中,至少有五位中常侍,且排名靠前。易言之,宦官是侍臣的重要成员。因而,宦官的角色就当置于侍臣的框架中理解,北魏前期宦官的活动,是侍臣活动的一部分。此处还想关注宦官出任外职的动向。据《阉官传》,段霸被太武帝任命为定州刺史;仇洛齐在太武、文成之际任冀州刺史、内都大官;在南巡碑上以中常侍出现的张宗之,担任过东雍州刺史、冀州刺史;王琚先为礼部尚书,后被文明太后委以冀州刺史。② 这样的例子还可以找到不少。宦官所任外职,如内都大官、礼部尚书、定州刺史、冀州刺史等,无疑都是中央或地方上的要职。前文已经提及侍臣、内职常常被拜为外臣的举措,宦官群体的事例更清晰地显示,北魏统治者希望通过这样的方式,加强对外臣中重要职位的掌握。③

上面两个例子主要展现的是北魏皇帝如何依靠侍臣来控制整个官僚组织。对于外臣,北魏皇帝在严加防范的同时,也会施与笼络政策。出身外臣者虽无法迁任侍臣、内职,其子弟却常有机会被选入内侍,此现象可以作为一项例证。《官氏志》两次提及拓跋君主选拔外臣子弟为侍臣:一是昭成帝建国二年,"取诸部大人及豪族良家子弟仪貌端严,机辩才干者应选";二是道武帝天赐四年,"取八国良家,代郡、上谷、广宁、雁门四郡民中年长有器望者充之"。④ 此举显然能够增强统治者与宾附诸部、畿郡豪强的连结。在列传中,外臣任要职者的子弟被吸纳为内侍,更是屡见不鲜。如于栗磾是道武

① 《魏书》卷九四《阉官传》,第2011页。
② 《魏书》卷九四《阉官传》,第2013—2019页。
③ 文明太后去世,孝文帝"诏听蕃镇曾经内侍者前后奔赴",见《魏书》卷七下《高祖纪下》,第166页。由此可知,这些地方守宰虽为外臣,但"曾经内侍"的身份一直相伴,依然受皇帝重视。孝文帝允许他们"奔赴",是认可君主与侍臣间亲密关系的表现。
④ 《魏书》卷一一三《官氏志》,第2971、2974页。

帝至太武帝时期重要的军事统领,也长期任地方镇将,其子于洛拔"少以功臣子,拜侍御中散";高湖曾率三千家由后燕归魏,此后又在太武帝时期坐镇姑臧,其子高谧便以功臣子的身份被召入禁中,"除中散,专典秘阁"。① 材料中提到的以功臣子为侍臣的行为,带有浓烈的褒奖色彩。外臣一方也视其为难得的礼遇。这种运作无疑使君臣之间纽带得到巩固。另外,太武朝以后,中原士人的子弟经由中书学生入为中散,也成为一种制度,先行研究已着力颇多,②兹不赘述。结合前文的考察可以发现,北魏皇帝一边派遣与自己关系密切的侍臣出任外职,一边又将外臣的子弟吸收入身边的内侍群体。这种持续不断的人事循环,构成了统治者整合与掌控整个官僚组织的重要手段。

　　上述事例中,侍臣、内职与外臣的体系都充当了北魏皇帝驾驭群臣的架构。当然,目前的成果距离充分了解北魏前期的统治形态还比较遥远,但足以让人意识到,三个层级的划分对该时期政治生活的展开具有决定性意义。另一方面,相较于华夏制度,以圈层构造为基础的北魏前期政治体制颇为独特。此前,川本芳昭、孙正军在讨论拓跋君主身边的侍从官员时,十分敏锐地注意到他们身上的北族色彩,并将其与蒙元的怯薛制联系、对比,③使该群体的角色大为清晰,极富启发。侍臣、内职与外臣这一结构出现、形成、运作的原理还需继续放在北族传统的背景下审视,才能获得更深刻理解。而且可以肯定,随着内亚视角的加入,整个北魏制度史的研究也会焕发新颜。

---

① 《魏书》卷三一《于洛拔传》,第737页;卷三二《高谧传》,第752页。
② 郑钦仁《北魏官僚机构研究》,第141—178页;《北魏官僚机构研究续篇》,第115—148页。严耀中《北魏中书学及其政治作用》,《魏晋南北朝史论考》,第196—208页。梁满仓《北魏中书学》,中国魏晋南北朝学会、四川大学历史文化学院编《魏晋南北朝史论文集》,成都,巴蜀书社,2006年,第260—269页。
③ 川本芳昭《北族社会の变质と孝文帝の改革》,黄桢、张雨怡译《魏晋南北朝时代的社会与国家》,第218页;《北魏内朝再论——比较史の观点から见た》,《東アジア古代における諸民族と国家》,第105—138页。孙正军《汉唐储官制度研究》,第211—215页。

第八章　杜撰的西晋五辂

——兼论《晋书·舆服志》车制部分的史料构成

先代制度作为一种"故事"或"成准",借由人们带有选择性的遵从,具备影响当下政治运行的能量,这种现象是制度文化的一个重要层面。在政权更迭频繁却又朝着统一迈进的南北朝隋唐之际,政治参与者面对着复数的制度传统,根据其不同的态度以及随之而来的吐纳或扬弃,我们可以就制度的渊源流变获得更细密的认知。以下二章选取"舆服志"与"佞幸传"这两种制度文本分别加以探讨,不仅尝试从针对魏晋南朝的制度史记述中清理出某项制度本身的演进线索,也将用心体会写作者的政治立场与制度理念。

本章考察的一个要点是中古以"五辂(路)"为核心的皇帝车制的成立过程。秦汉时期,王朝奉行的是以金根车为代表的皇帝车驾制度。魏晋以来,天子车制积极地向"周礼"回归,在"古礼复兴运动"的背景下,①《周礼》所谓"王之五辂"被实实在在地制造出来,并为继起的隋唐承袭。一般认为五辂制形成于西晋,这在《晋书·舆服志》及《唐六典》《通典》里有明确的陈述。可是细绎同时代的其他史料,五辂的成立过程颇有疑点。认真挖掘那些在过去不大被注意的细节,并在此基础上作出合理的解释和推断,对于中古车驾制度变迁,完全可以得出不同却更准确的认识。

如此,也就有必要重新检讨《晋书·舆服志》(本章后文简称"晋志")车制部分的史料价值。今本《晋书》形成于初唐,上距东晋灭亡已两百余年,尽管其史料多来自诸家旧"晋书",但在排比、删削甚至改作的过程中,不可避免地会渗入南北朝后期以来的历史认识。从史料批判的角度,反思《晋书》

---

① 参见阎步克《中古"古礼复兴运动":以〈周礼〉六冕制度为例》,《官阶与服等》,第60—73页。

的立场,对有晋一代政治史做出的重新考察已经不少。① 而关于"十志"的史料来源以及史料价值的研究尚有推进的必要。② 下文将由辨析五辂的成立过程入手,指出制度实态与晋志记载的歧异,追溯晋志的材料来源,并且推测史家注入的意图。

一、五辂成于刘宋而非西晋

晋志卷首以"史臣曰"的形式总论晋以前历代车服变迁,继而叙述五辂之制。为方便后文讨论,具引如下(编号为笔者所加):

> (1)玉、金、象、革、木等路,是为五路,并天子之法车,皆朱班漆轮,画为辚文。三十辐,法月之数;重毂贰辖,以赤油,广八寸,长三尺,注地,系两轴头,谓之飞軨。金薄缪龙之为舆倚较,较重,为文兽伏轼,龙首衔軛,左右吉阳筒,鸾雀立衡,辚文画辕及鞗。青盖,黄为里,谓之黄屋。金华施橑末,橑二十八以象宿。两箱之后,皆玳瑁为鵾翅,加以金银雕饰,故世人亦谓之金鵾车。斜注旌旗于车之左,又加棨戟于车之右,皆櫜而施之。棨戟韬以黼绣,上为亚字,系大蛙蟆幡。軛长丈余。于戟之杪,以牦牛尾,大如斗,置左騑马軛上,是为左纛。辕皆曲向上,取《礼纬》"山车垂句"之义,言不揉而能自曲。
>
> (2)玉、金、象三路,各以其物饰车,因以为名。革者漆革,木者漆木。其制,玉路最尊,建太常,十有二旒,九仞委地,画日月升龙,以祀天。金路建大旂,九斿,以会万国之宾,亦以赐上公及王子母弟。象路建大赤,通赤无画,所以视朝,亦以赐诸侯。革路建大白,以即戎兵事,亦以赐四镇诸侯。木路建大麾,以田猎,其麾色黑,亦以赐藩国。(3)玉路驾六黑马,余四路皆驾四马,马并以黄金为文髦,插以翟尾。象镳而镂钖,钖在马面,所谓当颅者也。金爻而方钎,金爻谓以金爻为文。钎以铁为之,其大三寸,中央两头高,如山形,贯中以翟尾而结著之也。繁缨赤

① 参见仇鹿鸣《陈寅恪范式及其挑战——以魏晋之际的政治史研究为中心》一文对相关研究的总结与评述,《中国中古史研究》第2卷,北京,中华书局,2011年,第216—219页。
② 近年来这方面的代表作有游自勇《中古〈五行志〉的史料来源》(《文史》2007年第4期,第77—91页)、陈俊强《汉唐正史〈刑法志〉的形成与变迁》(《台湾师大历史学报》第43期,2010年,第1—48页)、顾江龙《〈晋书·地理志〉小注"侯国"解》(《中国史研究》2019年第3期,第204—208页)等。

羁易革,金就十有二。繁缨,马饰缨,在马膺前,如索帬。五路皆有钖鸾之饰,和铃之响,钩膺玉瓖,钩膺,即繁缨也。瓖,马带珑名也。龙辀华轙,辀,车辕也,头为龙象。轙,谓车衡上环受鸾者也。朱幩,幩,饰也,人君以朱缠镳扇汗,以为饰也。

(4) 法驾行则五路各有所主,不俱出;临轩大会则陈乘舆车辇旌鼓于其殿庭。[①]

这段材料主要包含两方面的内容,一是五辂的具体形制,二是五辂施用的场合,论述十分详悉。虽然并未明言五辂何时被创造、何时开始使用,如此细密的讲说很难让人怀疑这不是晋代所采用的车驾制度。本卷后文谈及过江以后车制的变化,"自过江之后,旧章多缺。元帝践极,始造大路、戎路各一,皆即古金根之制也,无复充庭之仪",又云"旧仪,天子所乘驾六,是时无复六马之乘,五路皆驾四而已,同用黑,是为玄牡"。[②] 这种编排无疑是在向读者传达以下信息:东晋时期仪制缺失,皇帝车驾不得不基于过江前的五辂制做出减损。换句话说,在晋志作者的叙述里,上引材料所介绍的五辂制确实由西晋实施过。

撰成于开元年间的《唐六典》则明确提出五辂是晋武帝时期的创造:

> 《周礼》,巾车氏掌王五辂,有玉、金、象、革、木之制。至秦,唯乘金根车。汉承秦制,以为乘舆。晋武帝始备五辂,为天子法车。宋、齐、梁、陈相因不绝。[③]

《六典》对汉晋之际天子车驾制度的认识与晋志一脉相承,仅在表述上更为简明。两书俱由唐朝官方修撰、颁布,由此可见,经典当中的五辂制在西晋得到重建乃初唐时期的正统观点。最后再看看《通典》关于西晋车辂的记载:

> 晋武帝承魏陈留王命,乘金根车,驾六马,备五时副车。及受禅,设玉金象革木五辂,并为法驾,旗旐服用,悉取周制,文物华藻,因金根车,更增其饰。朱斑漆轮,加画辀文。两箱之后,加玳瑁为鹢翅,金银雕饰,时人亦谓为金鹍车。邪注旂旗于车之左,又加棨戟于车之右,皆橐而施

① 《晋书》卷二五《舆服志》,第753—754页。
② 《晋书》卷二五《舆服志》,第764页。
③ 李林甫等撰、陈仲夫点校《唐六典》卷一七,第480页。

之。棨戟韬以黻绣，上为亚字，系大蛙蟆幡。辀长丈余。于戟之杪，以牦牛尾，大如斗，置左骖马辀上，是为左纛。辕皆曲向上，取夏殷山车垂钩之义。玉辂驾六黑马，金象革木驾駵，以黄金为叉髦，插以翟尾。象镳镂钖，金錣方釳，繁缨赤厕易茸，金就十有二。五辂皆有钖銮之饰，和铃之响，钩膺玉瓖，龙辀华轙，朱幩。法驾行则五辂各有所主。①

将这段材料与上述晋志、《唐六典》的文字稍加对比，即可发现，《通典》所述是整合两书而来，五辂的形制则完全袭自晋志。杜佑不加怀疑地沿用晋志的说法，足见晋志在唐代的权威性。无论是晋志，还是《唐六典》《通典》，均为极具影响力的制度撰述，也是后人了解汉唐间典章仪制的门径。《通志》《文献通考》在述及西晋皇帝车驾制度时皆承袭此说，②使"五辂出现于西晋"成为定论。当代学者如孙机，也据晋志认为"辂的特点至晋代才明确起来"；③戶川貴行则受《通典》影响，认定晋武帝依照《周礼》而建五辂。④

然而，这一延续千年的成说颇有可疑之处。首先来看晋志文本本身的矛盾。在叙述完皇帝车驾以后，晋志载有所谓"中朝大驾卤簿"，这里的"中朝"指西晋，并无疑问。⑤那依照大驾卤簿，皇帝所乘为何？在车队的核心位置，卤簿曰："次金根车，驾六马，中道。太仆卿御，大将军参乘。……金根车建青旂十二。"自秦汉讫于西晋，天子出行皆驾六马。⑥可以断定，皇帝乘坐的就是这辆金根车。既然如此，从"中朝大驾卤簿"所记车制看来，西晋皇帝的御用车舆与秦汉时期并无二致，而玉、金、象、革、木五辂不见踪影。当然，晋志前后文之间的这一抵牾还不足以否定该志所持"五辂成于西晋"的说法，因为尚有一种微小的可能性无法排除：两种制度之间出现了"时间差"，即"大驾卤簿"在前，五辂创制在后。

---

① 杜佑撰、王文锦等点校《通典》卷六四《嘉礼九》，第 1790 页。

② 郑樵《通志》卷四八《器服略二》，北京，中华书局，1987 年，第 617 页。马端临《文献通考》卷一一六《王礼考十一》，北京，中华书局，1986 年，第 1048—1049 页。

③ 孙机《辂》，《中国古舆服论丛》，北京，文物出版社，2001 年，第 82—90 页。

④ 戶川貴行《劉宋孝武帝の禮制改革について：建康中心の天下観との関連からみた》，《東晋南朝における傳統の創造》，东京，汲古书院，2015 年，第 145 页。

⑤ 参见张金龙《魏晋南北朝禁卫武官制度研究》，第 232—266 页，作者认为此大驾卤簿制定于晋武帝太康元年（280）。

⑥ 《续汉书·舆服志》："乘舆金根、安车、立车……所御驾六，余皆驾四，后从为副车。"《后汉书》，第 3644—3645 页。《宋书》卷一八《礼志五》："魏时天子亦驾六。晋《先蚕仪》，皇后安车驾六，以两辕安车驾五为副。江左以来，相承无六，驾四而已。"第 495 页。《晋书》卷二五《舆服志》："自过江之后，旧章多缺。……旧仪，天子所乘驾六，是时无复六马之乘，五路皆驾四而已。"第 764 页。

幸而还可以找到直接的材料。《宋书》卷一八《礼志五》（本章后文简称"宋志"）专记舆服仪制。据卷首序言,沈约意欲"通数代典事",对刘宋以前的车服制度,他主要参考了司马彪《续汉书·舆服志》、晋《服制令》以及徐广的《车服注》。① 后两种文献,一是西晋官方颁布的服制法规,一是东晋末年徐广奉刘裕之命,在整理以往舆服制度的基础上编制的新规,②皆为了解两晋时期车驾服章的可靠材料。因此,宋志所论晋以来的制度变迁,可信程度极高。关于皇帝车驾的发展历程,宋志并未提及魏晋曾创制五辂。相反,沈约将重现五辂的功劳归于刘宋孝武帝:

> 宋孝武大明三年(459),使尚书左丞荀万秋造五路。《礼图》,玉路,通赤旗,无盖,改造依拟金根,而赤漆檼画,玉饰诸末,建青旗,十有二旒,驾玄马四,施羽葆盖,以祀。即以金根为金路,建大青旗,十有二旒,驾玄马四,羽葆盖,以宾。象、革、木路,《周官》《舆服志》《礼图》并不载其形段,并依拟玉路,漆檼画,羽葆盖,象饰诸末,建立赤旗,十有二旒,以视朝。革路,建赤旗,十有二旒,以即戎。木路,建赤麾,以田。象、革驾玄,木驾赤,四马。旧有大事,法驾出,五路各有所主,不俱出也。大明中,始制五路俱出。③

荀万秋所造玉、金、象、革、木五辂,形制均以金根车为基础,或承袭,或略微改造。这样做,必须有一个前提,即金根车一直沿用到了刘宋大明三年。该推论在别处也能得到证实。大明四年(460),有司奏改郊庙舆服,其中提到:

> 又旧仪乘金根车。今五路既备,依《礼》玉路以祀,亦宜改金根车为玉路。④

可见在此之前,皇帝郊祀、祠庙所乘确为金根车。在荀万秋制成五辂后,有司才提议以玉辂取而代之。

又,宋明帝泰始四年(468),尚书令建安王刘休仁参议皇太子车制,上书云:

---

① 《宋书》卷一八《礼志五》,第493页。
② 《宋书》卷五五《徐广传》:"义熙初,高祖使撰车服仪注,乃除镇军谘议参军,领记室。"第1548页。
③ 《宋书》卷一八《礼志五》,第495页。
④ 《宋书》卷一八《礼志五》,第524页。

《礼》所谓金、玉路者，正以金玉饰辂诸末耳。左右前后，同以漆画。秦改周辂，制为金根，通以金薄，周匝四面。汉、魏、二晋，因循莫改。逮于大明，始备五辂。金玉二制，并类金根，造次瞻觌，殆无差别。①

刘休仁简要回顾了天子车驾的演变历史，明确指出汉魏两晋均沿袭了秦代的金根车制度，直到刘宋大明年间，《周礼》"王之五辂"才重现于世。"逮于大明，始备五辂"，再次印证了上引沈约的记述。

值得注意的是，在《周礼》当中，五辂并非仅仅是五种豪华车辆这么简单，还对应着一系列的礼仪安排。所谓"玉辂以祀""金辂以宾""象辂以朝"等，说明五辂各有分工，适用于不同的国家礼制。"王以金路赐同姓诸侯，象及革、木，以赐异姓侯伯，在朝卿士，亦准斯礼"，②五辂在王朝的身份秩序中还能起到辨贵贱、序尊卑的作用。据宋志，五辂被制造出来以后，刘宋王朝便开展了一连串的举措来规范五辂的施用方法。大明四年，孝武帝就乘坐刚刚制成的玉辂亲往南郊祭天。大明六年（462），又规定在郊祀、祠庙时五辂俱出。大明七年（463），孝武帝"御木路，建大麾，备春蒐之典"。而泰始四年，明帝调整东宫车服，以象辂赐太子，骖驾四马。③ 同年八月，他又对五辂体制进行全面改革，"更制五辂，议修五冕，朝会缮猎，各有所服"，④五辂与大冕、法冕、饰冕、绣冕、绋冕相配，在礼制复古的道路上更进一步。⑤ 在这些不断涌现的措施中，我们看到，五辂在刘宋经历了被创造、进而形成一套完整制度、又融合于王朝的秩序体系的过程。⑥ 若真如晋志、《六典》所说，五辂成于西晋，那为什么在典午一朝看不到类似的演进呢？其实，在隋唐以前的文献当中均未见到五辂成于西晋的说法，⑦上述这些依据已足以攻破晋志所持观点。

① 《宋书》卷一八《礼志五》，第525页。
② 《宋书》卷一八《礼志五》，第524页。
③ 《宋书》卷一八《礼志五》，第523—525页。
④ 《宋书》卷一八《礼志五》，第525页；《南齐书》卷一七《舆服志》，第340页。
⑤ 参见阎步克《服周之冕——〈周礼〉六冕礼制的兴衰变异》，第257—260页。
⑥ 关于刘宋时期五辂制度的发展另可参看戸川贵行《劉宋孝武帝の禮制改革について：建康中心の天下観との関連からみた》，《東晉南朝における傳統の創造》，第144—147页。
⑦ 《隋书》卷一〇《礼仪志五》引刘宋徐爰《释疑略》曰："天子五辂，晋迁江左，阙其三，唯有金辂以郊，木辂即戎。宋大明时，始备其数。"第208页。"天子五辂，晋迁江左，阙其三"一句易致误解。其实徐爰的说法与下文将提到的《隋书·礼仪志》中杨素等人的观点以及晋志的思路类似，都是在五辂制已经成立的背景下，将汉以来的皇帝车制全都视为五辂制发展的一部分。依此思路，秦汉魏晋独用金根车，于五辂则"阙其四"，东晋有大辂、戎辂，自然也就"阙其三"。这种"倒放电影"式的叙述与制度实态存在偏差，后文还有辨析。不过"宋大明时，始备其数"之语可以再次印证五辂成于刘宋而非西晋。

此处还要稍加辨析的是西晋潘岳《藉田赋》中"天子乃御玉辇"及"五路鸣銮,九旗扬旆"数语。① 在诗赋文章内以"五辂""玉辂"指称皇帝车驾的同时代作品还有王沈的《辟雍颂》以及仍为潘岳所撰《西征赋》等。② 其实自东汉以来,将皇帝车驾比拟为《周礼》当中的五辂已十分常见。班固《东巡颂》有"翮六龙,较五辂,齐百寮",③张衡《东京赋》则曰"天子乃抚玉辂,时乘六龙"。④ 在五辂仅存于经典的时代,以五辂代指皇帝车驾应视为儒学扩张的产物。班固以下至于王沈、潘岳作品中的五辂,不过是一种攀附和想象,不能看作对现实制度的记录。从另一个角度来说,随着汉代以来儒学影响力的增强,士人已逐渐把《周礼》五辂当成理想的天子车驾,这应该是五辂从经典进入现实制度的主要推动力。

五辂于何时成立,目前已经明了。在中古"古礼复兴运动"的背景下,《周礼》"王之五路"的理念被广为接受,终于在南朝的刘宋实现其物质化和制度化。既然如此,我们就有必要回过头来审视晋志的史料问题。

二、晋志五辂部分的史料来源

《晋书·挚虞传》云:"虞又议玉辂、两社事,见《舆服志》。"⑤此条简略却珍贵的记载,有两方面的意涵:一是挚虞曾有"玉辂"之议,这可以补充西晋时期皇帝车制发展的细节;二是挚虞的议论并不见于今本晋志,或能提供一扇窥探《晋书》编修过程的窗口。这两个方面都与晋志五辂部分的史料构成息息相关,现逐一检讨如下。

挚虞议皇帝车辂之事,文献中仅有零星留存。《南齐书·舆服志》(本章后文简称"南齐志")卷首的序言提到:"蔡邕创立此志,马彪勒成汉典,晋挚虞治礼,亦议五辂制度。"⑥《隋书》卷一〇《礼仪志五》(本章后文简称"隋志")专记五代舆服,收录了隋炀帝大业元年(605)杨素、牛弘等人围绕车制的议论。其中有以下几条相关材料(编号为笔者所加):

---

① 《晋书》卷五五《潘岳传》,第 1500—1501 页。
② 《北堂书钞》卷八三引王沈《辟雍颂》云:"天子亲整法驾,抚玉辂,幸于雍宫,亲拜三老五更,出于南门之外。"第 344 页。萧统编、李善注《文选》卷一〇潘岳《西征赋》:"追皇驾而骤战,望玉辂而纵镝。"第 450 页。
③ 欧阳询撰、汪绍楹校《艺文类聚》卷三九,第 700 页。
④ 萧统编、李善注《文选》卷三,第 118 页。
⑤ 《晋书》卷五一《挚虞传》,第 1426 页。
⑥ 《南齐书》卷一七《舆服志》,第 333 页。

1. 唯晋太常卿挚虞,独疑大辂,谓非玉辂。挚虞之说,理实可疑,而历代通儒,混为玉辂,详其施用,义亦不殊。

2. 依挚虞议,天子金辂,次在第二。又云,金辂以朝,象辂以宾。则是晋用辂与周异矣。

3. 挚虞议云,革辂第四。

4. 晋挚虞云,畋辂第五。①

《北堂书钞》则引挚虞《会朝堂五辂制度议》云:"诸车之合于法度可以示训者。则辂为名,亦犹殿堂之正者则曰路寝也。"②

我们知道,挚虞曾一度主导晋武帝太康以后朝廷的礼制事务。《晋书·礼志》载:

> 太康初,尚书仆射朱整奏付尚书郎挚虞讨论之。……虞讨论新礼讫,以元康元年(291)上之。所陈惟明堂五帝、二社六宗及吉凶王公制度,凡十五篇。有诏可其议。后虞与傅咸缵续其事,竟未成功。中原覆没,虞之《决疑注》,是其遗事也。③

据此,挚虞的改革唯有"明堂五帝、二社六宗及吉凶王公制度"被真正付诸实施。五辂制度的议案应当是在他"缵续其事"的过程中提出的,从上举诸书所引内容来看,挚虞尚致力于辨析"辂"的概念与提出玉、金、象、革、木五辂的施行办法,仍处于制度编定前的"理论准备"阶段。与挚虞在礼制改革方面的其他努力一样,五辂的提案最终因时局动荡而搁置。

应该注意的是,西晋虽然沿袭了秦汉以来以金根车为核心的天子车驾制度,但后期重建五辂的呼声已然高涨,以挚虞为代表的官僚为此做出了实质努力,可谓先驱。这是中古舆服制度演变过程中不应忽视的细节。根据南齐志、隋志都引用挚虞五辂之议的情形,南北朝后期在调整和施行五辂制时均视之为重要参考,影响力不容小觑。不过,后人对挚虞的提案似乎已有误解。比如隋志所载杨素等人的议论中有"则是晋用辂与周异矣"之语,认为西晋实践了五辂制度,这一点倒是与晋志所言相似。

对于今本《晋志》不载挚虞玉辂之议的问题,钱大昕《廿二史考异》云:

---

① 《隋书》卷一〇《礼仪志五》,第204—208页。

② 《北堂书钞》卷一四〇,第624页。

③ 《晋书》卷一九《礼志上》,第582页。

"盖自唐以后,修史不出一人之手,志传之文不相检照,至于如此。敬播诸臣未免失其职矣。"①但如果考虑到唐修《晋书》是以臧荣绪《晋书》为基础并参以十八家"晋书"编订而成,②问题就远比"修史不出一人之手"而造成"志传之文不相检照"复杂。章宗源在《隋书经籍志考证》"臧荣绪《晋书》"条下有进一步的申论:

> 按今《晋书·李重传》称重议官阶见《百官志》;《司马彪传》称彪议南郊见《郊祀志》;《张亢传》亢述历赞见《律历志》;《挚虞传》表论封禅见《礼志》,议玉辂、两社见《舆服志》:依检志内,俱无其文。钱宫詹《晋书考异》尝辨之。然据《唐会要》言,贞观修《晋书》以臧荣绪为本,则《百官》《郊祀》诸志当是臧氏之志也。……《文选·籍田赋》注引"大驾卤簿,有大辇",又"卤簿曰:青立车,青安车",《北山移文》注"驾六人",《太平御览·皇亲部》"帝之姑姊妹皆为长公主,加绿绶",乃《舆服志》语。③

《南齐书·臧荣绪传》称臧荣绪《晋书》"括东西晋为一书,纪、录、志、传百一十卷"。④ 章宗源以"志传之文不相检照"为线索来勾稽臧荣绪所立之"志",实在高明。他认为,《挚虞传》既言"议玉辂、两社见《舆服志》"而不见于今本晋志,则所谓"《舆服志》"当为臧氏书所有。循此思路,我们认为该问题的出现,是由于唐修晋志在编撰过程中对臧荣绪《舆服志》进行了删削和改作。

成书于南朝的宋志、南齐志均否认五辂成于西晋,臧荣绪的《舆服志》也不会将五辂的创制归功于西晋。不过它载有挚虞五辂之议的材料,保留了当时在车制改革方面未遂的尝试。而初唐编纂的晋志,则持有不同立场,且完全不提挚虞的相关议论。这样看来,晋志的皇帝五辂部分无疑是在弃用臧氏《舆服志》相关记载后的另创。那么,初唐史官重述晋代皇帝车制时取材于何处?

在上文中,笔者曾用序号将晋志五辂部分划分为四个段落。第(1)段讲

① 钱大昕撰,方诗铭、周殿杰校点《廿二史考异》卷二一《晋书四》,上海,上海古籍出版社,2004年,第367页。

② 此处"十八家晋书"的概念采用王树民的观点,见其《十八家晋书》,《文史》第17辑,1983年,第269—271页。

③ 章宗源撰、项永琴等整理《隋书经籍志考证》卷一,《二十五史艺文经籍志考补萃编》第14卷,第22—23页。

④ 《南齐书》卷五四《高逸·臧荣绪传》,第936页。

车身的形制。《周礼》对五辂形制的介绍不过旗色、旒数等寥寥数语,并无具体描述。刘宋在初建五辂时,出于无奈,车身构造只好基本延续了秦汉时期金根车的形态,即所谓"改造依拟金根"。其后对于五辂的调整,也大致在此基础上增损。先看看司马彪《续汉书·舆服志》(本章后文简称"续汉志")对金根车车身形制的描写(点为笔者所加):

> 乘舆金根、安车、立车,轮皆朱班重牙,贰毂两辖,金薄缪龙,为舆倚较,文虎伏轼,龙首衔轭,左右吉阳筩,鸾雀立衡,㮩文画辀,羽盖华蚤,建大旂,十有二旒,画日月升龙,驾六马,象镳镂钖,金鍐方釳,插翟尾,朱兼樊缨,赤罽易茸,金就十有二,左纛以牦牛尾为之,在左騑马轭上,大如斗,是为德车。①

这与晋志五辂部分第(1)段材料所叙述的车身构造基本相似。但晋志亦有特别之处:"两箱之后,皆玳瑁为鹖翅,加以金银雕饰,故世人亦谓之金鹖车。斜注旂旗于车之左,又加棨戟于车之右,皆橐而施之。棨戟韬以黻绣,上为亚字,系大蛙蟆幡。轭长丈余。于戟之杪。"②两箱之后以玳瑁为鹖翅的形制,不见于宋志、南齐志所载南朝前期辂制,③虽然南齐志所叙玉辂已立有棨戟,但其上"韬以黻绣"也并非当时制度。这个说法从何而来呢? 隋志记陈天嘉元年(560)到仲举议造玉金象革木五辂及五色副车,其中有言(点为笔者所加):

> 斜注旂旗于车之左,各依方色。加棨戟于车之右,韬以黻绣之衣。兽头幡,长丈四尺,悬于戟杪。玉辂,正副同驾六马,余辂皆驾四马。马并黄金为文髦,插以翟尾,玉为镂钖。又以彩画赤油,长三尺,广八寸,系两轴头,古曰飞䡈,改以彩画蛙蟆幡,缀两轴头,即古飞䡈遗象也。五辂两箱后,皆用玳瑁为鹖翅,加以金银雕饰,故俗人谓之金鹖车。④

加实心点部分与晋志的那几句"独家"材料几乎一模一样。初唐史官极可能

---

① 《续汉书·舆服志》,《后汉书》,第 3644 页。
② 孙机将此段材料作为辂的独有设施,又以《洛神赋图》中洛神所乘车辆后部的翅状物来证明鹖翅在晋代已经存在,见其《辂》一文,《中国古舆服论丛》,第 82—83 页。以后世绘画中神仙所乘车的形制来说明西晋的车驾制度恐怕并不可靠。
③ 《初学记》卷二五引梁代周迁所作《舆服杂事》云:"五辂两箱之后,皆用玳瑁鹖翅。"第 613 页。"鹖翅"之制很可能在梁代已经实行,到仲举的说法也是承此而来。
④ 《隋书》卷一〇《礼仪志五》,第 195 页。

是将到仲举所议五辂制度整合进了晋志。更荒唐的是,编纂者在删削这段材料时粗心大意,竟将挂在荣戟上的"兽(虎)头幡"误为下文替代飞軨的"蛙蟆幡"。也许有人觉得不可思议,晋志居然取材于梁陈时代的车驾制度,幸而晋志的第(3)段也可被证明含有南朝后期元素。

第(3)段是关于五辂驾马的描述。马饰部分,与上引续汉志、隋志加空心点部分十分相似。其实,皇帝乘舆驾马的装饰,自汉至唐几乎都没有改变,显示了极强的继承性。这里可用于对制度进行断代的是驾马多少。晋志说"玉路驾六黑马,余四路皆驾四马",玉辂与其余四辂在驾马数上出现了级差。可是宋志所记荀万秋所造五辂,均驾四马;南齐志则言"江左相承驾四马,左右骖为六",[1]五辂内部亦无级差。唯上引到仲举所议有玉辂驾六马、余辂驾四马的制度,再一次证明晋志所述为南朝后期制度。

第(2)段叙述五辂的施用场合。《周礼·春官·巾车》云:"王之五路:一曰玉路,锡,樊缨,十有再就,建大常,十有二斿,以祀;金路,钩,樊缨九就,建大旂,以宾,同姓以封;象路,朱,樊缨七就,建大赤,以朝,异姓以封;革路,龙勒,条缨五就,建大白,以即戎,以封四卫;木路,前樊鹄缨,建大麾,以田,以封蕃国。"[2]晋志不过是转抄《周礼》的文字加以修饰。在唐以前,五辂均为皇帝独自享有,除皇太子有时被准许乘金辂、象辂之外,《周礼》所言以金、象、革、木四辂赐予臣下的制度并未施行。至于第(4)段,应该是采自宋志而加以删削。宋志载孝武帝初造五辂时,"法驾出,五路各有所主,不俱出也","大明中,始制五路俱出",又言"旧有充庭之制,临轩大会,陈乘舆车辇旌鼓于殿庭。……晋江左废绝。宋孝武大明中修复"。[3]

通过上文繁复的考察,我们看到,晋志所叙五辂与晋代制度之间几乎毫无关系。车饰与马饰的关键材料,与南朝后期的状况相符,极有可能是直接截取自陈代到仲举的五辂之议。唐初史官将这些素材与《周礼》、宋志的部分内容混杂在一起,炮制出一段看似细密、精致的皇帝车驾制度。而《六典》《通典》等著述不加怀疑地承袭,竟让五辂成于西晋的说法成为千年以来的定论。

然而,晋志后文记述的东晋皇帝车制却是相当有价值的材料:

自过江之后,旧章多缺。元帝践极,始造大路、戎路各一,皆即古金根

①　《南齐书》卷一七《舆服志》,第334页。
②　《周礼注疏》卷二七,阮元校刻《十三经注疏》,第822—823页。
③　《宋书》卷一八《礼志五》,第495、501页。

之制也，无复充庭之仪。至于郊祀大事，则权饰余车以周用。六师亲征则用戎路，去其盖而乘之，属车但五乘而已。加绿油幢，朱丝路，饰青交路，黄金涂五采，其轮毂犹素，两箱无金锦之饰。其一车又是耕车。旧仪，天子所乘驾六，是时无复六马之乘，五路皆驾四而已，同用黑，是为玄牡。①

在大辂、戎辂之后，作为皇帝属车的五时车、指南车、辇、豹尾车等也得到介绍。这段文字对过江以后的皇帝车驾论述甚详，许多细节不见于他处。唯有南齐志对该时期车制有过简略记叙，可以作为补充：

> 江左之始，车服多阙，但有金、戎，省充庭之仪。太兴中，太子临学，无高盖车，元帝诏乘安车。元、明时，属车唯九乘。永和中，石虎死后，旧工人奔叛归国，稍造车舆。太元中，苻坚败后，又得伪车辇，于是属车增为十二乘。义熙中，宋武平关、洛，得姚兴伪车辇。②

两相对比能够发现，晋志所言"大辂、戎辂"即为南齐志当中的"金、戎"。在萧子显眼里，东晋的大辂其实还是金根车，所以一语道破了它的本质。③ 另外，晋志的这段文字应该基本保留了臧荣绪《舆服志》的原貌，但其中也有细微的改作。比如，材料里说到过江后"五路皆驾四而已"，"五路"一词一定出自初唐史官之手，他们为了配合前文所声称的西晋五辂体制而改写了臧氏原文。

三、晋志车制部分史料构成之概观

上文的讨论已全然否定晋志五辂部分的可靠性，并尝试厘清了这一文本的形成过程。既然晋志开篇就存在如此严重的问题，我们有理由对该志的其他叙述抱以怀疑态度。关于晋志的史料价值，已有前辈学者作出消极评价。刘增贵在《汉隋之间的车驾制度》一文中提到："《晋书·舆服志》中所规定，许多是抄袭汉代，不能视为当时制度。"④阎步克则指出："《宋书》

---

① 《晋书》卷二五《舆服志》，第764—765页。
② 《南齐书》卷一七《舆服志》，第333页。
③ 不过可以注意的是，东晋首先在制度上以"辂"来称呼皇帝之车，这在中古车制"复古"的道路上迈出了第一步。
④ 刘增贵《汉隋之间的车驾制度》，蒲慕州主编《台湾学者中国史研究论丛：生活与文化》，北京，中国大百科全书出版社，2005年，第194页。

'志'的部分记叙制度,经常时代不清。《晋书·舆服志》各代制度杂糅不分的情况,更为严重,不止冕服,车舆也是如此。所以使用二志须慎之又慎。"①本节希望能更加具体地分析晋志的史料来源和形成经过,为晋志的使用提供参考。

接下来以皇太子以下百官及皇后以下内外命妇的车制为例,讨论晋志的史料构成。下表左栏全文照录晋志相关部分的文字,并施以编号。晋志多有与续汉志、宋志极其相似的内容,研究者或以此认定晋志抄袭另外两志,而贬低晋志的史料价值。笔者也试图从三志之间的异同入手,故于右栏中列出另外两志中与左栏文字近似的部分。

表 8 - 1　晋志群臣车制部分同续汉志、宋志比对表

晋　　　志	续汉志、宋志中的相似文字
A. 皇太子安车,驾三,左右騑。朱班轮,倚兽较,伏鹿轼。九旒,画降龙。青盖,金华蚤二十八枚。黑橑文画辐,文韩,黄金涂五采。亦谓之鸾路。非法驾则乘画轮车,上开四望,绿油幢,朱丝绳络,两箱里饰以金锦,黄金涂五采。其副车三乘,形制如所乘,但不画轮耳。	A. 续汉志:皇太子、皇子皆安车,朱班轮,青盖,金华蚤,黑橑文,画辐文辀,金涂五末。……皆左右騑,驾三。又云:皇太子、诸侯王,倚虎伏鹿,橑文画辀辐,吉阳筒,朱班轮,鹿文飞軨,旂旗九斿降龙。
B. 王青盖车,皇孙绿盖车,并驾三,左右騑。	B. 续汉志:皇子为王,锡以乘之,故曰王青盖车。皇孙则绿车以从。皆左右騑,驾三。
C. 云母车,以云母饰犊车。臣下不得乘,以赐王公耳。	C. 宋志:又以云母饰犊车,谓之云母车,臣下不得乘,时以赐王公。
D. 皂轮车,驾四牛,形制犹如犊车,但皂漆轮毂,上加青油幢,朱丝绳络。诸王三公有勋德者特加之。位至公或四望、三望、夹望车。	
E. 油幢车,驾牛,形制如皂轮,但不漆毂耳。王公大臣有勋德者特给之。	
F. 通幰车,驾牛,犹如今犊车制,但举其幰通覆车上也。诸王三公并乘之。	
G. 诸公给朝车驾四、安车黑耳驾三各一乘,皂轮犊车各一乘。自祭酒掾属以下及令史,皆皂零,辟朝服。其武官公又别给大车。	

① 阎步克《服周之冕——〈周礼〉六冕礼制的兴衰变异》,第 220 页注释 1。

晋　志	续汉志、宋志中的相似文字
H. 特进及车骑将军骠骑将军以下诸大将军不开府非持节都督者,给安车黑耳驾二,轺车施耳后户一乘。	
I. 三公、九卿、中二千石、二千石、河南尹、谒者仆射,郊庙明堂法出,皆大车立乘,驾驷。前后导从大车驾二,右騑。他出乘安车。其去位致仕告老,赐安车驷马。	I. 续汉志:公、卿、中二千石、二千石,郊庙、明堂、祠陵,法出,皆大车,立乘、驾驷。他出,乘安车。 宋志:公卿中二千石二千石郊陵法驾出,皆大车立乘,驾四。后导从大车,驾二,右騑。他出乘安车。其去位致仕,皆赐安车四马。
J. 郡县公侯,安车驾二,右騑。皆朱班轮,倚鹿较,伏熊轼,黑辐,皂缯盖。	J. 续汉志:公、列侯安车,朱班轮,倚鹿较,伏熊轼,皂缯盖,黑辐,右騑。 宋志:公及列侯安车,朱斑轮、倚鹿较、伏熊轼、黑蕃者谓之轩,皂缯盖,驾二,右騑。
K. 公旂旗八旒,侯七旒,卿五旒,皆画降龙。	K. 宋志:王公旂八旒,侯七旒,卿五旒,皆降龙。
L. 中二千石、二千石,皆皂盖,朱两轓,铜五采,驾二。中二千石以上,右騑。千石、六百石,朱左轓。车轓长六尺,下屈广八寸,上业广尺二寸,九丈,十二初,后谦一寸,若月初生,示不敢自满也。	L. 续汉志:中二千石、二千石皆皂盖,朱两轓。其千石、六百石,朱左轓。轓长六尺,下屈广八寸,上业广尺二寸,九文,十二初,后谦一寸,若月初生,示不敢自满也。景帝中元五年,始诏六百石以上施车轓,得铜五末,轭有吉阳筩。中二千石以上右騑。
M. 王公之世子摄命理国者,安车,驾三,旂旗七旒,其封侯之世子五旒。	M. 宋志:《晋令》,王公之世子摄命治国者,安车,驾三,旂七旒,其侯世子,五旒。
N. 太康四年,制:"依汉故事,给九卿朝车驾四及安车各一乘。"八年,诏:"诸尚书军校加侍中常侍者,皆给传事乘轺车,给剑,得入殿省中,与侍臣升降相随。"	
O. 大使车,立乘,驾四,赤帷裳,驺骑导从。 旧公卿二千石郊庙上陵从驾,乘大使车,他出乘安车也。	O. 续汉志:大使车,立乘,驾驷,赤帷。又云:公、卿、中二千石、二千石,郊庙、明堂、祠陵,法出,皆大车,立乘、驾驷。他出,乘安车。
P. 小使车,不立乘,驾四,轻车之流也。兰舆皆朱,赤毂,赤屏泥,白盖,赤帷裳,从驺骑四十人。又别有小使车,赤毂皂盖,追捕考案有所执取者之所乘也。凡诸使车皆朱班轮,赤衡轭。	P. 续汉志:小使车,不立乘,有騑,赤屏泥油,重绛帷。导无斧车。近小使车,兰舆赤裳,白盖赤帷。从驺骑四十人。此谓追捕考案,有所救取者之所乘也。诸使车皆朱班轮,四辐,赤衡轭。

晋　志	续汉志、宋志中的相似文字
Q. 追锋车,去小平盖,加通幰,如轺车,驾二。追锋之名,盖取其迅速也,施于戎阵之间,是为传乘。	Q. 宋志:又有追锋车,去小平盖,加通幔,如轺车,而驾马。
R. 轺车,古之时军车也。一马曰轺车,二马曰轺传。汉世贵辎軿而贱轺车,魏晋重轺车而贱辎軿。三品将军以上、尚书令轺车黑耳有后户,仆射但有后户无耳,并皂轮。尚书及四品将军则无后户,漆毂轮。其中书监令如仆射,侍中、黄门、散骑初拜及谒陵庙,亦得乘之。	R. 宋志:汉代贱轺车而贵辎軿,魏、晋贱辎軿而贵轺车。 又云:傅畅《故事》,尚书令轺车,黑耳后户。仆射但后户无耳。中书监令如仆射。
S. 皇太后、皇后法驾,乘重翟羽盖金根车,驾青辂,青帷裳,云橑画辕,黄金涂五采,盖爪施金华,驾三,左右騑。其庙见小驾,则乘紫罽軿车,云橑画轸,黄金涂五采,驾三。非法驾则皇太后乘辇,皇后乘画轮车。皇后先蚕,乘油画云母安车,驾六騩马;騩,浅黑色。油画两辕安车,驾五騩马,为副。又,金薄石山軿、紫绛罽軿车,皆驾三騩马,为副。女庶头十二人,持棨戟二人,共载安车,俪驾。女尚辇十二人,乘辎车,俪驾。女长御八人,乘安车,俪驾。三夫人油軿车,驾两马,左騑。其贵人驾节画轸。三夫人助蚕,乘青交路,安车,驾三,皆以紫绛罽軿车。九嫔世妇乘軿车,驾三。	S. 续汉志:太皇太后、皇太后法驾,皆御金根,加交络帐裳。非法驾,则乘紫罽軿车。云橑文画轸,黄金涂五末,盖蚤。左右騑,驾三马。 宋志:晋《先蚕仪注》,皇后乘油画云母安车,驾六騩马。騩,浅黑色也。油画两辕安车,驾五騩马为副。……三夫人青交络安车,驾三。皆以紫绛罽軿车,驾三为副。九嫔世妇軿车,驾二。
T. 长公主赤罽軿车,驾两马。公主、王太妃、王妃,皆油軿车,驾两马,右騑。公主油画安车,驾三,青交路,以紫绛罽軿车驾三为副,王太妃、三夫人亦如之。公主助蚕,乘油画安车,驾三。公主有先置者,乘青交路安车,驾三。	T. 续汉志:长公主赤罽軿车。大贵人、贵人、公主、王妃、封君油画軿车。大贵人加节画轸。皆右騑而已。 宋志:晋《先蚕仪注》……公主油画安车,驾三。
U. 诸王妃、公太夫人、夫人、县乡君、诸郡公侯特进夫人助蚕,乘皂交路安车,驾三。	U. 宋志:晋《先蚕仪注》……王妃、公侯特进夫人、封君皂交络安车,驾三。
V. 诸侯监国世子之世妇、侍中常侍尚书中书监令卿校世妇、命妇助蚕,乘皂交路安车,俪驾。	

续　表

晋　志	续汉志、宋志中的相似文字
W. 郡县公侯、中二千石、二千石夫人会朝及蚕，各乘其夫之安车，皆右騑，皂交路，皂帷裳。自非公会则不得乘轺车，止乘漆布辒辌，铜五采而已。	W. 续汉志：公、列侯、中二千石、二千石夫人，会朝若蚕，各乘其夫之安车，右騑，加交络帷裳，皆皂。非公会，不得乘朝车，得乘漆布辒辌车，铜五末。
X. 王妃、特进夫人、封郡君，安车，驾三，皂交路。封县乡君油辌车，驾两马，右騑。	

晋志有直接抄袭汉代制度的内容，可以得到证明。A、B两条叙太子与宗室诸王的车制，部分文字与续汉志几乎一模一样。关键之处在于其中所谓"左右騑，驾三"，只是汉制，绝未施行于魏晋。宋志称"魏、晋之制，太子及诸王皆驾四"。[①] 刘宋刘休仁议太子乘象辂，"骖驾四马"，也是继承魏晋制度。[②] 可见晋志所论太子、诸王车制并非晋时制度，而是未加辨析地袭用了续汉志。又如S条中，晋志谓皇太后、皇后法驾乘金根车"驾三，左右騑"，则是在照录续汉志文字时错误理解了原文的意思。续汉志中，"驾三马"仅是就"紫罽辌车"而言，皇太后、皇后所乘之金根车无疑应驾四马。[③] 从这两个例子来看，前引刘增贵对晋志的批评是有道理的。

但还需注意的是，晋志有的部分即使抄自续汉志，也不能遽断为汉代制度，而否认其价值。舆服制度具有很强的继承性，晋志沿用续汉志所载汉代制度，或反映了制度本身的延续。如P条与续汉志十分相近，但《晋书·武元杨皇后传》载有"泰始中，帝博选良家以充后宫，先下书禁天下嫁娶，使宦者乘使车，给骑驺，驰传州郡，召充选者使后拣择"，[④]其中使车使用的场合和"给骑驺"两个特征与续汉志所言"此谓追捕考案，有所敕取者之所乘也"及"从骑驺四十人"类似，魏晋很可能继承了汉代的使车制度。如此，晋志袭用续汉志的内容倒也合理。

晋志与宋志的关系更为复杂。下文的考索将说明，两者在部分内容上的相似，是由于它们都从另外的典籍中摄取了相同的材料，并非因晋志的抄

---

① 《宋书》卷一八《礼志五》，第498页。
② 《宋书》卷一八《礼志五》，第524页。阎步克《乐府诗〈陌上桑〉中的"使君"与"五马"——兼论两汉南北朝车驾等级制的若干问题》，《北京大学学报》2011年第2期，第103页。
③ 另可参见刘增贵《汉隋之间的车驾制度》，蒲慕州主编《台湾学者中国史研究论丛：生活与文化》，第176页。
④ 《晋书》卷三一《武元杨皇后传》，第953页。

袭造成。C条谈云母车,《太平御览》引《傅子》曰:"以云母饰车,谓之云母车。臣下不得乘,时赐王公贵臣。"①与两志文字一致。同样的情况如R条中"汉世贵辎軿而贱轺车,魏晋重轺车而贱辎軿"一句与《御览》引袁准《正书》"汉世贱轺车而贵辎軿,魏晋贱辎軿车而贵轺车"之语相类。《正书》又云"又有追锋,如轺车而驾马",②再加上《傅子》所谓"有追锋车,施通幰",③与Q条的基本内容吻合。这些均为两志的史料来源于西晋时期著作的例证。另外,R条中有关尚书、中书、门下三省官员车制的叙述应当特别注意。两志在核心内容上呈现一致性,但晋志的信息更为详细和丰富。据宋志,此段材料出自傅畅《晋公卿礼秩故事》,晋志的文字很可能更完整地保留了傅书原文。而I、J两条显示出,晋志、宋志相同的文字均本于续汉志。

再来看看两志对西晋官方制定的典章仪制的采纳。据宋志,M条的内容出自《晋令》,据程树德考证,此为《王公侯令》的遗文。④ 晋志S、T、U条论皇后以下内外命妇的车制,其中都有与宋志完全相同的文句。经宋志指引,我们得以知道这些材料均来自西晋的《先蚕仪注》。与前述傅畅《故事》的事例一样,晋志在引用此仪注时更为详尽。S条在宋志所记之外,尚有"又,金薄石山軿、紫绛罽軿车,皆驾三騩马,为副。女旄头十二人,持棨戟二人,共载安车,俪驾。女尚辇十二人,乘辎车,俪驾。女长御八人,乘安车,俪驾"数句,从其中涉及的属车以及女旄头、女尚辇、女长御三种侍从来判断,这显然是皇后先蚕法驾的组成部分。类似的,V条材料所记述者也当为皇后先蚕法驾中的随从。有这几段文字的补充,还可以更完整地复原西晋的《先蚕仪注》,自然成为了解中古时代帝后礼制不可多得的材料。

通过这些比对可以看到,晋志与宋志的相似部分基本上都有更早的来源。而晋志在援引时常常比宋志更为完整,说明晋志不可能抄袭宋志。这一考察亦使我们更明确地了解中古舆服志的编纂者们会从哪些渠道获取相关资料。

之前主要关注三志之间相同的部分,晋志也有数条不见于续汉志、宋志的材料,总体上看,均为有晋一代所施行的制度。如D条提到的"四望、三望、夹望车",宋志有言"晋氏又有四望车,今制亦存",⑤南齐志则对其形制有更具体的讲解。⑥ 再如G、H、N条论三公以下安车之制,其驾马之数与宋

---

① 《太平御览》卷七七五,第3436页。
② 《太平御览》卷七七三,第3429页。
③ 《太平御览》卷七七五,第3436页。
④ 程树德《九朝律考》,第304页。
⑤ 《宋书》卷一八《礼志五》,第497页。
⑥ 《南齐书》卷一七《舆服志》,第339页。

志引傅畅《故事》所谓"三公安车,驾三;特进驾二;卿一"相符合,①我们认为此段文字也是傅畅原文的忠实记录。

史源分析结束后还要追问的是,这部分内容如何形成? 我们推测,晋志在此处保存了臧荣绪《舆服志》的原貌。臧荣绪《晋书》是唯一完整流传至初唐的、包举两晋且设有"志"的晋史。唐修《晋书》以臧荣绪《晋书》为基础,《舆服志》亦不应例外。《南齐书·臧荣绪传》表明,臧氏《晋书》最晚在齐初建元年间已经撰就。② 根据上文对取材的分析,说这段文字最初便形成于此时,并无扞格之处。还可作为参照的是,晋志收入"中朝大驾卤簿"乃蹈袭臧荣绪《舆服志》之旧。《文选·藉田赋》李善注引臧荣绪《晋书》曰"大驾卤簿,有大辇",又引臧荣绪《晋书》"卤簿曰:青立车,青安车",③这两条材料为臧氏《舆服志》原文无疑。④ 晋志的照录,明确展现了对臧荣绪《晋书》的继承性质。过去没有足够重视这些记载的产生经过,其实在沈约宋志之前,晋志的基底就已经成型了。

由此对晋志的史料价值有了更清晰的认识。晋志车制部分的史源是续汉志、晋令以及《晋先蚕仪注》《正书》《傅子》《晋公卿礼秩故事》等。虽然有个别承袭续汉志而导致时代混乱的地方,但从后面几种文献吸取的大量材料,在总体上保证了晋志是对两晋时期舆服制度的可靠记录。再考虑到晋志的底本在南朝中期已经编定,它依然是了解汉晋间舆服制度的首要史料。当然,五辂部分除外。

附带一提,徐广《车服注》也是臧荣绪编撰《舆服志》时倚重的资料。从散见的佚文来看,徐著对秦汉到两晋的车驾、服章均有论述。晋志内有可以被判定为承袭此书的部分,如该卷后文"蝉取清高饮露而不食,貂取紫蔚柔润而毛彩不彰灼""古者贵贱皆执笏"等叙述。⑤《车服注》也引述了傅畅的《故事》与《晋先蚕仪注》,⑥收录相同内容的晋志应该受到了徐广在材料方面的引导。

---

① 《宋书》卷一八《礼志五》,第 498 页。
② 《南齐书》卷五四《高逸·臧荣绪传》,第 936 页。
③ 萧统编、李善注《文选》卷七,第 339、340 页。
④ 前引章宗源语,认为《文选·北山移文》李善注引臧氏《晋书》"驾六人"及《太平御览·皇亲部》所引"帝之姑姊妹皆为长公主,加绿绶"均出自《舆服志》。虽然这些内容与舆服相关,但是否一定来源于《舆服志》还需进一步讨论。汤球辑臧荣绪《晋书》也将类似的几条材料归入《舆服志》,见杨朝明校补《九家旧晋书辑本》,第 15—19 页。笔者对此持怀疑态度。
⑤ 《太平御览》卷六八八引徐广《车服杂注》,第 3069、3071 页。
⑥ 《初学记》卷一一引徐广《车服仪制》云"尚书令轺车,黑耳后户"(第 260 页),与前叙宋志所引傅畅《故事》文字相同,当取自傅畅之书。《太平御览》卷六九〇引徐广《舆服杂注》云:"晋《先蚕仪注》,皇后衣纯青之衣;特进、卿世妇,二千石命妇,助蚕则青绢上下。"第 3081 页。

余　论

目前本章获得的结论有三：第一，天子五辂成于刘宋而非西晋，晋志以及《唐六典》《通典》等文献传达了错误的信息；第二，晋志五辂部分完全出于初唐史官之手，掺杂大量南朝后期制度；第三，总的来看，除了五辂部分，晋志对了解两晋的车驾制度具有很高的史料价值。另外，臧荣绪《晋书·舆服志》是晋志的基础，若考虑到前者在南齐初年已经成立，我们也能就晋志的形成过程及其与续汉志、宋志的关系得出更为明确的认识。

初唐史官为何要在五辂问题上进行另起炉灶式的改作？此处稍作推测。上文提到，隋人已经对西晋车制有些隔膜，误将挚虞的五辂之议当成了西晋实际施行的制度。不仅如此，在杨素等人的议论当中，甚至还有将五辂强加于汉代历史的倾向，比如：

> 《周官》："金辂，镂钖，繁缨九就，建大旂，以宾，同姓以封。"夫礼穷则通，下得通于上也，故天子乘之，接宾宴，同姓诸侯，受而出封。是以汉太子、诸王皆乘金辂及安车，并朱斑轮，倚兽较，伏鹿轼，黑樏文，画藩，青盖，金华施橑，朱画辕，金涂饰。非皇子为王，不锡此乘，皆左右騑，驾三马。旂九旒，画降龙。皇孙乘绿车，亦驾之。①

只要我们稍微参看续汉志即可明了，汉代皇太子、皇子所乘不过安车而已，隋初士人在讨论五辂时却将他们归入《周礼》金辂的行列。南北朝后期至于隋唐，五辂制度施行已久，人们用当下所见去回溯历史，以致造成这种想象与比附。在他们眼里，车制发展的历程并不是从汉代的金根车再到南北朝的五辂，而是整整一部五辂的发展史。这样的历史认识也被带入晋志之中。

还要注意的是，天子五辂绝不只是车驾器物这么简单，作为"周礼"的一部分，它不仅是士人们追求的理想制度，其施行状况又代表着王朝的政治文化取向。由于具有如此重大的意义，朝廷在制定、调整相关仪典前都要经过详密论证，而史家下笔记述时自然也会特别用心。在围绕舆服的撰述中，关于五辂与六冕的内容无疑占据核心地位，这一部分文字在当时会被视为该著作性质与品质的标志。初唐史官编修晋志时首先思考的就是如何处理皇

① 《隋书》卷一〇《礼仪志五》，第205页。

帝车制,甚至可以说,只有把五辂部分写好,才能体现出重修的价值。这样,再加上初唐与南齐之间观念、立场相隔,晋志改写臧荣绪《舆服志》五辂部分几乎成为必然。

中古时代的制度建设讲究"理据"与"成准"的兼备,既要与经典相符,又需有先代故事作为支撑。北朝自孝文帝以来即以上承西晋自居,[①]汉晋制度因而被视为优良范式,"依拟汉晋"一度成为改革的旗号。继承北朝而来的李唐朝廷,在历史认识中遵奉魏晋—北朝的正统传递,南朝各代则被置于闰位。[②] 如果承认目前正在行用的天子五辂首创于刘宋,该制将难以避免"出身不正"之讥。从这个角度看,初唐史官将南朝礼制强行附着于晋代历史的做法带有现实目的。对于他们来说,历史的真相不那么重要,为当下制度找到冠冕堂皇的依据,从而营造"根正苗红"的形象,才是当务之急。于是我们看到一个如此吊诡的场景,皇帝与士人们一边从汉晋王朝的历史中寻找典据,一边又利用叙史、编史的权力将自己需要的资源赋予那个无法自我辩解的时代。

---

① 罗新《十六国北朝的五德历运问题》,《王化与山险:中古边裔论集》,第273—286页。
② 刘浦江《南北朝的历史遗产与隋唐时代的正统论》,《正统与华夷:中国传统政治文化研究》,北京,中华书局,2017年,第1—34页。

第九章　中书省与"佞幸传"

——南朝隋唐间制度文化变迁之一例

以皇帝宠臣为叙述对象的正史"佞幸传",本不能视作制度记载。然而,这一类传在《宋书》《南齐书》等南朝正史中被用来专门收录担任中书通事舍人的寒人,①成为了史家批判当前政治制度的工具。南朝佞幸书写的此项特质与魏晋以来中书机构的演进密切相关。本章将深入解析魏晋南朝的"制度性佞幸"现象,由此揭示制度发展与制度撰述的互动。另外,撰成于初唐的《梁书》《陈书》却不为恩幸立传,南朝佞幸书写的传统就此断绝,其中缘由何在? 反映了怎样的制度文化变迁? 后文也将尝试做一解答。

一、南朝正史"佞幸传"的特质

众所周知,纪传体史书由《史记》《汉书》开创。"佞幸"作为一类人物被编入类传也始于此时。在《史记》中,《佞幸列传》位居全书尾端,前承循吏、汲郑、儒林、酷吏、大宛、游侠等传,后接滑稽、日者、龟策、货殖诸篇。这种编次的寓意尚无定论。内容上,佞幸被定义为"以婉佞贵幸"者,②入传的籍孺、邓通、韩嫣、李延年等,均为汉初至武帝时期受皇帝宠爱的人物。传文的重点在于各传主以佞媚步入贵显的事迹,与政治进程有关的叙述并不多见。由此可知,《史记》没有过多关注他们对于西汉前期朝政的影响。另外,与后

---

① 中书通事舍人,梁代除"通事"二字,此后"直曰中书舍人"。《隋书》卷二六《百官志上》,第723 页。为求行文方便,后文一律称此职为"中书舍人"。

② 《史记》卷一二五《佞幸列传》,第 3191 页。

代史家的鄙夷态度不同，司马迁几乎没有针对这一群体开展道德批判，他以"甚哉爱憎之时"收束全篇，①所感叹的不过是佞幸的成败荣辱完全系于皇帝的一时爱憎。

《汉书》继承了"佞幸"的篇目，所收人物也是皇帝身边的宠臣，但立场、旨趣与《史记》判然有别。根源在于，正如《叙传》所表达的"纬六经，缀道纲"之期许，②班固在历史编纂中坚守的原则乃儒学伦理，这与"是非颇缪于圣人"③的司马迁形成了对立。其次，断代史以某一特定王朝为书写对象，阐明兴衰之迹本是题中应有之义。而在班固生活的东汉前期，朝野上下对如何理解西汉崩溃又怀有浓厚兴趣。因此，为西汉衰亡提供解释成为《汉书》面临的首要问题。这也促成了班固对佞幸群体的重新处理。在基本照搬《史记》的记载之后，班固补充了昭帝、宣帝以来的宠臣，主要是元帝朝的石显、成帝朝的淳于长以及哀帝朝的董贤三人。该部分中，宠臣与皇帝之间的亲密事迹虽仍被提及，但叙述的重点已落在佞幸对政治的破坏上。《石显传》使用大量篇幅来揭露他居中擅权、结交党与、谗害忠良的劣迹；淳于长要结中外、收受赂遗等不法行径也被详细记录；《董贤传》则关注年少而为三公、哀帝欲相禅位等十分荒谬的事件。④ 在传末的论赞中，班固更痛陈佞幸之害，尤其是"汉世衰于元、成，坏于哀、平。哀、平之际，国多衅矣。主疾无嗣，弄臣为辅，鼎足不强，栋干微挠。一朝帝崩，奸臣擅命"数语，⑤直接将佞幸视为汉政衰微、王莽篡位的诱因，为西汉的覆灭提供了一项解答。在编次上，《佞幸传》被下调至类传末尾，仅排在《匈奴传》等"异族传"以及直接导致西汉终结的外戚群体的传记之前。⑥《汉书》安排类传顺序的基准乃儒学道义，越往后的道德水平越低。⑦《佞幸传》的位置已透露出班固的批判态度。论者常谓《史记》首创纪传之体，真正为正史树立典范的却是《汉书》。《佞幸传》的情况恰可作一注脚。上面指出的班固的立场，如注重佞幸对政治的消极影响，以及建立佞幸与王朝衰亡的联系，奠定了后代佞幸书写的基调。《佞幸传》的位次也被继起的纪传体王朝史效法。

---

① 《史记》卷一二五《佞幸列传》，第 3196 页。
② 《汉书》卷一〇〇下《叙传下》，第 4271 页。
③ 《汉书》卷六二《司马迁传》，第 2737—2738 页。
④ 《汉书》卷九三《佞幸传》，第 3726—3741 页。
⑤ 《汉书》卷九三《佞幸传》，第 3741 页。
⑥ 稻葉一郎认为，班固如此安排《佞幸传》的内容和位置，也是为后文（即《外戚》《王莽》等传）叙述外戚专权、王莽篡位提供政治背景。稻葉一郎《中国史学史の研究》，京都，京都大学学术出版会，2006 年，第 213—221 页。
⑦ 胡鸿《塑造他者：华夏有关异族群的知识建构》，《能夏则大与渐慕华风——政治体视角下的华夏与华夏化》，第 139—141 页。

范晔《后汉书》无"佞幸"之篇,从现存材料来看,《东观汉记》以及诸家"后汉书"也不曾为佞幸立传。陈寿《三国志》同样没有专门针对佞幸的记述。"佞幸传"亦不见于晋唐间涌现的晋史著作。在这些史家眼中,佞幸在东汉魏晋历史上不构成一个严重问题。不过,鱼豢在曹魏末期撰写的《魏略》是个例外。①《三国志·魏书·明帝纪》裴松之注云:

> 《魏略》曰:(秦)朗游遨诸侯间,历武、文之世而无尤也。及明帝即位,授以内官,为骁骑将军、给事中,每车驾出入,朗常随从……

又云:

> 《魏略》以朗与孔桂俱在《佞幸篇》。桂字叔林,天水人也。建安初,数为将军杨秋使诣太祖,太祖表拜骑都尉。桂性便辟,晓博弈、蹴鞠,故太祖爱之,每在左右,出入随从。……鱼豢曰:为上者不虚授,处下者不虚受,然后外无伐檀之叹,内无尸素之刺,雍熙之美著,太平之律显矣。而佞幸之徒,但姑息人主,至乃无德而荣,无功而禄,如是焉得不使中正日朒,倾邪滋多乎! 以武皇帝之慎赏,明皇帝之持法,而犹有若此等人,而况下斯者乎?②

据此,《魏略·佞幸传》收录有孔桂与秦朗。从裴注的引用来看,孔桂为曹操宠臣,秦朗则受明帝亲幸,传记的内容主要围绕二人姑息人主、收受贿赂方面的事迹。"鱼豢曰"后的文字当为《佞幸传》传末的史评,它对佞幸的斥责同样着眼于这一群体的政治危害性。《佞幸传》在《魏略》中的位置已无从确认,但内容和主旨几乎完整继承了《汉书·佞幸传》的风貌。

不过,从上文的整理来看,两汉魏晋《佞幸传》采择人物的标准并不容易把握。佞幸一词的含义本就宽泛,传中人物虽可简单概括为"姑息人主、无德而荣"的宠臣,但相互间的差异十分明显。如西汉前期的籍孺、闳孺因男色受宠;而邓通的贵幸源于文帝的一场梦。李延年"坐法腐刑,给事狗监

---

① 关于《魏略》的综合性研究,可参看津田资久《〈魏略〉の基礎的研究》,《史朋》第 31 号,1998 年,第 1—29 页。聂溦萌指出,以主题编排列传是《魏略》的特征,很可能全书各传均按品性或行迹的类型收录人物,并据此类型拟定篇题,见其《所谓正史:汉唐间纪传体官修史的生成》,第 115—121 页;《中古官修史体制的运作与演进》,上海,上海古籍出版社,2021 年,第 14—15 页。

② 《三国志》卷三《魏书·明帝纪》,第 100—101 页。

中",出身卑贱;淳于长则贵为外戚。石显弄权,因元帝委以中书之任;董贤却位登三公,"权与人主侔"。① 《魏略》中孔桂"晓博弈、蹴鞠"而为曹操所宠,秦朗乃曹操假子,后被明帝亲爱,担任骁骑将军,甚至领兵出征。② 各佞幸人物在出身、得宠途径、所获地位以及政治危害性等关键问题上均多有不同。由此可言,在汉晋间的历史书写中,"何为佞幸"很大程度上取决于史家个人的看法,并不存在精确、固定的标准。如果同南朝的佞幸书写对比,这一特点更加明显。

　较前代诸史,《宋书·恩幸传》的变化首先发生在篇名上。沈约笔下的"恩幸"二字采自《汉书》的"外戚恩泽侯表"与"佞幸传"。所谓"恩泽侯",是指皇帝因私恩而封以侯爵者。鉴于此,与"佞幸"相比,"恩幸"更加强调皇帝主动施予宠幸的这一面。其次,通观全卷,传中人物的共性非常明确,显示沈约对刘宋一朝的佞幸做出了清晰的界定。戴法兴、戴明宝二人主要活跃于孝武帝时期。法兴的身世稍详,他少时"卖葛","后为吏传署,入为尚书仓部令史",又转为南中郎典签,这是典型的南朝寒人的仕进路线。明宝也曾为南中郎典签,正说明其出身寒微。刘骏夺位成功后,任命二人"同兼中书通事舍人"。附于《戴法兴传》的巢尚之乃"人士之末",自孝建初期"兼中书通事舍人",传称"凡选授迁转诛赏大处分,上皆与法兴、尚之参怀,内外诸杂事,多委明宝"。③ 阮佃夫、王道隆、杨运长活跃于明帝、后废帝时期。三人皆出身小吏,因参与明帝的篡夺而迅速升进。道隆最受皇帝亲信,自泰始二年(466)开始担任中书舍人,一直持续到后废帝时期。佃夫、运长均在后废帝即位后兼中书舍人。传文提到三人"并执权柄,亚于人主","巢、戴大明之世方之蔑如也"。④ 另一位传主徐爰的情况稍有不同。据本传,徐爰自文帝元嘉初期便"入侍左右",至前废帝时期仍"宠待隆密"。⑤ 那徐爰是否像同传的其他佞幸一样出身寒微并任职中书舍人? 沈约于此语焉不详。《南史·王球传》记宋文帝即位后,王球"历位侍中,中书令,吏部尚书",又言:

> 时中书舍人徐爰有宠于上,上尝命球及殷景仁与之相知。球辞曰:"士庶区别,国之章也。臣不敢奉诏。"上改容谢焉。⑥

---

① 《汉书》卷九三《佞幸传》,第3721—3741页。
② 《三国志》卷三《魏书·明帝纪》,第100页。
③ 《宋书》卷九四《恩幸传》,第2302—2306页。
④ 《宋书》卷九四《恩幸传》,第2312—2318页。
⑤ 《宋书》卷九四《恩幸传》,第2310页。
⑥ 《南史》卷二三《王球传》,第630页。

可见，徐爰在元嘉年间的确担任过舍人一职。王球以"士庶区别"为由，拒绝与徐爰相知，又可证明其寒人身份。据以上整理，入《恩幸传》的人物，几乎均为受皇帝亲信而担当中书舍人一职，并由此操持重权、干预朝政的寒人。

与这一全新的标准相应，沈约在叙事安排上尤其关注诸佞幸在中书舍人任上害政伤民的事迹。《戴法兴传》记法兴与戴明宝"大通人事，多纳货贿，凡所荐达，言无不行，天下辐凑，门外成市，家产并累千金"，又言明宝"骄纵尤甚"，后又举出其子戴敬争买御物的劣迹。《徐爰传》称其"便僻善事人，能得人主微旨"，"既长于附会，又饰以典文"，并具体说明了他在朝廷礼制上的专断独裁。阮佃夫在舍人任上留下了专行选授的恶行。王道隆、杨运长被指树党、纳货。① 另外，《恩幸传》卷首序言提到："及太宗晚运，虑经盛衰，权幸之徒，慑惮宗戚，欲使幼主孤立，永窃国权，构造同异，兴树祸隙，帝弟宗王，相继屠剿。"②据此可知，在沈约的认识中，宋末蕃戚宗王惨遭诛戮主要由阮、王、杨等佞幸一手造成。序言又云"宝祚夙倾，实由于此"，③直接将王朝的衰亡与佞幸的猖獗联系起来，这与班固在《佞幸传》中的历史解释如出一辙。

《宋书》对佞幸的定义尚需从入传人物的事迹中提取，《南齐书·幸臣传》则开宗明义地将矛头指向寒人任中书舍人者。在卷首的序言中，萧子显首先回顾了上古至魏晋之际的佞幸人物，继而话锋一转，将焦点落在中书舍人上：

> 中书之职，旧掌机务。……《晋令》舍人位居九品，江左置通事郎，管司诏诰。其后郎还为侍郎，而舍人亦称通事。元帝用琅邪刘超，以谨慎居职。宋文世，秋当、周纠并出寒门。孝武以来，士庶杂选，如东海鲍照，以才学知名。……及明帝世，胡母颢、阮佃夫之徒，专为佞幸矣。
>
> 齐初亦用久劳，及以亲信。关谳表启，发署诏敕。颇涉辞翰者，亦为诏文，侍郎之局，复见侵矣。建武世，诏命殆不关中书，专出舍人。……莫非左右要密，天下文簿板籍，入副其省，万机严秘，有如尚书外司。领武官，有制局监，领器仗兵役，亦用寒人被恩幸者。今立《幸臣篇》，以继前史之末云。④

引文关注两方面的问题。一是中书舍人的发展轨迹，萧子显着重描绘了该

---

① 《宋书》卷九四《恩幸传》，第2303—2318页。
② 《宋书》卷九四《恩幸传》，第2302页。
③ 《宋书》卷九四《恩幸传》，第2302页。
④ 《南齐书》卷五六《幸臣传》，第971—972页。

职位在萧齐的权力扩张。二是在任命中书舍人时，有"士庶杂选"与"重用寒人"两种倾向。据萧氏的叙述，前者出现于宋文帝、宋孝武帝以及萧齐前期，宋明帝则专用寒人。齐明帝朝的情况，材料中虽未明言，但结合后文制局监"亦用寒人被恩幸者"的文字可知，这段时期同样被视为寒人得势的时代。引文透露出萧子显的历史认识，即中书舍人的权势地位以及选用寒人为舍人，是宋齐以来形成的特有现象，《幸臣传》的编纂乃因应于此。传中佞幸共有五人，皆出身小吏。纪僧真在建元年间任中书舍人，刘系宗、茹法亮、吕文显为武帝朝舍人。吕文度为武帝制局监，地位稍低。同《宋书·恩幸传》相似，萧子显在各人物的传记中，不乏提及他们在舍人任上争权夺利的劣迹。与此配合，卷后的"史臣曰"使用大量篇幅论述了中书舍人、制局监给南齐政治带来的破坏。①

以上对两汉至南朝正史"佞幸传"的内容、编次、立场等问题进行了梳理，其中最引人注目的莫过于《宋书》《南齐书》树立的新型佞幸观。在南朝史家笔下，作为类传之一的"佞幸传"被专门用来针对一个具体、固定的群体，该特质在此前和此后的历史书写中均不曾见到。② 它的形成与演化，应放在魏晋南朝的时代背景下解读。

二、魏晋时期的"制度性佞幸"

南朝正史以寒人任中书舍人者为佞幸，看上去是突然发生的现象。其实，早在中书省成立之初，中书官员就常常被扣上佞幸的帽子。中书舍人与佞幸的联系应从这里谈起。

中书省的前身是曹操建立魏国后在禁中设立的秘书机构。除了掌管图籍，秘书官员还负有起草文书和典尚书奏事的职责。汉魏禅代以后，中书从秘书中独立。③《三国志·魏书·刘放传》载："黄初初，改秘书为中书，以放为监，（孙）资为令。"④作为中书省历史上的首任长官，刘放和孙资在位二十余年，历仕文帝、明帝、齐王芳三朝，深得曹氏诸帝信任。⑤ 不过在此期间，

① 《南齐书》卷五六《幸臣传》，第 979 页。
② 限于篇幅，本文未对北朝正史的佞幸书写展开讨论。《魏书·恩幸传》《北史·恩幸传》并不存在南朝正史那样清晰、固定的采样人物标准，这一点是很明显的。
③ 祝总斌《两汉魏晋南北朝宰相制度研究》，第 316 页。
④ 《三国志》卷一四《魏书·刘放传》，第 457 页。
⑤ 刘放、孙资自黄初初年开始担任中书监、令，至齐王芳正始七年（246）逊位。孙资在嘉平初年又担任过一段时间的中书令。《三国志》卷一四《魏书·刘放传》，第 459—460 页。

二人多次受朝臣非议。其中保留最完整、意思最明确的当属明帝时期蒋济的上疏：

> 时中书监、令号为专任，济上疏曰："大臣太重者国危，左右太亲者身蔽，古之至戒也。往者大臣秉事，外内扇动。陛下卓然自览万机，莫不祗肃。夫大臣非不忠也，然威权在下，则众心慢上，势之常也。陛下既已察之于大臣，愿无忘于左右。左右忠正远虑，未必贤于大臣，至于便辟取合，或能工之。今外所言，辄云中书。……当今柱石之士虽少，至于行称一州，智效一官，忠信竭命，各奉其职，可并驱策，不使圣明之朝有专吏之名也。"①

蒋济指出，皇帝过于亲信左右便会招致蒙蔽，而当前，中书监、令就是这样的左右之臣。在引文的省略部分，他列举了专任中书可能带来的种种危害。值得注意的是"左右忠正远虑，未必贤于大臣，至于便辟取合，或能工之"一句，蒋济实际上在向皇帝吐露：刘放、孙资乃佞幸之徒。

中书官员为何被视为佞幸？《刘放传》记魏文帝以刘放、孙资"掌机密"，明帝即位后，两人"尤见宠任"。② 除了将起草诏命、典尚书奏事这样的机密事务交给刘、孙，③皇帝在面临重大决策时，还常常违背众议采纳两人的意见。如黄初六年（225），彭绮于鄱阳起兵叛吴，④后潜通于魏，"议者以为因此伐之，必有所克"，不过明帝却听从了孙资暂不出兵的劝告。⑤ 诸葛亮出在南郑，孙资力排众议，反对发兵就讨，"帝由是止"。⑥ 再如太和末，"吴遣将周贺浮海诣辽东，招诱公孙渊"，明帝欲邀讨之，"朝议多以为不可"，"惟资决行策，果大破之"。⑦ 又有皇帝独与刘、孙定策的事例。如太和二年（228），护乌丸校尉田豫出塞，被轲比能围困于故马邑城，⑧"帝闻之，计未有所出，如中书省以问监、令"。⑨ 中国古代的政治文化对于皇帝身边的亲近之臣素来警惕，刘、孙长伴文帝、明帝左右，得以裁制机密，他们的意见在

① 《三国志》卷一四《魏书·蒋济传》，第452—453页。
② 《三国志》卷一四《魏书·刘放传》，第457页。
③ 祝总斌《两汉魏晋南北朝宰相制度研究》，第314—318页。
④ 《三国志》卷四七《吴书·吴主传》云，黄武四年（225）十二月，彭绮叛于鄱阳。见第1131页。
⑤ 《三国志》卷一四《魏书·刘放传》裴松之注引《孙资别传》，第458页。
⑥ 《三国志》卷一四《魏书·刘放传》裴松之注引《孙资别传》，第458页。
⑦ 《三国志》卷一四《魏书·刘放传》，第457页。
⑧ 《三国志》卷二六《魏书·牵招传》，第732页。
⑨ 《三国志》卷一四《魏书·刘放传》裴松之注引《魏氏春秋》，第458页。

决策时又备受看重、多见采纳，容易让朝臣产生此二人善于奉迎主意的联想。另外，所谓"抑辛毗而助王思"的事件也使两人在官僚群体中的形象受损：

> 时中书监刘放、令孙资见信于主，制断时政，大臣莫不交好，而毗不与往来。……冗从仆射毕轨表言："尚书仆射王思精勤旧吏，忠亮计略不如辛毗，毗宜代思。"帝以访放、资，放、资对曰："陛下用思者，诚欲取其效力，不贵虚名也。毗实亮直，然性刚而专，圣虑所当深察也。"遂不用。①

据引文，作为尚书仆射的人选之一，辛毗呼声极高，毕轨甚至专门上书举荐。不过明帝却听从了刘、孙之言，坚持任用王思。在外界看来，辛毗没能登上仆射之位，完全是因为他不与刘、孙往来而遭到谗毁。《刘放传》提到，两人因此事件"获讥于世"。② 蒋济上疏，目中书为佞幸，正代表了朝臣的普遍不满。

从上述史料提供的情境来看，刘放、孙资久专权宠，任上又多次与朝臣发生冲突，是其背负骂名的原因。但若止步于此，无法揭示问题的本质。官员的行为其实受体制规约，刘放、孙资的"专任"，乃中书机构成立后难以避免的结果，二人招致舆论攻击的根源在于曹魏的官制改创。关于中书之职的出现，祝总斌指出，汉魏之际政权鼎立、战争不断的社会形势迫使魏武、文、明三帝大权独揽，政自己出，这是促成中书省建立及其权力膨胀的基本因素。通过中书，皇帝可以直接下诏指挥政务，提高了统治效率，而当审批文书或决策拿不定主意时，自然又会求教于身旁"掌王言"的中书监、令。③ 简言之，倚重中书官员，赋予其机要之任，是曹魏诸帝主动做出的制度调整。这一安排下，中书省凭借典尚书事与草拟诏令两项权力，在王朝的行政运作中占据了关键地位。中书监、令也得以常伴皇帝左右，并且能够从旁影响朝政决策。前文列举的事例，以及明帝临终，引刘、孙入卧内商定辅政人选的事件，④都是监、令的职权在政治生活中的体现。

刘放、孙资"制断机密，政事无不综"，⑤是由中书省的制度设计决定的。无论谁担任中书监、令之职，都会成为炙手可热的人物，这与他们在性格上是否"便辟取合"关系不大。不过，同时代的人们并不能理解制度的原理，当

---

① 《三国志》卷二五《魏书·辛毗传》，第698页。
② 《三国志》卷一四《魏书·刘放传》，第461—462页。
③ 祝总斌《两汉魏晋南北朝宰相制度研究》，第314—318页。
④ 《三国志》卷一四《魏书·刘放传》，第459页。
⑤ 《三国志》卷一四《魏书·刘放传》裴松之注，第461页。

他们对中书监、令的权势感到不满时,只得诉诸道德批判,以为其通过不正当的手段(即"善承顺主上")骗取了皇帝的信任。

制度导致中书官员在舆论中落得佞幸式形象,本章称这种现象为"制度性佞幸"。它的出现,还有一个不容忽视的侧面,即中书省的成立对原有官僚体系造成的冲击。经过漫长的发展,尚书省在汉魏之际已基本接替三公府成为主导行政运作的宰相机构。① 长期活跃在皇帝身边的侍中,②自东汉晚期开始形成独立的官署,③中平六年(189)的剧变后,他们与黄门侍郎全面取代了外戚和宦官在宫廷中的地位,④并被赋予"省尚书事"的职任。⑤曹魏文、明二帝突然增设中书机构,带来的一项后果是权力格局的改变:中书监、令掌王言、典奏事的职掌,分割了同在殿中的门下官员的权责;⑥中书省亦能制作"密诏下州郡及边将",且"不由尚书",⑦又构成对尚书职权的侵夺。可以说,中书省的成立,一定程度上颠覆了承袭已久的中央行政模式。另一方面,作为集权的举措,中书省的出现让皇帝可以更加有力地操控体制运转,打破了皇权与官僚集团之间的原有平衡。朝中官员是这场变革的承担者,他们受到的震动可想而知。面对崭新的政治形势,他们不得不去学习新的行政规则,同时必须适应新的官场秩序。在此过程中,疑惑、不满,甚至排斥的情绪很容易产生。"今外所言,辄云中书",在这汹涌的物议中,我们可以体会到陡然建立的中书机构对官僚群体造成的心理碰撞。视中书为佞幸的认识得以萌发、传播,跟这样的集体心态分不开。

---

① 参见陈仲安、王素《汉唐职官制度研究》,北京,中华书局,1993 年,第 55—66 页;祝总斌《两汉魏晋南北朝宰相制度研究》,第 133—134 页;赵昆生《曹魏尚书研究》,《郑州大学学报》2001 年第 1 期,第 83—86 页。

② 参见劳榦《论汉代的内朝与外朝》,《中央研究院历史语言研究所集刊》第 13 本,1948 年,第 227—267 页;福永善隆《漢代における尚書と内朝》,《東洋史研究》第 71 卷第 2 号,2012 年,第 29—59 页;渡邉将智《後漢政治制度の研究》,东京,早稻田大学出版部,2014 年,第 261—281 页。

③ 祝总斌《汉魏晋南北朝宰相制度研究》,第 259—261 页。

④ 下倉涉《漢末における侍中・黄門侍郎の制度改革をめぐって》,《集刊東洋学》第 72 号,1994 年,第 40—62 页;徐冲《关于曹魏的侍中尚书》,《国学研究》第 16 卷,北京,北京大学出版社,2005 年,第 259—273 页。

⑤ 参见陈启云《两晋三省制度之渊源、特色及其演变》,《儒学与汉代历史文化:陈启云文集》,桂林,广西师范大学出版社,2007 年,第 333—336 页;冨田健之《後漢時代の尚書・侍中・宦官について——支配権力の質的変化と関連して》,《東方学》第 64 辑,1982 年,第 30—42 页。

⑥ 中书、门下等机构在魏晋洛阳宫中的位置,见陈苏镇《从未央宫到洛阳宫:两汉魏晋宫禁制度考论》,北京,生活・读书・新知三联书店,2022 年,第 269—287 页。

⑦ 李林甫等撰、陈仲夫点校《唐六典》卷九,第 273 页;《太平御览》卷二二〇引环济《要略》,第 1047 页。

　　继曹魏而起的西晋沿袭了中书制度。晋武帝受禅,以荀勖为中书监。此后,荀勖在位二十余年,"久在中书,专管机事"。[①] 据本传,他也多次遭到朝臣的贬斥。一次是他提议以贾充女为皇太子妃,得到皇帝允许,遂"为正直者所疾,而获佞媚之讥焉"。后来,武帝一度犹豫废皇太子及贾妃,荀勖谏请,"故得不废",时议又"以勖倾国害时",将他比作孙资、刘放。[②] 另外,王隐《晋书》记荀勖因"誉太子、出齐王",被朝臣间的私议认为是"损国害民,孙、刘之匹",甚至提到"后世若有良史,当著《佞幸传》"。[③] 与刘放、孙资一样,担任中书监的荀勖没能逃脱佞幸之讥,三者更是被归为同类。

　　如果放在"制度性佞幸"的视野下,这样的现象便可得到更深入的理解。如上文所论,建立中书机构是魏晋皇帝的主动选择。缘于这一制度安排,荀勖自然能够受皇帝亲信,其政见也容易得到采纳。时人无法参透其中的机制,当中书官员的意见、行为不符合他们的期待时,只能将批判的矛头指向任职者的性格与道德。另一方面,从魏晋之际中书监、令遭到不绝于耳的攻击来看,他们获得的机要之权在朝臣心目中并无正当性可言,新建立的中书制度尚未被社会观念认可。关于第二点,还可以补充一些材料。一是齐王芳时中书令空缺,有人推荐李丰,李丰"知此非显选"而有所顾虑,最终因"思附至尊"才选择接受。[④] "非显选"反映了中书之职声望不高的事实。[⑤] "思附至尊"则显示,李丰看重的是它与皇帝的亲密关系。也就是说,中书令在制度上虽已成为朝廷要职,但在时人眼中不过是受皇帝宠幸的左右之臣。另一个著名的事例是荀勖自中书监迁为尚书令,不少人向他道贺,荀勖却颇为不悦:"夺我凤皇池,诸君贺我邪!"[⑥]此处,视中书为凤凰池只是荀勖自己的看法,人们对这一同品级官职间的迁转表示祝贺,[⑦]则透露出社会观念的好恶。[⑧]

　　对荀勖的攻击中有人提到"后世若有良史,当著《佞幸传》",《三国志》《晋书》虽没有真正将刘、孙、荀置于"佞幸"的篇目之下,但也延续了舆论的负面评价。陈寿在《刘放传》的末尾一度赞赏刘、孙的"文翰"与"勤慎",同

---

　　① 《晋书》卷三九《荀勖传》,第 1157 页。

　　② 《晋书》卷三九《荀勖传》,第 1153、1157 页。

　　③ 《世说新语·方正》刘孝标注引王隐《晋书》,见余嘉锡笺疏、周祖谟等整理《世说新语笺疏》,第 349 页。

　　④ 《三国志》卷九《魏书·夏侯玄传》裴松之注引《魏略》,第 301 页。

　　⑤ 参见祝总斌《两汉魏晋南北朝宰相制度研究》,第 318 页。

　　⑥ 《晋书》卷三九《荀勖传》,第 1157 页。

　　⑦ 杜佑撰、王文锦等点校《通典》卷三七,第 1003 页。

　　⑧ 西晋中期以来,因中书监、令常由权臣兼领,且任职者多为士族出身,此二职的声望渐有改观。参见祝总斌《两汉魏晋南北朝宰相制度研究》,第 321 页;陈琳国《魏晋南北朝政治制度研究》,台北,文津出版社,1994 年,第 22—25 页。

时以"讥谤之声,每过其实"为两人稍作辩解,但仍不忘强调他们身上"善承顺主上,又未尝显言得失"这样佞幸式的一面。① 裴松之将刘放、孙资在明帝临终时"称赞曹爽、劝召宣王"的行为视作曹魏灭亡的祸基,他批评道,孙、刘二人"受人亲任",得以"制断机密,政事无不综",却"依违其对,无有适莫",愤恨之情溢于言表。② 另外,从后世看来,晋武帝坚持以惠帝为储君以及遣齐王攸归国的行为,是晋末动乱的根源。赞成其计的荀勖自然无法避免撰史者的指责。除了大量收录时人的恶评,史家在《荀勖传》卷末的议论中也对其展开讨伐,如"史臣曰"称"斗粟兴谣,踰里成咏,勖之阶祸,又已甚焉",论赞部分又有"倾齐附鲁,是为螙贼"之语。③ 综合来看,无论是在社会舆论还是在历史书写里,魏晋之际的中书监、令都被打上了佞幸的烙印。上述历史进程应当视作《宋书·恩幸传》《南齐书·幸臣传》的先声。

三、中书制度的演进与南朝佞幸书写的成立

若把目光投向两晋之际,首先可以注意到中书监、令在社会观念中摆脱了"佞幸"的污名。这也是制度演进的结果。在职掌上,从东晋开始,中书监、令远离了典奏事、掌诏令等日常性与机密性事务,逐渐过渡为参时务、备咨询、讲文章这样的清闲之任。④ 当监、令不再"掌机密",也就褪去了皇帝之"左右亲近"的色彩。与此相应,监、令二职的声望获得极大提升。此处可举王洽的例子帮助理解。东晋穆帝除洽为中书令,从兄王朗遗书于洽,其中有言:"弟今二十九,便居清显要任。"⑤ 王洽为王导之子,无疑是当世高门,王氏称中书令为"清显要任",可见此职已被官僚阶层接受与推崇。另外,正如《唐六典》所云"东晋朝更重其职,多以诸公领之",⑥ 在东晋一朝的绝大多数时间里,中书监、令之职均由宰相兼领,录尚书事的王导、庾冰、何充、谢安、刘裕等人均同时担任此职。⑦ 结合前述职权的变化,甚至可以说,中书监、令在东晋后期已演化为崇重才学之士或当朝重臣的荣誉性职位。这种倾向在南朝进一步固定,《梁选簿书》称中书监"自宋已来,比尚书令、特进

① 《三国志》卷一四《魏书·刘放传》,第461—462页。
② 《三国志》卷一四《魏书·刘放传》裴松之注,第461页。
③ 《晋书》卷三九《荀勖传》,第1163—1164页。
④ 祝总斌《两汉魏晋南北朝宰相制度研究》,第326—332页。
⑤ 《北堂书钞》卷五七引檀道鸾《晋阳秋》,第217页。
⑥ 李林甫等撰、陈仲夫点校《唐六典》卷九,第273页。
⑦ 参见祝总斌《两汉魏晋南北朝宰相制度研究》,第328页。

之流,而无事任,清贵华重,大位多领之",①明确指出该职已成为贵显而无事任的"清官"。

东晋末期,中书侍郎曾一度获得专掌诏命的职权。② 不过,"宋初又置通事舍人,而侍郎之任轻矣"。③ 此后,中书舍人的权势迅速崛起。王仲荦曾将魏晋以来中书省的发展概括为两个阶段:"第一是中书监、令权重,使尚书的实权陵替;第二是中书省职掌的文书诏命出纳,又转归中书通事舍人,而监、令、侍郎只是清华贵重,反无事任,又成虚位。"④第二阶段始于宋齐时期,中书舍人取代中书监、令、侍郎成为皇帝身边掌管机密的要职。而与此同时,任职者在社会舆论与历史书写中沦为了新的"佞幸"。《宋书·恩幸传》《南齐书·幸臣传》的形成,正是"制度性佞幸"现象在南朝继续发展的结果。

设置舍人的初衷,本来只是处理陈奏的上递与诏命的外宣,即所谓的"通事"。当皇帝"亲览朝政,不任大臣,而腹心耳目不得无所委寄"时,⑤常伴左右并担当喉舌之任的中书舍人很自然成为倚重的对象,从而被赋予制作诏诰、参与决策等重要权力。⑥ 这样的机制满足了皇帝专权的需要,受亲信的中书舍人却得以深入地影响朝政运作,也就是史料中常提到的"执权柄"。我们可以举一些具体的例子。宋孝武帝时期,戴法兴、巢尚之、戴明宝为中书舍人,"凡选授迁转诛赏大处分,上皆与法兴、尚之参怀,内外诸杂事,多委明宝",而法兴、明宝"凡所荐达,言无不行"。⑦ 明帝时舍人胡母颢专权,奏无不可,故时人语曰:"禾绢闭眼诺,胡母大张橐。"⑧阮佃夫在后废帝上台后兼任中书舍人,"欲用张澹为武陵郡,卫将军袁粲以下皆不同,而佃夫称敕施行,粲等不敢执"。⑨ 齐武帝时期又有綦母珍之"居舍人之任","凡所论荐,事无不允"。⑩ 如材料所示,中书舍人的职分并无明确的限定,只要皇帝支持,便可事无不综。当任职者拥有这样几乎不受制衡的权力时,腐败、罪恶不可避免地滋生。沈约所谓"方涂结轨,辐凑同奔""挟朋树党,政以贿

---

① 《太平御览》卷二二〇引陶氏《职官要录》,第 1047 页。
② 参见祝总斌《两汉魏晋南北朝宰相制度研究》,第 327 页。
③ 《宋书》卷四〇《百官志下》,第 1246 页。
④ 王仲荦《魏晋南北朝史》,上海,上海人民出版社,1979 年,第 408—409 页。
⑤ 《宋书》卷九四《恩幸传》,第 2303 页。
⑥ 祝总斌《两汉魏晋南北朝宰相制度研究》,第 339—342 页;吴慧莲《六朝时期的君权与政制演变》,《汉学研究》第 21 卷第 1 期,2003 年,第 133—159 页。
⑦ 《宋书》卷九四《恩幸传》,第 2303 页。
⑧ 《南史》卷三《宋本纪下》,第 84 页。参见辛德勇《释〈南史·宋本纪〉之"禾绢闭眼诺"》,《中华文史论丛》2007 年第 3 期,第 201—206 页。
⑨ 《宋书》卷九四《恩幸传》,第 2315 页。
⑩ 《南史》卷七七《恩幸传》,第 1929 页。

成",萧子显所谓"贿赂日积,苞苴岁通,富拟公侯,威行州郡",就是对这一制度弊端的简要总结。①

很大程度上,宋齐制度塑造的中书舍人角色与魏晋时期的中书监、令相当。《南齐书·幸臣传》云"中书,势利之职",《南史·傅昭传》称"居此职者,皆权倾天下",②中书舍人作为皇帝身边的机要人员陡然崛起,全面介入人事、赏罚等朝廷重要事务,同样给既有的官僚体系带来了强烈震动,他们与官僚集团的冲突在所难免。一个极具代表性的例子是发生在齐武帝永明元年(483)的天文失度事件:

> 二月,荧惑入太微。时中书舍人各住一省,时谓之四户,既总重权,而势倾天下。玄象失度,史官请行祈禳之礼。王俭曰:"天文乖忤,此祸由四户。"乃具奏舍人吕文显等专权,上纳而不改。③

荧惑犯太微是颇为严重的天文异常,王俭上书,直指吕文显等人乃罪魁祸首,希望皇帝能纠正其专权之风,即反映了当时官僚层对中书舍人"势倾天下"的不满。武帝"纳而不改",后茹法亮等舍人权势尤盛,王俭遂常谓人曰"我虽有大位,权寄岂及茹公"。④ 王俭感叹自己身处高位却失其权寄,透露出中书舍人权力扩张对原有体制造成的破坏,官员们由此产生的怨望之情也昭然若揭。至于中书舍人大权在握的原因,时人往往将其归纳为任职者借由邪僻便佞的不正当行径骗取了皇帝的宠任。如宋明帝上台后将"素所不悦"的徐爰远徙交州,在诏书中大量使用"诐侧轻险""利口谗妄"一类词语进行贬斥。⑤ 又如中书舍人阮佃夫请假回会稽,有人以"佃夫要幸"劝时任会稽太守的王僧虔隆重迎接,僧虔答道:"我立身有素,岂能曲意此辈。彼若见恶,当拂衣去耳。"⑥在这充满鄙夷的语气中,王僧虔用自己的"立身有素"来讥讽阮佃夫之徒以"曲意逢迎"而求得"要幸"的行径。从以上的整理来看,中书舍人因

---

① 《宋书》卷九四《恩幸传》,第 2302 页;《南齐书》卷五六《幸臣传》,第 979 页。
② 《南齐书》卷五六《幸臣传》,第 977 页;《南史》卷六〇《傅昭传》,第 1469 页。
③ 许嵩撰、张忱石点校《建康实录》卷一五,北京,中华书局,1986 年,第 586 页。《初学记》卷一一引萧景畅(按萧子显字景阳,景畅当为景阳之讹)《齐书》云:"永明元年,荧惑入紫微。时中书通事舍人四人,各注一户,谓之四户。既总重权,势倾天下。会玄象失度,太史奏云,宜修福禳之。太尉王俭谓帝曰'天文乖忤,此由四户。'仍其舍人王文明等各奏之。"第 276 页。《太平御览》卷二二二引《齐书》与此大致相同,第 1055 页。"王文明"疑即"吕文显"之讹。此段文字不见于今本《南齐书》。
④ 《南史》卷七七《恩幸传》,第 1929 页。
⑤ 《宋书》卷九四《恩幸传》,第 2310 页。
⑥ 《南齐书》卷三三《王僧虔传》,第 592 页。

其权势而为众议所非,与魏晋时期中书监、令遭到舆论攻击,处于同一脉络。

不过,中书舍人手握重权,让不少朝臣感到不可接受,必目之为佞幸而后快,还有一个非常重要的原因,即在此任上得以权倾天下者几乎都是寒人出身。东晋南朝之际政治形势的一大转折,在于皇权的复兴。① 为了全面掌控朝政,尤其是抗衡士族势力,南朝皇帝大量起用"身卑位薄"的寒人作为自己的爪牙。寒人任中书舍人,掌握机要之权,便肇因于此。而寒人的崛起,却让士人阶层感到自己所受的威胁日益严重,他们对于"士庶之别"的不断强调,可视作一种抵抗手段。② 在这一背景下,士人们常常针对寒人摆出傲慢自大的姿态,甚至极尽鄙薄。这类例子很多,此处仅举几条关于中书舍人的材料作为说明。一是宋文帝时期的中书舍人秋当、周赳拜访时任中书侍郎的张敷,刚刚坐定,张敷便命令左右移动自己的座位,以远离二人,"赳等失色而去"。③ 二是后废帝朝中书舍人王道隆拜访蔡兴宗,蹑履而至,不敢就席,兴宗"竟不呼坐"。④ 三是齐武帝时中书舍人纪僧真诣江斆,登榻坐定,斆便命左右曰"移吾床让客",僧真只得丧气而退。⑤ 三条材料的核心内容几乎相同,士人在对待前来拜访的中书舍人时,通过移座或不让坐,表示与之划清界限。这类士人面对寒人时不与相接的事迹,在展现士人清高的同时,也饱含对寒人的贬斥。即便是炙手可热的中书舍人,在他们眼中不过是凭借可耻手段得势的小人。

职权和任职者的身份共同构成了宋、齐中书舍人的特质,来自社会舆论的讨伐也由是而起。沈约、萧子显立"佞幸传",并以寒人任中书舍人者作为采择人物的标准,正诞生于这样的土壤。⑥ 该历史进程反映了新制度与官

---

① 参见赵翼撰、王树民校证《廿二史札记校证》卷八"南朝多以寒人掌机要",北京,中华书局,1984 年,第 172—173 页;田余庆《东晋门阀政治》,第 270—297 页。

② 唐长孺《南朝寒人的兴起》,《魏晋南北朝史论丛续编》,北京,中华书局,2011 年,第 107—140 页。

③ 《宋书》卷六二《张敷传》,第 1663 页。

④ 《宋书》卷五七《蔡兴宗传》,第 1584 页。王道隆的官职在此处被记为"右军将军"。而据《宋书》卷九四《恩幸传》可知,道隆的完整职务为右军将军、南兰陵太守、兼中书舍人,第 2317 页。

⑤ 《南史》卷三六《江斆传》,第 943 页。

⑥ 从成书时间上看,《南齐书》是萧梁前期的作品。不过梁代社会对于寒人任中书舍人者的看法并未发生改变,详见下节。另外,王锐《论南朝宋齐时期的"寒人典掌机要"》(《北京大学学报》1995 年第 1 期,第 100—107 页)、吕春盛《"寒人掌机要"的实情与南朝政治的特质——以中书舍人为中心之考察》(《台湾师大历史学报》第 44 期,2010 年,第 1—33 页)强调中书舍人专权只存在于几个特定时期,绝非如赵翼以来认为的"南朝多以寒人掌机要"。实际上,这种印象的造成并不始自赵氏。当时的舆论(如前文引用的"居此职者,皆权倾天下"),尤其是《宋书》《南齐书》,为了说明问题的严重性,已有将"寒人掌权"塑造为贯穿南朝的政治风气的倾向。

僚集团主导的社会舆论之间的持久对抗。从魏晋的中书监、令到宋齐的中书舍人,中书官员的污名化,暴露的是皇帝在身边设立机要职位并赋予其重权的行为,一直难以得到官僚阶层的广泛认可。《宋书》《南齐书》将中书舍人的恩幸形象加以固定,是这种冲突最激烈的表现。

此处还想强调史书作者的士人立场。宋齐以降,寒人虽在政治上渐有作为,但官僚阶层的主体以及社会文化的主导者仍然是士人。叙述历史的权力也主要把持在他们手中。① 在专门收纳寒人的"佞幸传"里,通过搜求、铺陈不良事迹,史家力争为每个人物抹上负面色彩。卷首的序言、卷末的史论,则集中了直接、辛辣的批判,前文已提到,撰史者甚至将王朝的衰亡也推咎于寒人。由偏见与敌意构成的佞幸书写,②应理解为士人阶层在话语霸权下对寒人展开的压迫。明白了这一点,刘知幾在《史通》中的困惑便迎刃而解:

> 纪僧珍砥节砺行,终始无瑕,而萧氏乃与群小混书,都以恩幸为目。③

刘知幾生活的时代与"士庶天隔"的南朝相去有间,故无法理解萧子显的旨趣。相比"砥节砺行",南朝士人更看重的是出身。纪僧真身为寒人却手握大权,这对士人来说是不可接受的事实,无论他是否以权谋私,也难逃佞幸的骂名。少数士人也担任过中书舍人,《幸臣传》卷首序言举出"东海鲍照,以才学知名",传中又提到江瞿昙与沈徽孚"以士流舍人通事而已","无权利","徽孚粗有笔札"。④ 在萧子显笔下,任中书舍人的士人都是不贪权利的才学之士。对比一下萧氏对两种群体的刻画,"佞幸传"书写者的立场便更加清晰了。

另外,第一节讨论《宋书》时指出,作为篇名的"恩幸"强调的是皇帝的主动性。同样,相较"佞幸",《南齐书·幸臣传》的篇名在放弃带有"求媚"之义的"佞"后,重点也落在了皇帝一方的宠幸之上。沈约在《恩幸传》卷首序言论述中书舍人权力膨胀的过程,云"孝建、泰始,主威独运,官置百司,权

① 《宋书》的基础是徐爰编纂的刘宋国史,参见赵翼撰、王树民校证《廿二史札记校证》卷九"《宋书》多徐爰旧本""《宋书》书晋宋革易之际",第179—181页。沈约在接收国史的材料后,将作者徐爰打入佞幸的行列,应视为士人基于自身立场改造刘宋历史的一个侧面。

② 钱大昕评《南史·恩幸传》时提到:"六朝人重门第,故寒族而登要路者,率以恩幸目之。"钱大昕撰,方诗铭、周殿杰校点《廿二史考异》卷三七《南史三》,第605页。当代也有一些研究注意到,南朝史书对于寒人的叙述杂有士族阶层史家的偏见,参见宫崎市定著,韩昇、刘建英译《九品官人法研究》,第180页;宫川尚志《魏晋及南朝的寒门·寒人》,《六朝史研究(政治·社会篇)》,东京,日本学术振兴会,1956年,第373—398页;吉川忠夫著、王启发译《六朝精神史研究》,第181—191页。

③ 刘知幾撰、浦起龙通释、王煦华整理《史通通释》卷七《品藻》,第174页。

④ 《南齐书》卷五六《幸臣传》,第972、979页。

不外假,而刑政纠杂,理难遍通,耳目所寄,事归近习",萧子显在《幸臣传》"史臣曰"中也提到"中世已来,宰御天下,万机碎密,不关外司",①两者均认为中书群体得势与皇帝专权密切相关。结合篇名与史家所论,《宋书》《南齐书》的佞幸书写也应视为士人阶层对南朝皇权政治的一种批判。

四、《梁书》《陈书》不立"佞幸传"的制度因素

再来看看梁陈时期的情况。梁、陈二代的断代史,流传至今的只有姚察、姚思廉父子相继编纂的《梁书》《陈书》。两书与《隋书》《周书》《北齐书》一起,最终在李唐官方的组织下编定。② 五部史书中,《北齐书》有《恩幸传》,而梁陈二史均未设此类传。根据篇目的改动,是否可以认为,南朝后期的政治环境已经发生变化,不存在"制度性佞幸"现象?

在中书制度方面,《唐六典》谓梁代中书舍人"入阁内,专掌中书诏诰,犹兼呈奏之事",③可见其机要之权走向了制度化。④《隋书·百官志》记陈代设中书舍人五人,"领主事十人,书吏二百人。……分掌二十一局事,各当尚书诸曹,并为上司,总国内机要,而尚书唯听受而已",⑤中书舍人在此时进一步侵夺尚书省权力,甚至演化为朝廷政务的指挥机关。由此而言,梁、陈中书舍人在权势上较宋、齐有增无减。变化主要发生在中书舍人的人选上。《隋书·百官志》云"梁用人殊重,简以才能",⑥据此可知,梁代改革了舍人的选用标准,门第和才能被列为最重要的条件。⑦ 这与宋齐时代以寒

---

① 《宋书》卷九四《恩幸传》,第 2302 页;《南齐书》卷五六《幸臣传》,第 979 页。川合安将《宋书·恩幸传》"序"的这段文字视为沈约对宋孝武帝专制政治的批判,见其《沈約の地方政治改革論——魏晋期の封建論と関連して》,中国中世史研究会编《中國中世史研究続编》,京都,京都大学学术出版会,1995 年,第 259—260 页。

② 《唐会要》卷六三"修前代史",北京,中华书局,1955 年,第 1091 页。又参见金毓黻《中国史学史》,北京,商务印书馆,2010 年,第 95—96 页;谢保成《隋唐五代史学》,北京,商务印书馆,2007 年,第 32—68 页。

③ 《唐六典》卷九《中书省》,第 276 页。

④ 参见祝总斌《两汉魏晋南北朝宰相制度研究》,第 345 页。

⑤ 《隋书》卷二六《百官志上》,第 742 页。

⑥ 《隋书》卷二六《百官志上》,第 723 页。

⑦ 对于梁陈时期中书舍人"用人殊重",以往研究多从中书制度的发展需求来解释。如陈仲安、王素《汉唐职官制度研究》提到,梁陈时期中书舍人的职权,从专掌诏命发展到兼管国家政事,"对中书舍人的人选,要求当然也会提高"(第 49 页)。联系宋齐以来士人阶层针对寒人任中书舍人现象的猛烈批判,梁陈皇帝多以士人为舍人的行为,也很可能是在舆论压力下做出的调整。如果此猜测成立,便可以认为,官僚群体面对新制度时的心态与反应,又反过来影响了制度的走向。这一角度对深化制度史研究或有帮助。

人典掌机要的局面大相径庭,对比之下,梁武帝崇重舍人之职的意图十分明显。周一良、祝总斌、陈仲安等学者都曾整理过任职者的身份,指出舍人的门第在梁、陈有了明显提升,大部分在任者都是一般高门或低级士族。① 当中书舍人主要由具备才学素养的士族出任时,这一群体也就很难再被视作皇帝身边的"左右群小",该职位的声望无疑得到改善。

不过,寒人任中书舍人者并未就此消失。此处略举数人。一是梁武帝时期的黄睦之。《梁书·陆杲传》载:

> 杲性婞直,无所顾望。山阴令虞肩在任,赃污数百万,杲奏收治。中书舍人黄睦之以肩事托杲,杲不答。高祖闻之,以问杲,杲答曰"有之"。高祖曰:"卿识睦之不?"杲答曰:"臣不识其人。"时睦之在御侧,上指示杲曰:"此人是也。"杲谓睦之曰:"君小人,何敢以罪人属南司?"睦之失色。②

在南朝士庶有别的环境中,士人常以"小人"作为寒人的贬称。引文以陆杲在梁武帝面前斥责受宠的中书舍人来展现他的婞直,同时透露出黄睦之的寒人身份。另外,武帝朝的诸昙粲,元帝朝的霍灵超、黄罗汉、罗重欢,也很可能是寒人出身。③ 陈后主时期又有施文庆、沈客卿。关于前者,《陈书》云"有施文庆者,吴兴乌程人,起自微贱,有吏用,后主拔为主书,迁中书舍人",《南史》则谓"施文庆,不知何许人也,家本吏门",④寒人身份十分明确。沈客卿的门第在史料中没有清晰的记载,但《南史》提到他与寒人施文庆"少相亲昵",在舍人任上又长期勾结小吏出身的阳惠朗和暨慧景,⑤可以推定,沈客卿同样出身寒微。⑥

前引《陆杲传》的材料已显示,寒人任中书舍人者在梁代仍然难逃士人的贬斥。施文庆、沈客卿同样也是陈后期社会舆论的攻伐对象。我们甚至

---

① 周一良《论梁武帝及其时代》,《魏晋南北朝史论集》,第 352—353 页;陈仲安、王素《汉唐职官制度研究》,第 45—49 页;祝总斌《两汉魏晋南北朝宰相制度研究》,第 345 页;吕春盛《"寒人掌机要"的实情与南朝政治的特质——以中书舍人为中心之考察》,《台湾师大历史学报》第 44 期,第 1—33 页。
② 《梁书》卷二六《陆杲传》,第 398—399 页。
③ 分见《梁书》卷四五《王僧辩传》,第 624、629 页;《南史》卷五三《梁武帝诸子传》、卷五八《裴之高传》,第 1323、1324、1441 页。
④ 《陈书》卷三一《任忠传附施文庆传》,第 415 页;《南史》卷七七《恩幸传》,第 1938 页。
⑤ 《南史》卷七七《恩幸传》,第 1940 页。
⑥ 参见王铿《六朝时期三吴地域非门阀士族人士的政治出路——商人、门生、恩幸之关系》,《中华文史论丛》2016 年第 2 期,第 43 页。

可以从北方的材料中找到证据。隋文帝开皇八年（588）伐陈，随军临江的薛道衡认为此举必克，其中一条理由是："为国之体，在于任寄，彼之公卿，备员而已。拔小人施文庆，委以政事；尚书令江总唯事诗酒，本非经略之才；萧摩诃、任蛮奴是其大将，一夫之用耳。"①薛道衡在北齐多次接对陈使，入隋后也曾作为使主聘陈，与江左人士多有交往。② 他视总管政事的施文庆为"小人"，很可能是受南方社会普遍看法的影响。隋军入建康以后，元帅杨广执施文庆、沈客卿、阳惠朗、暨慧景等掌权寒人，因其"邪佞"，斩于宫阙之下，"以谢三吴"。③ 刚刚攻占江左的隋师，需要开展一些措施来安抚民心，杀施、沈被当作取悦南人的一项手段，恰恰说明南方社会对他们怀有不满。

从以上的梳理来看，经过梁武帝以来的调整，中书舍人之职开始得到官僚层的认可，不过，其职权一旦掌握在寒人手中，仍然会激发社会舆论的反抗。南朝后期，寒人任中书舍人者依旧没能摆脱邪佞的形象，此点与宋、齐时代无异。

值得注意的是，在初唐以前还出现过数部梁、陈史著述，许亨、许善心相继撰成的《梁史》留下了一些关于篇目设置的材料。据《陈书·许亨传》，许亨在陈代撰《梁史》，"成者五十八卷"。④ 其子许善心先后仕于陈、隋，"随见补葺"，"修续家书"，终成七十卷。⑤ 在该书《序传》里，许善心提到了卷次篇目，其中类传的设置为：

> 《外戚传》一卷，《孝德传》一卷，《诚臣传》一卷，《文苑传》二卷，《儒林传》二卷，《逸民传》一卷，《数术传》一卷，《藩臣传》一卷……《止足传》一卷，《列女传》一卷，《权幸传》一卷，《羯贼传》二卷，《逆臣传》二卷，《叛臣传》二卷。⑥

可见，在《梁史》类传的末尾，有"权幸"之篇，南朝正史设"佞幸传"的做法得到延续。虽然传中内容没有留下只言片语，但结合前文所述梁、陈时代依然存在的"制度性佞幸"现象，不难推断，许氏父子于陈隋间撰写的《梁史·权幸传》继承了《宋书》《南齐书》的佞幸观，仍然以寒人任中书舍人者作为立

① 《隋书》卷五七《薛道衡传》，第 1407 页。
② 《隋书》卷五七《薛道衡传》，第 1406 页。
③ 《隋书》卷三《炀帝纪上》，第 60 页。
④ 《陈书》卷三四《文学·许亨传》，第 459 页。
⑤ 《隋书》卷五八《许善心传》，第 1428—1430 页。
⑥ 《隋书》卷五八《许善心传》，第 1430 页。

传对象。

这样看来,姚思廉不立"佞幸传",既不足以完整体现南朝后期社会形势,也是对历史书写传统的反动。该类传被取消的因由,可能只有放在南北朝隋唐之际制度文化变动的背景下才能理解。

与魏晋南朝不同,北朝的中书机构不曾获得在皇帝身边专掌机密的职任,祝总斌指出:"北朝中书省的最大特点,便是从来没有执掌过像魏晋(中书监、令)、南朝(中书舍人)那样重的权力,基本上只是一个'掌诏诰'或'管司王言'的机构。"① "制度性佞幸"的现象因而没有在北方出现。终结南北朝的隋唐,在吸收双方制度因子的基础上,建立起崭新的政治体制。单就中书省来说,它此时已发展为相当完善的行政机构。② 经过较长时间的调适、融合,中书机构在成立初期与既有官僚体系相冲突的情形不复存在,中书、门下、尚书三省各有分工又互相配合,共同组成隋及唐初的中枢机关。另外,在唐前期,中书舍人的角色亦十分突出,中书省的具体事务主要由他们来承担。③ 据《唐六典》,舍人的职责包括"侍奉进奏""参议表章"以及劳问将帅宾客、预裁"有司奏议、文武考课"等事项。④ 可见,舍人的职权具有清晰的规定与明确的限界,显示该职已走向稳定、成熟。与本文密切相关的还有一点,即中书舍人在初唐成为"清官"。⑤ 我们知道,南朝"清官""浊官"的概念,是士族政治的产物,反映的是士族阶层的好恶。⑥ 宋、齐时代经常任以寒人的中书舍人,是士流反感、仇视的对象,无疑应属浊官。⑦ 梁武帝革选以后,此状况可能才稍有改观。相对于南朝的"官以人而清",自孝文帝开始,北魏"以皇权的威力和法令的形式"区别了官职的清浊。⑧ 唐朝承此做法,从制度上对"清望官""清官"进行规定,促成了"人以官而清"的局面。⑨ 在这一背景下,被认定为"清官"的中书舍人,自然成为入仕者所看重

---

① 祝总斌《两汉魏晋南北朝宰相制度研究》,第350—351页。

② 参见吴宗国《三省的发展与三省体制的建立》、刘后滨《隋与唐前期的中书省》,吴宗国主编《盛唐政治制度研究》,第1—10、146—175页。

③ 刘后滨《隋与唐前期的中书省》,吴宗国主编《盛唐政治制度研究》,第149—154页。

④ 《唐六典》卷九《中书省》,第276页。

⑤ 《唐六典》卷二《尚书吏部》,第33页。又参见冈部毅史《北魏における官の清濁について》,《東洋史論叢》(大阪市立大学)第11辑,2000年,第6—11页。

⑥ 参见周一良《〈南齐书·丘灵鞠传〉试释兼论南朝文武官位及清浊》,《魏晋南北朝史论集》,第102—126页;阎步克《品位与职位——秦汉魏晋南北朝官阶制度研究》,第365—376页。

⑦ 参见宫崎市定著,韩昇、刘建英译《九品官人法研究》,第178—180页。

⑧ 张旭华《从孝文帝清定流品看北魏官职之清浊》,《九品中正制略论稿》,郑州,中州古籍出版社,2004年,第308—324页。

⑨ 阎步克《品位与职位——秦汉魏晋南北朝官阶制度研究》,第584—587页。

与推崇的官位,①任职者的身份(寒人或士人)不再构成影响其声望的因素。综上所述,进入隋唐,中书舍人在职能上实现了规范化,当初的负面形象也被"清官"的光芒掩盖,"制度性佞幸"的根基至此完全消解。

与私修而成的《梁史》不同,《梁书》《陈书》的编纂是在官方的组织、监督下进行的,书中内容必须迎合李唐朝廷的历史认识与价值观念。在初唐的制度环境中,中书舍人一职的性质以及时人的态度,已较南朝发生了根本变化。姚思廉若仍坚持《宋书》以来的立场,将寒人任中书舍人者通通视为破坏政治发展的负面势力,并设立专门的"佞幸传"开展集中批判,无疑有悖于初唐的政治文化,甚至可能招致皇帝、朝臣的不满。不少研究已注意到,为了符合当前的要求,初唐史官在撰写"五代史"以及《晋书》的过程中,对先唐历史进行过刻意改造。② "佞幸传"在《梁》《陈》二书中的缺失,也许出于同样的原因。

另外,李延寿在唐高宗时期私撰而成的《南史》也有《恩幸传》。在卷首序言中,李延寿提到此类传旨在汇集"四代之被恩幸者","以继前史之作"。③ 不过,《南史》采择人物的方式与南朝佞幸书写已有很大差异,以下稍作解析。对照《宋书·恩幸传》可知,《南史》中刘宋佞幸的部分基本因袭自前者。而在《南齐书·幸臣传》的基础上,李延寿补充了郁林王在位时期的綦母珍之、徐龙驹、曹道刚等人,以及茹法珍、梅虫儿等东昏侯的宠臣。这些人为何会被选中?在齐代恩幸的末尾,《恩幸传》记有梁武帝攻入建康后诛杀的"佐成昏乱者",法珍、虫儿排在名单的第一、二位,④这应该就是李延寿决定补充此二人的依据。又,《南齐书·郁林王纪》载:"中书舍人綦母珍之、朱隆之,直阁将军曹道刚、周奉叔,并为帝羽翼。高宗屡谏不纳,先启诛龙驹,次诛奉叔及珍之,帝并不能违。"⑤引文提到,齐明帝篡位过程中先后

---

① 毛汉光统计了唐代拥有士族门第、且以进士出身、并最终仕至宰相的官员的历官情况,将这些人在升迁过程中都曾担任过的官职称为"清要官"。他认为"清要官"是唐代社会最为推重的职类。中书舍人位列其中。毛汉光《科举前后(公元 600 年±300)清要官形态之比较研究》,《"中研院"国际汉学会议论文集》,台北,"中研院"编印,1981 年,上册 第 379—404 页。

② 山下將司《唐初における〈貞観氏族志〉の編纂と"八柱国家"の誕生》,《史学雑誌》第 111 卷第 2 号,2002 年,第 1—32 頁。安田二郎《西晋武帝好色攷》,《六朝政治史の研究》,京都,京都大学学術出版会,2003 年,第 43—162 頁。会田大輔《"宇文述墓誌"と〈隋書〉宇文述伝——墓誌と正史の宇文述像をめぐって》,《駿台史学》137 号,2009 年,第 1—25 頁。又参见本书第八章。

③ 《南史》卷七七《恩幸传》,第 1914 页。

④ 《南史》卷七七《恩幸传》,第 1935 页。

⑤ 《南齐书》卷四《郁林王纪》,第 73 页。

诛杀了綦母珍之等郁林亲信,李延寿很可能也是参照这种现成的名单而为珍之等人立传。这种"按图索骥"的操作方式在梁、陈佞幸部分更为明显。梁代的周石珍,是平定侯景后,被送往江陵由梁元帝定罪、处死的人物。①陆验、徐驎则被侯景视为梁武帝身边的奸臣,侯景起兵,一度以讨伐朱异、周石珍以及此二人为名。②杨广攻入建康后,戮"五佞人",③《恩幸传》收录的施文庆、沈客卿和徐哲位列其中。陈朝君臣被迁至长安后,隋文帝诛杀了所谓的"四罪人",④李延寿又据此为孔范以及王瑳、王仪、沈瓘立传。不符合这项原则的仅陈代司马申一人。⑤在这些被李延寿纳入"佞幸传"的人物当中,除綦母珍之、施文庆、沈客卿外,均非寒人任中书舍人者。综合来看,《南史》只是保留了"恩幸传"的篇目,《宋书》《南齐书》采纳人物的标准已被抛弃。随着"制度性佞幸"现象的瓦解,从士族官僚角度对寒人任中书舍人者开展批判的立场,最终也从佞幸书写中淡出。

小　　结

以上详细考察了汉唐间正史"佞幸传"的演变轨迹,力图揭示南朝佞幸书写同中书制度间的紧密关联。魏晋时期,皇帝为更加有力地操控朝政运作,在禁中新设中书机构以典掌机密事务。这一变革引发了朝臣的普遍不满,因此项制度而手握重权的中书监、令被指斥为谄媚逢迎的佞幸。世入南朝,监、令的职责转移至中书舍人,皇帝以寒人任此职,更是让作为官僚集团主体的士人感到不可接受,代表这一阶层立场的《宋书·恩幸传》《南齐书·幸臣传》《梁史·权幸传》由此诞生。南朝式士族政治的终结以及中央官制的演进,才最终平息了社会舆论与历史书写对中书官员的长期讨伐。这一历史进程展现了新制度被社会认可之前的曲折经过。"制度性佞幸"现象的出现与消解,也为观察中古制度文化的转型提供了一条线索。

---

① 《梁书》卷五《元帝纪》,第 128 页;《南史》卷七七《恩幸传》,第 1936 页。
② 《梁书》卷五六《侯景传》,第 842 页。
③ 《南史》卷七七《恩幸传》,第 1940、1942 页。
④ 《南史》卷七七《恩幸传》,第 1942 页。
⑤ 值得注意的是,司马申在《陈书》的本传中形象良好。《南史》不仅将司马申置于《恩幸传》,还举出不少事例将其刻画为善于奉承、好进谗言的人物。造成这种冲突的原因,还需进一步检讨。目前,笔者注意到,司马申与姚察都是陈后主为太子时的"东宫宾客",见《陈书》卷二七《姚察传》、卷二九《司马申传》,第 349、387 页。两人可能有比较亲密的交往,以致姚察为其作佳传。

　　过去我们研究某种新制度的影响，注意力往往没有离开制度本身，谈论得比较多的是新制度与其他制度有何关联、新制度对行政有何损益等"冷冰冰"的问题，很少顾及变革的承担者在新制度面前的所思所感。本章揭示了中书机构的成立所引发的一场为时漫长、规模浩大的舆论抵抗，足以让我们意识到，官僚群体的心态与反应也是讨论制度演进时不可忽视的侧面。关注新制度如何改变当时人们的日常生活，人们如何看待制度，如何学习新的行政规则、适应新的官场秩序，其观念又如何反作用于制度的走向，不仅能使我们对于制度的理解愈发立体、深入，原本有些"枯燥"的制度史也会因此呈现出更加丰富的面貌，变得有血有肉起来。

结　　语

围绕汉唐间的制度文献与制度文化,本书所作考察可简要总结如下:

记述与考释制度,这项在中国古代十分活跃的学术活动兴起于东汉中后期。儒学的进展,特别是古文经学的崛起,激发了当时学者对朝廷官制礼仪的关注与思考。樊长孙、刘珍、张衡鉴于"汉典寝而不著"的状况,提出模仿《周礼》以述汉代制度的构想。受此启发的胡广在小学书籍《汉官篇》的基础上,对朝廷百官的沿革、职掌等问题进行了全面考释,撰成史上首部研究官制礼仪的专著——《汉官解诂》,宣告制度之学的成立。因学术上的开创性以及胡广的政治地位,这部著作引起知识界的剧烈反响:同类撰述相继出现,胡氏的视野与方法也被遵奉与拓展。在汉末的政治生活中,这些制度著作为朝廷的日常行政、制度建设提供了参考和指导,制度之学的目的与功用正在于此。另外,从文献学的角度审视《汉官》、卫宏《汉旧仪》、胡广《汉官解诂》、应劭《汉官仪》等书,还可以得到许多新认识。比如,《汉旧仪》撰成后长期隐没无闻,直到汉末才被蔡邕、应劭重新发现;《汉官》并非学者著作,而是由各种簿籍组成,杂有不同时期的制度安排;自隋唐之际开始,应劭几部制度著述的内容发生了混合。又如,孙星衍所辑"汉官六种"存在脱漏,没有利用宋人孙逢吉的《职官分纪》是一大缺陷。

制度之学的政治意义在魏晋乱世中愈加凸显。一方面,汉魏之际与两晋之际两次全国性动荡中断了官制礼仪知识的有序传承,它们的散乱亡失令新政权的制度重建步履维艰。另一方面,明故事、晓朝仪的人物活跃于曹魏、东晋的政治前台,凭借制度之学为统治者所重。围绕官制礼仪的学问历经动乱仍传习不绝,很大程度上应归功于这一时期的士族家学。北地傅氏、颍川荀氏、河东裴氏、琅邪王氏等魏晋高门的家族文化中都有制度之学的一席之地。还值得注意的是,家族地位与制度之学具有相辅相成的关系,后者可为家族成员的仕途升进提供助力,而借由一代代人在制度知识与官场经验上的积累,这门学问亦走向精深。另外,制度撰述在政权间的流转为我们观察制度之学的绵延打开了新窗口。傅畅《晋公卿礼秩故事》与荀绰《晋百官表注》是二人进入石勒政权后为支持制度建设撰写的参考材料。石赵崩溃,引发了自北而南的人、物流动,两书与其他一些文物典章进入建康朝廷,又成为东晋中后期制度与文化发展的能量。

制度文献在南朝迎来了它的昌盛期,书写与阅读均呈现出崭新气象。正史制度类志书在篇目设置上有两项重要变化:一是"百官志"彻底取代"百官表";二是"郊祀志"的消失。前者与史家的注意力从官场人事转向官制本身有关,后者当归因于魏晋南朝的"五礼制度化"进程。内容方面,南朝正史"礼仪志""百官志"的特色在于取材广泛和考辨精深。《宋书》二志的素材不只来自典章和史传,经注、诗赋与诸子都在作者的搜检范围内。沈约也不满足于搬运、转述史料,他频繁地介入叙事,力图为官制礼仪的发展过程提供更深刻的解释。另外,官制书写的重要性在南朝社会广受认可,政治权力亦介入其中。宋齐之际由王珪之奉敕撰成的《齐职仪》是历史上首部官修政典。该书不仅包举古今,也将等级、职掌、选叙、舆服等官制元素整合进同一文本,从一纵一横两个方向实现了突破。《唐六典》的纂修并非"一时兴到之举",《齐职仪》《梁官》等南朝的实践为其提供了资源和借鉴。

十六国北朝制度含有大量北族元素,汉语文献在记录官制礼仪的同时,可能会对原貌造成遮蔽和扭曲。重视该时期制度书写存在的这一问题,由此充分查证社会环境、政治形势带来的影响,是北朝制度史研究继续深入的关键。《文成帝南巡碑》碑阴题名是北魏前期最重要的官制文本,在上述思路下将其与《魏书》相关记载对读,我们获得了许多前所未有的认识。比如在官制结构方面,南巡碑提及的"内侍之官"作为供北魏君主驱使的近臣,是朝廷百官中最受宠任与倚重的群体。又如在具体职官方面,《魏书》所见北魏前期的司卫监即南巡碑上题写的内都幢将;正职一加官这一魏晋式行政操作已被引入北魏朝廷,所以侍中、散骑常侍二职可见于非内侍之官的结衔;多次出现于《魏书》的内侍长与内行长一样,亦为内阿干的一种意译官称;内三郎幢将、内三郎、三郎幢将、三郎分别是《魏书》中常见的羽林中郎幢将、羽林中郎、羽林幢将、羽林郎四职的早期名称,史书作者根据后起制度对原始记录进行过更改。

隋唐学者依据新时代的政治观念和历史认识,在魏晋南朝制度史的撰述中加入了虚构与改造的成分。《晋书·舆服志》"五辂"部分的作伪,以及《梁书》《陈书》"佞幸传"的取消,是两个典型案例。天子五辂从儒家经典走进现实礼制始于刘宋孝武帝时期,《晋书·舆服志》所记西晋五辂出自初唐史官的杜撰,掺杂大量南朝后期的材料。这一操作的目的,在于配合西晋—北朝—隋唐的正统传递序列,从而为当前正在施行的五辂制度找到合理的历史依据。由《史记》《汉书》开创的"佞幸传"在南朝被赋予全新的标准,收入《宋书》《南齐书》该类传的均为担任中书舍人的寒人,佞幸书写实际上是史家用以批判政治制度的工具。魏晋时期皇帝出于集权需要而新设的中书机构曾激起朝臣的普遍不满。宋齐皇帝以寒人任中书舍人典掌机要,又引发作为官僚集团主体、引领社会文化的士人反感,代表这一阶层立场的《宋书·恩幸传》《南齐书·幸臣传》由此诞生。南朝后期,寒人任中书舍人的制度依然存在,士人的批判亦未停歇。但唐修《梁书》《陈书》不设"佞幸传",其缘由在于隋唐时代不同的制度设置与政治生态。

　　梳理完本书的主要论点后,我们可以利用业已获得的认识,回过头看看中古制度文献的基本史料——《隋书·经籍志》(本章后文简称"隋志")史部职官篇、仪注篇。

　　"职官""仪注"成为图书划分的标签,前提在于此类书籍的蓄积。经东汉后期学者的倡导,记述制度成为一股文化潮流,魏晋南朝亦不断有相关书籍、篇章涌现。梁代阮孝绪《七录》在图书分类中首创"职官部""仪典部",是这一中古学术新变的反映。据《七录序》,职官部有书"八十一种一百四帙八百一卷",仪典部有书"八十种二百五十二帙二千二百五十六卷",[①]在丰富程度上超过了同在"记传录"下的"法制""伪史""鬼神""谱状""簿录"诸部,足见制度书写的繁荣。"隋志"史部下设"职官""仪注"二类,即承《七录》而来。不过,"隋志"所收书目、卷数较《七录》减少了很多,职官类有"二十七部,三百三十六卷",若加上志文中列出的亡书,有"三十六部,四百三十三卷",仪注类有"五十九部,二千二十九卷","通计亡书,合六十九部,三千九十四卷"。[②]这种落差,一方面的原因是书籍的散亡,另一方面由"隋志"作者的删削造成,正如职官类小序所言:"宋、齐已后,其书益繁,而篇卷零叠,易为亡散;又多琐细,不足可纪,故删。"[③]

　　阅读"隋志"职官篇、仪注篇时必须注意的是,并列于此的书籍尽管均以官制礼仪为内容,但在性质上却多有差异。职官类下,胡广《汉官解诂》、应劭《汉官》、应劭《汉官仪》、蔡质《汉官典职仪式选用》、韦昭《官仪职训》、傅畅《晋公卿礼秩故事》、荀绰《晋百官表注》、王珪之《齐职仪》这几部在前文

① 阮孝绪《七录序》,释道宣《广弘明集》卷三,第15页A。
② 《隋书》卷三三《经籍志二》,第969—971页。
③ 《隋书》卷三三《经籍志二》,第969页。

被重点考察的著述,都是学术研究的产品。当然,研究的动因、目的与现实需求密切相关,这些作品承载的制度知识对日常行政、制度建设具有参考价值。佚名撰《晋百官仪服录》、佚名撰《大兴二年定官品事》、陶藻《职官要录》、郭演《职令古今百官注》等书从名称或佚文判断,①也是背景相近的学术著作。《梁勋选格》《梁官品格》《吏部用人格》三部以“格”为名的书籍显然不同,它们是朝廷制定的具有法律效力的章程。② 荀攸《魏官仪》、干宝《司徒仪》在第三章已作考述,两书经公权力认可,作为官员施政履职的规范而颁布。《百官阶次》《梁选簿》《新定官品》《新定将军名》《梁尚书职制仪注》同样是直接服务于官制运作的行政规则。③ 那些因“琐细”而被“隋志”作者排除在书目之外的旧籍,应该主要就是这类制度条文。在学术著作、法律规章之外,还有多部关注官员姓名及行迹的书籍列于职官篇。姚振宗谓,自何晏《官族传》以下迄于《陈将军簿》,“皆官名之属,别为一类”。④ 侯旭东指出,这些书籍的源头是朝廷各机构编制的官员名籍。⑤

“隋志”仪注类同样是不同性质书籍的混编。“仪注”本是一种官文书体裁的名称,它是官方编写、公布的用以指导礼制开展的详细仪节。仪注类下真正具有“仪注”性质的文献只占书目的一半,它们是《晋新定仪注》《晋杂仪注》《晋尚书仪》《甲辰仪》《封禅仪》《宋仪注》《宋尚书杂注》《宋东宫仪记》《梁五礼仪注》《杂凶礼》《政礼仪注》《士丧仪注》《杂仪注》《陈尚书杂仪注》《陈吉礼》《陈宾礼》《陈军礼》《陈嘉礼》《后魏仪注》《后齐仪注》《杂嘉礼》《隋朝仪礼》《车服杂注》《礼仪制度》《卤簿仪》《陈卤簿图》《齐卤簿仪》《诸卫左右厢旗图样》等。《徐爰家仪》《赵李家仪》是士人家庭内部的仪式规则,包括《内外书仪》《吊答仪》《宋长沙檀太妃薨吊答书》《妇人书仪》在内的十数种“书仪”是流传在士人间的书写程式,⑥它们的撰写和使用均非政治活动,与“仪注”性质迥异。仪注类下还有不少针对礼制的研究性著作,可以举出《汉旧仪》《皇典》《大汉舆服志》《古今舆服杂事》

① 参见姚振宗撰、刘克东等整理《隋书经籍志考证》卷一七,《二十五史艺文经籍志考补萃编》第 15 卷,第 720、723、730—732 页。
② 参见楼劲《魏晋南北朝隋唐立法与法律体系》,中国社会科学出版社,2014 年,第 30—34 页。
③ 参见姚振宗撰、刘克东等整理《隋书经籍志考证》卷一七,《二十五史艺文经籍志考补萃编》第 15 卷,第 720—724、728—730 页。
④ 姚振宗撰、刘克东等整理《隋书经籍志考证》卷一七,《二十五史艺文经籍志考补萃编》第 15 卷,第 728 页。
⑤ 侯旭东《中国古代人“名”的使用及其意义——尊卑、统属与责任》,《历史研究》2005 年第 5 期,第 3—21 页。
⑥ 参见吴丽娱《唐礼摭遗——中古书仪研究》,北京,商务印书馆,2002 年,第 33—37 页。

等。《魏晋谥议》《汝南君讳议》是围绕特定事件的礼议材料汇编，也是学术行为的产物。①

《隋书·经籍志》实际上是初唐的秘阁藏书目录。"隋志"的编纂者从整理图书的角度出发，自然会将内容作为分类的标准，诸书撰作的目的以及在社会生活中扮演的角色不是他们需要考虑的方面。是故，职官类、仪注类书目存在学术专著与法规条例同列、朝廷礼制与私家仪节相杂的情况，形成大体以时代为序的书名大排队。与之相似的现象是，在后世的制度史研究中，这些书籍往往被一概当作客观描述制度的史料。如果不借助书写与阅读的视角，充分解析各种制度著述生成、流传的场景，就只能眼见原本多层面的历史意涵被简化成书籍数量的累积。尤其是多数制度文献曾参与到制度的建设与运行，挖掘书名、内容所不能直接表现的书籍功用，才可以就制度演进中制度文化所发挥的效力进行更细致地揭示。

"隋志"职官、仪注书目后的小序，还介绍了两类书籍的发展历程。出自图书整理者之手的两段文字，就存在将复杂交织的线索缩略为单一链条的倾向。如，职官类小序将汉末官制专著的出现归因于《汉书·百官公卿表》的刺激："今《汉书·百官表》列众职之事，记在位之次，盖亦古之制也。汉末，王隆、应劭等以《百官表》不具，乃作《汉官解诂》《汉官仪》等书。"②实际上，《汉官解诂》《汉官仪》等官制书籍的撰写带有经世致用的目的，这与记录西汉官场人事变动的"汉表"在旨趣上区别甚大。我们也已论证过胡广、应劭考述官制的自觉源自东汉后期的学术生态。"隋志"作者仅凭出现时间的先后便虚构因果关联。再如，仪注类小序为了与书目配合，在"仪注"与家庭仪节、学者论议之间搭上关系："仪注之兴，其所由来久矣。自君臣父子，六亲九族，各有上下亲疏之别。养生送死，吊恤贺庆，则有进止威仪之数。……然犹以旧章残缺，各遵所见，彼此纷争，盈篇满牍。"③仪注是汉代以来出现的具有一定法律效力的条则，"隋志"作者将其与学术性、私人性的著作放在同一脉络下叙述，不免牵强。

除了以上所论，这个书目留下的课题应该还有不少。比如它透露的制度撰述南强北弱之势，就值得深究。职官类书籍中无一部出自北朝人，仪注类下仅《后魏仪注》《后齐仪注》《隋朝仪礼》《齐卤簿仪》《赵李家仪》及唐瑾《书仪》等产生于北朝，南朝的官制礼仪著述占据了这两个类别的主体。那

---

① 参见姚振宗撰、刘克东等整理《隋书经籍志考证》卷一八，《二十五史艺文经籍志考补萃编》第 15 卷，第 742、749—752 页。

② 《隋书》卷三三《经籍志二》，第 969 页。

③ 《隋书》卷三三《经籍志二》，第 971 页。

么,北朝为何在制度文献发展史上几无存在感? 当南北并立的局面终结以后,两种学术传统发生了怎样的碰撞和融合? 隋唐制度之学是经过怎样的吐纳去取而建立? 这些追问,无疑将继续丰富我们对于南北朝隋唐之际制度及制度文化变迁的认识。

附录一　从"刘昭注"看制度文献在
　　　　　南朝的阅读与再生产

　　"刘昭注"为深入了解南朝制度之学的开展提供了一扇宝贵的窗口。依靠其"史注"的形式，我们可以获知，萧梁时期的学者为了解某一断代的制度参阅过哪些文献。本文将由此观察南朝士人在贵博尚通的学风下对于制度知识的阅读和吸收。另一方面，随着注释的加入，西晋问世的《续汉书》诸志在南朝被赋予了新的意义。后文亦欲探明，借助这一经过重构的文本，作者刘昭试图传递何种关于国家制度的理念。

一、博学之风与制度阅读

　　唐人刘知幾的《史通》在回顾前代史注时提到：

　　　　次有好事之子，思广异闻，而才短力微，不能自达，庶凭骥尾，千里绝群，遂乃掇众史之异辞，补前书之所阙。若裴松之《三国志》，陆澄、刘昭"两汉书"，刘彤《晋纪》，刘孝标《世说》之类是也。

又云：

　　　　窃惟范晔之删《后汉》也，简而且周，疏而不漏，盖云备矣。而刘昭采其所捐，以为补注，言尽非要，事皆不急。譬夫人有吐果之核，弃药之滓，而愚者乃重加捃拾，洁以登荐，持此为工，多见其无识也。①

----

① 刘知幾撰、浦起龙通释、王煦华整理《史通通释》卷五，第122—123页。

刘氏对刘昭以及裴松之、陆澄、刘孝标等南朝注家的成果持否定态度,但不妨碍我们从其论述中总结出这些史注的共同特征,即拾遗补阙,务在周悉。换句话说就是,搜罗异闻故实,尽可能多地提供历史信息。①

汉魏以来流行的"训解式史注"着眼于文字本身,意在帮助读者从音、义两方面理解史书。而南朝的"补阙式史注"主要由摘自其他文献的关联记载构成,以取材广博为尚。② 沈家本曾对《三国志》裴注的引书做过统计:"经部廿二家,史部一百四十二家,子部廿三家,集部廿三家,凡二百十家。"③裴松之的材料收集工作可谓贯通四部,统合群籍。《世说新语》刘注毫不逊色,据叶德辉整理,刘孝标引"经史别传三百余种,诸子百家四十余种,别集廿余种,诗赋杂文七十余种,释道三十余种",总引书量高达近五百种。④ 刘昭合范晔《后汉书》与司马彪《续汉书》"八志"并加以注解而成的《集注后汉》原有一百八十卷,但纪传部分在唐宋之际已失传,《天文志下》《五行志四》两卷也只有司马氏的原文保留下来。⑤ 学者据剩余篇章所作统计仍能彰显《集注后汉》采摭之宏。沈家本谓,刘昭引"经部六十六家,史部一百十二家,子部四十二家,集部廿二家,共二百四十二家"。⑥ 小林岳则从字数角度说明刘氏引证丰富:司马彪撰写的"八志"约八万二千字,现存注释远超原文,竟达十万五千字。⑦

材料充足,来源多样,反映注家披览之广。接下来,我们将焦点移至刘昭为《续汉书》制度类志书所作注释,观察他对官制礼仪资料的阅读。

笔者统计,在"礼仪""祭祀""百官""舆服"四志中,刘昭共引书一百五十种以上。显然,刘昭实际参阅过的文献还要更多。就被引用的书籍来说,首先应注意,它们绝大部分不是官制礼仪的专书。若按照同时代阮孝绪的《七录》进行分类,⑧有近三十种可归入"经典录"。这包括《诗经》《周礼》《仪礼》《礼记》《公羊传》《左传》等原典,以及马融、何休、卢植、郑玄、谯周、王肃、干宝、范宁等儒士所作章句、笺注。数次被引的《石渠论》《白虎通》《五经然否》《五经通义》《尔雅》《释名》《埤苍》《说文》《通俗文》《韵

---

① 参见胡宝国《〈三国志〉裴注》,《汉唐间史学的发展》,第 69—90 页。
② 参见刘治立《〈史通·补注〉与史注》,《史学史研究》2005 年第 3 期,第 44—48 页。
③ 沈家本《三国志注所引书目序》,《古书目四种》,《沈寄簃先生遗书》,北京,中国书店,1990年,下册第 172 页。
④ 叶德辉《世说新语注引用书目》,刘义庆《世说新语》,上海,上海古籍出版社,1982 年,第487 页。
⑤ 参见小林岳《後漢書劉昭注李賢注の研究》,第 91—124 页。
⑥ 沈家本《续汉书八志补注所引书目序》,《古书目四种》,《沈寄簃先生遗书》,下册第 236 页。
⑦ 小林岳《後漢書劉昭注李賢注の研究》,第 101 页。
⑧ 阮孝绪《七录序》,释道宣《广弘明集》卷三,第 9 页 B。

集》等经论、小学之书也属于此类。《尚书中候》《春秋纬》《春秋保乾图》《礼纬》《礼含文嘉》《礼稽命征》《孝经援神契》《乐叶图征》等纬书也是刘昭经常利用的资料,属于"术伎录"下的"纬谶部"。"记传录"下"国史部"的文献,比如《史记》、《汉书》(以及臣瓒等人所作注释)、《东观汉记》、《古史考》、《汉晋春秋》、《魏氏春秋》、《晋阳秋》以及谢承、谢沈、袁山松、张璠、袁宏等编纂的东汉史,频繁出现在注释中。刘昭引用的"注历部"书籍有《汉献帝起居注》《晋起居注》,"法制部"资料有汉代的《金布令》《祀令》,"杂传部"文献有《三辅决录》《梁冀别传》《董卓别传》,《山海经》《三辅黄图》《雒阳宫阁簿》《异物志》《三辅故事》《晋太康地道记》则属于"土地部"。《七录》"子兵录"收诸子、兵书,该类图书在刘昭注中也为数不少,比如有《庄子》《晏子春秋》《司马法》《吕氏春秋》《淮南子》《盐铁论》《说苑》《法言》《新论》《古今注》《风俗通义》《皇览》《博物记》《傅子》等。刘昭还大量参考文赋,可以举出司马相如《大人赋》、崔骃《东巡颂》、杜笃《被褐赋》、《二京赋》薛综注、《三都赋》卫权注、傅玄《乘舆马赋》、《楚辞》王逸注等。

以上梳理显示,刘昭的视野无所畛域,其查阅对象包括经、史、子、集各类图籍,遂得以在"续汉志"原有记载外增补丰富史实。不难想见,在落笔之前,刘氏一定经历了充实且漫长的资料收集阶段。另根据史注对文献的一些处理可知,刘昭在阅读过程中秉持审慎的态度,并非一味追求繁复。比如《祭祀志》载,建武元年(25)光武帝以元始故事祭告天地,刘昭于是出注提供元始年间郊祀的情况:"《黄图》载元始仪最悉,曰:'元始四年(4),宰衡(王)莽奏曰……'"[①]引文说明,刘昭曾对各种文献的相关记录进行过仔细甄别,在注释中只保留了最详备的《三辅黄图》的说法。又如,刘昭于《百官志》"太尉"条注引关于该职起源的多种见解:"前书曰'秦官',郑玄注《月令》亦曰'秦官'。《尚书中候》云舜为太尉,束晢据非秦官,以此追难玄焉。"紧接着他以"臣昭曰"的形式对《尚书中候》之说提出了批评,要点有二:一是纬候众书"动挟诞怪",难称可靠;二是"舜为太尉"乃后世追述,"非唐官之实号"。[②] 可以看出,刘昭并不满足于简单地排列前说,材料的真实性也是其关注的问题。再如,《百官志》"百官受奉例"一段有注曰:"《古今注》曰:'永和三年(138),初与河南尹及雒阳员吏四百二十七人奉,月四十五斛。'臣昭曰:此言岂其妄乎?若人人奉四十五斛,则四百石秩

① 《续汉书·祭祀志》刘昭注,《后汉书》,第 3157 页。
② 《续汉书·百官志》刘昭注,《后汉书》,第 3557—3558 页。

为太优而无品,若共进奉者人不过一斗,亦非义理。"①刘昭提供了《古今注》的关联记载,旋即指出其中的可疑之处,该材料反映了刘氏在阅读中倾注的思辨。

这种以广博且细致的阅读为基础的注释方式,在南朝以前不曾出现。汉末胡广为王隆《汉官》所作诂解,在训释文字之外,也补充了不少有关职掌、沿革的信息。但《汉官解诂》旨在为读者提供理解汉代官制的清晰线索,没有采取广集异同、比较众说的注释方法。② 另外,经颜师古转引,服虔、应劭、张晏、如淳、臣瓒等汉晋间学者对《汉书·百官公卿表》的注释也得以部分留存。据内容判断,这些注家的工作均属于"训解式史注",并未经过多方搜求材料的环节。

在广泛披览、穷尽史料这一点上,"刘昭注"与《宋书·礼志》《百官志》对汉宋间制度所作考述相近。沈约的制度之学深受南朝时期贵博尚通这一学术氛围的影响,③刘昭在解说东汉官制礼仪时展现的类似特征,实际上也源自同样的风气。透过一些材料,我们可以看出刘昭对博学多闻的推崇。在《后汉书注补志序》中,刘昭就"续汉志"提出过批评:"既接继班书,通其流贯,体裁渊深虽难逾等,序致肤约有伤悬越,后之名史,弗能罢意。"④刘氏特以"序致肤约有伤悬越"之语指出"续汉志"失在于略,说明充实丰富的历史信息是其尤为看重的方面。序文后半部分又多次表达,"博"与"广"是作注过程中尽力达成的目标,如"狭见寡陋,匪同博远,及其所值,微得论列",以及"岁代逾邈,立言湮散,义存广求"。⑤《集注后汉》推出后,世人的评价正集中在"博悉"这一点上。⑥ 另外,对子女的教育也可反映刘昭的学术取向。《颜氏家训》记南朝士大夫子弟的受学过程曰:

> 士大夫子弟,皆以博涉为贵,不肯专儒。梁朝皇孙以下,总帅之年,必先入学,观其志尚,出身已后,便从文史,略无卒业者。冠冕为此者,则有何胤、刘瓛、明山宾、周舍、朱异、周弘正、贺琛、贺革、萧子政、刘绦等,兼通文史,不徒讲说也。⑦

① 《续汉书·百官志》刘昭注,《后汉书》,第 3633 页。
② 孙星衍等辑、周天游点校《汉官六种》,第 11—28 页。
③ 参见本书第五章。
④ 刘昭《后汉书注补志序》,《后汉书》,附录第 1 页。
⑤ 刘昭《后汉书注补志序》,《后汉书》,附录第 2 页。
⑥ 姚思廉《梁书》卷四九《文学上·刘昭传》,第 692 页。
⑦ 颜之推撰、王利器集解《颜氏家训集解》卷三,第 177 页。

引文提到的刘绍即刘昭子。① 与不少梁代贵胄一样,刘绍从博涉群经起步,进而"兼通文史"。这样的学业培养,显示了刘氏门风中崇尚"博学"的一面。刘宋陶弘景"读书万余卷,一事不知,以为深耻"的事迹,②能反映"知识至上"时代士人群体的心态。③《续汉书·礼仪志》《祭祀志》《百官志》《舆服志》刘昭之注背后的阅读与书写,则展现了这种心态在官制礼仪领域的应用。

最后谈谈刘昭对制度专书的阅读和吸收。根据《续汉书》诸志的注释,刘昭曾参考的此类书籍有卫宏《汉旧仪》、王隆《汉官》、《汉礼器制度》、胡广《汉官解诂》、胡广《汉制度》、《汉官目录》、《汉官》、蔡质《汉官典职仪式选用》、蔡邕《独断》、应劭《汉官》、应劭《汉官仪》、应劭《汉官名秩》、应劭《汉官卤簿图》、应劭《汉官马第伯封禅仪记》、刘劭《爵制》、丁孚《汉仪》、挚虞《决疑要注》、荀绰《晋百官表注》、傅畅《晋公卿礼秩故事》、贺循《藉田仪》,共约二十种。可以看到,刘昭为解说东汉制度,不只参考专论一代的著作,挚虞、荀绰、傅畅之书虽以魏晋制度为主题,但也位列刘氏的查阅范围。这是刘昭在材料丰富程度上追求极致的又一表现。

上述书目还可帮助我们了解南朝学者对制度著述的典藏。《隋书·经籍志》(本章后文简称"隋志")史部"职官类""仪注类"收录的关于汉代官制礼仪的著作有:

> 《汉官解诂》三篇 汉新汲令王隆撰,胡广注。
> 《汉官》五卷 应劭注。
> 《汉官仪》十卷 应劭撰。
> 《汉官典职仪式选用》二卷 汉卫尉蔡质撰。
> 《汉旧仪》四卷 卫敬仲撰。梁有卫敬仲《汉中兴仪》一卷,亡。④

阮孝绪综合公私书目而成的《七录》是"隋志"纂修的重要基础。收入《七录》而不存于唐初的书籍,"隋志"往往以"梁有……亡"的形式标明。《七录》著录的图书因而可以从"隋志"获得线索。⑤ 这里提到的六部书籍,大概

---

① 《梁书》卷四九《文学上·刘昭传》,第 692 页。

② 《南史》卷七六《隐逸下·陶弘景传》,第 1897 页。

③ 胡宝国《知识至上的南朝学风》,《将无同——中古史研究论文集》,第 163—200 页。

④ 《隋书》卷三三《经籍志二》,第 967—969 页。

⑤ 参见殷炳艳、张固也《〈隋书·经籍志〉之"梁有"新考》,《古典文献研究》第 13 辑,南京,凤凰出版社,2010 年,第 446—460 页。

就是载于《七录》的汉代制度专著。刘昭的取材对象几乎覆盖了上引诸书，并有逸出此范围者，如丁孚《汉仪》及《汉礼器制度》、《汉官目录》、《汉官》（非引文所见应劭所注《汉官》）。流传于民间的书籍毕竟难以尽览，我们推测，《汉仪》《汉官》等著述属于阮孝绪不曾寓目的刘昭个人藏书。

　　齐梁时代，聚书之风席卷朝廷与民间。刘昭在这方面也有成就，《金楼子·聚书》的记载能够说明。据该篇所言，梁元帝获得书籍的一项重要途径，是从聚书名家处"写得书"，其求书抄写的对象就包括刘昭家族：

　　　　为江州时，又写萧谘议贲、刘中记缓、周录事弘直等书。①

"刘中纪缓"是担任萧绎镇南将军府中记室参军的刘缓，即刘昭次子。② 刘氏家藏得到了嗜书成癖的萧绎赏识，反映刘昭一家的藏书已颇具规模。结合前文论证可知，其中正包括了一些连朝廷秘阁都不曾保有的制度专著。

　　受材料限制，要想复原中古时期制度书写者的阅读实践并不容易。"刘昭注"是难得的线索，隐藏其后的收集图籍与翻检资料过程，既透露出南朝学者面临的文献环境，也为制度研究在当时如何开展提供了具体说明。

二、重塑"续汉志"

　　刘昭对"续汉志"的再创作，表现为两个方面。一是文字上，旧有的篇章结构因重新分卷而有所变化，字数远超原文的夹注在提供解说、补充材料的同时，造成文本面貌的大幅改观。部分志书本来的书写形式甚至遭到追改。比如《百官志》卷首有注云："臣昭曰：本志既久是注曰百官簿，今昭又采异同，俱为细字，如或相冒，兼应注本注，尤须分显，故凡是旧注，通为大书，称'本注曰'，以表其异。"③也就是说，《百官志》的原文是司马彪为东汉一种名为"百官簿"的材料加注而形成的，司马氏所作注最初为"细字"。刘昭为了区别旧作与新注，径将《百官志》的原注由"细字"改为"大书"，而为了与同样"大书"的正文区别开来，又在注文之前加了"本注曰"三字。这一处理

---

① 萧绎撰、许逸民校笺《金楼子校笺》卷二，北京，中华书局，2011 年，第 516—517 页。
② 《梁书》卷四九《文学上·刘昭传》，第 692 页。萧绎撰、许逸民校笺《金楼子校笺》卷二，第 535 页注释 47。
③ 《续汉书·百官志》刘昭注，《后汉书》，第 3556 页。

酿成了"百官簿"与司马彪注易于混淆后果。①

观念的更新,是重塑"续汉志"的另一方面。西晋、萧梁相隔约两百年,司马彪与刘昭所处环境不同,学术背景有异。随着注释的加入,刘昭的意识和学问迭加于《续汉书》诸志,在本质上赋予了这一文本新的时代性格。

后者尤其值得讨论。细读刘昭所作史注,我们能够窥知其心目中正史志书记叙一代制度的理想形态。刘氏诸多期许里最明显的一点,当然是制度故实的尽可能丰富。这可以从之前提到的《后汉书注补志序》对司马彪原志的批评以及繁复庞杂的注释看出。它的成因当归结于南朝的博学之风,前文已有阐述。下文想把焦点置于刘昭在内容设置方面提出的新要求。另外,刘氏在"续汉志"中注入的对于现实制度的关切和反思,也将成为探究的对象。

相较后来《晋书》《宋书》《南齐书》等正史的"礼仪志","续汉志"的一项特征在于完全没有涉及天子婚礼的文字。这一点已经被刘昭注意到。《礼仪志》"拜王公"条下有注曰:

> 臣昭曰:汉立皇后,国礼之大,而志无其仪,良未可了。案蔡质所记立宋皇后仪,今取以备阙。云:"尚书令臣嚣、仆射臣鼎、尚书臣旭、臣乘、臣滂、臣谟、臣诣稽首言:'……'制曰:'可。'维建宁四年(171)七月乙未,制诏:'……'皇后初即位章德殿,太尉使持节奉玺绶,天子临轩,百官陪位……"②

引文并非针对拜诸侯王公之仪的解说或补充,而是为原志增设"立皇后仪"这一条目。刘昭在批评司马彪不载东汉立后仪式的做法后,抄撮蔡质《汉职仪》的相关资料,为读者呈现了灵帝建宁四年宋皇后即位的始末。可以看出,在刘昭眼中,皇帝纳后之仪是正史"礼仪志"不应缺少的元素。

不过,《太平御览·皇亲部》引《续汉书》曰:"孝桓懿献皇后,顺烈后之女弟也,字女莹。上始即位,备礼仪纳彩,案旧令聘后,纳采乘马束帛如孝惠、孝平故事,聘后黄金二万斤。永初四年(110),立为皇后。"③从这条佚文可知,《续汉书》对皇帝婚娶方面的仪节亦有搜集,只是将其安排在列传部分。④ 这样看来,刘氏对司马彪"志无其仪"的不满,还涉及志、传分工问题

---

① 参见徐冲《〈续汉书·百官志〉与汉晋间的官制撰述》,《观书辨音:历史书写与魏晋精英的政治文化》,第113—148页。

② 《续汉书·礼仪志》刘昭注,《后汉书》,第3121—3122页。

③ 《太平御览》卷一三七,第668页。

④ 周天游《八家后汉书辑注》将此条佚文置于"《后妃传》",第322页。

上的分歧。类似的争议在《祭祀志》的注释也有表现,可以在此一并分析。"宗庙"条末尾有注曰:

> 蔡邕《表志》曰:"宗庙迭毁议奏,国家大体,班固录《汉书》,乃置《韦贤传》末。臣以问胡广,广以为实宜在《郊祀志》,去中鬼神仙道之语,取《贤传》宗庙事置其中,既合孝明旨,又使祀事以类相从。"臣昭曰:国史明乎得失者也。至如孝武皇帝淫祀妄祭,举天下而从焉,疲耗苍生,费散国畜,后王深戒,来世宜惩,志之所取,于焉斯允。不先宗庙,诚如广论;悉去仙道,未或易罔也。①

据蔡邕《表志》,胡广对班固记述西汉宗庙礼制的方式有所批评。他指出,附于《汉书·韦贤传》的宗庙迭毁议论当纳入《郊祀志》,而志中涉及"鬼神仙道"的部分则应去除。刘昭继而发表了自己关于《郊祀志》内容安排的看法。刘氏赞同宗庙事入志的观点,但他从"国史明乎得失"的理念出发,认为铺陈"淫祀妄祭"可以作为后世的鉴戒,故谓"志之所取,于焉斯允"。借由这条史注,刘昭直观地将他在志传分工、史书宗旨上的反思传达出来。

回到立皇后仪的问题上,刘昭认定该条目在"礼仪志"中具有必要性,系来自南朝史家的一贯立场。问世时间稍早于"刘昭注"的沈约《宋书》,在《礼志一》中以大量篇幅记述了皇帝、皇太子婚礼在魏宋间的演进。② 萧齐的相关礼制主要继承前代,梁代萧子显《南齐书·礼志》则专辟段落讨论武帝、明帝做出的部分修正。③《周礼》"五礼"在南朝成为认知王朝礼制的框架,史家亦将其作为安排正史礼制叙述的基点。④ 立皇后仪是嘉礼中最重要的仪式之一,因而能够在"礼仪志"里占据一大版块。与沈约、萧子显怀有相同书写观念的刘昭,自然无法接受"续汉志"不记皇帝纳后之仪的做法,故有"良未可了"之叹。随着刘氏以蔡质《汉职仪》补司马彪之缺,南朝形成的礼制认识对旧有文本进行了改造。

再来看刘昭引《汉官》注"续汉志"的例子。《百官志》"太常"条下有注曰:

> 《汉官》曰:"员吏八十五人,其十二人四科,十五人佐,五人假佐,

---

① 《续汉书·祭祀志》刘昭注,《后汉书》,第 3200 页。
② 《宋书》卷一四《礼志一》,第 336—342 页。
③ 《南齐书》卷九《礼志上》,第 147 页。
④ 梁满仓《魏晋南北朝五礼制度考论》,第 126—177 页。亦参见本书第五章。

十三人百石,十五人骑吏,九人学事,十六人守学事。"臣昭曰:凡《汉官》所载列职人数,今悉以注,虽颇为繁,盖《周礼》列官,陈人役于前,以为民极,实观国制,此则宏模不可阙者也。①

原志在"太常"处仅提及太常与太常丞二职,官署里的低层官员遭到忽略。如引文所示,刘昭用《汉官》的材料介绍了丞以下"员吏"的人数与编任形式,使官署构成展现出完整面貌。在《百官志》后文里,刘昭坚持"凡《汉官》所载列职人数,今悉以注",继续援引该书来补全东汉职官的设置情况。正如刘昭自陈的"颇为繁",《汉官》共被称引八十次左右,是《百官志》注中使用量最大的材料。

刘氏以"臣昭曰"特意说明,此项工作源自对《周礼》"陈人役于前"的尊崇,这一"宏模"是官制记述不可缺失的内容。我们知道,《周礼》的《天官冢宰》《地官司徒》《春官宗伯》《夏官司马》《秋官司寇》等各篇开头都有所谓的"序官"部分,其中详细罗列了各官署从卿、大夫、士直至史、胥、徒的人员构成,如《天官冢宰·序官》云:"治官之属:大宰,卿一人。小宰,中大夫二人。宰夫,下大夫四人;上士八人,中士十有六人,旅下士三十有二人;府六人,史十有二人,胥十有二人,徒百有二十人……"②根据徐冲的研究,司马彪原志以"大书"叙述职官设置,本已具有模仿《周礼》"序官"的倾向。③ 刘昭批量导入《汉官》的文字,使汉制的"列职人数"充分呈现,则推动《续汉书·百官志》在拟象《周礼》的道路上更进一步。司马彪、刘昭二人在经典模拟上的接力,为理解《周礼》对中古制度书写的影响提供了重要例证。

以上两例中,"刘昭注"旨在补司马彪之缺。如果刘昭的构想与"续汉志"原有内容发生冲突时又会出现怎样的情况?刘氏关于封禅仪的重新论述给我们提供了相应材料。《祭祀志》篇末有司马彪关于祭祀的史论,内容以否定封禅仪为主,刘昭在此连出三条史注:

1. 至于三王,俗化雕文,诈伪渐兴,始有印玺以检奸萌,然犹未有金玉银铜之器也。臣昭曰:禹会群臣于涂山,执玉帛者万国。故已赞不同,圆方异等。《周礼》天地四方,璧、琮、琥、璋各有其玉,而云未有其器,斯亦何哉?

2. 自秦始皇、孝武帝封泰山,本由好仙信方士之言,造为石检印封

---

① 《续汉书·百官志》刘昭注,《后汉书》,第 3571 页。
② 《周礼注疏》卷一,阮元校刻《十三经注疏》,第 640 页。
③ 徐冲《〈续汉书·百官志〉与汉晋间的官制撰述》,《观书辨音:历史书写与魏晋精英的政治文化》,第 134—148 页。

之事也。所闻如此。虽诚天道难可度知,然其大较犹有本要。天道质诚,约而不费者也。故牲用犊,器用陶匏,殆将无事于检封之间,而乐难攻之石也。臣昭曰:玉贵五德,金存不朽。有告有文,何败题刻。告厥成功,难可知者。

3. 且帝王所以能大显于后者,实在其德加于民,不闻其在封矣。臣昭曰:功成道懋,天下被化,德敷世治,所以登封。封由德兴,兴封所以成德。昭告师天,递以相感。若此论可通,非乎七十二矣。①

上举三条史注都是刘昭针对志文的直接反驳:第 1 条通过列举史料批评三代"未有金玉银铜之器"的论述,第 2 条阐述关于金石题刻的不同理解,第 3 条就司马彪否定封禅的观点表达了反对。可以看出,刘昭关于祭祀历史的认识,与司马彪存在诸多分歧。尤其是第 3 条,显示了两人在封禅问题上的立场对立。借助这些史注,刘昭将自己的观点及依据摆上台面,在原文之外提供了新的叙述。以注释攻讦原文之举,亦透露出刘氏在塑造符合己意的制度文本时的殷切心态。

最后谈谈"刘昭注"为"续汉志"灌注的现实关怀。刘昭于《百官志》"刺史"条下加入了一则字数达一千一百余字的长篇注释。② 这条以"臣昭曰"起始的史注,在梳理先秦至汉初的地方统治形式后,转入对历代刺史制度的评述。刘昭认为,西汉对刺史的管理颇为有效:"监纠非法,不过六条,传车周流,匪有定镇,秩裁数百,威望轻寡,得有察举之勤,未生陵犯之衅。"世入东汉,刺史"渐得自重之路"。刘氏继而结合史实,分析了汉晋之际的动乱与刺史权力扩张的关系,核心观点在于:

> 昔王畿之大,不过千里,州之所司,广袤兼远。争强虎视之辰,迁鼎革终之日,未尝不借蕃兵之权,挟董司之力,逼迫伺隙,陵夺冲幼。其甚者臣主扬兵,骨肉战野,昆弟枭悬,伯叔屠裂。末壮披心,尾大不掉,既用此始,亦病以终。倾辀愈袭,莫或途改,致雒京有衔璧之痛,秦台有不守之酷。胡、羌递兴,氐、鲜更起,摩灭群黎,流祸百世。坚冰所渐,兼缘兹蠹。

最后,注释在地方权力的问题上警告统治者:"后之圣王,必不久滞斯迹,灵长之终,当有神算。不然,则雄捍反拒之事,惧甚于此心,凭强作害之谋,方

---

① 《续汉书·祭祀志》刘昭注,《后汉书》,第 3205—3206 页。
② 《续汉书·百官志》刘昭注,《后汉书》,第 3619—3621 页。

盛于后意。"可以看到,该史注涵盖了上古至魏晋的史事,目的是为今后的制度改革提供镜鉴,因而在性质上与其他解说、补充《续汉书·百官志》的注释不同。

在接下来的"王国"条下,刘昭又加入了一则一千两百余字的长注,主题是分封同姓对政局的影响。① 这两条史注均指向地方统治模式的问题,应当放在一起考察。刘昭于此首先回顾了王国制度在两汉的得失,并总结出"封建子弟"理想状态:

> 若使汉分两越置二三亲国,剖吴、楚树数四列蕃,割辽海而分皇枝,开陇蜀而王子弟,使主尊显,依汉初之贵,民无定限,许滋养之富;若有昏虐之嗣,可得废而不得削,必传刘氏……强弱相俦,远近相推,举其大归,略其小滞,与其画一,班之海内。天子之朝,自非异姓僭夺,不得兴勤王之师。诸蕃国,自非杂互篡主,不降讨伐之诏。犬牙相经,共为严国,虽王莽善盗,将何因而敢窃,曹操雄勇,亦安能以得士。

而后,注释继续讨论魏晋二代的封建制度:曹魏打压宗亲,故国祚"不满数十年",西晋又"矫枉太过","唯亲是贵,无愚智之辨",终致八王之乱。结尾处,刘昭向当下的统治者提出,合理的封建制度是王朝安定的保障:"圣帝英君,欲反斯败,必当更开同姓之国,置不增之约,罢皇胤入宫之祸,守盟牲砺河之笃,乃可还崄坠之路,反乎全安之辙也。"

魏晋以来,包括曹冏、段灼、刘颂、陆机、袁宏以及晚近的沈约在内的不少学者,讨论时事时都将中央与地方关系作为一项重点。② 与他们一样,刘昭做出相关思考,也是受到政治形势的触动。我们知道,汉末乱世的造成,与刺史、州牧领导的地方割据势力紧密相关。两晋以降,宗王又常常成为威胁皇权的力量。宋齐时期的多次政治动荡,均可归因于地方统治政策的失效。刘昭经历过的齐梁鼎革,则肇自雍州刺史萧衍假借南康王萧宝融的旗号反叛中央。鉴于魏晋南朝不断上演中央与地方的纠纷、对抗,如何加强对州县的管控,如何将宗室塑造成拱卫朝廷的力量,一直是朝中君臣的关切所在。对历代州制、封建制进行评价并为统治者提供建议的两条史注,实际上是刘昭围绕上述问题发表的政见。

---

① 《续汉书·百官志》刘昭注,《后汉书》,第 3627—3629 页。

② 参见川合安《沈約の地方政治改革論——魏晋期の封建論と関連して》,中国中世史研究会编《中國中世史研究続編》,第 252—277 页。

如果考虑到《集注后汉》预设的读者,对刘昭赋予史注以现实关怀的行为,可以获得更深入理解。"臣昭曰"三字已经透露,《集注后汉》是一部面向帝王的书籍。据小林岳考证,刘昭的注释工作完成于作为皇帝近侍的通直散骑侍郎任上,随即奉呈,时间大约在天监十年(511)至十七年(518)之间。① 两条史注中所谓的"圣王""圣帝英君"实际上是对梁武帝的期待。刘昭渴望自己关于地方制度的思考,借由《集注后汉》的传递,成为武帝施政的参照。

小　　结

《颜氏家训》云:"夫学者贵能博闻也。郡国山川,官位姓族,衣服饮食,器皿制度,皆欲根寻,得其原本。"②南朝学风下成长起来的颜之推,将官制礼仪视作必须深入了解的领域,这应该代表了当时学者的普遍看法。以上围绕刘昭的考察显示,在其博览群书与广聚图籍的过程中,涉及王朝制度的著述始终占有一席之地。这一个案研究,可以帮助我们理解南朝士人对于制度知识的兴趣和态度。

另一方面,官制礼仪之学在南朝取得极大进展,西晋形成的《续汉书》制度类志书在刘昭眼中,已有诸多不能满意之处。篇幅庞大的注释在努力塑造符合目前制度书写理念的新文本。随着刘氏又将自己的政见带入写作,其史注在生产制度知识的同时,也具有了经世致用的价值。

---

① 小林岳《後漢書劉昭注李賢注の研究》,第47—68 页。
② 颜之推撰、王利器集解《颜氏家训集解》卷三,第 222—223 页。

附录二　再论流刑在北魏的成立

在前现代的世界中，"流放"是一种被广泛运用的刑罚。按照今天的划分，它属于以限制、剥夺人身自由为主要内容的自由刑，基本形式是将罪犯驱逐至边远地区。流徙之刑也见于古代中国，《尚书·舜典》有"流共工于幽洲，放驩兜于崇山，窜三苗于三危，殛鲧于羽山"的说法，秦汉王朝使用过"迁""徙"来处置罪犯。北朝时期，新创设的流刑被列为次于死刑的法定正刑，此后它与笞、杖、徒等构成五刑体系，为唐宋元明清诸朝所沿袭。

流刑的兴起，是法制史上影响深远的事件。虽历经反复讨论，此间不少问题仍等待着进一步清理。关于流刑在北魏成立的原因，以往的解释便难称完满。本文首先指出先行研究存在的疑点，在此基础上，流刑的确立过程会被置于北魏时期内亚与华夏两种传统遭遇、碰撞、融合的背景下重新审视，其内亚渊源将成为重点考察的对象。另一方面，具有北族血统的流刑如何融入中原王朝的制度体系，同样引人关注。后文将分析北朝时期围绕流刑的说辞与书写，从而揭示流刑通过与儒学经典对接而获得正式地位的历程。

一、关于流刑成立原因的先行
研究及存在的问题

沈家本的《历代刑法考》是古代法制研究的开山之作。该书"流刑"一节，在讨论儒家经典所见唐虞时代的"流"后，仅以一句"秦汉以降，未有流刑"过渡，便转入对南北朝的考察。① 关于北朝流刑的论述尽管简略，但沈

---

① 沈家本《历代刑法考·刑法分考》，北京，商务印书馆，2011年，第241—244页。

氏指出的"后魏有流刑""其时流已列入正刑",因其准确性与开拓性,早已被视为不易之论。继起的研究在流刑的确立经过上开展了更细致的挖掘,不少学者也对此项刑制的渊源做出进一步分析。

北朝之前的秦汉魏晋各代,都推行过名为"迁"或"徙"的刑制。① 从形式上看,这种将罪犯放逐他方的处罚与流刑十分相似。为了说明流刑的由来,两者被建立起承接关系。王中立《五刑论》认为汉代已有流刑之法,文中举出的例子是常见于两汉史料的徙边。② 郭卫提到,在中国古代的刑罚中,流刑行之最早且历代不绝,汉晋称其为徙边,后魏北齐始名流刑。③ 刘陆民认为,北朝流刑是在两汉迁徙刑的基础上加以改进的结果。④ 陈顾远指出,汉晋已有遣戍徙边之制,"流刑之滥觞,自亦在其中矣"。⑤ 在这些学者的努力下,秦汉的迁徙刑作为前奏,被纳入到流刑的发展脉络中。上述研究均完成于 20 世纪二三十年代,此后,北魏流刑起自秦汉迁徙刑的观点成为近百年来关于流刑来源的基本认识。这一点不仅可以从各类以"法制史"为题的教科书或通史著作中看出,即便是专注于北朝刑制的最新成果,如陈俊强、薛菁的论著,⑥在言及流刑的出现时依然遵从该论调。

不过,除了指出时代和形式上的相近,既有研究缺乏对迁徙刑如何一步步走向流刑的具体阐述。深入法制变迁的细节,却能发现可以挑战此成说的证据。首先,双方虽可归入同一刑种,但他们的具体内容以及在刑罚体系中的地位颇有不同。据宋杰的总结,秦汉的迁徙刑具有以下特质:一,不是写入刑律的正刑,在多数场合属于临时、变通、例外而采取的措施;二,徙边虽在东汉一度成为仅次于死刑的重刑,但总体上看,迁徙刑的处罚程度轻于重徒刑;三,法规简陋,配套制度很不完善。这几项因素足以将它与北朝流

① 参见大庭脩著、林剑鸣等译《秦汉法制史研究》,上海,上海人民出版社,1991 年,第136—164 页;邢义田《从安土重迁论秦汉时代的徙民与迁徙刑》,《治国安邦: 法制、行政与军事》,第 62—100 页;宋杰《论秦汉刑罚中的"迁""徙"》,《北京师范学院学报》1992年第 1 期,第 87—94 页;陈俊强《三国两晋南朝的流徙刑——流刑前史》,《政治大学历史学报》第 20 期,2003 年,第 1—32 页;辻正博《唐宋时代刑罚制度的研究》,京都,京都大学学术出版会,2010 年,第 5—49 页;冨谷至《漢唐法制史研究》,东京,创文社,2016 年,第287—306 页。

② 王中立《五刑论》,《东北大学周刊》第 64 号,1929 年,第 1—14 页。

③ 郭卫《论流刑为有效罚之刑》,《法学丛刊》第 1 卷第 4 期,1930 年,第 1—8 页。

④ 刘陆民《流刑之沿革及历代采用流刑之基本观念》,《法学丛刊》第 2 卷第 2 期,1933 年,第45—75 页。

⑤ 陈顾远《中国法制史》,上海,商务印书馆,1934 年,第 285 页。

⑥ 陈俊强《北朝流刑的研究》,《法制史研究》(台北)第 10 期,2006 年,第 33—83 页。薛菁《魏晋南北朝刑法体制研究》,福州,福建人民出版社,2006 年,第 214—220 页。

刑之间的差距拉开到不容忽视的地步。① 另一方面,尽管在两汉历史中可以见到迁徙刑的大量使用,进入魏晋以后,该刑制却迅速衰落。据陈俊强的统计,曹魏、西晋不过十余例,六朝时期用放逐惩治犯罪的做法也不常见,且从未像东汉那样大规模地迁移刑徒,梁、陈甚至完全废止了迁徙刑。② 在这一趋势面前,很难简单地将流刑视作迁徙刑继续发展的产物。

当然,一些学者深入法制演进的"内在理路",为流刑成立的原因给出了相对精致的分析。陈顾远已经注意到肉刑废除后的刑罚失衡与流刑兴起的关系:"秦汉以后,肉刑既废,笞又多死,死刑以下,即为髡钳,此仅一奴刑而兼作刑,遂致刑罚之等级有所失平。北朝创立流刑,列于死刑、徒刑之间,或即此故。"③陈俊强是近来倡此说最力者,他围绕两汉南北朝的肉刑、迁徙刑问题开展了细密的考察,基本观点在于:减死戍边在东汉中叶成为惩治"中罪"的主要方式,流刑的成立是北魏仿效东汉旧例的成果。④

但这些论述的解释力仍有限度。汉代以降,因取消肉刑而造成的刑罚漏洞,的确是困扰统治者的难题。⑤ 孝文帝太和十一年(487)的诏书提到"律文刑限三年,便入极默,坐无太半之校,罪有死生之殊",⑥似乎说明北魏前期遭遇过同样的情况。学者们由此断言,"死刑重、生刑轻"的问题构成了流刑创设的背景。不过,魏晋两代为平衡刑制,采取的主要办法是延长劳役刑的年限。南朝沿袭相同的策略,从而消解了刑罚不均的困境。⑦ 也就是说,稍早于北魏以及与北魏并行的各政权,均未将流徙作为一种解决方案。对比之下,自然会加深疑惑:何以北魏选择流刑?⑧ 或者换一种问法,流刑为何偏偏能在北魏成立? 对此,仅凭上述背景难以充分解答。

---

① 宋杰《论秦汉刑罚中的"迁""徙"》,第 91—93 页。另外,辻正博从刑期的角度指出流刑并非直接继承自迁徙刑,见其《唐宋时代刑罚制度の研究》,第 30 页;冨谷至则从刑罚原理的角度指出两者的差异,见其《漢唐法制史研究》,第 299—306 页。

② 陈俊强《三国两晋南朝的流徙刑——流刑前史》,《政治大学历史学报》第 20 期,第 1—32 页。

③ 陈顾远《中国法制史》,第 284 页。

④ 陈俊强《北朝流刑的研究》,《法制史研究》(台北)第 10 期,第 33—83 页。

⑤ 参见陈俊强《汉末魏晋肉刑争议析论》及文中搜集的先行研究,《中国史学》(京都)第 14 卷,2004 年,第 71—85 页。

⑥ 《魏书》卷一一一《刑罚志》,第 2878 页。

⑦ 陈俊强《三国两晋南朝的流徙刑——流刑前史》,《政治大学历史学报》第 20 期,第 22—24 页。

⑧ 陈俊强认为北魏必须依靠流刑来补充守卫边境的兵户,"独特的兵制"是流刑在北魏成立的充分条件,见其《北朝流刑的研究》,《法制史研究》(台北)第 10 期,第 70—72 页。实际上,世兵制并不独特,魏晋南朝都曾实施,参见何兹全《魏晋南朝的兵制》,《读史集》,上海,上海人民出版社,1982 年,第 269—316 页。从军制的角度无法说明流刑为何只在北魏成立。

前文述及的研究尽管角度有异,但无不希望从秦汉以来的历史进程中找到流刑的根源。在这些学者眼中,北魏是汉、晋等中原王朝的继承人,其法制成就理应归功于华夏社会的制度积累。即便有的研究者已经意识到北朝统治者出自北方民族,这一特性也不曾引发他们做出突破框架的思考。关于统治集团与北魏法制进程的关系,数十年前李远之有过简要的总结:"拓跋氏虽以北方蛮族入主中原,其原始时代之野蛮酷虐,固不待言,但后以努力汉化,编纂法典至九次之多,殊令炎黄华胄之南朝对之愧怍。"①此说法立场鲜明:拓跋部自身的传统野蛮原始、无可称道,幸而统治者积极汉化,才使法制取得令人瞩目的成绩。最近薛菁的考察,认为流刑的创设是少数民族统治者努力适应和吸收汉文化,尤其是迁徙刑施用七百余年经验的成果,②显示这一立场仍然具有强大的影响力。上文已揭橥既有研究在解释流刑成立原因方面的不足,必须指出,正是对于北朝政权特殊性的忽视以及对于北族传统的偏见,从根本上限制了这一论题走向清晰。

如果扩大视野,可以发现北魏史各层面的考察在近年都取得了显著进展,特别是内亚视角下的北朝史研究使我们对该时代的理解达到了前所未有的广度和深度。十六国北朝时期在中国北方相继建立政权的集团,是源于内亚的阿尔泰语族群。经学者们的一系列开拓,③根植于当时政治与社会中的内亚因素被广泛揭示,北魏历史的进展来自内亚与华夏两个传统的共同作用已逐渐成为共识。在这幅崭新的图景中,向来在华夏本位的立场上开展的法制史研究也有接受检视和清理的必要。

就流刑来说,邓奕琦已经注意到鲜卑习俗中存在放逐之法,该用刑习惯被北魏政府扩大发扬,以"处置人死为重而入徒犹轻的犯罪"。④ 张晋藩在其最新版的《中国法制史》中也承认"流刑是鲜卑法的固有刑种之一","将流刑确立为主刑,是北朝对封建刑罚体系的重大改进"。⑤ 这些论述既关照到汉魏以来的法制形势,又从部族传统的角度为流刑在北魏的成立提供了更具说服力的解释,可惜尚未引起足够的重视。另一方面,张、邓两位学者

① 李远之《历代刑罚之沿革及其研究》,《真知学报》第 2 卷第 1 期,1942 年,第 78 页。

② 薛菁《魏晋南北朝刑法体制研究》,第 3、217 页。

③ 参见本书第七章。

④ 邓奕琦《北朝法制研究》,北京,中华书局,2005 年,第 82 页。邓氏还指出,唐律在处罚盗罪时加倍征赃还主的措施,也源自游牧民族的习惯法,见该书第 33 页。另外,魏斌在为前揭迁正博士撰写的书评中,结合邓奕琦的观点,提出:"流刑的产生会不会像均田制、三长制一样,是鲜卑习惯法与儒家经典理念表里结合的产物呢?"见《唐研究》第 16 卷,北京,北京大学出版社,2010 年,第 558 页。

⑤ 张晋藩《中国法制史》,北京,商务印书馆,2010 年,第 166 页。

颇具开创意义的工作仍有拓展的余地。首先,鲜卑习惯法是北族法制传统的一条支脉,如果没有对内亚社会的流徙之刑进行充分梳理,北朝流刑的渊源便难以获得深刻的理解。其次,流刑从北族旧俗转化为王朝法制的具体过程,在已有研究中还缺乏交代。以下两节即由此展开。

二、内亚的流刑

中古前期域外族群的礼仪法制,仅在正史"四夷传"中留有一些材料,这些内容主要源自使节和边将的报告,往往失之简略。想要完全复原其中流徙之刑的施用情况更无可能,我们只得尽量收集相关史料作一勾勒。

论者谓流放为鲜卑固有刑罚的依据,其实来自王沈《魏书》对乌桓风俗的一段描述:

> 其约法,违大人言死,盗不止死。其相残杀,令部落自相报,相报不止,诣大人平之,有罪者出其牛羊以赎死命,乃止。自杀其父兄无罪。其亡叛为大人所捕者,诸邑落不肯受,皆逐使至雍狂地。地无山,有沙漠、流水、草木,多蝮蛇,在丁令之西南,乌孙之东北,以穷困之。[①]

至迟在东汉,乌桓已经建立由大人、小帅统领部落的政治体。[②] 此处所记乌桓法制,明显带有维护大人权威的意图,无疑是这一历史发展阶段的产物。据引文,乌桓设有流徙之刑,主要针对逃亡反叛的行为。罪犯被抓获后,部落会将他们驱逐至丁零、乌孙之间某处环境恶劣的地域,任其自生自灭。该流放地被称作"雍狂",有学者释之为"四周封闭的荒原"。[③] 还可以注意的是,在被列举的多种治罪手段中,放逐似乎是仅次于处死的重刑。同样出自东胡系统的鲜卑,在言语习俗上与乌桓具有一致性。[④] 用上引材料说明东汉以来的鲜卑社会存在相似的流刑制度,是没有问题的。

---

① 《三国志》卷三〇《魏书·乌丸鲜卑东夷传》裴松之注引《魏书》,第 833 页。该材料又见于《后汉书》卷九〇《乌桓传》,第 2980 页,文字小异。

② 内田吟風《烏桓鮮卑の源流と初期社會構成》,《北アジア史研究 鮮卑柔然突厥篇》,第 1—94 页。马长寿《乌桓与鲜卑》,桂林,广西师范大学出版社,2006 年,第 104—121 页。

③ 河内良弘《乌桓、鲜卑传笺注》,收入内田吟風等著、余大钧译《北方民族史与蒙古史译文集》,昆明,云南人民出版社,2003 年,第 42 页。

④ 《三国志》卷三〇《魏书·乌丸鲜卑东夷传》裴注引《魏书》:"鲜卑亦东胡之余也,别保鲜卑山,因号焉。其言语习俗与乌丸同。"第 836 页。

在北亚草原的历史上,一波又一波的部族经历着发育、壮大、解体与重组的过程。先进部族对于后进部族的带动作用,为这一连绵长久的历史运动提供了不竭的动力。对于后进部族来说,先进部族往往成为学习、模仿的对象,那些继承和吸收过来的制度,在社会进步和政治提升方面,贡献巨大。① 汉末魏晋是乌桓、鲜卑的政治发育发生重大飞跃的时期,而在此之前,作为蒙古高原主宰的匈奴是这片土地上最发达的政治体。乌桓、鲜卑在两汉时期都与之发生过频繁的互动,②两者早期的政治及社会发展无疑受到过来自匈奴政治文化的推动。因此,考察鲜卑的文物典制有必要溯及匈奴。

尽管关于匈奴法制的记载堪称稀缺,却留下了可用以讨论迁徙刑的材料,原因在于数位汉朝使者曾被处以此刑。元封元年(前 110),汉武帝遣郭吉使匈奴,宣告南越被灭的消息,以震慑单于。③ 乌维单于被郭吉颇具威胁意味的言辞大为触怒,“立斩主客见者,而留郭吉不归,迁辱之北海上”。④天汉年间苏武出使,因卷入匈奴的内乱,被徙于“北海上无人处”,因“廪食不至”,甚至“掘野鼠去中实而食之”。在经历了十余年的困厄后,他才被昭帝派来的使者解救。⑤ 以上二例中,单于将背犯自己的汉使远徙环境酷恶的北海(今贝加尔湖),反映出流放是匈奴社会惩治罪犯的固有手段。另可关注的一条材料是,东汉时期西域的蒲类国国王得罪单于,国人六千余口被放逐至“匈奴右部阿恶地”。流徙至此的蒲类民众,“人口贫羸,逃亡山谷间”,⑥显示阿恶地是不宜人居的地域,这一点与流放汉朝使者的情形一致。匈奴统治者对蒲类国的处置,是一次流刑被大规模实施的案件。⑦

北魏的缔造者——拓跋部属于鲜卑集团,其政治演进也受到过匈奴与乌桓的深刻影响。⑧ 拓跋鲜卑的法制,首先继承自内亚传统,进入中原以后,才开始接触华夏故事。在下一节探讨北朝流刑之前,我们的注意力仍将留在后鲜卑时代的游牧民社会。既有的内亚研究已向我们展示,在部族涌现的蒙古高原,通过从先进部族到后进部族的一次次传递,政治文化往往得

---

① 罗新《可汗号之性质》,《中古北族名号研究》,第 20 页。
② 参见马长寿《乌桓与鲜卑》,第 22—140 页。
③ 《史记》卷一一〇《匈奴列传》,第 2912 页。《汉书》卷六《武帝纪》,第 189 页。
④ 《汉书》卷九四上《匈奴传上》,第 3772 页。
⑤ 《汉书》卷五四《苏武传》,第 2460—2466 页。
⑥ 《后汉书》卷八八《西域传》,第 2928 页。
⑦ 内田吟風《烏桓鮮卑の源流と初期社會構成》,《北アジア史研究　鮮卑柔然突厥篇》,第 41 页。
⑧ 田余庆《代北地区拓跋与乌桓的共生关系》,《拓跋史探》,第 99—201 页。罗新《民族起源的想象与再想象——以嘎仙洞的两次发现为中心》,《王化与山险:中古边裔论集》,第 171—196 页。

以相沿不绝。① 中古后期北方民族的流放制度,对理解流刑的内亚渊源同样具有参考价值。

　　6世纪中叶,突厥崛起,成为草原的主宰。关于突厥法制,《北史·突厥传》有一段不到百字的专门介绍,②在诸史中已为最详,但显然与制度的全貌差距甚远。跟匈奴的情况相似,突厥政权中的流徙刑也是因为唐人获罪才被记录下来。唐高祖武德八年(625),突厥入侵,唐军大败,温彦博"没于贼"。③ 突厥欲知"国家虚实及兵马多少",温彦博在多次逼问下仍固不肯言,最终触怒颉利可汗,被"迁于阴山苦寒之地"。直到太宗即位后,他才被送返。④ 值得注意的是,跟突厥关系密切的西域粟特城邦也有放逐刑。《大慈恩寺三藏法师传》叙贞观初年玄奘西行至康国,卷入一场司法事件:

> 　　法师初至,王接犹慢。经宿之后,为说人天因果,赞佛功德,恭敬福利,王欢喜,请受斋戒,遂致殷重。所从二小师往寺礼拜,诸胡还以火烧逐。沙弥还以告王,王闻,令捕烧者,得已,集百姓令截其手。法师将欲劝善,不忍毁其肢体,救之。王乃重笞之,逐出都外。⑤

据引文,康国王本来想对烧逐僧人的国民处以砍手之刑,在玄奘的劝说下,肉刑被改换为重笞加放逐的惩罚。蔡鸿生将"逐出都外"认定为流徙刑,并举出《通典》卷一九三引隋人韦节所撰《西蕃记》关于康国都城外环境的记载,来说明罪犯的放逐地乃酷恶的荒原,⑥论证翔实可靠。粟特人与草原游牧政权早有交往,⑦康国在隋及唐初臣属突厥,国王屈木支还曾与西突厥可汗联姻,⑧其制度礼俗有不少源自内亚的内容,⑨放逐之刑很可能就是其中一例。

---

① 可参考罗新关于可汗号、直勤、兄系官职等问题的研究,均收入前揭《中古北族名号研究》一书。

② 《北史》卷九九《突厥传》,第3288页。

③ 《旧唐书》卷一《高祖纪》,第15页。

④ 《旧唐书》卷六一《温彦博传》,第2361页。

⑤ 慧立、彦悰撰,孙毓棠、谢方点校《大慈恩寺三藏法师传》卷二,北京,中华书局,2000年,第30页。

⑥ 蔡鸿生《唐代九姓胡与突厥文化》,北京,中华书局,1998年,第8—9页。

⑦ 魏义天(Etienne de la Vaissière)著,王睿译《粟特商人史》,桂林,广西师范大学出版社,2012年,第132—133页。

⑧ 《新唐书》卷二二一下《西域传下》,第6244页。蔡鸿生《唐代九姓胡与突厥文化》,第5—6页。

⑨ 《隋书》卷八三《西域传》云"(康国)婚姻丧制与突厥同",第1849页。参见荣新江《粟特与突厥——粟特石棺图像的新印证》,《中古中国与粟特文明》,北京,生活·读书·新知三联书店,2014年,第357—378页。

再来看契丹。大部分时期,统治集团在法律上采取民族分治政策,对境内汉人和其他定居民族实行以唐律为基础的汉法,建国初的"治契丹及诸夷之法"则主要来自游牧民族的习惯法。① 由以下太宗、世宗朝两件针对"国人"的判罚可知,流徙是契丹部族的固有刑罚。会同四年(941),皇族舍利郎君谋毒通事解里等,皇帝"命重杖之,及其妻流于厥拔离弭河"。② 天禄二年(948),身为宗室或近臣的天德、萧翰、刘哥、盆都等人谋反,"天德伏诛,杖翰,流刘哥,遣盆都使辖戛斯国",③而刘哥本传提到,他的流放地位于乌古部。④ 于厥、乌古是契丹北方的部族政权,⑤看来,该舍利郎君夫妇及刘哥均被放逐至境外某地。另据《辽史·刑法志》,契丹法中的流徙刑分为三等:"置之边城部族之地,远则投诸境外,又远则罚使绝域。"⑥上引"遣盆都使辖戛斯国"实为最重的流徙刑。在交通不便的时代,远使他国常常伴随难以克服的危险,这一点与"逐之荒远以穷困之"的流放相通。⑦ 统治者以刑犯充任使者,在严酷的处罚中寓有戴罪立功的期许,构成了契丹流刑的独特之处。

蒙古的流刑留下了相对丰富的资料。⑧ 据《元朝秘史》,铁木真第一次称汗时,乞颜部贵族阿勒坛、忽察儿等在表示效忠的誓言中提到:"如厮杀时违了你号令,并无事时坏了你事呵,将我离了妻子家财,废撒在无人烟地面里者。"⑨这里的"离了妻子家财"并"废撒在无人烟地面里"正意味着放逐,⑩以此立誓,说明它是早已存在于部族社会且被广泛认可的一种严厉制裁。成吉思汗建立大蒙古国后,着手扩建怯薛并完善相关制度,流放刑也被用作惩戒手段。⑪ 比如他要求千户长、百户长等按照要求遣送子弟入充宿

① Karl Wittfogel and Chia-sheng Feng, *History of Chinese Society: Liao, 907–1125*, Philadelphia: American Philosophical Society, 1949, pp. 465–467. 陈述《辽代(契丹)刑法史论证》,陈述主编《辽金史论集》第 2 辑,北京,书目文献出版社,1987 年,第 14—51 页。李锡厚《辽朝"治契丹与诸夷之法"探源》,《中央民族学院学报》1989 年第 3 期,第 12—15 页。

② 《辽史》卷六一《刑法志上》,北京,中华书局,1974 年,第 937 页。

③ 《辽史》卷六一《刑法志上》,第 937 页。

④ 《辽史》卷一一三《逆臣中·耶律刘哥传》,第 1508 页。

⑤ 参见程尼娜《辽朝黑龙江流域属国、属部朝贡活动研究》及文中整理的先行研究,《求是学刊》2012 年第 1 期,第 140—147 页。

⑥ 《辽史》卷六一《刑法志上》,第 936 页。

⑦ 参见瀧川政次郎、岛田正郎《遼律之研究》,大阪,屋号书店,1944 年,第 56—57 页。

⑧ 参见冯修青《元朝的流放刑》,《内蒙古大学学报》1991 年第 4 期,第 43—49 页。

⑨ 乌兰校勘《元朝秘史》卷三第 123 节,北京,中华书局,2012 年,第 104 页。

⑩ 参见田村实造《チンギス・カーンの札撒》,《中國征服王朝の研究·中》,京都,东洋史研究会,1971 年,第 414 页。

⑪ 田村实造《チンギス・カーンの札撒》,第 403—408、417 页。

卫,如果躲避或找人冒充,责任人将被"发去远处"。再如,关于护卫轮值,有如下的规定:"若有合入班的人,不入者,笞三下;第二次又不入者,笞七下;第三次无事故又不入者,笞三十七下,流远方去者。"①又,波斯史家拉施特编纂的《史集》集中保存了成吉思汗发布的三十道训令,其中一条涉及违法者的处理:

> 我们的兀鲁黑中若有人违犯已确立的札撒,初次违犯者,可口头教训。第二次违犯者,可按必里克处罚。第三次违犯者,即将他流放到巴勒真—古勒术儿的遥远地方去。此后,当他到那里去了一趟回来时,他就觉悟过来了。②

在性质上,这些训令是大札撒的补充,同样具有法律效力。③ 据此条可知,多次违反法典的部民将被处以流刑。流放地巴勒真—古勒术儿位于何处,目前没有明确的认识,但从引文可以判断,这是一片偏远苦恶的地域,足以令屡教不改的罪犯受到峻厉的惩训。另一部波斯文史书《世界征服者史》在记录蒙哥汗平定畏兀儿人叛乱时,提到蒙古的一项习惯法:

> 按蒙古人的风俗,一个该当死刑的犯人,如果遇赦活命,那就送他去打仗,理由是:若他注定该死,他会死于战场。否则他们派他出使不那么肯定会送他回来的外国。再不然,他们把他送往气候恶劣的热带地方。④

依照作者志费尼的观察,在蒙古社会内部,流放与充军、出使二者并列,均为次于处死的重刑。13 世纪上半叶蒙古人的统治地域急剧扩展,流放的实施细则也随之发生了一些改变。我们看到,流放地不再局限于蒙古高原,开始被安排在所谓的"热带地方",因为对于草原民族来说,炎热是特别难以忍受的气候。另外,远使外国被游牧政权用作与流放相类的刑罚,在契丹早期已可见到,蒙古对它的继承,同样是内亚历史独立性与延续性的一种反映。

---

① 乌兰校勘《元朝秘史》卷九第 224、227 节,第 292、297 页。
② 拉施特(Rashid-al-Din)编,余大钧、周建奇译《史集》,第 1 卷第 2 分册,北京,商务印书馆,1983 年,第 359 页。
③ Valentin Riasanovsky, *Fundamental Principles of Mongol Law*, Bloomington:Indiana University,1964, p. 32.
④ 志费尼(Juvaini)撰、何高济译《世界征服者史》,北京,商务印书馆,2004 年,第 54 页。

从以上的梳理可以看出，流放是内亚草原上一种古老绵延的刑罚手段，匈奴、乌桓、突厥、契丹以及蒙古都沉浸在这一法制传统当中。若与北朝以前中原的迁徙刑对比，内亚流刑的一些特点能够清晰不少。我们知道，迁徙刑在汉晋时期并非正刑，被大量运用的徙边主要充当死刑的替代刑，在很大程度上是皇帝本着"重人命"的观念而施行的一种恩典。① 草原上的流徙之刑并不具备此项性质，从前文列举的材料看，它是部族社会固有的、常规性的处罚方式。另一方面，两汉徙边又带有强烈的实用目的，罪犯及家属将入籍边县，共同承担开发与戍守边境的责任。内亚流刑的立意却不在此，游牧政权实施该刑罚时看重的是将违法者驱逐出部落共同体，并通过将其抛弃在环境恶劣的地域来达到惩戒的效果。

内亚与华夏虽然各有一套流放刑传统，但随着拓跋鲜卑入主中原，双方在遭遇之后实现了深度融合，其成果便是北朝的流刑。

三、从部族旧俗到王朝法制

太和十六年（492）四月，北魏孝文帝"班新律令，大赦天下"。次月，孝文帝又召集群臣修订律条，内容包括"流徒限制"，②说明"流"已被写入新律。③ 流刑成立于"太和十六年律"，是普遍认可的结论。然而，对于流放这种治罪手段在北魏前期经历了怎样的发展才升格为法定正刑的问题，既有研究没能提供令人满意的答案。究其原因，主要是学者们并未意识到，这一演进的实质是部族习俗转化为王朝法制的过程。

考察流刑前史的关键，在于解读以下两条材料：一是游雅对拓跋晃的上书，二是源贺在太安二年（456）的建言。

前者可以证明拓跋魏前期沿袭了北族社会的用刑习惯。太平真君五年（444），拓跋晃以太子身份监国，履职之初向朝中大臣征询治国的意见，担任太子少傅的游雅上疏曰：

> 臣职忝疑承，司是献替。汉武时，始启河右四郡，议诸疑罪而谪徙

---

① 邢义田《从安土重迁论秦汉时代的徙民与迁徙刑》，《治国安邦：法制、行政与军事》，第62—100 页。

② 《魏书》卷七下《高祖纪下》，第169 页。

③ 邓奕琦《北朝法制研究》，第83 页。陈俊强《北朝流刑的研究》，《法制史研究》（台北）第10期，第43—45 页。陈氏怀疑"徒"为"徙"字之讹。

之。十数年后,边郡充实,并修农戍,孝宣因之,以服北方。此近世之事也。帝王之于罪人,非怒而诛之,欲其徙善而惩恶。谪徙之苦,其惩亦深。自非大逆正刑,皆可从徙,虽举家投远,忻喜赴路,力役终身,不敢言苦。且远流分离,心或思善。如此,奸邪可息,边垂足备。①

游雅是神䴥四年(431)征士时加入北魏政权的中原名士。② 太武帝朝后期,游雅成为法律事务方面的重要人物,③他与此前主持编定"神䴥律"的崔浩一样,④对华夏法制文化进入北魏朝廷起到过一定的推动作用。这封上书的主旨,就是希望统治者效法汉朝,设立徙边刑来替代犯"大逆"以外的死刑。他列举了此项刑罚曾给西汉带来的益处,指出恕死徙边不仅足以达到惩戒的目的,又能取得稳固边防的效果。

面对游雅的进奏,太子"善其言,然未之行",也就是说,提议被否决了。⑤ 该事件透露出,从建国到太武帝朝,北魏从未实行过汉魏式的徙边刑,游雅的建言亦没能促成其恢复。不过,这段时期却有不少罪犯被流逐至边地。例如,太延五年(439)北魏攻灭沮渠牧犍,徙民三万余家于代,凉州人阴世隆至京师,旋即"被罪徙和龙"。⑥ 皮豹子"坐盗官财,徙于统万",太平真君三年(442)又被太武帝征还,领兵抵御刘宋对仇池的侵夺。⑦ 和归"以罪徙配凉州为民",为平定太平真君六年(445)爆发的盖吴之乱,朝廷重新授以龙骧将军之任。⑧ 另外,奚拔"以罪徙边"、奚兜"以罪徙龙城"以及拓跋浑"徙长社"等三例,同样发生在太武帝时期。⑨

既然北魏并未采纳华夏的徙边制度,结合上一节的考察可以断定,此时施用的流徙之刑其实来自拓跋鲜卑从塞外带入的法制传统。阴世隆、皮豹子等人均非"减死徙边",也就是说,北魏的流徙没有像汉代的徙边一样,被

---

① 《魏书》卷一一一《刑罚志》,第2874—2875页。
② 《魏书》卷四上《世祖纪上》,第79页。参见张金龙《从高允〈征士颂〉看太武帝神䴥四年征士及其意义》,《北魏政治与制度论稿》,兰州,甘肃教育出版社,2003年,第10—27页。
③ 最具代表性的事例是正平元年(451)他与中书侍郎胡方回奉诏改定律制,见《魏书》卷一一一《刑罚志》,第2875页。
④ 《魏书》卷一一一《刑罚志》,第2874页。参见陈寅恪《隋唐制度渊源略论稿》,第114—119页。
⑤ 《魏书》卷一一一《刑罚志》,第2875页。
⑥ 《魏书》卷四上《世祖纪上》,第90页;卷五二《索敞传》,第1163页。
⑦ 《魏书》卷五一《皮豹子传》,第1129页。
⑧ 《魏书》卷四下《世祖纪下》,第99页;卷二八《和跋传》,第682页。
⑨ 《魏书》卷二九《奚斤传》,第701、702页;《北史》卷一五《魏诸宗室·辽西公意烈传》,第579页。

用作惩处死罪的替代手段，而呈现出固有性、常规性，这正是北族流放刑的特色。由此应该意识到，北魏尽管已在华北经营有年，法律制度中的内亚元素仍然具有极强生命力。另一方面，上举数例中流徙的目的地，如统万、龙城(和龙)、凉州等，均为太武帝朝新近吞并的疆土，长社则是这段时期对抗刘宋的前线军镇。① 将罪犯放逐至此，自然带有充实边防的企图。前文指出，草原游牧政权设置的流放地，往往是人迹罕至的区域，意在用恶劣的环境来"穷困"罪犯。可见，在继承部族旧俗的基础上，北魏也对流徙刑的实施细则进行了一些调整，以适应进入华北以后的政治、军事形势。在选择流放地这一具体问题上，中原的徙边刑曾给统治集团带来过启发，也是很有可能的。

源贺的建言是转变的起点。文成帝太安二年(456)，源贺改封陇西王，出为征南将军、冀州刺史。在临行前的上书中，他也提及以徙边替换死刑：②

> 臣闻：人之所宝，莫宝于生全；德之厚者，莫厚于宥死。然犯死之罪，难以尽恕，权其轻重，有可矜恤。今劲寇游魂于北，狡贼负险于南，其在疆埸，犹须防戍。臣愚以为自非大逆、赤手杀人之罪，其坐赃及盗与过误之愆应入死者，皆可原命，谪守边境。是则已断之体，更受全生之恩；徭役之家，渐蒙休息之惠。刑措之化，庶几在兹。《虞书》曰"流宥五刑"，此其义也。③

源贺来自秃发鲜卑，明元帝朝加入北魏，太武帝时被接纳为宗室，成为核心权力层的一员。④ 因为出身和地位，他对此时作为统治集团主体的鲜卑人的用刑习惯，自然有深入的了解，这些知识无疑是他在讨论法制问题时首要的思想资源。源贺上书希望达成的目标尽管与游雅的建言非常相似，但却提供了完全不同的路径。十余年前游氏的方案是重建汉代的减死徙边制度，这对北魏前期的统治者来说不易理解和接受。而据引文，源贺无一语涉及汉魏故事，他给出的死刑替代措施，其实是一直在施行的、来自部族旧俗的流放刑。换言之，源贺的设想是，通过拓展既有的流放刑的适用范围，使之取代大部分死刑，就能够实现矜恤人命、充实边境的双重目的。

这一次，皇帝当即采纳建议，"已后入死者，皆恕死徙边"。一段时间后，

① 牟发松《北魏军镇考补》，《魏晋南北朝隋唐史资料》第 7 期，1985 年，第 73 页。
② 《魏书》卷五《高宗纪》，第 115 页；卷四一《源贺传》，第 920 页。《魏书·刑罚志》称上书时间为"和平末"，误。
③ 《魏书》卷四一《源贺传》，第 920—921 页。
④ 参见罗新《北魏直勤考》，《中古北族名号研究》，第 85—86 页。

文成帝对此项政策的效果十分满意,还特意表彰源贺:"苟人人如贺,朕治天下复何忧哉! 顾忆诚言,利实广矣。"①至太和前期,将死刑改换为迁徙仍是通行做法,《魏书·刑罚志》称孝文帝"哀矜庶狱,至于奏谳,率从降恕,全命徙边","京师决死狱,岁竟不过五六,州镇亦简",由此得以存活的死囚"岁以千计"。②当然,除了作为死刑的代刑,流放在这段时期依然是常规性的处罚手段,例证可以找到许多。比如,和平元年(460),文成帝遣兵西征吐谷浑,统帅之一的穆颢"坐击贼不进,免官爵徙边",后被孝文帝征还。③ 献文帝朝,平州刺史常英"浊货,徙敦煌"。④ 太和三年(479),长安镇将陈提因赃罪徙边。⑤太和四年(480),襄城王韩颓"有罪,削爵徙边"。⑥ 太和十二年(488),梁州刺史拓跋提"以贪纵削除,加罚,徙配北镇"。⑦ 太和前期还有下邳太守张攀及其子张僧保因诬告徐州刺史薛虎子而被"鞭一百、配敦煌"的例子。⑧ 流徙在常刑与代刑两方面的大量运用,为其成为法定正刑奠定了基础。

除了刑制实践方面的意义,源贺上书的另一重要之处在于,它从理念上开启了流放刑入律的道路。我们知道,制定与颁行律令是华夏社会特有的统治方式。律被奉为王朝刑狱事务的核心,对于律的更定,朝廷上下向来慎之又慎,除了法理上应该顺当有益,往往还需讲究"典据"与"成准"的兼备,即既要与经典相符,又要有故事可以援引。⑨ 进入中原的拓跋政权,大体尊重并接受这一政治文化传统。不少北族色彩浓厚的罪名、刑罚虽被广泛推行,但从未获得修律者的青睐。然而,自前引源贺的上书开始,流徙突然被赋予了经典依据,逐渐与"抱犬沉渊""裸形伏质"等部族旧俗区别开来。从上书中《虞书》曰'流宥五刑',此其义也"一句可以看出,源贺竟宣称徙边继承了尧舜古制的遗意。记载上古三代帝王嘉言圣制的《尚书》自西汉以来便被尊为国之经典,引用经书的本意尽管只是为了让扩大徙边刑的建议更具说服力,但源氏此举颇具创造性地在徙边与《尚书》的"流"之间构筑起对接关系,为其后来融入华夏典制提供了可能。

与儒家经典所载上古刑制建立连结,是流刑正刑化的必要条件。两汉至

<hr>

① 《魏书》卷四一《源贺传》,第921页。
② 《魏书》卷一一一《刑罚志》,第2877页。
③ 《魏书》卷五《高宗纪》,第118页;卷二七《穆颢传》,第675页。
④ 《北史》卷八〇《外戚·常英传》,第2676页。
⑤ 《魏书》卷七上《高祖纪上》,第147页;卷三一《于烈传》,第737页。
⑥ 《魏书》卷七上《高祖纪上》,第148页。
⑦ 《魏书》卷七下《高祖纪下》,第164页;《北史》卷一六《太武五王·临淮王谭传》,第605页。
⑧ 《魏书》卷四四《薛虎子传》,第998页。
⑨ 另可参考冨谷至《漢唐法制史研究》,第88—101页;楼劲《"法律儒家化"与魏晋以来的"制定法运动"》,《南京师大学报》2014年第6期,第61—76页。

于南北朝,围绕这类刑罚已开展过不少讨论,而源贺是将其比附为上古之
"流"的第一人。"流宥五刑"出自《舜典》。根据该篇的记录,舜即位以后慎于
刑杀,常以"流"来宽宥被处以墨、劓、刖、宫、大辟等五刑的罪犯。他先后流放
过共工、驩兜、三苗、鲧等四凶,获得了用刑得当的赞誉。后来在训诫负责刑狱
的皋陶时,舜又提出了"五流有宅,五宅三居"的原则。① 郑玄将"宅"释为加
于罪犯的戒具,"三居"是指将九州之外至于四海的地域按远近分为三层,
"周之夷服、镇服、蕃服"。② "伪孔传"把整句理解成:"不忍加刑,则流放之,
若四凶者。五刑之流,各有所居。五居之差,有三等之居,大罪四裔,次九州之
外,次千里之外。"③简言之,按照经书的说法,上古不仅有将罪犯驱往边地的
"流","流"还曾被分作轻重数等。随着皇帝对建议的采纳,源贺这种附会
经典的做法获得了认可,自然也会传播开来。于是,本由拓跋部带入华北的
流徙刑开始披上华丽的外衣,对它的推广也从此具备了尊经复古的意义。

　　促成流刑入律的直接原因,是孝文帝太和十一年的更定刑罚诏及后续
的律令修订工作。诏书云:

　　　　律文刑限三年,便入极默。坐无太半之校,罪有死生之殊。可详案
　　律条,诸有此类,更一刊定。④

过去,学者将"律文刑限三年,便入极默"一句作为北魏前期刑制失衡的证
据。⑤ 这样的理解违背了诏书的本意。"律文"二字清楚地显示,孝文帝的
批评,针对的只是写于律条的刑名设置,无关当时的刑罚施行情况。而且根
据上文的梳理可知,由于流徙刑的大量实施,在法制的实际运作中,死刑与
生刑之间的断崖并不存在。我们应当从这段时期法制改革的核心线索来认
识这封诏书。

　　自北魏建国至孝文帝朝,律令规定与刑罚实践在一定程度上处于脱节
状态。更准确地说,在形成文字的律令之外,还有一套左右法制开展的原
则,那就是拓跋鲜卑的刑罚习俗。不少例证都可以说明这一点。比如,在崔
浩所定神麚律中,死刑有斩和绞两种,⑥但太武帝朝实际运用的却有"负羖

① 《尚书正义》卷三,阮元校刻《十三经注疏》,第 128、130 页。
② 《礼记正义》卷一一,阮元校刻《十三经注疏》,第 1327 页。
③ 《尚书正义》卷三,阮元校刻《十三经注疏》,第 130 页。
④ 《魏书》卷一一一《刑罚志》,第 2878 页。
⑤ 陈俊强《北朝流刑的研究》,《法制史研究》(台北)第 10 期,第 69 页。
⑥ 《魏书》卷一一一《刑罚志》,第 2874 页。《唐六典》卷六《尚书刑部》云"崔浩定刑名……大
　辟有轘、腰斩、殊死、弃市四等",第 182 页。

羊抱犬沉诸渊",①后者显然来自北族传统。又如北魏前期在华夏式的刑诉程序外另设三都官折狱,其前身是早期拓跋社会以"四部大人坐王庭决辞讼"的制度。② 再如,太和元年(477)以前,处以斩首者都按照所谓的"故事"而"裸形伏质",故《刑罚志》云"虽有律,未之行也"。③ 而本文考察的流徙刑直到太和中期都还是法外之刑。《刑罚志》言及正平律时提到"虽增损条章,犹未能阐明刑典",在评价整个北魏前期的法制时又云"律令不具,奸吏用法,致有轻重",④这些文字看上去在揭露律令的不完善,实际反映的是,律令没有成为刑狱事务的根本纲领,尚有大量的审判、刑罚不受法律的制约。

法制方面的"胡风国俗杂相揉乱"是北魏前期的常态,⑤这是由政权的特殊性决定的。"魏初,礼俗纯朴,刑禁疏简……以言语约束,刻契记事,无囹圄考讯之法,诸犯罪者,皆临时决遣",⑥该材料清晰地说明涉足中原以前的拓跋法制的特点。同中古前期的其他游牧族群一样,由于没有自己的文字,拓跋部不存在成文法,维持社会秩序的是由口头约束累积而成的刑制习俗。虽然北魏在代北建国之初即已接触到以典章为准绳的中原法制理念,但部族成员牢牢占据着统治集团的主体,随之南来的用刑传统仍具有强大的影响力。尽管吸纳了中原的统治技术,任用加入政权的中原人士模仿魏晋法律制定律令,⑦统治者却始终没有将法制运作完全纳入律令制的框架,一些源自内亚的刑罚习惯依然顽固地保留在法制实践中。

孝文帝朝,拓跋国家经历着异常激烈的华夏化转型。法制方面的一大变动便是终结律与俗的并立,树立律的绝对权威。这首先表现在废止不符律令规定的刑罚旧习上。比如太和元年,孝文帝下诏禁绝"裸形伏质",老臣元丕部分反对,他再度下诏坚持,并在诘问中提到"岂齐之以法",显示出尊崇律法的决心。⑧ 另一方面,孝文帝积极推动律令的修订工作,以期提供一部精良的法律作为法制运转的准则。光是在太和前期的十余年间,他

---

① 《魏书》卷一一一《刑罚志》,第 2874 页。
② 内田吟風《後魏刑官考》,《北アジア史研究　鮮卑柔然突厥篇》,第 141—164 页。严耀中《北魏前期政治制度》,第 135—142 页。
③ 《魏书》卷一一一《刑罚志》,第 2876 页。
④ 《魏书》卷一一一《刑罚志》,第 2875、2877 页。
⑤ 严耀中、要瑞芬从另外的角度讨论了法制上胡汉杂糅的问题,可参读。严耀中《北魏前期政治制度》,第 125—150 页。要瑞芬《北魏前期法律制度的特征及其实质》,《中央民族大学学报》1997 年第 3 期,第 45—50 页。
⑥ 《魏书》卷一一一《刑罚志》,第 2873 页。
⑦ 关于北魏前期的制律活动,可参考楼劲《魏晋南北朝隋唐立法与法律体系》,第 77—120 页。
⑧ 《魏书》卷一一一《刑罚志》,第 2876—2877 页。

就促成了两次大规模的律令更定,先后颁布两部新律,即太和五年律、十六年律。① 孝文帝也深刻地介入到发现与解决法律问题的具体过程,②其程度与频率是之前的皇帝不曾有过的,魏收用"留心刑法"加以评价,③甚得其实。值得注意的是,与这段时期礼制、官制改革的趋势一致,④经义也被作为律文修订的重要依据。比如同样是在太和十一年,孝文帝指出律文规定的"不逊父母,罪止髡刑"与孝道相悖,要求立即整顿。紧接着他又发布第二道诏书,认为既有条例中的门房之诛"违失《周书》父子异罪",遂提出"删除繁酷"。⑤

在太和年间完善律令的浪潮下,先前律文所规定的刑罚种类不得不接受检视,这封针对刑名设置的诏书应运而生。而同一时期,随着大量部族旧俗被淘汰抛弃,作为法外之刑的流徙也面临何去何从的问题。当律条中劳役刑与死刑之间的裂缝被揭出后,目前广泛运用且被认为与经典相符的流徙刑,自然能够作为填补漏洞的选项进入北魏君臣的视野。流刑写入太和十六年律,就是这次刑种更定的成果。经历了扩展与粉饰后的流放,在孝文帝以律为治的法制改革中,最终从一种刑罚习惯转变为中原王朝的法定正刑。

四、以"流"为名

流刑成立后的运作情况,先行研究已相当充分,⑥本文不复赘述。接下来想针对围绕流刑的一些说辞和书写,继续谈谈这项具有北族血统的刑罚被包装、被美化的问题。

---

① 《魏书》卷七下《高祖纪下》,第169页;卷一一一《刑罚志》,第2877页。参见楼劲《魏晋南北朝隋唐立法与法律体系》,第120—147页。
② 有两条颇具代表性的材料。《魏书》卷七下《高祖纪下》:"(太和十六年)五月癸未,诏群臣于皇信堂更定律条,流徒限制,帝亲临决之。"第169页。《魏书》卷五三《李冲传》:"及议礼仪律令,润饰辞旨,刊定轻重,高祖虽自下笔,无不访决焉。"第1181页。程树德据后者云:"律系孝文自下笔,此前古未有之例。"见其《九朝律考》,第348页。
③ 《魏书》卷一一一《刑罚志》,第2876页。
④ 参见康乐《从西郊到南郊——国家祭典与北魏政治》,第165—206页;川本芳昭《五胡十六国·北朝期における周禮の受容をめぐって》,《魏晋南北朝时代の民族问题》,此据该书中译本《魏晋南北朝时代的社会与国家》,黄桢、张雨怡译,第299—318页。
⑤ 《魏书》卷一一一《刑罚志》,第2878页。
⑥ 陈俊强《北朝流刑的研究》,《法制史研究》(台北)第10期,第45—65页;《试论唐代流刑的成立及其意义》,高明士主编《唐代身份法制研究——以唐律名例律为中心》,台北,五南出版社,2003年,第263—275页。辻正博《唐宋时代刑罚制度の研究》,第26—144页。冨谷至《汉唐法制史研究》,第272—309页。

首先应关注流刑的名称本身。在纳入律条之前，流刑没有统一、固定的称谓。从上文引用的材料可以看到，它主要被呼为"徙"，另有"徙边""徙配""配"等多种说法。太和中期北魏朝廷推翻旧习，在律文中开始启用"流刑"作为正式名称，带来了面目一新的效果。毫无疑问，"流刑"二字取自《尚书》提到过的"流"，目的在于构建与古制的对接关系，改名的行为是在比附经典的道路上前进的又一大步。① 新颁行的律令设置有于经典有征的流刑，可以给人留下效法圣人之制的良好印象，这也是促成此事的北魏君臣希望看到的。

作为北魏继承者之一的北周，在国家制度上掀起过一场以"宪章姬周"为旗号的改革运动。在周武帝保定三年（563）颁布的《大律》中，流刑的规定如下：

> 流刑五：流卫服，去皇畿二千五百里者，鞭一百，笞六十。流要服，去皇畿三千里者，鞭一百，笞七十。流荒服，去皇畿三千五百里者，鞭一百，笞八十。流镇服，去皇畿四千里者，鞭一百，笞九十。流蕃服，去皇畿四千五百里者，鞭一百，笞一百。②

根据流放距离，流刑被划分为轻重五等。律文用来指称流放地的"蕃服""镇服""荒服"等，正是出自《周礼》的概念。《周礼·夏官·职方氏》曰："乃辨九服之邦国：方千里曰王畿，其外方五百里曰侯服，又其外方五百里曰甸服，又其外方五百里曰男服，又其外方五百里曰采服，又其外方五百里曰卫服，又其外方五百里曰蛮服，又其外方五百里曰夷服，又其外方五百里曰镇服，又其外方五百里曰藩服。"③照此说法，周代曾将海内邦国按照远近区分为九层，而北周五等流刑的设计恰与"九服"最外五层对应。"道里之差"的出现是流刑发展史上的重要转折，《大律》的叙述容易让人相信，这项革新完全是依据《周礼》做出的。

实际上，流刑分等也是刑制实践的需要。北魏的刑罚序列缺乏明确的记载，据学者的爬梳，孝文、宣武朝以后，徒刑有五岁、四岁至一岁五等，死刑至少有斩、绞两等。④ 北齐法制大体因袭北魏，其刑制有较清晰的记述，可

---

① 辻正博亦用较大篇幅讨论了经典与流刑的关系，见《唐宋时代刑罚制度の研究》，第5—49页。不过他轻信了这段时期关于流刑的说辞，认定流刑是一种基于儒家理想的制度设计。

② 《隋书》卷二五《刑法志》，第707—708页。

③ 《周礼注疏》卷三三，阮元校刻《十三经注疏》，第863页。

④ 仁井田陞《補訂中國法制史研究·刑法》，东京，东京大学出版会，1991年，第99—101页。

以作为参考：重于流刑的死刑设有辕、枭首、斩、绞四级，稍轻的耐罪有五岁、四岁、三岁、二岁、一岁之差，鞭刑、杖刑又各有五等、三等。① 劳役与死刑自两汉以来便被列为正刑，很早就形成了等级划分。位列两者之间的流刑刚刚成立，内部尚未发展出轻重之别。我们知道，如果刑罚的层次足够细密，就可以针对不同犯罪做出更精确的处理。流刑上下的刑名都已进一步分级，在这样的情况下，它与绞刑、五岁刑之间的级差就会远大于其他相邻各级之间的级差，刑制序列的失衡进而可能导致判罚的不均。像死刑、徒刑一样在流刑内部设置层次，使各刑种顺畅衔接，乃刑制合理化的必然要求。在此背景下，北周对魏制进行完善，开始以"道里之差"为流刑分等，实为顺应形势的选择。而《大律》呈现出的复兴周制的美好形象，完全有可能来自"后期处理"，是律令的制定者希望给人造成的观感。正如学者已经指出的，律文颁布之时，北周国土狭小，其实不存在把罪犯流至四千五百里（所谓"蕃服"）的条件。② 在运作中，各等流刑依凭的应当是另一套实际可行的距离。③ 北周体制刻意以周礼标榜，如何透过这些古风盎然的条文，揭示制度演进的"内在理路"及实际推行状况，不只是流刑研究需要面对的课题。

　　继起的隋唐承袭了流刑分等的做法。隋《开皇律》中流刑有一千里、千五百里、二千里三个级别。④ 据《唐律·名例律》，唐代流刑按流放地距首都的远近，⑤分为二千里、二千五百里、三千里三等。⑥ 隋唐流刑的规定，尤其是关于"道里"的部分，去除了附会经典的虚辞，显得务实许多。不过，对流刑的粉饰并未停歇。《唐律疏议》对流刑的阐释是：

> 《书》云："流宥五刑。"谓不忍刑杀，宥之于远也。又曰："五流有宅，五宅三居。"大罪投之四裔，或流之于海外，次九州之外，次中国之外。盖始于唐虞。今之三流，即其义也。⑦

"律疏"是官方对唐律做出的权威解读。关于流刑的起源，它引用了前文提及的《尚书·舜典》的内容，并采取了《孔传》的理解。流刑的前身因而被上溯至唐虞时代，当前的三等之制又与"五宅三居"构筑起关联，共同塑造出唐

---

① 《隋书》卷二五《刑法志》，第705页。

② 陈俊强《北朝流刑的研究》，《法制史研究》（台北）第10期，第59页。

③ 有关北周流刑的材料相当缺乏，只能找到个别迁徙蜀郡的案例。

④ 《隋书》卷二五《刑法志》，第710页。

⑤ 辻正博《唐宋时代刑罚制度の研究》，第78—88页。

⑥ 刘俊文《唐律疏议笺解》卷一，北京，中华书局，1996年，第35页。

⑦ 刘俊文《唐律疏议笺解》卷一，第35页。

律取则先圣的风貌。这一论说凝固为后世叙述流刑起源的基本模式,流刑
与北族传统的连结被彻底抹去了。自成立以来,流刑制度发生了数次调整,
而将其打扮为经典古制的继承者,却是各代修律时不变的剧目。

厚重的包装掩盖了流刑的本源。这一现象让人联想到北族人士对家族
谱系的处理。北朝后期至隋唐,广大虏姓掀起过一场规模浩大的家世改造
运动,他们或伪称中原名族,或冒引汉魏名人为先祖,努力将自己修饰成华
夏裔孙。[1] 官制领域也出现过类似的情形。例如,孝文帝时期曾大量借用
尚书、羽林中郎等汉魏职官来取代内阿干、内三郎等北族色彩浓厚的官
号。[2] 又如,魏齐之际的撰史者在叙述拓跋早期历史的过程中,常将一些不
“典雅”的官名更改为中原职官,营造出北魏从一开始就是华夏政权的形象,
学者称其为“攀附的华夏官僚制”。[3] 可以看到,无论是国家层面的法制、官
僚制,还是社会层面的家族世系,那些随北方民族进入华北的内亚元素,在
书写与记忆中普遍经历过被改换、被重塑的过程。注意到这一点,今后我们
在面对这段时期的各种叙述时无疑能多一分谨慎,一些长期受压抑与遮蔽
的侧面通过有意识的清理,也将获得浮出台面的机会。

小　结

上文依循两条线索检讨了流刑成立前后的史实。一是从制度源流上
看,北魏前期用以惩治罪犯的流放,是由拓跋鲜卑带入中原的北族习俗,具
备区别于汉晋徙边之制的特质。在流刑成立前夜,它既作为常刑也作为死
刑的代刑,被统治者广泛使用。二是关注北朝隋唐对流刑源流的重构。在
儒家经典中找到可以比附的上古刑制,是流刑得以入律的另一基础。为了
制造取法圣人之制的形象,流刑在历次修律中均被刻画成上古之“流”的继
承者,其本源逐渐为人所遗忘。由此可以确认,流刑是北族习惯法与儒学观
念表里结合的产物,从而打开了一扇观察内亚法制汇入华夏传统的窗口。

流刑从部族旧俗转型为法定正刑,是北魏法制演进的一个侧面。而演

---

[1] 何德章《伪托望族与冒袭先祖——以北族人墓志为中心》,《魏晋南北朝隋唐史资料》第 17
　　期,2000 年,第 137—143 页。陈鹏《嫁接世系与望托东海——北周隋唐虏姓于氏谱系建构
　　之考察》,《民族史研究》第 12 辑,2014 年,第 178—191 页。

[2] 松下宪一《北魏石刻史料に見える内朝官——〈北魏文成帝南巡碑〉の分析を中心に》,
　　《北魏胡族體制論》,第 57—86 页。又见本书第七章。

[3] 胡鸿《北朝华夏化进程之一幕:北魏道武、明元帝时期的“爵本位”社会》,《能夏则大与渐
　　慕华风:政治体视角下的华夏与华夏化》,第 270—274 页。

进的核心脉络,是律俗并行的局面被以律为治的新框架逐步取代的过程。前文对此的论述,所采用的例证都取自制度内部,其实一些外缘材料也可以增进我们的理解。孝文帝与高闾关于法刑先后的讨论就是一例:

> 高祖曰:"刑法者,王道之所用。何者为法?何者为刑?施行之日,何先何后?"闾对曰:"臣闻创制立会,轨物齐众,谓之法;犯违制约,致之于宪,谓之刑。然则法必先施,刑必后著。自鞭杖已上至于死罪,皆谓之刑。刑者,成也,成而不可改。"①

高闾是太和初期律令修订的主持人。② 根据他的发言,引文里的"法"是指由国家制定的约束天下臣民的统一原则,亦即由律令代表的法律规定。高氏提倡法先于刑,也就是说,刑罚的实施必须置于律令的管控之下。这段对话发生在太和十年(486)前后,③可见这一时期,北魏君臣对于树立律的最高权威已有明确的认识。相应地,以口头要约、临时决遣为特色的部族旧俗正走向尽头。以律为首的华夏式统治方式与北族习俗的碰撞及各自势力的消长,实为分析北朝前期法制进程的锁钥,今后借助愈发充分的材料搜集,一定还能获得更深刻的见解。

　　另外,关于北族因素为中原法制带来的触动与改变,先行研究不可谓少,但主要集中在历史后期,比如辽、金、元统治下两种传统发生的交融就吸引过许多学者的目光。④ 本文从这一角度重新审视了流刑的成立过程,希望能唤起对于十六国北朝法制中内亚元素的注意。这段时期在中国法制史上的地位也有必要在积累更多、更深入的研究后再度进行评估。

---

① 《魏书》卷五四《高闾传》,第 1204 页。
② 《魏书》卷一一一《刑罚志》,第 2877 页。
③ 据《魏书》卷五四《高闾传》,这次讨论发生在太和九年(485)以后、太和十四年(490)之前,第 1203—1204 页,又参考《北史》卷九八《蠕蠕传》,第 3256 页。
④ 仁井田陞《補訂中國法制史研究·刑法》,第 301—585 页。Paul Ch'en, *Chinese Legal Tradition Under the Mongols: The Code of 1291 as Reconstructed*, Princeton: Princeton University Press, 1979. Herbert Franke, "Jurchen Customary Law and the Chinese Law of the Chin Dynasty", In *State and Law in East Asia*, ed. Dieter Eikemeier and Herbert Franke, Wiesbaden: Otto Harrassowitz, 1981, pp. 215 - 233; "Chinese Law in a Multinational Society: The Case of the Liao (907 - 1125)", *Asia Major*, Vol. 5, No. 2 (1992), pp. 111 - 127. 柏清韵(Bettine Birge)《辽金元法律及其对中国法律传统的影响》,柳立言主编《中国史新论·法律史分册》,台北,联经出版事业股份有限公司,2008 年,第 142—152 页。姚大力《论元朝刑罚体系的形成》,《蒙元制度与政治文化》,北京,北京大学出版社,2011 年,第 279—321 页。

参 考 文 献

一、史　　料

阮元校刻《十三经注疏》,北京,中华书局,1980 年。

张传官《急就篇校理》,北京,中华书局,2017 年。

周祖谟《广韵校本》,北京,中华书局,1960 年。

《史记》,北京,中华书局,1963 年。

《汉书》,北京,中华书局,1962 年。

《后汉书》,北京,中华书局,1965 年。

《三国志》,北京,中华书局,1959 年。

《晋书》,北京,中华书局,1974 年。

《宋书》,北京,中华书局,1974 年。

《南齐书》,北京,中华书局,1972 年。

《梁书》,北京,中华书局,1973 年。

《陈书》,北京,中华书局,1972 年。

《魏书》,北京,中华书局,1974 年。

《北齐书》,北京,中华书局,1972 年。

《周书》,北京,中华书局,1971 年。

《隋书》,北京,中华书局,1973 年。

《北史》,北京,中华书局,1974 年。

《南史》,北京,中华书局,1975 年。

《旧唐书》,北京,中华书局,1975 年。

《新唐书》,北京,中华书局,1975 年。

王先谦《汉书补注》,上海,上海古籍出版社,2008 年。

王先谦《后汉书集解》,北京,中华书局,1984 年。

钱大昕撰,方诗铭、周殿杰校点《廿二史考异》,上海,上海古籍出版社,2004 年。

赵翼撰、王树民校证《廿二史札记校证》,北京,中华书局,1984 年。

《二十五史补编》,上海,开明书店,1937 年。

刘珍等撰、吴树平校注《东观汉记校注》,北京,中华书局,2008 年。

周天游辑注《八家后汉书辑注》,上海,上海古籍出版社,1986 年。

张鹏一《魏略辑本》,西安,陕西文献征辑处,1923 年。

汤球辑、杨朝明校补《九家旧晋书辑本》,郑州,中州古籍出版社,1991 年。

许嵩撰、张忱石点校《建康实录》,北京,中华书局,1986 年。

《资治通鉴》,北京,中华书局,1976 年。

乌兰校勘《元朝秘史》,北京,中华书局,2012 年。

郑樵《通志》,北京,中华书局,1987 年。

孙星衍等辑、周天游点校《汉官六种》,北京,中华书局,2008 年。

李林甫等撰、陈仲夫点校《唐六典》,北京,中华书局,1992 年

杜佑撰、王文锦等点校《通典》,北京,中华书局,1988 年。

王溥《唐会要》,北京,中华书局,1955 年。

孙逢吉《职官分纪》,《景印文渊阁四库全书》第 923 册,台北,台湾商务印书
　　馆,1986 年。

王应麟撰,张三夕、杨毅点校《汉制考》,北京,中华书局,2011 年。

马端临《文献通考》,北京,中华书局,1986 年。

薛允升辑、堀毅整理《汉律辑存》,岛田正郎主编《中国法制史料》第 2 辑第 1
　　册,台北,鼎文书局,1979 年。

张鹏一编著、徐清廉校补《晋令辑存》,西安,三秦出版社,1989 年。

刘俊文《唐律疏议笺解》,北京,中华书局,1996 年。

沈家本《历代刑法考》,北京,商务印书馆,2011 年。

郦道元注,杨守敬、熊会贞疏,段熙仲点校、陈桥驿复校《水经注疏》,南京,江
　　苏古籍出版社,1989 年。

洪适《隶释》,北京,中华书局,1986 年。

陈振孙撰、徐小蛮等点校《直斋书录解题》,上海,上海古籍出版社,1987 年。

朱彝尊《经义考》,北京,中华书局,1998 年。

《四库全书总目》,北京,中华书局,1965 年。

章宗源撰、项永琴等整理《隋书经籍志考证》,《二十五史艺文经籍志考补萃
　　编》第 14 卷,北京,清华大学出版社,2012 年。

姚振宗撰、刘克东等整理《隋书经籍志考证》,《二十五史艺文经籍志考补萃

编》第 15 卷,北京,清华大学出版社,2014 年。

沈家本《古书目四种》,《沈寄簃先生遗书》,北京,中国书店,1990 年。

刘知幾撰、浦起龙通释、王煦华整理《史通通释》,上海,上海古籍出版社,
　　2009 年。

崔寔撰、石声汉校注《四民月令校注》,北京,中华书局,1965 年。

应劭撰、王利器校注《风俗通义校注》,北京,中华书局,2010 年。

严可均辑《傅子》,《丛书集成初编》,北京,商务印书馆,1940 年。

崔豹《古今注》,《四部丛刊三编》,上海,上海书店,1985 年。

刘义庆撰、刘孝标注、余嘉锡笺疏、周祖谟等整理《世说新语笺疏》,北京,中
　　华书局,2007 年。

贾思勰撰、缪启愉校释《齐民要术校释》,北京,中国农业出版社,1998 年。

萧绎撰、许逸民校笺《金楼子校笺》,北京,中华书局,2011 年。

颜之推撰、王利器集解《颜氏家训集解》,北京,中华书局,2002 年。

《北堂书钞》,天津,天津古籍出版社,1988 年。

欧阳询撰、汪绍楹校《艺文类聚》,上海,上海古籍出版社,1982 年。

《初学记》,北京,中华书局,1962 年。

白居易《白氏六帖》,董治安主编《唐代四大类书》,北京,清华大学出版社,
　　2003 年。

《太平御览》,北京,中华书局,1960 年。

王应麟《玉海》,南京,江苏古籍出版社;上海,上海书店,1987 年。

陶宗仪等编《说郛三种》,上海,上海古籍出版社,1988 年。

黄奭《黄氏逸书考》,《续修四库全书》第 1211 册,上海,上海古籍出版社,
　　1995 年。

王仁俊《玉函山房辑佚书续编三种》,上海,上海古籍出版社,1989 年。

释道宣《广弘明集》,《四部丛刊》本。

慧立、彦悰撰,孙毓棠、谢方点校《大慈恩寺三藏法师传》,北京,中华书局,
　　2000 年。

陶弘景撰、赵益点校《真诰》,北京,中华书局,2011 年。

蔡邕《蔡中郎文集》,《四部丛刊》本。

张鹏一辑《挚太常遗书》,《关中丛书》第 4 集,西安,陕西通志馆,1936 年。

刘勰撰、王利器校笺《文心雕龙校证》,上海,上海古籍出版社,1980 年。

萧统编、李善注《文选》,上海,上海古籍出版社,1986 年。

《文苑英华》,北京,中华书局,1956 年。

严可均《全上古三代秦汉三国六朝文》,北京,中华书局,1958 年。

睡虎地秦墓竹简整理小组编《睡虎地秦墓竹简》,北京,文物出版社,1990 年。

连云港市博物馆等编《尹湾汉墓简牍》,北京,中华书局,1997 年。

张家山二四七号汉墓竹简整理小组编《张家山汉墓竹简》,北京,文物出版
　　社,2006 年。

彭浩等主编《二年律令与奏谳书》,上海,上海古籍出版社,2007 年。

北京大学出土文献研究所编《北京大学藏西汉竹书·壹》,上海,上海古籍出
　　版社,2015 年。

里耶秦简博物馆等编《里耶秦简博物馆藏秦简》,上海,中西书局,2016 年。

陈伟主编《里耶秦简牍校释(第 2 卷)》,武汉,武汉大学出版社,2018 年。

北京历史博物馆、河北省文物管理委员会编《望都汉墓壁画》,北京,中国古
　　典艺术出版社,1955 年。

河北省文物研究所编《安平东汉壁画墓》,北京,文物出版社,1990 年。

湖南省文物考古研究所、怀化市文物处、沅陵县博物馆《沅陵虎溪山一号汉
　　墓发掘简报》,《文物》2003 年第 1 期,第 36—55 页。

湖南省文物考古研究所、郴州市文物处《湖南郴州苏仙桥遗址发掘简报》,
　　《湖南考古辑刊》第 8 集,长沙,岳麓书社,2009 年。

赵超《汉魏南北朝墓志汇编》,天津,天津古籍出版社,1992 年。

叶炜、刘秀峰主编《墨香阁藏北朝墓志》,上海,上海古籍出版社,2016 年。

张永华、赵文成、赵君平编《秦晋豫新出墓志蒐佚三编》,北京,国家图书馆出
　　版社,2020 年。

王连龙《南北朝墓志集成》,上海,上海人民出版社,2021 年。

滋野贞主编《秘府略》,《尊经阁善本影印集成》第 13 册,东京,八木书店,
　　1997 年。

拉施特(Rashid-al-Din)编,余大钧、周建奇译《史集》,北京,商务印书馆,
　　1983 年。

志费尼(Juvaini)撰、何高济译《世界征服者史》,北京,商务印书馆,2004 年。

二、论著(日人姓名按汉语字音)

A

阿部幸信《後漢車制考：读〈続漢書〉輿服志劄記·その一》,《史艸》第 47

号,2006 年,第 52—74 页。

阿部幸信《後漢服制考:読〈続漢書〉輿服志箚記·その二》,《日本女子大学紀要·文学部》第 56 号,2007 年,第 31—45 页。

安部聡一郎《後漢時代関係史料の再検討》,《史料批判研究》第 4 号,2000 年,第 1—43 页。

安朝辉《汉晋北地傅氏家族与文学》,广西师范大学博士学位论文,2011 年。

安田二郎《六朝政治史の研究》,京都,京都大学学术出版会,2003 年。

B

板野長八《史記封禪書と漢書郊祀志》,《岩井博士古稀記念論文集》,东京,岩井博士古稀记念事业会,1963 年,第 57—67 页。

Beck, B. J. Mansvelt, *The Treatises of Later Han: Their Author, Sources, Contents, and Place in Chinese Historiography*, Leiden:Brill, 1990.

C

蔡鸿生《唐代九姓胡与突厥文化》,北京,中华书局,1998 年。

陈俊强《三国两晋南朝的流徙刑——流刑前史》,《政治大学历史学报》第 20 期,2003 年,第 1—32 页。

陈俊强《试论唐代流刑的成立及其意义》,高明士主编《唐代身份法制研究——以唐律名例律为中心》,台北,五南出版社,2003 年,第 263—275 页。

陈俊强《汉末魏晋肉刑争议析论》,《中国史学》(京都)第 14 卷,2004 年,第 71—85 页。

陈俊强《北朝流刑的研究》,《法制史研究》(台北)第 10 期,2006 年,第 33—83 页。

陈琳国《北魏前期中央官制述略》,《中华文史论丛》1985 年第 2 期,第 169—187 页。

陈琳国《魏晋南北朝政治制度研究》,台北,文津出版社,1994 年。

陈鹏《嫁接世系与望托东海——北周隋唐房姓于氏谱系建构之考察》,《民族史研究》第 12 辑,北京,中央民族大学出版社,2014 年,第 178—191 页。

陈启云《儒学与汉代历史文化:陈启云文集》,桂林,广西师范大学出版社,2007 年。

陈爽《〈太平御览〉所引〈宋书〉考》,《文史》2015 年第 4 期,第 79—98 页。

陈苏镇《〈春秋〉与“汉道”——两汉政治与政治文化研究》,北京,中华书局,

2011 年。

陈苏镇《从未央宫到洛阳宫：两汉魏晋宫禁制度考论》，北京，生活·读书·新知三联书店，2022 年。

陈寅恪《隋唐制度渊源略论稿》，北京，生活·读书·新知三联书店，2001 年。

陈寅恪《金明馆丛稿初编》，北京，生活·读书·新知三联书店，2001 年。

陈仲安、王素《汉唐职官制度研究》，北京，中华书局，1993 年。

程树德《九朝律考》，北京，中华书局，1963 年。

川本芳昭《東アジア古代における諸民族と国家》，東京，汲古書院，2015 年。

川本芳昭著，黄桢、张雨怡译《魏晋南北朝时代的社会与国家》，上海，复旦大学出版社，2022 年。

川合安《沈約の地方政治改革論——魏晋期の封建論と関連して》，中国中世史研究会編《中國中世史研究続編》，京都，京都大学学术出版会，1995 年，第 252—277 页。

D

大庭脩著、林剑鸣等译《秦汉法制史研究》，上海，上海人民出版社，1991 年。

大庭脩监修《〈漢書〉百官公卿表訳注》，京都，朋友书店，2014 年。

大知圣子《关于北魏前期爵和品相对应的基础考察——以南巡碑为中心》，《中国魏晋南北朝史学会第十届年会暨国际学术研讨会论文集》，太原，北岳文艺出版社，2011 年，第 92—107 页。

大知圣子《北魏前期の爵制とその特質：仮爵の検討を手掛かりに》，《東洋学報》第 94 卷第 2 号，2012 年，第 1—30 页。

代国玺《蔡邕〈独断〉考论》，《文献》2015 年第 1 期，第 154—166 页。

稲葉一郎《中国史学史の研究》，京都，京都大学学术出版会，2006 年。

丹羽兌子《魏晋時代の名族——荀氏の人々について》，中国中世史研究会編《中國中世史研究——六朝隋唐の社会と文化》，东京，东海大学出版会，1970 年，第 174—202 页。

丹羽兌子《蔡邕伝おぼえがき》，《名古屋大学文学部研究論集》第 56 号，1972 年，第 95—110 页。

邓小南《再谈走向"活"的制度史》，《史学月刊》2022 年第 1 期，第 103—111 页。

邓奕琦《北朝法制研究》，北京，中华书局，2005 年。

渡邉将智《後漢政治制度の研究》，东京，早稻田大学出版部，2014 年。

楯身智志《佚名〈漢官〉の史料的性格——漢代官制関係史料に関する一考

察》，榎本淳一、吉永匡史、河内春人编《中国学術の東アジア伝播と古代日本》，东京，勉诚出版，2020 年，第 7—21 页。

多田狷介《漢魏晋史の研究》，东京，汲古书院，1999 年。

東川祥丈《劉劭〈都官考課〉とその批判をめぐって》，《中国思想史研究》第 26 号，2003 年，第 1—25 页。

F

范云飞《秦汉祠祀律令研究》，武汉大学硕士学位论文，2017 年。

冯锦荣《论蔡邕的学术思想》，《中国哲学》第 16 辑，长沙，岳麓书社，1993 年，第 128—172 页。

冯修青《元朝的流放刑》，《内蒙古大学学报》1991 年第 4 期，第 43—49 页。

冨谷至《漢唐法制史研究》，东京，创文社，2016 年。

福井重雅编《訳注西京雑記・独断》，东京，东方书店，2000 年。

福井重雅《陸賈〈新語〉の研究》，东京，汲古书院，2002 年。

冨田健之《後漢時代の尚書・侍中・宦官について——支配権力の質的変化と関連して》，《東方学》第 64 辑，1982 年，第 30—42 页。

福田哲之《説文以前小学書の研究》，东京，创文社，2004 年。

福永善隆《漢代における尚書と内朝》，《東洋史研究》第 71 卷第 2 号，2012 年，第 29—59 页。

G

甘怀真《皇权、礼仪与经典诠释：中国古代政治史研究》，上海，华东师范大学出版社，2008 年。

岡部毅史《北魏における官の清濁について》，《東洋史論叢》（大阪市立大学）第 11 辑，2000 年，第 1—18 页。

岡部毅史《北魏前期の位階秩序について：爵と品の分析を中心に》，《東洋学報》第 94 卷第 1 号，2012 年，第 27—57 页。

岡田和一郎《前期北魏国家の支配構造：西郊祭天の空間構造を手がかりとして》，《歴史学研究》第 817 号，2006 年，第 1—16 页。

Giele, Enno, *Imperial Decision-Making and Communication in Early China: Study of Cai Yong's Duduan*, Wiesbaden：Harrassowitz Verlag，2006.

宮川尚志《六朝史研究（政治・社會篇）》，东京，日本学术振兴会，1956 年，第 373—398 页。

宮崎市定著，韩昇、刘建英译《九品官人法研究》，北京，中华书局，2008 年。

顾颉刚《秦汉的方士与儒生》，上海，上海古籍出版社，2005 年。

谷井俊仁《官制は如何に叙述されるか——〈周礼〉から〈会典〉へ》，《人文論叢》（三重大学）第 23 号，2006 年，第 81—98 页。

郭永秉《〈柏梁台诗〉的文本性质、撰作时代及其文学史意义再探》，《文史》2020 年第 4 期，第 27—64 页。

H

韩昇《杜佑及其名著〈通典〉新论》，刘东主编《中国学术》第 26 辑，北京，商务印书馆，2008 年，第 56—91 页。

何德章《"阴山却霜"之俗解》，《魏晋南北朝隋唐史资料》第 12 辑，1993 年，第 102—116 页。

何德章《伪托望族与冒袭先祖——以北族人墓志为中心》，《魏晋南北朝隋唐史资料》第 17 期，2000 年，第 137—143 页。

侯旭东《中国古代人"名"的使用及其意义——尊卑、统属与责任》，《历史研究》2005 年第 5 期，第 3—21 页。

侯旭东《北魏申洪之墓志考释》，吉林大学古籍研究所编《"1—6 世纪中国北方边疆·民族·社会国际学术研讨会"论文集》，北京，科学出版社，2008 年，第 207—223 页。

胡宝国《汉唐间史学的发展》，北京，北京大学出版社，2014 年。

胡宝国《将无同——中古史研究论文集》，北京，中华书局，2020 年。

戶川貴行《東晉南朝における傳統の創造》，东京，汲古书院，2015 年。

胡鸿《能夏则大与渐慕华风——政治体视角下的华夏与华夏化》，北京，北京师范大学出版社，2017 年。

胡戟等主编《二十世纪唐研究》，北京，中国社会科学出版社，2002 年。

会田大辅《"宇文述墓誌"と〈隋書〉宇文述伝——墓誌と正史の宇文述像をめぐって》，《駿台史学》第 137 号，2009 年，第 1—25 页。

J

吉川忠夫著、王启发译《六朝精神史研究》，南京，江苏人民出版社，2012 年。

贾敬颜《民族历史文化萃要》，长春，吉林教育出版社，1990 年。

葭森健介《〈山公啟事〉の研究——西晉初期の吏部選用》，川勝義雄、砺波護编《中國貴族制社會の研究》，京都，京都大学人文科学研究所，1987 年，第 117—150 页。

間嶋潤一《鄭玄の周禮解釋に就いて》，《東洋文化》復刊第 40 号，1976 年，第 11—25 页。

间嶋潤一《鄭玄に至る〈周禮〉解釈の変遷について》,《中国文化》(日本)
　　第 38 号,1980 年,第 15—28 页。

间嶋潤一《杜子春〈周礼〉解釈小考》,《香川大学国文研究》第 32 号,2007
　　年,第 1—8 页。

津田資久《〈魏略〉の基礎的研究》,《史朋》第 31 号,1998 年,第 1—29 页。

景蜀慧《王粲典定朝仪与其家世学术背景考述》,《四川大学学报》2003 年第
　　4 期,第 92—101 页。

K

康乐《从西郊到南郊——国家祭典与北魏政治》,台北,稻禾出版社,1995 年。

L

劳榦《论汉代的内朝与外朝》,《中央研究院历史语言研究所集刊》第 13 本,
　　1948 年,第 227—267 页。

李晓杰《东汉政区地理》,济南,山东教育出版社,1999 年。

梁健《魏官品令考》,《苏州大学学报》(法学版)2014 年第 3 期,第 68—78 页。

梁满仓《北魏中书学》,中国魏晋南北朝史学会、四川大学历史文化学院编
　　《魏晋南北朝史论文集》,成都,巴蜀书社,2006 年,第 260—269 页。

梁满仓《魏晋南北朝五礼制度考论》,北京,社会科学文献出版社,2009 年。

刘凯《北魏"神部"问题研究》,《历史研究》2013 年第 3 期,第 161—176 页。

刘凯《北魏羽真考》,《学术月刊》2015 年第 2 期,第 128—144 页。

刘浦江《正统与华夷:中国传统政治文化研究》,北京,中华书局,2017 年。

刘善泽《三礼注汉制疏证》,长沙,岳麓书社,1997 年。

刘啸《魏晋南北朝九卿研究》,台北,花木兰文化出版社,2013 年。

刘跃进《蔡邕行年考略》,《文史》2003 年第 1 期,第 39—69 页。

刘增贵《汉隋之间的车驾制度》,蒲慕州主编《台湾学者中国史研究论丛:生
　　活与文化》,北京,中国大百科全书出版社,2005 年,第 163—220 页。

刘治立《刘昭〈续汉书·百官志注〉的文献价值》,《红河学院学报》2007 年
　　第 3 期,第 13—16 页。

瀧川政次郎、岛田正郎《辽律之研究》,大阪,屋号书店,1944 年。

楼劲《"法律儒家化"与魏晋以来的"制定法运动"》,《南京师大学报》2014
　　年第 6 期,第 61—76 页。

楼劲《魏晋南北朝隋唐立法与法律体系》,北京,中国社会科学出版社,

2014 年。

楼劲《从"以官存司"到"以司存官"——〈百官志〉体例与汉唐行政体制变迁研究》,《历史研究》2021 年第 1 期,第 61—83 页。

骆鹏《南京出土南齐王珪之墓志考释》,《东南文化》2015 年第 3 期,第 77—80 页。

罗新《十六国时期中国北方的民族形势与社会整合》,北京大学博士学位论文,1995 年。

罗新《五燕政权下的华北士族》,《国学研究》第 4 卷,北京,北京大学出版社,1997 年,第 127—156 页。

罗新《中古北族名号研究》,北京,北京大学出版社,2009 年。

罗新《好太王碑与高句丽王号》,《中华文史论丛》2013 年第 3 期,第 71—91 页。

罗新《当人们都写汉语时》,《东方早报》2013 年 5 月 26 日,第 A04 版。

罗新《王化与山险:中古边裔论集》,北京,北京大学出版社,2019 年。

罗新《黑毡上的北魏皇帝》,上海,上海三联书店,2022 年。

吕春盛《"寒人掌机要"的实情与南朝政治的特质——以中书舍人为中心之考察》,《台湾师大历史学报》第 44 期,2010 年,第 1—33 页。

M

马长寿《乌桓与鲜卑》,桂林,广西师范大学出版社,2006 年。

毛汉光《科举前后(公元 600 年±300)清要官形态之比较研究》,《"中研院"国际汉学会议论文集》,台北,"中研院"编印,1981 年,上册第 379—404 页。

毛汉光《中国中古社会史论》,上海,上海书店出版社,2002 年,第 365—404 页。

孟昭林《无极甄氏诸墓的发现及其有关问题》,《文物》1959 年第 1 期,第 44—46 页。

牟发松《北魏军镇考补》,《魏晋南北朝隋唐史资料》第 7 期,1985 年,第 64—74 页。

N

内田吟風《北アジア史研究　鮮卑柔然突厥篇》,京都,同朋舍,1975 年。

内田吟風等著、余大钧译《北方民族史与蒙古史译文集》,昆明,云南人民出版社,2003 年。

聂溦萌《所谓正史：汉唐间纪传体官修史的生成》，北京大学博士学位论文，
　　2014 年。

聂溦萌《从丙部到史部——汉唐之间目录学史部的形成》，《中国史研究》
　　2015 年第 3 期，第 99—103 页。

聂溦萌《中古官修史体制的运作与演进》，上海，上海古籍出版社，2021 年。

牛致功《有功于唐代史学的韦述》，《史学史研究》1986 年第 2 期，第 51—
　　53 页。

P

潘敦《可敦、皇后与北魏政治》，《中国史研究》2020 年第 4 期，第 82—104 页。

Q

乔治忠《孙盛史学发微》，《史学史研究》1995 年第 4 期，第 32—40 页。

乔治忠、刘文英《中国古代"起居注"记史体制的形成》，《史学史研究》2010
　　年第 2 期，第 8—16 页

仇鹿鸣《陈寅恪范式及其挑战——以魏晋之际的政治史研究为中心》，《中
　　国中古史研究》第 2 卷，北京，中华书局，2011 年，第 199—220 页。

仇鹿鸣《关于北魏几个将军号的考释》，《中华文史论丛》2008 年第 1 期，第
　　89—99 页。

仇鹿鸣《北魏客制小考》，《史学月刊》2018 年第 11 期，第 128—132 页。

R

任慧峰、范云飞《六朝礼学与家族之关系再探》，《孔子研究》2016 年第 3 期，
　　第 79—87 页。

仁井田陞《補訂中國法制史研究·刑法》，東京，东京大学出版会，1991 年。

Riasanovsky, Valentin, *Fundamental Principles of Mongol Law*, Bloomington：
　　Indiana University, 1964.

荣新江《中古中国与粟特文明》，北京，生活·读书·新知三联书店，2014 年。

S

山下將司《唐初における〈貞観氏族志〉の編纂と"八柱国家"の誕生》，《史
　　学雑誌》第 111 卷第 2 号，2002 年，第 1—32 页。

山下洋平《北魏文明太后崩御時における孝文帝の服喪儀禮》，《東方学》第
　　135 辑，2018 年，第 20—35 页。

沈元《〈急就篇〉研究》,《历史研究》1962 年第 3 期,第 61—87 页。

史树青《北魏曹天度造千佛石塔》,《文物》1980 年第 1 期,第 68—71 页。

石田德行《北地傅氏考——漢·魏·晋代を中心に》,《中島敏先生古稀記念論集》,东京,汲古书院,1981 年,第 21—44 页。

矢野主税《裴氏研究》,《社会科学論叢》第 14 号,1964 年,第 17—48 页。

辻正博《唐宋时代刑罚制度の研究》,京都,京都大学学术出版会,2010 年。

宋杰《论秦汉刑罚中的"迁""徙"》,《北京师范学院学报》1992 年第 1 期,第 87—94 页。

松下宪一《北魏胡族体制论》,札幌,北海道大学出版会,2007 年。

苏绍兴《两晋南朝的士族》,台北,联经出版事业公司,1987 年。

孙福喜《应劭〈汉官仪〉源流考》,《文献》1995 年第 4 期,第 244—252 页。

孙机《中国古舆服论丛》,北京,文物出版社,2001 年。

孙正军《汉唐储官制度研究》,北京大学博士学位论文,2010 年。

孙正军《也说〈隋书〉所记梁代印绶冠服制度的史源问题》,《中华文史论丛》2011 年第 1 期,第 135—160 页。

孙正军《〈通典〉"晋太尉进贤三梁冠"小札》,《烟台大学学报》2014 年第 4 期,第 102—111 页。

孙正军《〈汉书·百官公卿表〉为何不记"共工"》,《中华文史论丛》2014 年第 2 期,第 302、330 页。

孙正军《被"遗忘"的龙舟——小议正史书志的书写策略》,北京大学历史学系编《祝总斌先生九十华诞颂寿论文集》,北京,中华书局,2020 年,第 336—365 页。

孙正军《从"百官志"到"职官志"——中国古代官制文本书写变化之一瞥》,《中国中古史研究》第 8 卷,上海,中西书局,2021 年,第 77—100 页。

T

唐燮军《史家行迹与史书构造——以魏晋南北朝佚史为中心的考察》,杭州,浙江大学出版社,2014 年。

唐长孺《魏晋南北朝史论丛》,北京,中华书局,2011 年。

唐长孺《魏晋南北朝史论丛续编》,北京,中华书局,2011 年。

陶安あんど《法典编纂史再考——漢篇:再び文献史料を中心に据えて》,《東洋文化研究所紀要》第 140 册,2000 年,第 1—57 页。

田余庆《东晋门阀政治》,北京,北京大学出版社,2005 年。

田余庆《拓跋史探》,北京,生活·读书·新知三联书店,2011 年。

W

窪添慶文《魏晋南北朝官僚制研究》,东京,汲古书院,2003 年。

窪添慶文《墓誌を用いた北朝史研究》,东京,汲古书院,2017 年。

王葆玹《今古文经学新论》,北京,中国社会科学出版社,1997 年。

汪桂海《汉代官文书制度》,桂林,广西教育出版社,1999 年。

王铿《论南朝宋齐时期的"寒人典掌机要"》,《北京大学学报》1995 年第 1 期,第 100—107 页。

王铿《六朝时期三吴地域非门阀士族人士的政治出路——商人、门生、恩幸之关系》,《中华文史论丛》2016 年第 2 期,第 31—46 页。

王永平《六朝江东世族之家风家学研究》,南京,江苏古籍出版社,2003 年。

王仲荦《魏晋南北朝史》,上海,上海人民出版社,1979 年。

魏斌《书评:辻正博〈唐宋時代刑罰制度の研究〉》,《唐研究》第 16 卷,北京,北京大学出版社,2010 年,第 556—559 页。

魏斌《汉晋上计簿的文书形态——木牍和简册》,《中国中古史研究》第 8 卷,上海,中西书局,2021 年,第 251—274 页。

魏义天(Etienne de la Vaissière)著、王睿译《粟特商人史》,桂林,广西师范大学出版社,2012 年。

Wittfogel, Karl & Feng, Chia-sheng, *History of Chinese Society: Liao, 907–1125*, Philadelphia：American Philosophical Society, 1949.

吴丽娱《唐礼撮遗——中古书仪研究》,北京,商务印书馆,2002 年。

吴丽娱《营造盛世:〈大唐开元礼〉的撰作缘起》,《中国史研究》2005 年第 3 期,第 73—94 页。

吴树平《秦汉文献研究》,济南,齐鲁书社,1988 年。

武秀成《〈汉书·百官公卿表〉史例发覆及史文订误》,《文史》2010 年第 4 期,第 33—53 页。

吴宗国主编《盛唐政治制度研究》,上海,上海辞书出版社,2003 年。

X

西川利文《〈周禮〉鄭注所引の"漢制"の意味——特に官僚制を中心として》,小南一郎编《中國古代禮制研究》,京都,京都大学人文科学研究所,1995 年,第 339—358 页。

西川利文《胡広伝覚書:党錮事件理解の前提として》,《佛教大学文学部論集》第 82 号,1998 年,第 1—17 页。

下倉涉《漢末における侍中·黄門侍郎の制度改革をめぐって》,《集刊東洋

学》第 72 号,1994 年,第 40—62 页。

小林春樹《蔡邕〈独断〉小考——とくにその版本について》,《史滴》第 5
　　号,1984 年,第 25—38 页。

小林聡《六朝時代の印綬冠服規定に關する基礎的考察——〈宋書〉禮志に
　　みえる規定を中心にして》,《史淵》130 辑,1993 年,第 77—120 页。

小林聡《晋南朝における冠服制度の変遷と官爵体系——〈隋書〉礼儀志の
　　規定を素材として》,《東洋学報》第 77 卷第 3、4 号,1996 年,第 1—
　　34 页。

小林聡《〈隋書〉に見える梁陳時代の印綬冠服規定の来源について》,《埼
　　玉大学紀要 教育学部(人文・社会科学編)》第 47 卷第 1 号,1998 年,
　　第 103—119 页。

小林岳《後漢書劉昭注李賢注の研究》,东京,汲古書院,2013 年。

辛德勇《释〈南史・宋本纪〉之"禾绢闭眼诺"》,《中华文史论丛》2007 年第 3
　　期,第 201—206 页。

辛德勇《〈后汉书〉对研究西汉以前政区地理的史料价值及相关文献学问
　　题》,《中国历史地理论丛》2012 年第 4 期,第 18—36 页。

邢义田《治国安邦:法制、行政与军事》,北京,中华书局,2011 年。

邢义田《今尘集:秦汉时代的简牍、画像与文化流播》,上海,中西书局,
　　2019 年。

徐成《观念与制度:以考察北朝隋唐内侍制度为中心》,北京,社会科学文献
　　出版社,2018 年。

徐冲《关于曹魏的侍中尚书》,《国学研究》第 16 卷,北京,北京大学出版社,
　　2005 年,第 259—273 页。

徐冲《中古时代的历史书写与皇帝权力起源》,上海,上海古籍出版社,
　　2012 年。

徐冲《观书辨音:历史书写与魏晋精英的政治文化》,北京,北京大学出版
　　社,2020 年。

许结《论东汉周礼学兴起的文化问题》,《古典文献研究》第 11 辑,南京,凤
　　凰出版社,2008 年,第 43—65 页。

薛菁《魏晋南北朝刑法体制研究》,福州,福建人民出版社,2006 年。

薛梦潇《早期中国的月令与"政治时间"》,上海,上海古籍出版社,2018 年。

Y

阎步克《士大夫政治演生史稿》,北京,北京大学出版社,1996 年。

阎步克《仕途视角中的南朝西省》，刘东主编《中国学术》第 1 辑，北京，商务印书馆，2000 年，第 38—70 页。

阎步克《王莽官制改革新论》，清华大学历史系、三联书店编辑部编《清华历史讲堂初编》，北京，生活·读书·新知三联书店，2007 年，第 92—110 页。

阎步克《品位与职位：秦汉魏晋南北朝官阶制度研究》，北京，中华书局，2009 年。

阎步克《服周之冕——〈周礼〉六冕礼制的兴衰变异》，北京，中华书局，2009 年。

阎步克《官阶与服等》，上海，复旦大学出版社，2010 年。

阎步克《乐府诗〈陌上桑〉中的“使君”与“五马”——兼论两汉南北朝车驾等级制的若干问题》，《北京大学学报》2011 年第 2 期，第 97—114 页。

严耕望《北魏尚书制度考》，《中央研究院历史语言研究所集刊》第 18 本，1948 年，第 252—360 页。

严耕望《中国地方行政制度史·魏晋南北朝地方行政制度》，上海，上海古籍出版社，2007 年。

闫宁《中古礼制建设概论：仪注学、故事学与礼官系统》，台北，花木兰文化出版社，2016 年。

闫宁《古代礼学礼制文献研究丛稿》，北京，商务印书馆，2018 年。

严耀中《北魏前期政治制度》，沈阳，辽宁教育出版社，1990 年。

严耀中《魏晋南北朝史考论》，上海，上海人民出版社，2010 年。

杨懿《“五时朝服”“绛朝服”与晋宋齐官服制度——〈唐六典〉校勘记补正一则》，《中国典籍与文化》2014 年第 3 期，第 148—154 页。

杨英《北魏仪注考》，《中国社会科学院历史研究所学刊》第 9 集，北京，商务印书馆，2015 年，第 157—186 页。

杨英《中古礼典、律典分流与西晋〈新礼〉的撰作》，《社会科学战线》2017 年第 8 期，第 60—69 页。

杨振红《月令与秦汉政治》，《出土简牍与秦汉社会》，桂林，广西师范大学出版社，2009 年，第 231—233 页。

要瑞芬《北魏前期法律制度的特征及其实质》，《中央民族大学学报》1997 年第 3 期，第 45—50 页。

姚晓菲《两晋南朝琅邪王氏家族文化研究》，济南，山东大学出版社，2010 年。

叶炜《从武冠、貂蝉略论中古侍臣之演变》，《唐研究》第 13 卷，北京，北京大学出版社，2007 年，第 149—176 页。

殷炳艳、张固也《〈隋书·经籍志〉之"梁有"新考》,《古典文献研究》第 13
　　辑,南京,凤凰出版社,2010 年,第 446—460 页。

永田拓治《上计制度与"耆旧传""先贤传"的编纂》,《武汉大学学报》2012
　　年第 4 期,第 49—61 页。

游自勇《中古〈五行志〉的史料来源》,《文史》2007 年第 4 辑,第 77—91 页。

于豪亮《阜阳汉简和定县汉简的整理工作》,《古籍整理出版情况简报》1981
　　年第 3 期,第 2—5 页。

余欣《〈唐六典〉修纂考》,《张广达先生八十华诞祝寿论文集》,台北,新文丰
　　出版公司,2010 年,第 1164—1199 页。

余英时《汉代循吏与文化传播》,《士与中国文化》,上海,上海人民出版社,
　　1987 年,第 129—216 页。

遠藤祐子《漢代における地方官学の政治的機能》,《立命館史学》第 14 号,
　　1993 年,第 55—70 页。

Z

张传官《试论〈急就篇〉的新证研究》,《复旦学报》2012 年第 3 期,第 119—
　　127 页。

张建国《叔孙通定〈傍章〉质疑——兼析张家山汉简所载律篇名》,《帝制时
　　代的中国法》,北京,法律出版社,1999 年,第 49—70 页。

张晋藩《中国法制史》,北京,商务印书馆,2010 年。

张金龙《北魏政治与制度论稿》,兰州,甘肃教育出版社,2003 年。

张金龙《魏晋南北朝禁卫武官制度研究》,北京,中华书局,2004 年。

张金龙《魏晋南北朝文献丛稿》,兰州,甘肃教育出版社,2017 年。

张金龙《"魏官品""晋官品"献疑》,《文史哲》2017 年第 4 期,第 25—43 页。

張娜麗《西域出土文書の基礎的研究：中國古代における小學書·童蒙書
　　の諸相》,东京,汲古书院,2006 年。

张庆捷《民族汇聚与文明互动——北朝社会的考古学观察》,北京,商务印书
　　馆,2010 年。

张荣强《从"并官省职"到"帖领"》,《文史》2003 年第 1 期,第 70—86 页。

张文昌《中国礼典传统形成与礼官职能演变之关系——以魏晋南北朝为探
　　索中心》,《兴大人文学报》第 40 期,2008 年,第 207—240 页。

张文昌《制礼以教天下——唐宋礼书与国家社会》,台北,台大出版中心,
　　2012 年。

张小稳《魏晋南北朝地方官等级管理制度研究》,北京,九州出版社,2010 年。

张欣《〈汉旧仪注〉及相关问题考辨》,《史学史研究》2017 年第 3 期,第 90—
　　103 页。

张旭华《九品中正制略论稿》,郑州,中州古籍出版社,2004 年。

张忠炜、张春龙《汉律体系新论——以益阳兔子山遗址所出汉律律名木牍为
　　中心》,《历史研究》2020 年第 6 期,第 4—23 页。

赵立新《〈南齐书·百官志·序〉所见中古职官文献与官制史的意义》,《台
　　大历史学报》第 62 期,2018 年,第 47—102 页。

郑钦仁《北魏官僚机构研究》,台北,稻禾出版社,1995 年。

郑钦仁《北魏官僚机构研究续篇》,台北,稻禾出版社,1995 年。

中村圭爾撰、付晨译《六朝官僚制的叙述》,《魏晋南北朝隋唐史资料》第
　　26 辑,2011 年,第 269—286 页。

钟兴龙《〈唐六典〉注文撰修研究》,《古籍整理研究学刊》2016 年第 4 期,第
　　22—26 页。

周文俊《魏晋南朝官品与官资秩序研究》,中山大学博士学位论文,2013 年。

周文俊《〈通典〉所记官品脉络的史料辨证——以南朝官班、官品制度为中
　　心》,权家玉主编《中国中古史集刊》第 1 辑,北京,商务印书馆,2015
　　年,第 189—215 页。

周文俊《魏晋南朝官品与官资制度秩序研究》,北京,高等教育出版社,
　　2022 年。

周一良《魏晋南北朝史论集》,北京,北京大学出版社,1997 年。

周一良《魏晋南北朝史札记》,北京,中华书局,2007 年。

祝总斌《两汉魏晋南北朝宰相制度研究》,北京,中国社会科学出版社,
　　1998 年。

邹水杰《两汉县行政研究》,长沙,湖南人民出版社,2008 年。

佐川英治《東魏北齊革命と〈魏書〉の編纂》,《東洋史研究》第 64 卷第 1 号,
　　2005 年,第 37—64 页。

佐藤達郎《漢六朝時代の制度と文化·社会》,京都,京都大学学术出版会,
　　2021 年。

佐藤賢《北魏前期の"内朝""外朝"と胡漢問題》,《集刊東洋学》第 88 号,
　　2002 年,第 21—41 页。

佐藤賢《北魏内某官制度の考察》,《東洋学報》第 86 卷第 1 号,2004 年,第
　　37—64 页。

后　记

这本小书由我的博士论文修改而成。研究生入学之初，我得以参加点校本《晋书》的修订工作，在此过程中除了接受文字校勘、史实考辨等史学训练，也开始发现一些属于自己的学术问题，草成《韦华考——南北纷争下的个体生命与家族记忆》《中古天子五辂的想象与真实——兼论〈晋书·舆服志〉车制部分的史料构成》《书籍的政治史——以〈晋公卿礼秩故事〉〈晋百官表注〉为中心》等习作。后两篇均以解析某项官制朝仪记载为基础，揭示作者的立场与观念，进而让我意识到，"制度书写"是中古史领域一个可以开拓的方向。在"制度的书写与阅读——对汉唐间政治文化的一项考察"的题目之下，我的博士论文尝试贯通地研究汉唐间职官仪制文献的发展状况，同时借助"书写""阅读"的视角，探讨制度著述的编排、功用与效应，以观察制度演进的政治文化环境。该论文于2017年6月提交由阎步克、陈苏镇、罗新、陈爽、韩树峰、叶炜、陈侃理七位老师组成的答辩委员会并获得通过。利用此次出版的机会，我主要针对结构和表述做了一些改善，但最终没能新增章节，识见也未超出先前。看到它面世，心里更多是惶恐与愧疚。

本书各章的底稿基本都在学术刊物上发表过，信息如下：

绪论第二节：《从"书写"到"阅读"：中古制度文献研究的回顾与展望》，《中国中古史研究》第7卷，上海，中西书局，2019年。

第一章：《官制撰述在汉末的兴起》，《文史哲》2021年第2期。

第二章：《东汉"汉官"文献再考》，《国学研究》第47卷，北京，中华书局，2022年。

第三章：《制度知识在魏晋的断裂与延续》，《暨南学报》2021年第9期。

第四章：《书籍的政治史——以〈晋公卿礼秩故事〉〈晋百官表注〉

为中心》，《中华文史论丛》2015 年第 2 期。

第五章：《〈宋书〉"百官志"、"礼志"的编纂及特质——从中古正史相关志书的演变说起》，《首都师范大学学报》2018 年第 6 期。

第六章：《〈齐职仪〉与官修政典的兴起》，《文献》2021 年第 6 期。

第七章：《北魏前期的官制结构：侍臣、内职与外臣》，《民族研究》2016 年第 3 期。

第八章：《中古天子五辂的想象与真实——兼论〈晋书·舆服志〉车制部分的史料构成》，《文史》2014 第 4 期。

第九章：《中书省与"佞幸传"——南朝正史佞幸书写的制度背景》，《中国史研究》2018 年第 4 期。

附录二：《再论流刑在北魏的成立——北族因素与经典比附》，《中华文史论丛》2017 年第 4 期。

这本书也是我过去十来年学习、工作的一份答卷，分数留待读者评判，答题过程却可以说比较流畅。这完全得益于师长、亲友的扶助。

2011 年刚到北大时请求导师为我开列书单，罗新老师的答复竟是"你想读什么就读什么"，震撼感至今犹存。不过后续的学习并非无所依循，因为罗老师的学术眼光、思想深度、创作能力都是最好的示范。《中古天子五辂的想象与真实》一文曾被罗老师逐字逐标点批改，我现在才明白这需要付出多大的耐心。阎步克、叶炜老师关于研究方法、文章写法的点拨让我受用长久，书中各章最初都在两位老师共同组织的讨论班里收获了许多意见。受陈苏镇、陈侃理老师课程与论著的启发，我方能引入"政治文化"的概念分析制度文献。与本课题有关的外文论著大部分是在东京大学访学期间搜集的，接收我的佐川英治老师以及窪添庆文先生对论述框架的搭建也多有教示。

我能在制度文献中找到论题，还必须提及本科阶段的两位老师。大二下在台湾政治大学交流时，王德权老师指导我阅读宫崎市定、祝总斌先生的著作，使我萌发研究中古官制的兴趣。返校后又遇到刚来任教的徐冲老师，借由学年论文、毕业论文跟随他学习处理史料，我见识了"历史书写"这一分析工具的效力。

修订书稿期间，我先后就职于川大和复旦。四川大学历史文化学院提供了一份不错的合同，四年里与同事、学生的交流相处留下很多愉快的记忆。回母校后，在熟悉的环境里工作，我常常感觉幸运，并且继续得到教过我的余蔚、徐冲、仇鹿鸣等老师照拂。

还有很多老师在课堂讲授、论文答辩、会议点评、通信聊天和审稿意见中帮助了本书的形成。本科、研究生阶段的同学，北大秦汉魏晋南北朝史方向的同门，以及通过中国中古史青年学者联谊会等学术活动结识的朋友，也给予我不计其数的提点。在此一并致以深深谢意。

本书能够出版，要感谢上海古籍出版社的胡文波老师。在他的推荐下我申请到项目经费，此前因续聘考核而苦恼时，胡老师及时送来的书稿邀约也让我有了一些底气。责编乔颖丛老师认真、高效的工作亦令本书增色。

感谢母亲，她对我的支持和包容从未改变。感谢一直在背后关爱我的大家庭。感谢妻子张希多年的倾听与陪伴。父亲要是看到这本书该有多开心，祈求在另一个世界的他一切都好。

黄 桢

2023 年 7 月 26 日

图书在版编目(CIP)数据

汉唐间的制度文献与制度文化／黄桢著. —上海：
上海古籍出版社，2023.9
ISBN 978-7-5732-0825-5

Ⅰ.①汉… Ⅱ.①黄… Ⅲ.①政治制度史-研究-中
国-汉代-唐代 Ⅳ.①D691.2

中国国家版本馆 CIP 数据核字(2023)第 148727 号

国家社科基金后期资助项目

汉唐间的制度文献与制度文化

黄 桢 著

上海古籍出版社出版发行

(上海市闵行区号景路 159 弄 1-5 号 A 座 5F 邮政编码 201101)

(1)网址：www.guji.com.cn

(2)E-mail：guji1@guji.com.cn

(3)易文网网址：www.ewen.co

商务印书馆上海印刷有限公司印刷

开本 700×1000 1/16 印张 17 插页 2 字数 296,000

2023 年 9 月第 1 版 2023 年 9 月第 1 次印刷

ISBN 978-7-5732-0825-5

K·3445 定价：88.00 元

如有质量问题,请与承印公司联系